Diogenes Taschenbuch 22439

# Das Dürrenmatt Lesebuch

*Herausgegeben von*
*Daniel Keel*
*Mit einem Nachwort von*
*Heinz Ludwig Arnold*

Diogenes

Nachweis am Schluß des Bandes
Das Nachwort wurde von Heinz Ludwig Arnold
eigens für diese Edition geschrieben.
Umschlagillustration: Friedrich Dürrenmatt
›Ertrunkenes Liebespaar‹, 1952
(Ausschnitt)

Alle Rechte vorbehalten
Copyright © 1991
Diogenes Verlag AG Zürich
150/91/8/1
ISBN 3 257 22439 7

*»Die Liebe ist ein Wunder, das immer möglich, das Böse eine Tatsache, die immer vorhanden ist. Die Gerechtigkeit verdammt das Böse, die Hoffnung will bessern, und die Liebe übersieht. Nur sie ist imstande, die Gnade anzunehmen, wie sie ist. Es gibt nichts Schwereres, ich weiß es. Die Welt ist schrecklich und sinnlos. Die Hoffnung, ein Sinn sei hinter all dem Unsinn, hinter all dem Schrecken, vermögen nur jene zu bewahren, die dennoch lieben.«*

Aus ›Grieche sucht Griechin‹

# Inhalt

### »Das Schicksal hat die Bühne verlassen.«
Eine lange und eine kurze Geschichte

*Die Panne* 13
*Der Tod des Sokrates* 68

### »Von der Politik haben wir Vernunft, von den Einzelnen Liebe zu fordern.«
Philosophisches und Politisches

*Das Schicksal der Menschen* 83
*Die vier Verführungen des Menschen durch den Himmel* 88
*Erzählung vom* CERN 95
*Mitmacher* 103
*Unser Vaterland* 111
*»Die Hoffnung, uns am eigenen Schopfe aus dem Untergang zu ziehen.«* 115

### »Nur im Irrenhaus sind wir noch frei.«
Elf Szenen aus elf Komödien

*Romulus der Große* 139
*Die Ehe des Herrn Mississippi* 144
*Ein Engel kommt nach Babylon* 147
*Der Besuch der alten Dame* 148
*Frank der Fünfte* 154
*Die Physiker* 158
*Herkules und der Stall des Augias* 162
*Der Meteor* 164
*Die Wiedertäufer* 167
*Die Frist* 170
*Achterloo* 174

*»Dem Theater sind durch seine Freiheit die Zähne gezogen.«*
Theater im wissenschaftlichen Zeitalter

*Friedrich Dürrenmatt interviewt F. D.* 179
*Theaterprobleme* 203
*»Theater ist ein Spiel«* 242
*Das Theater als moralische Anstalt heute* 257

*»Andere Zeiten!«*
Zwei Hörspiele

*Abendstunde im Spätherbst* 271
*Nächtliches Gespräch mit einem verachteten Menschen* 300

*»Das Mögliche ist ungeheuer.«*
Neun Gedichte

*Spielregeln* 323
*Schweizerpsalm I* 324
*Schweizerpsalm II* 326
*Elektronische Hirne* 329
*Wer die Erde wohnbar machen will* 330
*Schweizerpsalm III* 331
*An Varlin* 334
*Ergreife die Feder* 336
*Wütend* 338

*»Ein Schrei ist kein Gedicht.«*
Über Schiller und Brecht, Balzac, Büchner und Kant –
und vom Schreiben als Beruf

*Schriftstellerei als Beruf* 340
*Friedrich Schiller* 346
*Über Balzac* 366
*55 Sätze über Kunst und Wirklichkeit* 367
*Georg Büchner und der Satz vom Grunde* 374

*»Indem ich dem Gärtner als das erschien, was ich war, erschien ich mir selber.«*
Persönliches

*Das Dorf* 389
*Die Schule* 403
*Vater und Sohn* 408
*Ideologien* 414
*Querfahrt* 422
*Die Universität* 426

*Nachwort*
von Heinz Ludwig Arnold 433

*Anhang*
Chronik 457
Nachweis 479

# »Das Schicksal hat die Bühne verlassen.«

## Eine lange und eine kurze Geschichte

## Die Panne

### 1956

#### Erster Teil

Gibt es noch mögliche Geschichten, Geschichten für Schriftsteller? Will einer nicht von sich erzählen, romantisch, lyrisch sein Ich verallgemeinern, fühlt er keinen Zwang, von seinen Hoffnungen und Niederlagen zu reden, durchaus wahrhaftig, und von seiner Weise, bei Frauen zu liegen, wie wenn Wahrhaftigkeit dies alles ins Allgemeine transponieren würde und nicht viel mehr ins Medizinische, Psychologische bestenfalls, will einer dies nicht tun, vielmehr diskret zurücktreten, das Private höflich wahren, den Stoff vor sich wie ein Bildhauer sein Material, an ihm arbeitend und an ihm sich entwickelnd und als eine Art Klassiker versuchen, nicht gleich zu verzweifeln, wenn auch der bare Unsinn kaum zu leugnen ist, der überall zum Vorschein kommt, dann wird Schreiben schwieriger und einsamer, auch sinnloser, eine gute Note in der Literaturgeschichte interessiert nicht – wer bekam nicht schon gute Noten, welche Stümpereien wurden nicht schon ausgezeichnet –, die Forderungen des Tags sind wichtiger. Doch auch hier ein Dilemma und ungünstige Marktlage. Bloße Unterhaltung bietet das Leben, am Abend das Kino, Poesie die Tageszeitung unter dem Strich, für mehr, doch sozialerweise schon von einem Franken an, wird Seele gefordert, Geständnisse, Wahrhaftigkeit eben, höhere Werte sollen geliefert werden, Moralien, brauchbare Sentenzen, irgend etwas soll überwunden oder bejaht werden, bald Christentum, bald gängige Verzweiflung, Literatur, alles in allem. Doch wenn dies zu produzieren der Autor sich weigert, immer mehr, immer hartnäckiger, weil er sich zwar im klaren ist, daß der Grund seines Schreibens bei ihm liegt, in seinem Bewußten und Unbewußten in je nach Fall dosiertem Verhältnis, in seinem Glauben und Zweifeln, jedoch auch meint, gerade dies gehe das Publikum nun wirklich nichts an, es genüge, was er schreibt, gestaltet, formt, man zeige appetitlicherweise die Oberfläche und nur diese, arbeite an ihr und nur dort, im übrigen sei der Mund zu halten, weder zu kommentieren noch zu schwatzen? Angelangt bei dieser Erkenntnis, wird er stocken, zögern, ratlos werden, dies wird kaum zu vermeiden sein. Die Ahnung steigt auf, es gebe nichts mehr zu erzählen, die Abdankung wird ernstlich in Erwägung gezogen, vielleicht sind einige Sätze noch möglich, sonst aber Schwenkung in die Biologie, um der Explosion der Menschheit, den vorrückenden Milliarden, den unablässig liefernden Gebärmüttern wenigstens gedanklich beizukommen, oder in die Physik, in die Astronomie, sich ordnungshalber über das Gerüst Rechenschaft abzulegen, in welchem wir pendeln. Der Rest für die Illustrierte, für ›Life‹, ›Match‹, ›Quick‹ und für die ›Sie und Er‹: der Präsident unter dem Sauerstoffzelt, Onkel Bulganin in seinem Garten, die Prinzessin mit ihrem Tausendsassa von Flugkapitän, Filmgrößen und Dollargesichter, auswechselbar, schon aus der Mode, kaum wird von ihnen gesprochen. Daneben der Alltag eines jeden, westeuropäisch in meinem Fall, schweizerisch genauer, schlechtes Wetter und Konjunktur, Sorgen und Plagen, Erschütterungen durch private Ereignisse, doch ohne Zusammenhang mit dem Weltganzen, mit dem Ablauf der Dinge und

Undinge, mit dem Abspulen der Notwendigkeiten. Das Schicksal hat die Bühne verlassen, auf der gespielt wird, um hinter den Kulissen zu lauern, außerhalb der gültigen Dramaturgie, im Vordergrund wird alles zum Unfall, die Krankheiten, die Krisen. Selbst der Krieg wird abhängig davon, ob die Elektronen-Hirne sein Rentieren voraussagen, doch wird dies nie der Fall sein, weiß man, gesetzt die Rechenmaschinen funktionieren, nur noch Niederlagen sind mathematisch denkbar; wehe nur, wenn Fälschungen stattfinden, verbotene Eingriffe in die künstlichen Hirne, doch auch dies weniger peinlich als die Möglichkeit, daß eine Schraube sich lockert, eine Spule in Unordnung gerät, ein Taster falsch reagiert, Weltuntergang aus technischem Kurzschluß, Fehlschaltung. So droht kein Gott mehr, keine Gerechtigkeit, kein Fatum wie in der fünften Symphonie, sondern Verkehrsunfälle, Deichbrüche infolge Fehlkonstruktion, Explosion einer Atombombenfabrik, hervorgerufen durch einen zerstreuten Laboranten, falsch eingestellte Brutmaschinen. In diese Welt der Pannen führt unser Weg, an dessen staubigem Rande nebst Reklamewänden für Bally-Schuhe, Studebaker, Eiscreme und den Gedenksteinen der Verunfallten sich noch einige mögliche Geschichten ergeben, indem aus einem Dutzendgesicht die Menschheit blickt, Pech sich ohne Absicht ins Allgemeine weitet, Gericht und Gerechtigkeit sichtbar werden, vielleicht auch Gnade, zufällig aufgefangen, widergespiegelt vom Monokel eines Betrunkenen.


*Zweiter Teil*


Unfall, harmlos zwar, Panne auch hier: Alfredo Traps, um den Namen zu nennen, in der Textilbranche beschäftigt, fünfundvierzig, noch lange nicht korpulent, angenehme Erscheinung, mit genügenden Manieren, wenn auch eine gewisse Dressur verratend, indem Primitives, Hausiererhaftes durchschimmert – dieser Zeitgenosse hatte sich eben noch mit seinem Studebaker über eine der großen Straßen des Landes bewegt, konnte schon hoffen, in einer Stunde seinen Wohnort, eine größere Stadt, zu erreichen, als der Wagen streikte. Er ging einfach nicht mehr. Hilflos lag die rotlackierte Maschine am Fuße eines kleineren Hügels, über den sich die Straße schwang; im Norden hatte sich eine Kumuluswolke gebildet, und im Westen stand die Sonne immer noch hoch, fast nachmittäglich. Traps rauchte eine Zigarette und tat dann das Nötige. Der Garagist, der den Studebaker schließlich abschleppte, erklärte, den Schaden nicht vor dem andern Morgen beheben zu können, Fehler in der Benzinzufuhr. Ob dies stimmte, war weder ausfindig zu machen, noch war ratsam, es zu versuchen; Garagisten ist man ausgeliefert wie einst Raubrittern, noch früher Ortsgöttern und Dämonen. Zu bequem, die halbe Stunde zur nächsten Bahnstation zurückzulegen und die etwas komplizierte, wenn auch kurze Reise nach Hause zu unternehmen, zu seiner Frau, zu seinen vier Kindern, alles Jungen, beschloß Traps zu übernachten. Es war sechs Uhr abends, heiß, der längste Tag nahe, das Dorf, an dessen Rand sich die Garage befand, freundlich, verzettelt gegen bewaldete Hügel hin, mit einem kleinen Bühl samt Kirche, Pfarrhaus und einer uralten, mit mächtigen Eisenringen und Stützen versehenen Eiche, alles solide, proper, sogar die Misthaufen vor den Bauernhäusern sorgfältig geschichtet und herausgeputzt. Auch stand irgendwo ein Fabriklein herum und mehrere Pinten und Landgasthöfe, deren einen Traps schon öfters hatte rühmen hören, doch waren die Zimmer belegt, eine Tagung der Kleinviehzüchter nahm die Betten in Anspruch, und der Textilreisende wurde nach einer Villa gewiesen, wo hin und wieder Leute aufgenommen würden. Traps zögerte. Noch war es möglich, mit der Bahn heimzukehren, doch lockte ihn die Hoffnung, irgendein Abenteuer zu erleben, gab es doch manchmal in den Dörfern Mädchen, wie in Großbiestringen neulich, die Textilreisende zu schätzen wußten. So schlug er denn neubelebt den Weg zur Villa ein. Von der Kirche her Glockengeläute. Kühe trotteten ihm entgegen, muhten. Das einstöckige Landhaus lag in einem größeren Garten, die Wände blendend weiß, Flachdach, grüne Rolläden, halb verdeckt von Büschen, Buchen und Tannen, gegen die Straße hin Blumen, Rosen vor allem, ein betagtes Männchen dazwischen mit umgebundener Lederschürze, möglicherweise der Hausherr, leichte Gartenarbeit verrichtend.

Traps stellte sich vor und bat um Unterkunft.

»Ihr Beruf?« fragte der Alte, der an den Zaun gekommen war, eine Brissago rauchend und die Gartentüre kaum überragend.

»In der Textilbranche beschäftigt.«

Der Alte musterte Traps aufmerksam, nach der Weise der Weitsichtigen über eine kleine randlose Brille blickend: »Gewiß, hier kann der Herr übernachten.«

Traps fragte nach dem Preis.

Er pflege dafür nichts zu nehmen, erklärte der Alte, er sei allein, sein Sohn befinde sich in den Vereinigten Staaten, eine Haushälterin sorge für ihn, Mademoiselle Simone, da sei er froh, hin und wieder einen Gast zu beherbergen.

Der Textilreisende dankte. Er war gerührt über die Gastfreundschaft und bemerkte, auf dem Lande seien eben die Sitten und Bräuche der Altvordern noch nicht ausgestorben. Die Gartentüre wurde geöffnet. Traps sah sich um. Kieswege, Rasen, große Schattenpartien, sonnenbeglänzte Stellen.

Er erwarte einige Herren heute abend, sagte der Alte, als sie bei den Blumen angelangt waren, und schnitt sorgfältig an einem Rosenstock herum. Freunde kämen, die in der Nachbarschaft wohnten, teils im Dorf, teils weiter gegen die Hügel hin, pensioniert wie er selber, hergezogen des milden Klimas wegen und weil hier der Föhn nicht zu spüren sei, alle einsam, verwitwet, neugierig auf etwas Neues, Frisches, Lebendiges, und so sei es ihm denn ein Vergnügen, Herrn Traps zum Abendessen und zum nachfolgenden Herrenabend einladen zu dürfen.

Der Textilreisende stutzte. Er hatte eigentlich im Dörfchen essen wollen, im allseits bekannten Landgasthof eben, doch wagte er nicht, die Aufforderung abzulehnen. Er fühlte sich verpflichtet. Er hatte die Einladung angenommen, kostenlos zu übernachten. Er wollte nicht als ein unhöflicher Stadtmensch erscheinen. So tat er erfreut. Der Hausherr führte ihn in den ersten Stock. Ein freundliches Zimmer. Fließendes Wasser, ein breites Bett, Tisch, bequemer Sessel, ein Hodler an der Wand, alte Lederbände im Büchergestell. Der Textilreisende öffnete sein Köfferchen, wusch, rasierte sich, hüllte sich in eine Wolke von Eau de Cologne, trat ans Fenster, zündete eine Zigarette an. Eine große Sonnenscheibe rutschte gegen die Hügel hinunter, umstrahlte die Buchen. Er überschlug flüchtig die Geschäfte dieses Tages, den Auftrag der Rotacher AG, nicht schlecht, die Schwierigkeiten mit Wildholz, fünf Prozent verlangte der, Junge, Junge, dem würde er schon den Hals umdrehen. Dann tauchten Erinnerungen auf. Alltägliches, Unordentliches, ein geplanter Ehebruch im

Hotel Touring, die Frage, ob seinem Jüngsten (den er am meisten liebe) eine elektrische Eisenbahn zu kaufen sei, die Höflichkeit und eigentlich die Pflicht, seiner Frau zu telephonieren, Nachricht von seinem ungewollten Aufenthalt zu geben. Doch unterließ er es. Wie schon oft. Sie war daran gewöhnt und würde ihm außerdem auch nicht glauben. Er gähnte, genehmigte eine weitere Zigarette. Er sah zu, wie drei alte Herren über den Kiesweg anmarschiert kamen, zwei Arm in Arm, ein dicker, glatzköpfiger hintendrein. Begrüßung, Händeschütteln, Umarmungen, Gespräche über Rosen. Traps zog sich vom Fenster zurück, ging zum Büchergestell. Nach den Titeln, die er las, war ein langweiliger Abend zu erwarten: Hotzendorff, Das Verbrechen des Mordes und die Todesstrafe; Savigny, System des heutigen römischen Rechts; Ernst David Hölle, Die Praxis des Verhörs. Der Textilreisende sah klar. Sein Gastgeber war Jurist, vielleicht ein gewesener Rechtsanwalt. Er machte sich auf umständliche Erörterungen gefaßt, was verstand so ein Studierter vom wirklichen Leben, nichts, die Gesetze waren ja danach. Auch war zu befürchten, daß über Kunst oder ähnliches geredet würde, wobei er sich leicht blamieren konnte, na gut, wenn er nicht mitten im Geschäftskampf stehen würde, wäre er auch auf dem laufenden in höheren Dingen. So ging er denn ohne Lust hinunter, wo man sich in der offenen, immer noch sonnenbeschienenen Veranda niedergelassen hatte, während die Haushälterin, eine handfeste Person, nebenan im Speisezimmer den Tisch deckte. Doch stutzte er, als er die Gesellschaft sah, die ihn erwartete. Er war froh, daß ihm fürs erste der Hausherr entgegenkam, nun fast geckenhaft, die wenigen Haare sorgfältig gebürstet, in einem viel zu weiten Gehrock. Traps wurde willkommen geheißen. Mit einer kurzen Rede. So konnte er seine Verwunderung verbergen, murmelte, die Freude sei ganz auf seiner Seite, verneigte sich, kühl, distanziert, spielte den Textilfachmann von Welt und dachte mit Wehmut, daß er doch nur in diesem Dorfe geblieben sei, irgendein Mädchen aufzutreiben. Das war mißlungen. Er sah sich drei weiteren Greisen gegenüber, die in nichts dem kauzigen Gastgeber nachstanden. Wie ungeheure Raben füllten sie den sommerlichen Raum mit den Korbmöbeln und den luftigen Gardinen, uralt, verschmiert und verwahrlost, wenn auch ihre Gehröcke die beste Qualität aufwiesen, wie er gleich feststellte, wollte man vom Glatzköpfigen absehen (Pilet mit Namen, siebenundsiebzig Jahre alt, gab der Hausherr bei der Vorstellerei bekannt, die nun einsetzte), der steif und würdig auf einem äußerst unbequemen Schemel saß, obgleich doch mehrere angenehme Stühle herumstanden, überkorrekt hergerichtet, eine weiße Nelke im Knopfloch und ständig über seinen schwarzgefärbten buschigen Schnurrbart streichend, pensioniert offenbar, vielleicht ein ehemaliger, durch Glücksfall wohlhabend gewordener Künstler oder Schornsteinfeger, möglicherweise auch Lokomotivführer. Um so verlotterter dagegen die beiden andern. Der eine (Herr Kummer, zweiundachtzig), noch dicker als Pilet, unermeßlich, wie aus speckigen Wülsten zusammengesetzt, saß in einem Schaukelstuhl, das Gesicht hochrot, gewaltige Säufernase, joviale Glotzaugen hinter einem goldenen Zwicker, dazu, wohl aus Versehen, ein Nachthemd unter dem schwarzen Anzug und die Taschen vollgestopft mit Zeitungen und Papieren, während der andere (Herr Zorn, sechsundachtzig), lang und hager, ein Monokel vor das linke Auge geklemmt, Schmisse im Gesicht, Hakennase, schlohweiße Löwenmähne, eingefallener Mund, eine vorgestrige Erscheinung alles in allem, die

Weste falsch geknöpft hatte und zwei verschiedene Socken trug.

»Campari?« fragte der Hausherr.

»Aber bitte«, antwortete Traps und ließ sich in einen Sessel nieder, während der Lange, Hagere ihn interessiert durch sein Monokel betrachtete:

»Herr Traps wird wohl an unserem Spielchen teilnehmen?«

»Aber natürlich. Spiele machen mir Spaß.«

Die alten Herren lächelten, wackelten mit den Köpfen.

»Unser Spiel ist vielleicht etwas sonderbar«, gab der Gastgeber vorsichtig, fast zögernd zu bedenken. »Es besteht darin, daß wir des Abends unsere alten Berufe spielen.«

Die Greise lächelten aufs neue, höflich, diskret.

Traps wunderte sich. Wie er dies verstehen solle?

»Nun«, präzisierte der Gastgeber, »ich war einst Richter, Herr Zorn Staatsanwalt und Herr Kummer Advokat, und so spielen wir denn Gericht.«

»Ach so«, begriff Traps und fand die Idee passabel. Vielleicht war der Abend doch noch nicht verloren.

Der Gastgeber betrachtete den Textilreisenden feierlich. Im allgemeinen, erläuterte er mit milder Stimme, würden die berühmten historischen Prozesse durchgenommen, der Prozeß Sokrates, der Prozeß Jesus, der Prozeß Jeanne d'Arc, der Prozeß Dreyfus, neulich der Reichstagsbrand, und einmal sei Friedrich der Große für unzurechnungsfähig erklärt worden.

Traps staunte. »Das spielt ihr jeden Abend?«

Der Richter nickte. Aber am schönsten sei es natürlich, erklärte er weiter, wenn am lebenden Material gespielt werde, was des öfteren besonders interessante Situationen ergebe, erst vorgestern etwa sei ein Parlamentarier, der im

Dorfe eine Wahlrede gehalten und den letzten Zug verpaßt hätte, zu vierzehn Jahren Zuchthaus wegen Erpressung und Bestechung verurteilt worden.

»Ein gestrenges Gericht«, stellte Traps belustigt fest.

»Ehrensache«, strahlten die Greise.

Was er denn für eine Rolle einnehmen könne?

Wieder Lächeln, fast Lachen.

Den Richter, den Staatsanwalt und den Verteidiger hätten sie schon, es seien dies ja auch Posten, die eine Kenntnis der Materie und der Spielregeln voraussetzten, meinte der Gastgeber, nur der Posten eines Angeklagten sei unbesetzt, doch sei Herr Traps in keiner Weise etwa gezwungen mitzuspielen, er möchte dies noch einmal betonen.

Das Vorhaben der alten Herren erheiterte den Textilreisenden. Der Abend war gerettet. Es würde nicht gelehrt zugehen und langweilig, es versprach lustig zu werden. Er war ein einfacher Mensch, ohne allzugroße Denkkraft und Neigung zu dieser Tätigkeit, ein Geschäftsmann, gewitzigt, wenn es sein mußte, der in seiner Branche aufs Ganze ging, daneben gerne gut aß und trank, mit einer Neigung zu handfesten Späßen. Er spiele mit, sagte er, es sei ihm eine Ehre, den verwaisten Posten eines Angeklagten anzunehmen.

Bravo, krächzte der Staatsanwalt und klatschte in die Hände, bravo, das sei ein Manneswort, das nenne er Courage.

Der Textilreisende erkundigte sich neugierig nach dem Verbrechen, das ihm nun zugemutet würde.

Ein unwichtiger Punkt, antwortete der Staatsanwalt, das Monokel reinigend, ein Verbrechen lasse sich immer finden.

Alle lachten.

Herr Kummer erhob sich. »Kommen Sie, Herr Traps«,

sagte er beinahe väterlich, »wir wollen doch den Porto noch probieren, den es hier gibt; er ist alt, den müssen Sie kennenlernen.«

Er führte Traps ins Speisezimmer. Der große runde Tisch war nun aufs festlichste gedeckt. Alte Stühle mit hohen Lehnen, dunkle Bilder an den Wänden, altmodisch, solide alles, von der Veranda her drang das Plaudern der Greise, durch die offenen Fenster flimmerte der Abendschein, drang das Gezwitscher der Vögel, und auf einem Tischchen standen Flaschen, weitere noch auf dem Kamin, die Bordeaux in Körbchen gelagert. Der Verteidiger goß sorgfältig und etwas zittrig aus einer alten Flasche Porto in zwei kleine Gläser, füllte sie bis zum Rande, stieß mit dem Textilreisenden auf dessen Gesundheit an, vorsichtig, die Gläser mit der kostbaren Flüssigkeit kaum in Berührung bringend.

Traps kostete. »Vortrefflich«, lobte er.

»Ich bin Ihr Verteidiger, Herr Traps«, sagte Herr Kummer. »Da heißt es zwischen uns beiden: Auf gute Freundschaft!«

»Auf gute Freundschaft!«

Es sei am besten, meinte der Advokat und rückte mit seinem roten Gesicht, mit seiner Säufernase und seinem Zwicker näher an Traps heran, so daß sein Riesenbauch ihn berührte, eine unangenehme weiche Masse, es sei am besten, wenn der Herr ihm sein Verbrechen gleich anvertraue. So könne er garantieren, daß man beim Gericht auch durchkäme. Die Situation sei zwar nicht gefährlich, doch auch nicht zu unterschätzen, der lange hagere Staatsanwalt, immer noch im Besitz seiner geistigen Kräfte, sei zu fürchten, und dann neige der Gastgeber leider zur Strenge und vielleicht sogar zur Pedanterie, was sich im Alter – er zähle siebenundachtzig – noch verstärkt habe. Trotzdem aber sei es ihm, dem Verteidiger, gelungen, die meisten Fälle durchzubringen, oder es wenigstens nicht zum Schlimmsten kommen zu lassen. Nur einmal bei einem Raubmord sei wirklich nichts zu retten gewesen. Aber ein Raubmord komme hier wohl nicht in Frage, wie er Herrn Traps einschätze, oder doch?

Er habe leider kein Verbrechen begangen, lachte der Textilreisende. Und dann sagte er: »Prosit!«

»Gestehen Sie es mir«, munterte ihn der Verteidiger auf. »Sie brauchen sich nicht zu schämen. Ich kenne das Leben, wundere mich über nichts mehr. Schicksale sind an mir vorübergegangen, Herr Traps, Abgründe taten sich auf, das können Sie mir glauben.«

Es tue ihm leid, schmunzelte der Textilreisende, wirklich, er sei ein Angeklagter, der ohne Verbrechen dastehe, und im übrigen sei es die Sache des Staatsanwaltes, eines zu finden, er habe es selber gesagt, und da wolle er ihn nun beim Wort nehmen. Spiel sei Spiel. Er sei neugierig, was herauskomme. Ob es denn ein richtiges Verhör gebe?

»Will ich meinen!«

»Da freue ich mich aber darauf.«

Der Verteidiger machte ein bedenkliches Gesicht.

»Sie fühlen sich unschuldig, Herr Traps?«

Der Textilreisende lachte: »Durch und durch«, und das Gespräch kam ihm äußerst lustig vor.

Der Verteidiger reinigte seinen Zwicker.

»Schreiben Sie sich's hinter die Ohren, junger Freund, Unschuld hin oder her, auf die Taktik kommt es an! Es ist halsbrecherisch – gelinde ausgedrückt –, vor unserem Gericht unschuldig sein zu wollen, im Gegenteil, es ist am klügsten, sich gleich eines Verbrechens zu bezichtigen, zum Beispiel, gerade für Geschäftsleute vorteilhaft: Betrug. Dann kann sich immer noch beim Verhör herausstellen, daß der Angeklagte übertreibt, daß eigentlich kein Betrug vorliegt, sondern etwa eine harmlose Vertuschung von Tatsachen aus Reklamegründen, wie sie im Handel öfters üblich ist. Der Weg von der Schuld zur Unschuld ist zwar schwierig, doch nicht unmöglich, dagegen ist es geradezu hoffnungslos, seine Unschuld bewahren zu wollen, und das Resultat verheerend. Sie verlieren, wo Sie doch gewinnen könnten, auch sind Sie nun gezwungen, die Schuld nicht mehr wählen zu dürfen, sondern sich aufzwingen zu lassen.«

Der Textilreisende zuckte amüsiert die Achseln, er bedaure, nicht dienen zu können, aber er sei sich keiner Übeltat bewußt, die ihn mit dem Gesetz in Konflikt gebracht habe, beteuerte er.

Der Verteidiger setzte seinen Zwicker wieder auf. Mit Traps werde er Mühe haben, meinte er nachdenklich, das werde hart auf hart gehen. »Doch vor allem«, schloß er die Unterredung, »überlegen Sie sich jedes Wort, plappern Sie nicht einfach vor sich hin, sonst sehen Sie sich plötzlich zu einer langjährigen Zuchthausstrafe verurteilt, ohne daß noch zu helfen wäre.«

Dann kamen die übrigen. Man setzte sich um den runden Tisch. Gemütliche Tafelrunde, Scherzworte. Zuerst wurden verschiedene Vorspeisen serviert, Aufschnitt, russische Eier, Schnecken, Schildkrötensuppe. Die Stimmung war vortrefflich, man löffelte vergnügt, schlürfte ungeniert.

»Nun, Angeklagter, was haben Sie uns vorzuweisen, ich hoffe einen schönen, stattlichen Mord«, krächzte der Staatsanwalt.

Der Verteidiger protestierte: »Mein Klient ist ein Angeklagter ohne Verbrechen, eine Seltenheit in der Justiz sozusagen. Behauptet unschuldig zu sein.«

»Unschuldig?« wunderte sich der Staatsanwalt. Die Schmisse leuchteten rot auf, das Monokel fiel ihm beinahe in den Teller, pendelte hin und her an der schwarzen Schnur. Der zwerghafte Richter, der eben Brot in die Suppe brockte, hielt inne, betrachtete den Textilreisenden vorwurfsvoll, schüttelte den Kopf, und auch der Glatzköpfige, Schweigsame mit der weißen Nelke starrte ihn erstaunt an. Die Stille war beängstigend. Kein Löffel- und Gabelgeräusch, kein Schnaufen und Schlürfen war zu vernehmen. Nur Simone im Hintergrund kicherte leise.

»Müssen wir untersuchen«, faßte der Staatsanwalt sich endlich. »Was es nicht geben kann, gibt es nicht.«

»Nur zu«, lachte Traps. »Ich stehe zur Verfügung!«

Zum Fisch gab es Wein, einen leichten spritzigen Neuchâteller. »Nun denn«, sagte der Staatsanwalt, seine Forelle auseinandernehmend, »wollen mal sehen. Verheiratet?«

»Seit elf Jahren.«

»Kinderchen?«

»Vier.«

»Beruf?«

»In der Textilbranche.«

»Also Reisender, lieber Herr Traps?«

»Generalvertreter.«

»Schön. Erlitten eine Panne?«

»Zufällig. Zum ersten Mal seit einem Jahr.«

»Ach. Und vor einem Jahr?«

»Nun, da fuhr ich noch den alten Wagen«, erklärte Traps. »Einen Citroën 1939, doch jetzt besitze ich einen Studebaker, rotlackiertes Extramodell.«

»Studebaker, ei, interessant, und erst seit kurzem? Waren wohl vorher nicht Generalvertreter?«

»Ein simpler, gewöhnlicher Reisender in Textilien.«

»Konjunktur«, nickte der Staatsanwalt.

Neben Traps saß der Verteidiger. »Passen Sie auf«, flüsterte er.

Der Textilreisende, der Generalvertreter, wie wir jetzt sagen dürfen, machte sich sorglos hinter ein Beefsteak Tartar, träufelte Zitrone darüber, sein Rezept, etwas Kognak, Paprika und Salz. Ein angenehmeres Essen sei ihm noch nie vorgekommen, strahlte er dabei, er habe stets die Abende in der Schlaraffia für das Amüsanteste gehalten, was seinesgleichen erleben könne, doch dieser Herrenabend bereite noch größeren Spaß.

»Aha«, stellte der Staatsanwalt fest, »Sie gehören der Schlaraffia an. Welchen Spitznamen führen Sie denn dort?«

»Marquis de Casanova.«

»Schön«, krächzte der Staatsanwalt freudig, als ob die Nachricht von Wichtigkeit wäre, das Monokel wieder eingeklemmt. »Uns allen ein Vergnügen, dies zu hören. Darf von Ihrem Spitznamen auf Ihr Privatleben geschlossen werden, mein Bester?«

»Aufgepaßt«, zischte der Verteidiger.

»Lieber Herr«, antwortete Traps. »Nur bedingt. Wenn mir mit Weibern etwas Außereheliches passiert, so nur zufälligerweise und ohne Ambition.«

Ob Herr Traps die Güte hätte, der versammelten Runde sein Leben in kurzen Zügen bekannt geben zu wollen, fragte der Richter, Neuchâteller nachfüllend. Da man ja beschlossen habe, über den lieben Gast und Sünder zu Gericht zu sitzen und ihn womöglich auf Jahre hinaus zu verknurren, sei es nur angemessen, Näheres, Privates, Intimes zu erfahren, Weibergeschichten, wenn möglich gesalzen und gepfeffert.

»Erzählen, erzählen!« forderten die alten Herren den

Generalvertreter kichernd auf. Einmal hätten sie einen Zuhälter am Tisch gehabt, der hätte die spannendsten und pikantesten Dinge aus seinem Métier erzählt und sei zu alledem mit nur vier Jahren Zuchthaus davongekommen.

»Nu, nu«, lachte Traps mit, »was gibt es schon von mir zu erzählen. Ich führe ein alltägliches Leben, meine Herren, ein kommunes Leben, wie ich gleich gestehen will. Pupille!«

»Pupille!«

Der Generalvertreter hob sein Glas, fixierte gerührt die starren, vogelartigen Augen der vier Alten, die an ihm hafteten, als wäre er ein spezieller Leckerbissen, und dann stießen die Gläser aneinander.

Draußen war die Sonne nun endlich untergegangen, und auch der Höllenlärm der Vögel verstummt, aber noch lag die Landschaft taghell da, die Gärten und die roten Dächer zwischen den Bäumen, die bewaldeten Hügel und in der Ferne die Vorberge und einige Gletscher, Friedensstimmung, Stille einer ländlichen Gegend, feierliche Ahnung von Glück, Gottessegen und kosmischer Harmonie.

Eine harte Jugend habe er durchgemacht, erzählte Traps, während Simone die Teller wechselte und eine dampfende Riesenschüssel auftischte. Champignons à la Crème. Sein Vater sei Fabrikarbeiter gewesen, ein Proletarier, den Irrlehren von Marx und Engels verfallen, ein verbitterter, freudloser Mann, der sich um sein einziges Kind nie gekümmert habe, die Mutter Wäscherin, früh verblüht.

»Nur die Primarschule durfte ich besuchen, nur die Primarschule«, stellte er fest, Tränen in den Augen, erbittert und gerührt zugleich über seine karge Vergangenheit, während man mit einem Réserve des Maréchaux anstieß.

28

»Eigenartig«, sagte der Staatsanwalt, »eigenartig. Nur die Primarschule. Haben sich aber mit Leibeskräften heraufgearbeitet, mein Verehrter.«

»Das will ich meinen«, prahlte dieser, vom Maréchaux angefeuert, beschwingt vom geselligen Beisammensein, von der feierlichen Gotteswelt vor den Fenstern. »Das will ich meinen. Noch vor zehn Jahren war ich nichts als ein Hausierer und zog mit einem Köfferchen von Haus zu Haus. Harte Arbeit, tippeln, übernachten in Heuschobern, zweifelhaften Herbergen. Von unten fing ich an in meiner Branche, ganz von unten. Und jetzt, meine Herren, wenn Sie mein Bankkonto sähen! Ich will mich nicht rühmen, aber hat jemand von euch einen Studebaker?«

»Seien Sie doch vorsichtig«, flüsterte der Verteidiger besorgt.

Wie denn das gekommen sei, fragte der Staatsanwalt neugierig.

Er solle aufpassen und nicht zuviel reden, mahnte der Verteidiger.

Er habe die Alleinvertretung der ›Hephaiston‹ auf diesem Kontinent übernommen, verkündete Traps und schaute sich triumphierend um. Nur Spanien und der Balkan seien in anderen Händen.

Hephaistos sei ein griechischer Gott, kicherte der kleine Richter, Champignons auf seinen Teller häufend, ein gar großer Kunstschmied, der die Liebesgöttin und ihren Galan, den Kriegsgott Ares, in einem so feingeschmiedeten und unsichtbaren Netz gefangen habe, daß sich die übrigen Götter nicht genug über diesen Fang hätten freuen können, aber was der Hephaiston bedeute, dessen Alleinvertretung der verehrte Herr Traps übernommen habe, sei ihm schleierhaft.

»Und doch sind Sie nahe daran, verehrter Gastgeber

und Richter«, lachte Traps. »Sie sagen selbst: schleierhaft, und der mir unbekannte griechische Gott fast gleichen Namens mit meinem Artikel habe ein gar feines und unsichtbares Netz gesponnen. Wenn es heute Nylon, Perlon, Myrlon gibt, Kunststoffe, von denen das hohe Gericht doch wohl gehört hat, so gibt es auch Hephaiston, den König der Kunststoffe, unzerreißbar, durchsichtig, doch dabei gerade für Rheumatiker eine Wohltat, ebenso verwendbar in der Industrie wie in der Mode, für den Krieg wie für den Frieden. Der vollendete Stoff für Fallschirme und zugleich die pikanteste Materie für Nachthemden schönster Damen, wie ich aus eigener Forschung weiß.«

»Hört, hört«, quakten die Greise, »eigene Forschung, das ist gut«, und Simone wechselte aufs neue die Teller, brachte einen Kalbsnierenbraten.

»Ein Festessen«, strahlte der Generalvertreter.

»Freut mich«, sagte der Staatsanwalt, »daß Sie so etwas zu würdigen wissen, und mit Recht! Beste Ware wird uns vorgesetzt und in genügenden Mengen, ein Menü wie aus dem vorigen Jahrhundert, da die Menschen noch zu essen wagten. Loben wir Simone! Loben wir unseren Gastgeber! Kauft er doch selber ein, der alte Gnom und Gourmet, und was die Weine betrifft, sorgt Pilet für sie als Ochsenwirt im Nachbardörfchen. Loben wir auch ihn! Doch wie steht es nun mit Ihnen, mein Tüchtiger? Durchforschen wir Ihren Fall weiter. Ihr Leben kennen wir nun, es war ein Vergnügen, einen kleinen Einblick zu erhalten, und auch über Ihre Tätigkeit herrscht Klarheit. Nur ein unwichtiger Punkt ist noch nicht geklärt: Wie kamen Sie beruflich zu einem so lukrativen Posten? Allein durch Fleiß, durch eiserne Energie?«

»Aufpassen«, zischte der Verteidiger. »Jetzt wird's gefährlich.«

Das sei nicht so leicht gewesen, antwortete Traps und sah begierig zu, wie der Richter den Braten zu tranchieren begann, er habe zuerst Gygax besiegen müssen, und das sei eine harte Arbeit gewesen.

»Ei, und Herr Gygax, wer ist denn dies wieder?«

»Mein früherer Chef.«

»Er mußte verdrängt werden, wollen Sie sagen?«

»Auf die Seite geschafft mußte er werden, um im rauhen Ton meiner Branche zu bleiben«, antwortete Traps und bediente sich mit Sauce. »Meine Herren, Sie werden ein offenes Wort ertragen. Es geht hart zu im Geschäftsleben, wie du mir, so ich dir, wer da ein Gentleman sein will, bitte schön, kommt um. Ich verdiene Geld wie Heu, doch ich schufte auch wie zehn Elefanten, jeden Tag spule ich meine sechshundert Kilometer mit meinem Studebaker herunter. So ganz fair bin ich nicht vorgegangen, als es hieß, dem alten Gygax das Messer an die Kehle zu setzen und zuzustoßen, aber ich mußte vorwärtskommen, was will einer, Geschäft ist schließlich Geschäft.«

Der Staatsanwalt sah neugierig vom Kalbsnierenbraten auf. »Auf die Seite schaffen, das Messer an die Kehle setzen, zustoßen, das sind ja ziemlich bösartige Ausdrücke, lieber Traps.«

Der Generalvertreter lachte: »Sie sind natürlich nur im übertragenen Sinne zu verstehen.«

»Herr Gygax befindet sich wohl, Verehrtester?«

»Er ist letztes Jahr gestorben.«

»Sind Sie toll?« zischte der Verteidiger aufgeregt. »Sie sind wohl ganz verrückt geworden!«

»Letztes Jahr«, bedauerte der Staatsanwalt. »Das tut mir aber leid. Wie alt ist er denn geworden?«

»Zweiundfünfzig.«

»Blutjung. Und woran ist er gestorben?«

»An irgendeiner Krankheit.«

»Nachdem Sie seinen Posten erhalten hatten?«

»Kurz vorher.«

»Schön, mehr brauche ich einstweilen nicht zu wissen«, sagte der Staatsanwalt. »Glück, wir haben Glück. Ein Toter ist aufgestöbert, und das ist schließlich die Hauptsache.«

Alle lachten. Sogar Pilet, der Glatzköpfige, der andächtig vor sich hin aß, pedantisch, unbeirrbar, unermeßliche Mengen hinunterschlingend, sah auf.

»Fein«, sagte er und strich sich über den schwarzen Schnurrbart.

Dann schwieg er und aß weiter.

Der Staatsanwalt hob feierlich sein Glas. »Meine Herren«, erklärte er, »auf diesen Fund hin wollen wir den Pichon-Longueville 1933 goutieren. Ein guter Bordeaux zu einem guten Spiel!«

Sie stießen aufs neue an, tranken einander zu.

»Donnerwetter, meine Herren!« staunte der Generalvertreter, den Pichon in einem Zuge leerend und das Glas dem Richter hinhaltend: »Das schmeckt aber riesig!«

Die Dämmerung war angebrochen und die Gesichter der Versammelten kaum mehr zu erkennen. Die ersten Sterne waren in den Fenstern zu ahnen, und die Haushälterin zündete drei große schwere Leuchter an, die das Schattenbild der Tafelrunde wie den wunderbaren Blütenkelch einer phantastischen Blume an die Wände malten. Trauliche, gemütliche Stimmung, Sympathie allerseits, Lockerung der Umgangsformen, der Sitten.

»Wie im Märchen«, staunte Traps.

Der Verteidiger wischte sich mit der Serviette den Schweiß von der Stirne. »Das Märchen, lieber Traps«, sagte er, »sind Sie. Es ist mir noch nie ein Angeklagter begegnet, der mit größerer Seelenruhe so unvorsichtige Aussagen gemacht hätte.«

Traps lachte: »Keine Bange, lieber Nachbar! Wenn erst einmal das Verhör beginnt, werde ich schon den Kopf nicht verlieren.«

Totenstille im Zimmer, wie schon einmal. Kein Schmatzen mehr, kein Schlürfen.

»Sie Unglücksmensch!« ächzte der Verteidiger. »Was meinen Sie damit: Wenn erst einmal das Verhör beginnt?«

»Nun«, sagte der Generalvertreter, Salat auf den Teller häufend, »hat es etwa schon begonnen?«

Die Greise schmunzelten, sahen pfiffig drein, verschmitzt, meckerten endlich vor Vergnügen.

Der Stille, Ruhige, Glatzköpfige kicherte: »Er hat es nicht gemerkt, er hat es nicht gemerkt!«

Traps stutzte, war verblüfft, die spitzbübische Heiterkeit kam ihm unheimlich vor, ein Eindruck, der sich freilich bald verflüchtigte, so daß er mitzulachen begann: »Meine Herren, verzeihen Sie«, sagte er, »ich dachte mir das Spiel feierlicher, würdiger, förmlicher, mehr Gerichtssaal.«

»Liebster Herr Traps«, klärte ihn der Richter auf, »Ihr bestürztes Gesicht ist nicht zu bezahlen. Unsere Art, Gericht zu halten, scheint Ihnen fremd und allzu munter, sehe ich. Doch, Wertgeschätzter, wir vier an diesem Tisch sind pensioniert und haben uns vom unnötigen Wust der Formeln, Protokolle, Schreibereien, Gesetze und was sonst noch für Kram unsere Gerichtssäle belastet, befreit. Wir richten ohne Rücksicht auf die lumpigen Gesetzbücher und Paragraphen.«

»Mutig«, entgegnete Traps mit schon etwas schwerer Zunge, »mutig. Meine Herren, das imponiert mir. Ohne Paragraphen, das ist eine kühne Idee.«

Der Verteidiger erhob sich umständlich. Er gehe Luft schnappen, verkündete er, bevor es zum Hähnchen und zum übrigen komme, ein kleines Gesundheits-Spaziergänglein und eine Zigarette seien nun an der Zeit, und er lade Herrn Traps ein, ihn zu begleiten.

Sie traten von der Veranda in die Nacht hinaus, die nun endlich hereingebrochen war, warm und majestätisch. Von den Fenstern des Eßzimmers her lagen goldene Lichtbänder über dem Rasen, erstreckten sich bis zu den Rosenbeeten. Der Himmel voller Sterne, mondlos, als dunkle Masse standen die Bäume da, und die Kieswege zwischen ihnen waren kaum zu erraten, über die sie nun schritten. Sie hatten sich den Arm gegeben. Beide waren schwer vom Wein, torkelten und schwankten auch hin und wieder, gaben sich Mühe, schön gerade zu gehen, und rauchten Zigaretten, Parisiennes, rote Punkte in der Finsternis.

»Mein Gott«, schöpfte Traps Atem, »war dies ein Jux da drinnen«, und wies nach den erleuchteten Fenstern, in denen eben die massige Silhouette der Haushälterin sichtbar wurde. »Vergnüglich geht's zu, vergnüglich.«

»Lieber Freund«, sagte der Verteidiger wankend und sich auf Traps stützend, »bevor wir zurückgehen und unser Hähnchen in Angriff nehmen, lassen Sie mich ein Wort an Sie richten, ein ernstes Wort, das Sie beherzigen sollten. Sie sind mir sympathisch, junger Mann, ich fühle zärtlich für Sie, ich will wie ein Vater zu Ihnen reden: Wir sind im schönsten Zuge, unseren Prozeß in Bausch und Bogen zu verlieren!«

»Das ist Pech«, antwortete der Generalvertreter und steuerte den Verteidiger vorsichtig den Kiesweg entlang um die große schwarze, kugelrunde Masse eines Gebüschs herum. Dann kam ein Teich, sie ahnten eine Steinbank, setzten sich. Sterne spiegelten sich im Wasser, Kühle stieg auf. Vom Dorfe her Handharmonikaklänge und Gesang, auch ein Alphorn war jetzt zu hören, der Kleinviehzüchterverband feierte.

»Sie müssen sich zusammennehmen«, mahnte der Verteidiger. »Wichtige Bastionen sind vom Feind genommen; der tote Gygax, unnötigerweise aufgetaucht durch Ihr hemmungsloses Geschwätz, droht mächtig, all dies ist schlimm, ein ungeübter Verteidiger müßte die Waffen strecken, doch mit Zähigkeit, unter Ausnützung aller Chancen und vor allem mit der größten Vorsicht und Disziplin Ihrerseits kann ich noch Wesentliches retten.«

Traps lachte. Das sei ein gar zu komisches Gesellschaftsspiel, stellte er fest, in der nächsten Sitzung der Schlaraffia müsse dies unbedingt auch eingeführt werden.

»Nicht wahr?« freute sich der Verteidiger, »man lebt auf. Hingesiecht bin ich, lieber Freund, nachdem ich meinen Rücktritt genommen hatte und plötzlich ohne Beschäftigung, ohne meinen alten Beruf in diesem Dörfchen das Alter genießen sollte. Was ist denn hier auch los? Nichts, nur der Föhn nicht zu spüren, das ist alles. Gesundes Klima? Lächerlich, ohne geistige Beschäftigung. Der Staatsanwalt lag im Sterben, bei unserem Gastfreund vermutete man Magenkrebs, Pilet litt an einem Diabetes, mir machte der Blutdruck zu schaffen. Das war das Resultat. Ein Hundeleben. Hin und wieder saßen wir traurig zusammen, erzählten sehnsüchtig von unseren alten Berufen und Erfolgen, unsere einzige spärliche Freude. Da kam der Staatsanwalt auf den Einfall, das Spiel einzuführen, der Richter stellte das Haus und ich mein Vermögen zur Verfügung – na ja, ich bin Junggeselle, und als jahrzehntelanger Anwalt der oberen Zehntausend legt man sich ein hübsches Sümmchen auf die Seite, mein Lieber, kaum zu glauben, wie sich ein freigesprochener Raubritter der

Hochfinanz seinem Verteidiger splendide erweist, das grenzt an Verschwendung –, und es wurde unser Gesundbrunnen, dieses Spiel; die Hormone, die Mägen, die Bauchspeicheldrüsen kamen wieder in Ordnung, die Langeweile verschwand, Energie, Jugendlichkeit, Elastizität, Appetit stellten sich wieder ein; sehen Sie mal«, und er machte trotz seinem Bauch einige Turnübungen, wie Traps undeutlich in der Dunkelheit bemerken konnte. »Wir spielen mit den Gästen des Richters, die unsere Angeklagten abgeben«, fuhr der Verteidiger fort, nachdem er sich wieder gesetzt hatte, »bald mit Hausierern, bald mit Ferienreisenden, und vor zwei Monaten durften wir gar einen deutschen General zu zwanzig Jahren Zuchthaus verurteilen. Er kam hier durchgewandert mit seiner Gattin, nur meine Kunst rettete ihn vor dem Galgen.«

»Großartig«, staunte Traps, »diese Produktion! Doch das mit dem Galgen kann nicht gut stimmen, da übertreiben Sie ein bißchen, verehrter Herr Rechtsanwalt, denn die Todesstrafe ist ja abgeschafft.«

»In der staatlichen Justiz«, stellte der Verteidiger richtig, »doch wir haben es hier mit einer privaten Justiz zu tun und führten sie wieder ein: Gerade die Möglichkeit der Todesstrafe macht unser Spiel so spannend und eigenartig.«

»Und einen Henker habt ihr wohl auch, wie?« lachte Traps.

»Natürlich«, bejahte der Verteidiger stolz; »haben wir auch. Pilet.«

»Pilet?«

»Überrascht, wie?«

Traps schluckte einige Male. »Der ist doch Ochsenwirt und sorgt für die Weine, die wir trinken.«

»Gastwirt war er immer«, schmunzelte der Verteidiger gemütlich. »Übte seine staatliche Tätigkeit nur nebenberuflich aus. Ehrenamtlich beinah. War einer der tüchtigsten seines Fachs im Nachbarlande, nun auch schon zwanzig Jahre pensioniert, doch immer noch auf dem laufenden in seiner Kunst.«

Ein Automobil fuhr durch die Straße, und im Lichte der Scheinwerfer leuchtete der Rauch der Zigaretten auf. Sekundenlang sah Traps auch den Verteidiger, die unmäßige Gestalt im verschmierten Gehrock, das fette, zufriedene, gemütliche Gesicht. Traps zitterte. Kalter Schweiß lag auf seiner Stirne.

»Pilet.«

Der Verteidiger stutzte: »Aber was haben Sie denn auf einmal, guter Traps? Spüre, daß Sie zittern. Ist Ihnen nicht wohl?«

Er sah den Kahlköpfigen vor sich, der doch eigentlich ziemlich stumpfsinnig mitgetafelt hatte, es war eine Zumutung, mit so einem zu essen. Aber was konnte der arme Kerl für seinen Beruf – die milde Sommernacht, der noch mildere Wein stimmten Traps human, tolerant, vorurteilslos, er war schließlich ein Mann, der vieles gesehen hatte und die Welt kannte, kein Mucker und Spießer, nein, ein Textilfachmann von Format, ja es schien Traps nun, der Abend wäre ohne Henker weniger lustig und ergötzlich, und er freute sich schon, das Abenteuer bald in der Schlaraffia zum besten geben zu können, wohin man den Henker sicher auch einmal kommen lassen würde gegen ein kleines Honorar und Spesen, und so lachte er denn schließlich befreit auf: »Bin reingefallen! Habe mich gefürchtet! Das Spiel wird immer lustiger!«

»Vertrauen gegen Vertrauen«, sagte der Verteidiger, als sie sich erhoben hatten und Arm in Arm, vom Licht der

Fenster geblendet, gegen das Haus hintappten. »Wie brachten Sie Gygax um?«

»Ich soll ihn umgebracht haben?«

»Na, wenn er doch tot ist.«

»Ich brachte ihn aber nicht um.«

Der Verteidiger blieb stehen. »Mein lieber junger Freund«, entgegnete er teilnehmend, »ich begreife die Bedenken. Von den Verbrechen sind die Morde am peinlichsten zu gestehen. Der Angeklagte schämt sich, will seine Tat nicht wahrhaben, vergißt, verdrängt sie aus dem Gedächtnis, ist überhaupt voller Vorurteile der Vergangenheit gegenüber, belastet sich mit übertriebenen Schuldgefühlen und traut niemandem, selbst seinem väterlichen Freunde nicht, dem Verteidiger, was gerade das Verkehrteste ist, denn ein rechter Verteidiger liebt den Mord, jubelt auf, bringt man ihm einen. Her damit, lieber Traps! Mir wird erst wohl, wenn ich vor einer wirklichen Aufgabe stehe, wie ein Alpinist vor einem schwierigen Viertausender, wie ich als alter Bergsteiger sagen darf. Da fängt das Hirn an zu denken und zu dichten, zu schnurren und zu schnarren, daß es eine Freude ist. So ist denn auch Ihr Mißtrauen der große, ja ich darf sagen, der entscheidende Fehler, den Sie machen. Darum, heraus mit dem Geständnis, alter Knabe!«

Er habe aber nichts zu gestehen, beteuerte der Generalvertreter.

Der Verteidiger stutzte. Grell beschienen vom Fenster, aus dem Gläserklirren und Lachen immer übermütiger schwoll, glotzte er Traps an.

»Junge, Junge«, brummte er mißbilligend, »was heißt das wieder? Wollen Sie denn Ihre falsche Taktik immer noch nicht aufgeben und immer noch den Unschuldigen spielen? Haben Sie denn noch nicht kapiert? Gestehen muß man, ob man will oder nicht, und zu gestehen hat man immer was, das dürfte Ihnen doch langsam dämmern! Wohlan denn, lieber Freund, weder geziert noch gezaudert, sondern frisch von der Leber weg gesprochen: Wie brachten Sie Gygax um? Im Affekt, nicht? Da müßten wir uns auf eine Anklage auf Totschlag gefaßt machen. Wette, daß der Staatsanwalt dahinsteuert. Habe so meine Vermutung. Kenne den Burschen.«

Traps schüttelte den Kopf. »Mein lieber Herr Verteidiger«, sagte er, »der besondere Reiz unsres Spiels besteht darin – wenn ich als Anfänger und ganz unmaßgeblich meine Meinung äußern darf –, daß es einem dabei unheimlich und gruselig wird. Das Spiel droht in die Wirklichkeit umzukippen. Man fragt sich auf einmal, ob man nun eigentlich ein Verbrecher sei oder nicht, ob man den alten Gygax umgebracht habe oder nicht. Es ist mir bei Ihrer Rede fast wirblig geworden. Und darum, Vertrauen gegen Vertrauen: Ich bin unschuldig am Tode des alten Gangsters. Wirklich.« Damit traten sie wieder ins Speisezimmer, wo das Hähnchen schon serviert war und ein Château Pavie 1921 in den Gläsern funkelte.

Traps, in Stimmung, begab sich zum Ernsten, Schweigenden, Glatzköpfigen, drückte ihm die Hand. Er habe vom Verteidiger seinen ehemaligen Beruf erfahren, sagte er, er wolle betonen, daß es nichts Angenehmeres geben könne, als einen so wackeren Mann am Tische zu wissen, er kenne keine Vorurteile, im Gegenteil, und Pilet, über seinen gefärbten Schnurrbart streichend, murmelte errötend, etwas geniert und in einem entsetzlichen Dialekt: »Freut mich, freut mich, werd mir Mühe geben.«

Nach dieser rührenden Verbrüderung mundete denn auch das Hähnchen vortrefflich. Es war nach einem Geheimrezept Simones zubereitet, wie der Richter verkündete. Man schmatzte, aß mit den Händen, lobte das Meisterwerk, trank, stieß auf jedermanns Gesundheit an, leckte die Sauce von den Fingern, fühlte sich wohl, und in aller Gemütlichkeit nahm der Prozeß seinen Fortgang. Der Staatsanwalt, eine Serviette umgebunden und das Hähnchen vor dem schnabelartigen, schmatzenden Munde, hoffte, zum Geflügel ein Geständnis serviert zu bekommen. »Gewiß, liebster und ehrenhaftester Angeklagter«, forschte er, »haben Sie Gygax vergiftet.«

»Nein«, lachte Traps, »nichts dergleichen.«

»Nun, sagen wir: erschossen?«

»Auch nicht.«

»Einen heimlichen Autounfall arrangiert?«

Alles lachte, und der Verteidiger zischte wieder einmal: »Aufpassen, das ist eine Falle!«

»Pech, Herr Staatsanwalt, ausgesprochen Pech«, rief Traps übermütig aus: »Gygax starb an einem Herzinfarkt, und es war nicht einmal der erste, den er erlitt. Schon Jahre vorher erwischte es ihn, er mußte aufpassen, wenn er nach außen auch den gesunden Mann spielte, bei jeder Aufregung war zu befürchten, daß es sich wiederhole, ich weiß es bestimmt.«

»Ei, und von wem denn?«

»Von seiner Frau, Herr Staatsanwalt.«

»Von seiner Frau?«

»Aufpassen, um Himmels willen«, flüsterte der Verteidiger.

Der Château Pavie 1921 übertraf die Erwartungen. Traps war schon beim vierten Glas, und Simone hatte eine Extraflasche in seine Nähe gestellt. Da staune der Staatsanwalt, prostete der Generalvertreter den alten Herren zu, doch damit das hohe Gericht nicht etwa glaube, er verheimliche was, wolle er die Wahrheit sagen und bei der

Wahrheit bleiben, auch wenn ihn der Verteidiger mit seinem »Aufpassen!« umzische. Mit Frau Gygax nämlich habe er was gehabt, nun ja, der alte Gangster sei oft auf Reisen gewesen und habe sein gutgebautes und leckeres Frauchen aufs grausamste vernachlässigt; da habe er hin und wieder den Tröster abgeben müssen, auf dem Kanapee in Gygaxens Wohnstube und später auch bisweilen im Ehebett, wie es eben so komme und wie es der Lauf der Welt sei.

Auf diese Worte Trapsens erstarrten die alten Herren, dann aber, auf einmal, kreischten sie laut auf vor Vergnügen, und der Glatzköpfige, sonst Schweigsame schrie, seine weiße Nelke in die Luft werfend: »Ein Geständnis, ein Geständnis!«, nur der Verteidiger trommelte verzweifelt mit den Fäusten auf seine Schläfen.

»So ein Unverstand!« rief er. Sein Klient sei toll geworden und dessen Geschichte nicht ohne weiteres zu glauben, worauf Traps entrüstet und unter erneutem Beifall der Tischrunde protestierte. Damit begann ein langes Gerede zwischen dem Verteidiger und dem Staatsanwalt, ein hartnäckiges Hin und Her, halb komisch, halb ernst, eine Diskussion, deren Inhalt Traps nicht begriff. Es drehte sich um das Wort dolus, von dem der Generalvertreter nicht wußte, was es bedeuten mochte. Die Diskussion wurde immer heftiger, lauter geführt, immer unverständlicher, der Richter mischte sich ein, ereiferte sich ebenfalls, und war Traps anfangs bemüht hinzuhorchen, etwas vom Sinn des Streitgesprächs zu erraten, so atmete er nun auf, als die Haushälterin Käse auftischte, Camembert, Brie, Emmentaler, Gruyère, Tête de Moine, Vacherin, Limburger, Gorgonzola, und ließ dolus dolus sein, prostete mit dem Glatzköpfigen, der allein schwieg und auch nichts zu begreifen schien, und griff zu – bis auf einmal, unerwartet, der Staatsanwalt sich wieder an ihn wandte: »Herr Traps«, fragte er mit gesträubter Löwenmähne und hochrotem Gesicht, das Monokel in der linken Hand, »sind Sie immer noch mit Frau Gygax befreundet?«

Alle glotzten zu Traps hinüber, der Weißbrot mit Camembert in den Mund geschoben hatte und gemütlich kaute. Dann nahm er noch einen Schluck Château Pavie. Irgendwo tickte eine Uhr, und vom Dorfe her drangen noch einmal ferne Handorgelklänge, Männergesang – ›Heißt ein Haus zum Schweizerdegen‹.

Seit dem Tode Gygaxens, erklärte Traps, habe er das Frauchen nicht mehr besucht. Er wolle die brave Witwe schließlich nicht in Verruf bringen.

Seine Erklärung erweckte zu seiner Verwunderung aufs neue eine gespenstische, unbegreifliche Heiterkeit, man wurde noch übermütiger als zuvor, der Staatsanwalt schrie: »Dolo malo, dolo malo!«, brüllte griechische und lateinische Verse, zitierte Schiller und Goethe, während der kleine Richter die Kerzen ausblies, bis auf eine, die er dazu benutzte, mit den Händen hinter ihrer Flamme, laut meckernd und fauchend, die abenteuerlichsten Schattenbilder an die Wand zu werfen, Ziegen, Fledermäuse, Teufel und Waldschrate, wobei Pilet auf den Tisch trommelte, daß die Gläser, Teller, Platten tanzten: »Es kommt zum Todesurteil, es kommt zum Todesurteil!« Nur der Verteidiger machte nicht mit, schob die Platte zu Traps hin. Er solle nehmen, sie müßten sich am Käse gütlich tun, es bliebe nichts anderes mehr übrig.

Ein Château Margaux wurde gebracht. Damit kehrte die Ruhe wieder ein. Alle starrten auf den Richter, der die verstaubte Flasche (Jahrgang 1914) vorsichtig und umständlich zu entkorken begann, mit einem sonderbaren, altertümlichen Zapfenzieher, der es ihm ermöglichte, den

Zapfen aus der liegenden Flasche zu ziehen, ohne sie aus dem Körbchen zu nehmen, eine Prozedur, die unter atemloser Spannung erfolgte, galt es doch, den Zapfen möglichst unbeschädigt zu lassen, war er doch der einzige Beweis, daß die Flasche wirklich aus dem Jahre 1914 stammte, da die vier Jahrzehnte die Etikette längst vernichtet hatten. Der Zapfen kam nicht ganz, der Rest mußte sorgfältig entfernt werden, doch war auf ihm noch die Jahrzahl zu lesen, er wurde von einem zum andern gereicht, berochen, bewundert und schließlich feierlich dem Generalvertreter übergeben, zum Andenken an den wunderschönen Abend, wie der Richter sagte. Der kostete den Wein nun vor, schnalzte, schenkte ein, worauf die andern zu riechen, zu schlürfen begannen, in Rufe des Entzükkens ausbrachen, den splendiden Gastgeber priesen. Der Käse wurde herumgereicht, und der Richter forderte den Staatsanwalt auf, sein »Anklageredchen« zu halten. Der verlangte vorerst neue Kerzen, es solle feierlich dabei zugehen, andächtig, Konzentration sei vonnöten, innere Sammlung. Simone brachte das Verlangte. Alle waren gespannt, dem Generalvertreter kam die Angelegenheit leicht unheimlich vor, er fröstelte, doch gleichzeitig fand er sein Abenteuer wundervoll, und um nichts auf der Welt hätte er darauf verzichten wollen. Nur sein Verteidiger schien nicht ganz zufrieden.

»Gut, Traps«, sagte er, »hören wir uns die Anklagerede an. Sie werden staunen, was Sie mit Ihren unvorsichtigen Antworten, mit Ihrer falschen Taktik angerichtet haben. War es vorher schlimm, so ist es nun katastrophal. Doch Courage, ich werde Ihnen schon aus der Patsche helfen, verlieren Sie nur nicht den Kopf dabei, wird Sie Nerven kosten, da heil durchzukommen.«

Es war soweit. Allgemeines Räuspern, Husten, noch

einmal stieß man an, und der Staatsanwalt begann unter Gekicher und Geschmunzel seine Rede.

»Das Vergnügliche unseres Herrenabends«, sagte er, indem er sein Glas erhob, doch sonst sitzen blieb, »das Gelungene ist wohl, daß wir einem Mord auf die Spur gekommen sind, so raffiniert angelegt, daß er unserer staatlichen Justiz natürlicherweise mit Glanz entgangen ist.«

Traps stutzte, ärgerte sich mit einem Male. »Ich soll einen Mord begangen haben?« protestierte er, »na hören Sie, das geht mir etwas zu weit, schon der Verteidiger kam mit dieser faulen Geschichte«, aber dann besann er sich und begann zu lachen, unmäßig, kaum daß er sich beruhigen konnte, ein wunderbarer Witz, jetzt begreife er, man wolle ihm ein Verbrechen einreden, zum Kugeln, das sei einfach zum Kugeln.

Der Staatsanwalt sah würdig zu Traps hinüber, reinigte das Monokel, klemmte es wieder ein.

»Der Angeklagte«, sagte er, »zweifelt an seiner Schuld. Menschlich. Wer von uns kennt sich, wer von uns weiß von seinen Verbrechen und geheimen Untaten? Eins jedoch darf schon jetzt betont werden, bevor die Leidenschaften unseres Spiels von neuem aufbrausen: Falls Traps ein Mörder ist, wie ich behaupte, wie ich innig hoffe, stehen wir vor einer besonders feierlichen Stunde. Mit Recht. Es ist ein freudiges Ereignis, die Entdeckung eines Mordes, ein Ereignis, das unsere Herzen höher schlagen läßt, uns vor neue Aufgaben, Entscheidungen, Pflichten stellt, und so darf ich denn vor allem unserem lieben voraussichtlichen Täter gratulieren, ist es doch ohne Täter nicht gut möglich, einen Mord zu entdecken, Gerechtigkeit walten zu lassen. Auf ein besonderes Wohl denn unserem Freund, unserem bescheidenen Alfredo Traps, den ein wohlmeinendes Geschick in unsere Mitte brachte!«

Jubel brach aus, man erhob sich, trank auf das Wohl des Generalvertreters, der dankte, Tränen in den Augen, und versicherte, es sei sein schönster Abend.

Der Staatsanwalt, nun ebenfalls mit Tränen: »Sein schönster Abend, verkündet unser Verehrter, ein Wort, ein erschütterndes Wort. Denken wir an die Zeit zurück, da im Dienste des Staats ein trübes Handwerk zu verrichten war. Nicht als Freund stand uns damals der Angeklagte gegenüber, sondern als Feind; wen wir nun an unsere Brust drücken dürfen, hatten wir von uns zu stoßen. An meine Brust denn!«

Bei diesen Worten sprang er auf, riß Traps hoch und umarmte ihn stürmisch.

»Staatsanwalt, lieber, lieber Freund«, stammelte der Generalvertreter.

»Angeklagter, lieber Traps«, schluchzte der Staatsanwalt. »Sagen wir du zueinander. Heiße Kurt. Auf dein Wohl, Alfredo!«

»Auf dein Wohl, Kurt!«

Sie küßten sich, herzten, streichelten sich, tranken einander zu, Ergriffenheit breitete sich aus, die Andacht einer erblühenden Freundschaft. »Wie hat sich doch alles geändert«, jubelte der Staatsanwalt; »hetzten wir einst von Fall zu Fall, von Verbrechen zu Verbrechen, von Urteil zu Urteil, so begründen, entgegnen, referieren, disputieren, reden und erwidern wir jetzt mit Muße, Gemütlichkeit, Fröhlichkeit, lernen den Angeklagten schätzen, lieben, seine Sympathie schlägt uns entgegen, Verbrüderung hüben und drüben. Ist die erst hergestellt, fällt alles leicht, wird Verbrechen schwerelos, Urteil heiter. So laßt mich denn zum vollbrachten Mord Worte der Anerkennung sprechen. (Traps dazwischen, nun wieder in glänzendster Laune: »Beweisen, Kurtchen, beweisen!«) Berechtigterweise, denn es handelt sich um einen perfekten, um einen schönen Mord. Nun könnte der liebenswerte Täter darin einen burschikosen Zynismus finden, nichts liegt mir ferner; als ›schön‹ vielmehr darf seine Tat in zweierlei Hinsicht bezeichnet werden, in einem philosophischen und in einem technisch-virtuosen Sinne: Unsere Tafelrunde nämlich, verehrter Freund Alfredo, gab das Vorurteil auf, im Verbrechen etwas Unschönes zu erblicken, Schreckliches, in der Gerechtigkeit dagegen etwas Schönes, wenn auch vielleicht mehr Schrecklichschönes, nein, wir erkennen auch im Verbrechen die Schönheit als die Vorbedingung, die erst Gerechtigkeit möglich macht. Dies die philosophische Seite. Würdigen wir nun die technische Schönheit der Tat. Würdigung. Ich glaube das rechte Wort getroffen zu haben, will doch meine Anklagerede nicht eine Schreckensrede sein, die unseren Freund genieren, verwirren könnte, sondern eine Würdigung, die ihm sein Verbrechen aufweist, aufblühen läßt, zu Bewußtsein bringt: Nur auf dem reinen Sockel der Erkenntnis ist es möglich, das fugenlose Monument der Gerechtigkeit zu errichten.«

Der sechsundachtzigjährige Staatsanwalt hielt erschöpft inne. Er hatte trotz seinem Alter mit lauter schnarrender Stimme und mit großen Gesten geredet, dabei viel getrunken und gegessen. Nun wischte er sich den Schweiß mit der umgebundenen fleckigen Serviette von der Stirne, trocknete den verrunzelten Nacken. Traps war gerührt. Er saß schwer in seinem Sessel, träge vom Menü. Er war satt, doch von den vier Greisen wollte er sich nicht ausstechen lassen, wenn er sich auch gestand, daß der Riesenappetit der Alten und deren Riesendurst ihm zu schaffen machten.

Er war ein wackerer Esser, doch eine solche Vitalität und Gefräßigkeit war ihm noch nie vorgekommen. Er staunte, glotzte träge über den Tisch, geschmeichelt von der Herzlichkeit, mit der ihn der Staatsanwalt behandelte, hörte von der Kirche her mit feierlichen Schlägen zwölf schlagen, und dann dröhnte ferne, nächtlich der Chor der Kleinviehzüchter: »Unser Leben gleicht der Reise...«

»Wie im Märchen«, staunte der Generalvertreter immer wieder, »wie im Märchen«, und dann: »Einen Mord soll ich begangen haben, ausgerechnet ich? Nimmt mich nur wunder, wie.«

Unterdessen hatte der Richter eine weitere Flasche Château Margaux 1914 entkorkt, und der Staatsanwalt, wieder frisch, begann von neuem.

»Was ist nun geschehen«, sagte er, »wie entdeckte ich, daß unserem lieben Freund ein Mord nachzurühmen sei, und nicht nur ein gewöhnlicher Mord, nein, ein virtuoser Mord, der ohne Blutvergießen, ohne Mittel wie Gift, Pistolen und dergleichen durchgeführt worden ist?«

Er räusperte sich, Traps starrte, Vacherin im Mund, gebannt auf ihn.

Als Fachmann müsse er durchaus von der These ausgehen, fuhr der Staatsanwalt fort, daß ein Verbrechen hinter jedem Vorgang, hinter jeder Person lauern könne. Die erste Ahnung, in Herrn Traps einen vom Schicksal Begünstigten und mit einem Verbrechen Begnadeten getroffen zu haben, sei dem Umstand zu verdanken gewesen, daß der Textilreisende noch vor einem Jahr einen alten Citroën gefahren habe und nun mit einem Studebaker herumstolziere. »Nun weiß ich allerdings«, sagte er weiter, »daß wir in einer Zeit der Hochkonjunktur leben, und so war die Ahnung noch vage, mehr dem Gefühl vergleichbar, vor einem freudigen Erlebnis zu stehen, eben vor der Entdekkung eines Mords. Daß unser lieber Freund den Posten seines Chefs übernommen hat, daß er den Chef verdrängen mußte, daß der Chef gestorben ist, all diese Tatsachen waren noch keine Beweise, sondern erst Momente, die jenes Gefühl bestärkten, fundierten. Verdacht, logisch unterbaut, kam erst hoch, als zu erfahren war, woran dieser sagenhafte Chef starb: an einem Herzinfarkt. Hier galt es anzusetzen, zu kombinieren, Scharfsinn, Spürsinn aufzubieten, diskret vorzugehen, sich an die Wahrheit heranzupirschen, das Gewöhnliche als das Außergewöhnliche zu erkennen, Bestimmtes im Unbestimmten zu sehen, Umrisse im Nebel, an einen Mord zu glauben, gerade weil es absurd schien, einen Mord anzunehmen. Überblicken wir das vorhandene Material. Entwerfen wir ein Bild des Verstorbenen. Wir wissen wenig von ihm; was wir wissen, entnehmen wir den Worten unseres sympathischen Gastes. Herr Gygax war der Generalvertreter des Hephaiston-Kunststoffes, dem wir all die angenehmen Eigenschaften, die ihm unser liebster Alfredo nachsagt, gerne zutrauen. Er war ein Mensch, dürfen wir folgern, der aufs Ganze ging, seine Untergebenen rücksichtslos ausnutzte, der Geschäfte zu machen verstand, wenn auch die Mittel, mit denen er diese Geschäfte abschloß, oft mehr als bedenklich waren.«

»Das stimmt«, rief Traps begeistert, »der Gauner ist vollendet getroffen!«

»Weiter dürfen wir schließen«, fuhr der Staatsanwalt fort, »daß er gegen außen gern den Robusten, den Kraftmeier, den erfolgreichen Geschäftsmann spielte, jeder Situation gewachsen und mit allen Wassern gewaschen, weshalb Gygax denn auch die schwere Herzkrankheit aufs sorgsamste geheimhielt, auch hier zitieren wir Alfredo, nahm er doch dieses Leiden in einer Art trotziger Wut hin, wie wir uns denken können, als einen persönlichen Prestigeverlust sozusagen.«

»Wunderbar«, staunte der Generalvertreter, das sei geradezu Hexerei, und er würde wetten, daß Kurt mit dem Verstorbenen bekannt gewesen sei.

Er solle doch schweigen, zischte der Verteidiger.

»Dazu kommt«, erklärte der Staatsanwalt, »wollen wir das Bild des Herrn Gygax vervollständigen, daß der Verstorbene seine Frau vernachlässigte, die wir uns als ein leckeres und gutgebautes Frauenzimmerchen zu denken haben – wenigstens hat sich unser Freund so ungefähr ausgedrückt. Für Gygax zählte nur der Erfolg, das Geschäft, das Äußere, die Fassade, und wir können mit einer gewissen Wahrscheinlichkeit vermuten, daß er von der Treue seiner Frau überzeugt und der Meinung gewesen war, eine zu außergewöhnliche Erscheinung zu sein und ein zu exzeptionelles Mannsbild, um bei seiner Gattin auch nur den Gedanken an einen Ehebruch hochkommen zu lassen, weshalb es denn für ihn ein harter Schlag gewesen sein müßte, hätte er von der Untreue seiner Frau mit unserem Casanova von der Schlaraffia erfahren.«

Alle lachten, und Traps schlug sich auf die Schenkel. »Er war es auch«, bestätigte er strahlend die Vermutung des Staatsanwalts. »Es gab ihm den Rest, als er dies erfuhr.«

»Sie sind einfach toll«, stöhnte der Verteidiger.

Der Staatsanwalt hatte sich erhoben und sah glücklich zu Traps hinüber, der mit seinem Messer am Tête de Moine schabte. »Ei«, fragte er, »wie erfuhr er denn davon, der alte Sünder? Gestand ihm sein leckeres Frauchen?«

»Dazu war es zu feige, Herr Staatsanwalt«, antwortete Traps, »es fürchtete sich vor dem Gangster gewaltig.«

»Kam Gygax selber dahinter?«

»Dazu war er zu eingebildet.«

»Gestandest etwa du, mein lieber Freund und Don Juan?«

Traps bekam unwillkürlich einen roten Kopf: »Aber nein, Kurt«, sagte er, »was denkst du auch. Einer seiner sauberen Geschäftsfreunde klärte den alten Gauner auf.«

»Wieso denn?«

»Wollte mich schädigen. War mir immer feindlich gesinnt.«

»Menschen gibt's«, staunte der Staatsanwalt. »Doch wie erfuhr denn dieser Ehrenmann von deinem Verhältnis?«

»Habe es ihm erzählt.«

»Erzählt?«

»Na ja – bei einem Glase Wein. Was erzählt man nicht alles!«

»Zugegeben«, nickte der Staatsanwalt, »aber du sagtest doch eben, daß dir der Geschäftsfreund des Herrn Gygax feindlich gesinnt war. Bestand da nicht von *vornherein* die Gewißheit, daß der alte Gauner alles erfahren würde?«

Nun mischte sich der Verteidiger energisch ein, erhob sich sogar, schweißübergossen, der Kragen seines Gehrocks aufgeweicht. Er möchte Traps darauf aufmerksam machen, erklärte er, daß diese Frage nicht beantwortet werden müsse.

Traps war anderer Meinung.

»Warum denn nicht?« sagte er. »Die Frage ist doch ganz harmlos. Es konnte mir doch gleichgültig sein, ob Gygax davon erführe oder nicht. Der alte Gangster handelte mir gegenüber derart rücksichtslos, daß ich nun wirklich nicht den Rücksichtsvollen spielen mußte.«

Einen Augenblick war es wieder still im Zimmer, totenstill, dann brach Tumult aus, Übermut, homerisches Gelächter, ein Orkan an Jubel. Der Glatzköpfige, Schweigsame umarmte Traps, küßte ihn, der Verteidiger verlor den Zwicker vor Lachen, einem solchen Angeklagten könne man einfach nicht böse sein, während der Richter und der Staatsanwalt im Zimmer herumtanzten, an die Wände polterten, sich die Hände schüttelten, auf die Stühle kletterten, Flaschen zerschmetterten, vor Vergnügen den unsinnigsten Schabernack trieben. Der Angeklagte gestehe aufs neue, krächzte der Staatsanwalt mächtig ins Zimmer, nun auf der Lehne eines Stuhles sitzend, der liebe Gast sei nicht genug zu rühmen, er spiele das Spiel vortrefflich. »Der Fall ist deutlich, die letzte Gewißheit gegeben«, fuhr er fort, auf dem schwankenden Stuhl wie ein verwittertes barockes Monument. »Betrachten wir den Verehrten, unseren liebsten Alfredo! Diesem Gangster von einem Chef war er also ausgeliefert und er fuhr in seinem Citroën durch die Gegend. Noch vor einem Jahr! Er hätte stolz darauf sein können, unser Freund, dieser Vater von vier Kinderchen, dieser Sohn eines Fabrikarbeiters. Und mit Recht. Noch im Kriege war er Hausierer gewesen, nicht einmal das, ohne Patent, ein Vagabund mit illegitimer Textilware, ein kleiner Schwarzhändler, mit der Bahn von Dorf zu Dorf oder zu Fuß über Feldwege, oft kilometerweit durch dunkle Wälder nach fernen Höfen, eine schmutzige Ledertasche umgehängt, oder gar einen Korb, einen halbgeborstenen Koffer in der Hand. Nun hatte er sich verbessert, in ein Geschäft eingenistet, war Mitglied der liberalen Partei, im Gegensatz zu seinem Marxistenvater. Doch wer ruht auf dem Aste aus, der endlich erklettert ist, wenn über ihm, dem Wipfel zu, poetisch gesagt, sich weitere Äste mit noch besseren Früchten zeigen? Zwar verdiente er gut, flitzte mit seinem Citroën von Textilgeschäft zu Textilgeschäft, die Maschine war nicht schlecht, doch unser lieber Alfredo sah links und rechts neue Modelle auftauchen, vorbeisausen, ihm entgegenbrausen und ihn überholen. Der Wohlstand stieg im Land, wer wollte da nicht mittun?«

»Ganz genau so war es, Kurt«, strahlte Traps. »Ganz genau so.«

Der Staatsanwalt war nun in seinem Element, glücklich, zufrieden wie ein reich beschertes Kind.

»Das war leichter beschlossen als getan«, erläuterte er, immer noch auf der Lehne seines Stuhls, »sein Chef ließ ihn nicht hochkommen, bösartig, zäh nützte er ihn aus, gab ihm Vorschüsse auf neue Bindungen, wußte ihn immer unbarmherziger zu fesseln!«

»Sehr richtig«, schrie der Generalvertreter empört. »Sie haben keine Ahnung, meine Herren, wie ich in die Zange genommen wurde vom alten Gangster!«

»Da mußte aufs Ganze gegangen werden«, sagte der Staatsanwalt.

»Und wie!« bestätigte Traps.

Die Zwischenrufe des Angeklagten befeuerten den Staatsanwalt, er stand nun auf dem Stuhl, die Serviette, die er wie eine Fahne schwang, bespritzt mit Wein, Salat auf der Weste, Tomatensauce, Fleischreste. »Unser lieber Freund ging zuerst geschäftlich vor, auch hier nicht ganz fair, wie er selber zugibt. Wir können uns ungefähr ein Bild machen, wie. Er setzte sich heimlich mit den Lieferanten seines Chefs in Verbindung, sondierte, versprach bessere Bedingungen, stiftete Verwirrung, unterredete sich mit anderen Textilreisenden, schloß Bündnisse und gleichzeitig Gegenbündnisse. Doch dann kam er auf die Idee, noch einen anderen Weg einzuschlagen.«

»Noch einen andern Weg?« staunte Traps.

Der Staatsanwalt nickte. »Dieser Weg, meine Herren, führte über das Kanapee in der Wohnung Gygaxens direkt in dessen Ehebett.«

Alles lachte, besonders Traps. »Wirklich«, bestätigte er, »es war ein böser Streich, den ich da dem alten Gangster spielte. Die Situation war aber auch zu komisch, denke ich zurück. Ich habe mich zwar bis jetzt eigentlich geschämt, dies zu tun, wer ist sich gern über sich selber im klaren, ganz saubere Wäsche hat ja keiner, doch unter so verständnisvollen Freunden wird die Scham etwas Lächerliches, Unnötiges. Merkwürdig! Ich fühle mich verstanden und beginne auch mich zu verstehen, als mache ich mit einem Menschen Bekanntschaft, der ich selber bin, den ich vorher nur von ungefähr kannte als einen Generalvertreter in einem Studebaker, mit Frau und Kind irgendwo.«

»Wir stellen mit Vergnügen fest«, sagte darauf der Staatsanwalt mit Wärme und Herzlichkeit, »daß unserem Freunde ein Lichtchen aufgeht. Helfen wir weiter, damit es taghell werde. Spüren wir seinen Motiven nach mit dem Eifer fröhlicher Archäologen, und wir stoßen auf die Herrlichkeit versunkener Verbrechen. Er begann mit Frau Gygax ein Verhältnis. Wie kam er dazu? Er sah das leckere Frauenzimmerchen, können wir uns ausdenken. Vielleicht war es einmal spät abends, vielleicht im Winter, so um sechs herum (Traps: »Um sieben, Kurtchen, um sieben!«), als die Stadt schön nächtlich war, mit goldenen Straßenlaternen, mit erleuchteten Schaufenstern und Kinos und grünen und gelben Leuchtreklamen überall, gemütlich, wollüstig, verlockend. Er war mit dem Citroën über die glitschigen Straßen nach dem Villenviertel gefahren, wo sein Chef wohnte (Traps begeistert dazwischen: »Ja, ja, Villenviertel!«), eine Mappe unter dem Arm, Aufträge, Stoffmuster, eine wichtige Entscheidung war zu fällen, doch befand sich Gygaxens Limousine nicht an ihrem gewohnten Platz am Trottoirrand, trotzdem ging er durch den dunklen Park, läutete. Frau Gygax öffnete, ihr

Gatte käme heute nicht nach Hause und ihr Dienstmädchen sei ausgegangen, sie war im Abendkleid, oder, noch besser, im Bademantel, trotzdem solle doch Traps einen Aperitif nehmen, sie lade ihn herzlich ein, und so saßen sie im Salon beieinander.«

Traps staunte. »Wie du das alles weißt, Kurtchen! Das ist ja wie verhext!«

»Übung«, erklärte der Staatsanwalt. »Die Schicksale spielen sich alle gleich ab. Es war nicht einmal eine Verführung, weder von seiten Trapsens noch von jener der Frau, es war eine Gelegenheit, die er ausnützte. Sie war allein und langweilte sich, dachte an nichts Besonderes, war froh, mit jemandem zu sprechen, die Wohnung angenehm warm, und unter dem Bademantel mit den bunten Blumen trug sie nur das Nachthemd, und als Traps neben ihr saß und ihren weißen Hals sah, den Ansatz ihrer Brust, und als sie plauderte, böse über ihren Mann, enttäuscht, wie unser Freund wohl spürte, begriff er erst, daß er hier ansetzen müsse, als er schon angesetzt hatte, und dann erfuhr er bald alles über Gygax, wie bedenklich es mit seiner Gesundheit stehe, wie jede große Aufregung ihn töten könne, sein Alter, wie grob und böse er mit seiner Frau sei und wie felsenfest überzeugt von ihrer Treue, denn von einer Frau, die sich an ihrem Mann rächen will, erfährt man alles, und so fuhr er fort mit dem Verhältnis, denn nun war es eben seine Absicht, denn nun ging es ihm darum, seinen Chef mit allen Mitteln zu ruinieren, komme was da wolle, und so kam denn der Augenblick, wo er alles in der Hand hatte, Geschäftspartner, Lieferanten, die weiße, mollige, nackte Frau in den Nächten, und so zog er die Schlinge zu, beschwor den Skandal herauf. Absichtlich. Auch darüber sind wir nun schon im Bilde: Trauliche Dämmerstunde, Abendstunde auch hier. Unseren Freund finden wir in

einem Restaurant, sagen wir in einer Weinstube der Altstadt, etwas überheizt, alles währschaft, patriotisch, gedie-
gen, auch die Preise, Butzenscheiben, der stattliche Wirt
(Traps: »Im Rathauskeller, Kurtchen!«), die stattliche
Wirtin, wie wir nun korrigieren müssen, umrahmt von
den Bildern der toten Stammgäste, ein Zeitungsverkäufer,
der durchs Lokal wandert, es wieder verläßt, später Heilsarmee, Lieder singend, ›Laßt den Sonnenschein herein‹,
einige Studenten, ein Professor, auf einem Tisch zwei
Gläser und eine gute Flasche, man läßt sich's was kosten,
in der Ecke endlich, bleich, fett, schweißbetaut mit offe-
nem Kragen, schlagflüssig wie das Opfer, auf das nun
gezielt wird, der saubere Geschäftsfreund, verwundert,
was dies alles zu bedeuten, weshalb Traps ihn auf einmal
eingeladen habe, aufmerksam zuhörend, aus Trapsens ei-
genem Munde den Ehebruch vernehmend, um dann,
Stunden später, wie es nicht anders sein konnte und wie es
unser Alfredo vorausgesehen hatte, zum Chef zu eilen, aus
Pflichtgefühl, Freundschaft und innerem Anstand den Be-
dauernswerten aufzuklären.«

»So ein Heuchler!«, rief Traps, gebannt mit runden
glänzenden Augen der Schilderung des Staatsanwalts zuhörend, glücklich, die Wahrheit zu erfahren, seine stolze,
kühne, einsame Wahrheit.

Dann:

»So kam denn das Verhängnis, der genau berechnete
Augenblick, da Gygax alles erfuhr, noch konnte der alte
Gangster heimfahren, stellen wir uns vor, wuterfüllt,
schon im Wagen Schweißausbruch, Schmerzen in der
Herzgegend, zitternde Hände, Polizisten, die ärgerlich
pfiffen, Verkehrszeichen, die übersehen wurden, mühsa-
mer Gang von der Garage zur Haustüre, Zusammenbruch, noch im Korridor vielleicht, während ihm die Gat-

tin entgegentrat, das schmucke leckere Frauenzimmerchen; es ging nicht sehr lange, der Arzt gab noch Morphium, dann hinüber, endgültig, noch ein unwichtiges Röcheln, Aufschluchzen von seiten der Gattin, Traps, zu Hause im Kreise seiner Lieben, nimmt das Telephon ab, Bestürzung, innerer Jubel, Es-ist-erreicht-Stimmung, drei Monate später Studebaker.«

Erneutes Gelächter. Der gute Traps, von einer Verblüffung in die andere gerissen, lachte mit, wenn auch leicht verlegen, kratzte sich im Haar, nickte dem Staatsanwalt anerkennend zu, doch nicht unglücklich. Er war sogar guter Laune. Er fand den Abend aufs beste gelungen; daß man ihm einen Mord zumutete, bestürzte ihn zwar ein wenig und machte ihn nachdenklich, ein Zustand, den er jedoch als angenehm empfand, stieg doch eine Ahnung von höheren Dingen, von Gerechtigkeit, von Schuld und Sühne in ihm hoch, erfüllte ihn mit Staunen. Die Furcht, die er nicht vergessen hatte, die ihn im Garten und dann später bei den Heiterkeitsausbrüchen der Tafelrunde überfallen hatte, kam ihm jetzt unbegründet vor, erheiterte ihn. Alles war so menschlich. Er war gespannt auf das Weitere. Die Gesellschaft siedelte in den Salon zum schwarzen Kaffee über, torkelnd, mit stolperndem Verteidiger, in einen mit Nippsachen und Vasen überladenen Raum. Enorme Stiche an den Wänden, Stadtansichten, Historisches, Rütlischwur, Schlacht bei Laupen, Untergang der Schweizergarde, das Fähnlein der sieben Aufrechten, Gipsdecke, Stukkatur, in der Ecke ein Flügel, bequeme Sessel, niedrig, riesig, Stickereien darauf, fromme Sprüche, ›Wohl dem, der den Weg des Gerechten wandelt‹, ›Ein gutes Gewissen ist das beste Ruhekissen‹. Durch die offenen Fenster sah man die Landstraße, ungewiß zwar in der Dunkelheit, mehr Ahnung, doch märchenhaft, versunken, mit schwebenden Lichtern und Scheinwerfern der Automobile, die in dieser Stunde nur spärlich rollten, ging es doch gegen zwei. Was Mitreißenderes als die Rede Kurtchens habe er noch gar nicht erlebt, meinte Traps. Im wesentlichen sei dazu nicht viel zu bemerken, einige leise Berichtigungen, gewiß, die seien angebracht. So sei der saubere Geschäftsfreund etwa klein und hager gewesen, und mit steifem Kragen, durchaus nicht verschwitzt, und Frau Gygax habe ihn nicht in einem Bademantel empfangen, sondern in einem freilich weit ausgeschnittenen Kimono, so daß ihre herzliche Einladung auch bildlich gemeint gewesen sei – das war einer seiner Witze, ein Exempel seines bescheidenen Humors –, auch habe der verdiente Infarkt den Obergangster nicht im Hause, sondern in seinen Lagerräumen getroffen, während eines Föhnsturms, noch eine Einlieferung ins Spital, dann Herzriß und Abgang, doch dies sei, wie gesagt, unwesentlich, und vor allem stimme es genau, was da sein prächtiger Busenfreund und Staatsanwalt erläutert habe, er hätte sich wirklich mit Frau Gygax nur eingelassen, um den alten Gauner zu ruinieren, ja, er erinnere sich nun deutlich, wie er in dessen Bett über dessen Gattin auf dessen Photographie gestarrt habe, auf dieses unsympathische, dicke Gesicht mit der Hornbrille vor den glotzenden Augen, und wie die Ahnung als eine wilde Freude über ihn gekommen sei, mit dem, was er nun so lustig und eifrig betreibe, ermorde er recht eigentlich seinen Chef, mache er ihm kaltblütig den Garaus.

Man saß schon in den weichen Sesseln mit den frommen Sprüchen, als dies Traps erklärte, griff nach den heißen Kaffeetäßchen, rührte mit den Löffelchen, trank dazu einen Kognak aus dem Jahre 1893, Roffignac, aus großen bauchigen Gläsern.

Somit komme er zum Strafantrag, verkündete der Staatsanwalt, quer in einem monströsen Backensessel sitzend, die Beine mit den verschiedenen Socken (grauschwarz kariert – grün) über eine Lehne hochgezogen. Freund Alfredo habe nicht dolo indirecto gehandelt, als wäre der Tod nur zufällig erfolgt, sondern dolo malo, mit böswilligem Vorsatz, worauf ja schon die Tatsachen wiesen, daß er einerseits selbst den Skandal provoziert, andererseits nach dem Tode des Obergangsters dessen leckeres Frauchen nicht mehr besucht habe, woraus zwangsläufig folge, daß die Gattin nur ein Werkzeug für seine blutrünstigen Pläne gewesen sei, die galante Mordwaffe sozusagen, daß somit ein Mord vorliege, auf eine psychologische Weise durchgeführt, derart, daß, außer einem Ehebruch, sich nichts Gesetzwidriges ereignet habe, freilich scheinbar nur, weshalb er denn, da sich dieser Schein nun verflüchtigt, ja nachdem der teure Angeklagte selbst aufs freundlichste gestanden, als Staatsanwalt das Vergnügen habe – und damit komme er an den Schluß seiner Würdigung –, vom hohen Richter die Todesstrafe für Alfredo Traps zu fordern als Belohnung für ein Verbrechen, das Bewunderung, Staunen, Respekt verdiene und ein Anrecht darauf habe, als eines der außerordentlichsten des Jahrhunderts zu gelten.

Man lachte, klatschte Beifall und stürzte sich auf die Torte, die Simone nun hereinbrachte. Zur Krönung des Abends, wie sie sagte. Draußen stieg als Attraktion ein später Mond auf, eine schmale Sichel, mäßiges Rauschen in den Bäumen, sonst Stille, auf der Straße nur selten noch ein Automobil, dann irgendein verspäteter Heimkehrer, vorsichtig, leicht im Zickzack. Der Generalvertreter fühlte sich geborgen, saß neben Pilet in einem weichen plauschigen Kanapee, Spruch: ›Hab oft im Kreise der Lieben‹, legte den Arm um den Schweigsamen, der nur von Zeit zu Zeit ein staunendes »Fein« mit windigem, zischendem F verlauten ließ, schmiegte sich an seine pomadige Eleganz. Mit Zärtlichkeit. Mit Gemütlichkeit. Wange an Wange. Der Wein hatte ihn schwer und friedlich gemacht, er genoß es, in der verständnisvollen Gesellschaft wahr, sich selber zu sein, kein Geheimnis mehr zu haben, weil keines mehr nötig war, gewürdigt zu sein, verehrt, geliebt, verstanden, und der Gedanke, einen Mord begangen zu haben, überzeugte ihn immer mehr, rührte ihn, verwandelte sein Leben, machte es schwieriger, heldischer, kostbarer. Er begeisterte ihn geradezu. Er hatte den Mord geplant und ausgeführt – stellte er sich nun vor –, um vorwärtszukommen, aber dies nicht eigentlich beruflich, aus finanziellen Gründen etwa, aus dem Wunsche nach einem Studebaker heraus, sondern – das war das Wort – um ein wesentlicher, ein tieferer Mensch zu werden, wie ihm schwante – hier an der Grenze seiner Denkkraft –, würdig der Verehrung, der Liebe von gelehrten, studierten Männern, die ihm nun – selbst Pilet – wie jene urweltlichen Magier vorkamen, von denen er einmal im ›Reader's Digest‹ gelesen hatte, die jedoch nicht nur das Geheimnis der Sterne, sondern mehr, auch das Geheimnis der Justiz kannten (er berauschte sich an diesem Wort), welche er in seinem Textilbranchenleben nur als eine abstrakte Schikane gekannt hatte und die nun wie eine ungeheure, unbegreifliche Sonne über seinen beschränkten Horizont stieg, als eine nicht ganz begriffene Idee, die ihn darum nur um so mächtiger erschauern, erbeben ließ; und so hörte er denn, goldbraunen Kognak schlürfend, zuerst tief verwundert, dann immer entrüsteter den Ausführungen des dicken Verteidigers zu, diesen eifrigen Versuchen, seine Tat in etwas Gewöhnliches, Bürgerliches, Alltägliches zu-

rückzuverwandeln. Er habe mit Vergnügen der erfin-
dungsreichen Rede des Herrn Staatsanwalts zugehört,
führte Herr Kummer aus, den Zwicker vom roten, aufge-
quollenen Fleischklumpen seines Gesichts hebend und
mti kleinen, zierlichen geometrischen Gesten dozierend.
Gewiß, der alte Gangster Gygax sei tot, sein Klient habe
schwer unter ihm zu leiden gehabt, sich auch in eine wahre
Animosität gegen ihn hineingesteigert, ihn zu stürzen versucht, wer wolle dies bestreiten, wo komme dies nicht vor,
phantastisch sei es nur, diesen Tod eines herzkranken
Geschäftsmannes als Mord hinzustellen (»Aber ich habe
doch gemordet!« protestierte Traps, wie aus allen Wolken
gefallen). Im Gegensatz zum Staatsanwalt halte er den
Angeklagten für unschuldig, ja nicht zur Schuld fähig
(Traps dazwischen, nun schon erbittert: »Aber ich bin
doch schuldig!«) Der Generalvertreter des Hephaiston-
Kunststoffes sei ein Beispiel für viele. Wenn er ihn als der
Schuld unfähig bezeichne, so wolle er damit nicht behaupten, daß er schuldlos sei, im Gegenteil. Traps sei vielmehr
verstrickt in alle möglichen Arten von Schuld, er ehe-
brüchle, schwindle sich durchs Leben mit einer gewissen
Bösartigkeit bisweilen, aber nicht etwa so, daß sein Leben
nur aus Ehebruch und Schwindelei bestände, nein, nein, es
habe auch seine positiven Seiten, durchaus seine Tugenden. Freund Alfredo sei fleißig, hartnäckig, ein treuer
Freund seiner Freunde, versuche seinen Kindern eine bessere Zukunft zu ermöglichen, staatspolitisch zuverlässig,
man nehme alles nur in allem, nur sei er vom Unkorrekten
wie angesäuert, leicht verdorben, wie dies eben bei manchem Durchschnittsleben der Fall sei, der Fall sein müsse,
doch gerade deshalb wieder sei er zur großen, reinen,
stolzen Schuld, zur entschlossenen Tat, zum eindeutigen
Verbrechen nicht fähig. (Traps: »Verleumdung, pure Ver-

leumdung!«) Er sei nicht ein Verbrecher, sondern ein Opfer der Epoche, des Abendlandes, der Zivilisation, die, ach, den Glauben (immer wolkiger werdend), das Christentum, das Allgemeine mehr und mehr verloren habe, chaotisch sei, so daß dem Einzelnen kein Leitstern blinke, Verwirrung, Verwilderung als Resultat auftrete, Faustrecht und Fehlen einer wahren Sittlichkeit. Was sei nun geschehen? Dieser Durchschnittsmensch sei gänzlich unvorbereitet einem raffinierten Staatsanwalt in die Hände gefallen. Sein instinktives Walten und Schalten in der Textilbranche, sein Privatleben, all die Abenteuer eines Daseins, das sich aus Geschäftsreisen, aus dem Kampf um den Brotkorb und aus mehr oder weniger harmlosen Vergnügungen zusammengesetzt habe, seien nun durchleuchtet, durchforscht, seziert worden, unzusammenhängende Tatsachen seien zusammengeknüpft, ein logischer Plan ins Ganze geschmuggelt, Vorfälle als Ursachen von Handlungen dargestellt worden, die auch gut hätten anders geschehen können, Zufall hätte man in Absicht, Gedankenlosigkeit in Vorsatz verdreht, so daß schließlich zwangsläufig dem Verhör ein Mörder entsprungen sei wie dem Zylinder des Zauberers ein Kaninchen. (Traps: »Das ist nicht wahr!«) Betrachte man den Fall Gygax nüchtern, objektiv, ohne den Mystifikationen des Staatsanwalts zu erliegen, so komme man zum Resultat, daß der alte Gangster seinen Tod im wesentlichen sich selbst zu verdanken habe, seinem unordentlichen Leben, seiner Konstitution. Was die Managerkrankheit bedeute, wisse man zur Genüge, Unrast, Lärm, zerrüttete Ehe und Nerven, doch sei am eigentlichen Infarkt der Föhnsturm schuld gewesen, den Traps erwähnt habe, gerade der Föhn spiele bei Herzgeschichten eine Rolle (Traps: »Lächerlich!«), so daß es sich eindeutig um einen bloßen Unglücksfall handle. Natürlich

sei sein Klient rücksichtslos vorgegangen, doch sei er nun
eben den Gesetzen des Geschäftslebens unterworfen, wie
er ja selber immer wieder betone, natürlich hätte er oft
seinen Chef am liebsten getötet, was denke man nicht alles,
was tue man nicht alles in Gedanken, aber eben nur in
Gedanken, eine Tat außerhalb dieser Gedanken sei weder
vorhanden noch feststellbar. Es sei absurd, dies anzunehmen, noch absurder jedoch, wenn sich sein Klient nun
selber einbilde, einen Mord begangen zu haben, er habe
gleichsam zu seiner Autopanne noch eine zweite, eine
geistige Panne erlitten, und somit beantrage er, der Verteidiger, für Alfredo Traps den Freispruch usw. usw. Immer
mehr ärgerte den Generalvertreter dieser wohlmeinende
Nebel, mit dem sein schönes Verbrechen zugedeckt
wurde, in welchem es sich verzerrte, auflöste, unwirklich,
schattenhaft, ein Produkt des Barometerstandes wurde. Er
fühlte sich unterschätzt, und so begehrte er denn auch
weiterhin auf, kaum hatte der Verteidiger geendet. Er
erklärte, entrüstet und sich erhebend, einen Teller mit
einem neuen Stück Torte in der Rechten, sein Glas Roffignac in der Linken, er möchte, bevor es zum Urteil
komme, nur noch einmal auf das bestimmteste beteuern,
daß er der Rede des Staatsanwalts zustimme – Tränen
traten hier in seine Augen –, es sei ein Mord gewesen, ein
bewußter Mord, das sei ihm jetzt klar, die Rede des Verteidigers dagegen habe ihn tief enttäuscht, ja entsetzt, gerade
von ihm hätte er Verständnis erhofft, erhoffen dürfen, und
so bitte er um das Urteil, mehr noch, um Strafe, nicht aus
Kriecherei, sondern aus Begeisterung, denn erst in dieser
Nacht sei ihm aufgegangen, was es heiße, ein *wahrhaftes*
Leben zu führen (hier verwirrte sich der Gute, Wackere),
wozu eben die höheren Ideen der Gerechtigkeit, der
Schuld und der Sühne nötig seien wie jene chemischen

Elemente und Verbindungen, aus denen sein Kunststoff zusammengebraut werde, um bei seiner Branche zu bleiben, eine Erkenntnis, die ihn neu geboren habe, jedenfalls – sein Wortschatz außerhalb seines Berufs gestalte sich etwas dürftig, man möge verzeihen, so daß er kaum auszudrücken in der Lage sei, was er eigentlich meine – jedenfalls scheine ihm Neugeburt der gemäße Ausdruck für das Glück zu sein, das ihn nun wie ein mächtiger Sturmwind durchwehe, durchbrause, durchwühle.

So kam es denn zum Urteil, das der kleine, nun auch schwerbetrunkene Richter unter Gelächter, Gekreisch, Jauchzen und Jodelversuchen (des Herrn Pilet) bekanntgab, mit Mühe, denn nicht nur, daß er auf den Flügel in der Ecke geklettert war, oder besser, in den Flügel, denn er hatte ihn vorher geöffnet, auch die Sprache selbst machte hartnäckige Schwierigkeiten. Er stolperte über Wörter, andere verdrehte er wieder oder er verstümmelte sie, fing Sätze an, die er nicht mehr bewältigen konnte, knüpfte an an solche, deren Sinn er längst vergessen hatte, doch war der Gedankengang im großen und ganzen noch zu erraten. Er ging von der Frage aus, wer denn recht habe, der Staatsanwalt oder der Verteidiger, ob Traps eines der außerordentlichsten Verbrechen des Jahrhunderts begangen habe oder unschuldig sei. Keiner der beiden Ansichten könne er so recht beistimmen. Traps sei zwar wirklich dem Verhör des Staatsanwaltes nicht gewachsen gewesen, wie der Verteidiger meine, und habe aus diesem Grunde vieles zugegeben, was sich in dieser Form nicht ereignet habe, doch habe er dann wieder gemordet, freilich nicht aus teuflischem Vorsatz, nein, sondern allein dadurch, daß er sich die Gedankenlosigkeit der Welt zu eigen gemacht habe, in der er als Generalvertreter des Hephaiston-Kunststoffes nun einmal lebe. Er habe getötet, weil es ihm das Natürlichste sei, jemanden an die Wand zu drücken, rücksichtslos vorzugehen, geschehe, was da wolle. In der Welt, die er mit seinem Studebaker durchsause, wäre ihrem lieben Alfredo nichts geschehen, hätte ihm nichts geschehen können, doch nun habe er die Freundlichkeit gehabt, zu ihnen zu kommen in ihre stille weiße Villa (hier wurde nun der Richter nebelhaft und brachte das Folgende eigentlich nur noch unter freudigem Schluchzen hervor, unterbrochen hin und wieder von einem gerührten, gewaltigen Niesen, wobei sein kleiner Kopf von einem mächtigen Taschentuch umhüllt wurde, was ein immer gewaltigeres Gelächter der übrigen hervorrief), zu vier alten Männern, die in seine Welt hineingeleuchtet hätten mit dem reinen Strahl der Gerechtigkeit, die freilich seltsame Züge trage, er wisse, wisse, wisse es, aus vier verwitterten Gesichtern grinse, sich im Monokel eines greisen Staatsanwaltes spiegle, im Zwicker eines dicken Verteidigers, aus dem zahnlosen Munde eines betrunkenen, schon etwas lallenden Richters kichere und auf der Glatze eines abgedankten Henkers rot aufleuchte (die andern, ungeduldig über diese Dichterei: »Das Urteil, das Urteil!«), die eine groteske, schrullige, pensionierte Gerechtigkeit sei, aber auch als solche eben *die* Gerechtigkeit (die andern im Takt: »Das Urteil, das Urteil!«), in deren Namen er nun ihren besten, teuersten Alfredo zum Tode verurteile (der Staatsanwalt, der Verteidiger, der Henker und Simone: Hallo und Juchhei; Traps, nun auch schluchzend vor Rührung: »Dank, lieber Richter, Dank!«), obgleich juristisch nur darauf gestützt, daß der Verurteilte sich selbst als schuldig bekenne. Dies sei schließlich das Wichtigste. So freue es ihn denn, ein Urteil abgegeben zu haben, das der Verurteilte so restlos anerkenne, die Würde des Menschen verlange keine Gnade, und freudig nehme denn auch ihr verehrter Gastfreund die Krönung seines Mordes entgegen, die, wie er hoffe, unter nicht weniger angenehmen Umständen erfolgt sei als der Mord selber. Was beim Bürger, beim Durchschnittsmenschen als Zufall in Erscheinung trete, bei einem Unfall, oder als bloße Notwendigkeit der Natur, als Krankheit, als Verstopfung eines Blutgefäßes durch einen Embolus, als ein malignes Gewächs, trete hier als notwendiges, moralisches Resultat auf, erst hier vollende sich das Leben folgerichtig im Sinne eines Kunstwerkes, werde die menschliche Tragödie sichtbar, leuchte sie auf, nehme eine makellose Gestalt an, vollende sich (die andern: »Schluß! Schluß!«), ja man dürfe es ruhig aussprechen: Erst im Aktus der Urteilsverkündigung, der aus dem Angeklagten einen Verurteilten mache, vollziehe sich der Ritterschlag der Gerechtigkeit, nichts Höheres, Edleres, Größeres könne es geben, als wenn ein Mensch zum Tode verurteilt werde. Dies sei nun geschehen. Traps, dieser vielleicht nicht ganz legitime Glückspilz – da im Grunde nur eine bedingte Todesstrafe zulässig wäre, von der er aber absehen wolle, um ihrem lieben Freund keine Enttäuschung zu bereiten –, kurz, Alfredo sei ihnen jetzt ebenbürtig und würdig geworden, in ihr Kollegium als ein Meisterspieler aufgenommen zu werden usw. (die andern: »Champagner her!«).

Der Abend hatte seinen Höhepunkt erreicht. Der Champagner schäumte, die Heiterkeit der Versammelten war ungetrübt, schwingend, brüderlich, auch der Verteidiger wieder eingesponnen in das Netz der Sympathie. Die Kerzen niedergebrannt, einige schon verglommen, draußen die erste Ahnung vom Morgen, von verblassenden Sternen, fernem Sonnenaufgang, Frische und Tau. Traps war begeistert, zugleich müde, verlangte nach seinem

Zimmer geführt zu werden, taumelte von einer Brust zur andern. Man lallte nur noch, man war betrunken, gewaltige Räusche füllten den Salon, sinnlose Reden, Monologe, da keiner mehr dem andern zuhörte. Man roch nach Rotwein und Käse, strich dem Generalvertreter durch die Haare, liebkoste, küßte den Glücklichen, Müden, der wie ein Kind war im Kreise von Großvätern und Onkeln. Der Glatzköpfige, Schweigende brachte ihn nach oben. Mühselig ging es die Treppe hoch, auf allen vieren, in der Mitte blieben sie stecken, ineinander verwickelt, konnten nicht mehr weiter, kauerten auf den Stufen. Von oben, durch ein Fenster, fiel eine steinerne Morgendämmerung, vermischte sich mit dem Weiß der verputzten Wände, dazu, von außen, die ersten Geräusche des werdenden Tages, vom fernen Bahnhöfchen her Pfeifen und andere Rangiergeräusche als vage Erinnerungen an seine verpaßte Heimreise. Traps war glücklich, wunschlos wie noch nie in seinem Kleinbürgerleben. Blasse Bilder stiegen auf, ein Knabengesicht, wohl sein Jüngster, den er am meisten liebte, dann dämmerhaft, das Dörfchen, in welches er gelangt war infolge seiner Panne, das lichte Band der Straße, sich über eine kleine Erhöhung schwingend, der Bühl mit der Kirche, die mächtige rauschende Eiche mit den Eisenringen und den Stützen, die bewaldeten Hügel, endloser leuchtender Himmel dahinter, darüber, überall, unendlich. Doch da brach der Glatzköpfige zusammen, murmelte »will schlafen, will schlafen, bin müde, bin müde«, schlief dann auch wirklich ein, hörte nur noch, wie Traps nach oben kroch, später polterte ein Stuhl, der Glatzköpfige, Schweigsame wurde wach auf der Treppe, nur sekundenlang, noch voll von Träumen und Erinnerungen an versunkene Schrecken und Momente voll Grauens, dann war ein Wirrwarr von Beinen um ihn, den

Schlafenden, denn die andern stiegen die Treppe herauf. Sie hatten, piepsend und krächzend, auf dem Tisch ein Pergament mit dem Todesurteil vollgekritzelt, ungemein rühmend gehalten, mit witzigen Wendungen, mit akademischen Phrasen, Latein und altem Deutsch, dann waren sie aufgebrochen, das Produkt dem schlafenden Generalvertreter auf das Bett zu legen, zur angenehmen Erinnerung an ihren Riesentrunk, wenn er des Morgens erwache. Draußen die Helligkeit, die Frühe, die ersten Vogelrufe grell und ungeduldig, und so kamen sie die Treppe herauf, trampelten über den Glatzköpfigen, Geborgenen. Einer hielt sich am andern, einer stützte sich auf den andern, wankend alle drei, nicht ohne Schwierigkeit, in der Wendung der Treppe besonders, wo Stockung, Rückzug, neues Vorrücken und Scheitern unvermeidlich waren. Endlich standen sie vor der Türe des Gastzimmers. Der Richter öffnete, doch erstarrte die feierliche Gruppe auf der Schwelle, der Staatsanwalt mit noch umgebundener Serviette: Im Fensterrahmen hing Traps, unbeweglich, eine dunkle Silhouette vor dem stumpfen Silber des Himmels, im schweren Duft der Rosen, so endgültig und so unbedingt, daß der Staatsanwalt, in dessen Monokel sich der immer mächtigere Morgen spiegelte, erst nach Luft schnappen mußte, bevor er, ratlos und traurig über seinen verlorenen Freund, recht schmerzlich ausrief: »Alfredo, mein guter Alfredo! Was hast du dir denn um Gottes willen gedacht? Du verteufelst uns ja den schönsten Herrenabend!«

## Der Tod des Sokrates

### 1990

Platon, ein introvertierter Intellektueller, beschloß, eine Welt zu verändern, die er verachtete. Aber er wußte nicht wie. Er war unpopulär, politisch chancenlos, verwandt mit den spartafreundlichen Diktatoren Kritias und Charmides, die bei der demokratischen Gegenrevolution ums Leben gekommen waren. Er war ein Aristokrat, eminent kurzsichtig, hochtrabend und steif. Er haßte die Athener mit ihrer Demokratie, und besonders haßte er Sokrates. Aus Eifersucht. Dieser war dick und häßlich, aber populär und ein stadtbekanntes Original. Die Bildhauerei hatte er aufgegeben. Er lebte von seiner Frau Xanthippe, die ein Antiquariat unterhielt, wie sie hartnäckig ihr Antiquitätengeschäft nannte. Sie war eine große stattliche Frau mit einer einst blonden Mähne, der sie ihren Namen verdankte: blondes Pferd. Sie war praktisch und großzügig. Sie lebte in der Küche hinter ihrem Antiquariat, die sie offenbar nur verließ, wenn ein Kunde kam oder wenn sie neue Ware ausstellte. Sokrates trieb sich tagsüber in der Stadt herum, verwickelte jedermann in aberwitzige und manchmal höchst unsinnige Gespräche. Er kam bei den aristokratischen schwulen Bengeln in Mode, die durch Athen flanierten und sich über die Demokratie lustig machten. Sokrates kümmerte sich nicht um Politik. Er behauptete, er wisse nichts, und wies jedem nach, daß dieser auch nichts wisse. Es gehörte zum guten Ton, ihn einzuladen. Er verkehrte in den besten Familien. Er fehlte bei keinem Gelage. Er war ungeheuer trinkfest. Wenn alle betrunken herumlagen, wanderte er durch die Räume und nahm eine Vase oder eine kleine Statue an sich. Xanthippe verkaufte sie im Antiquariat. Es wurde berühmt für seltene Stücke. Die Bestohlenen schwiegen. Sokrates war Sokrates. Man lud ihn immer wieder ein und wurde immer wieder bestohlen. Nur als die berühmte Hetäre Diotima einmal lachend erzählte, sie habe in Xanthippes Antiquariat einen kleinen Phidias doppelt so teuer wiedererstanden, als sie ihn seinerzeit von Phidias gekauft habe, wobei sie der Meinung gewesen sei, der Phidias, ein Herakles, stehe immer noch bei ihr, dachte Platon daran, die Polizei zu bitten, Xanthippes Antiquariat zu besichtigen, aber dann überlegte er sich, was klüger sei, die Popularität des Sokrates auszunützen oder zu zerstören. Er suchte Sokrates auf. Ob er seine Tragödien gesehen habe, fragte er ihn. Er habe mitgepfiffen, antwortete Sokrates. Es seien eben mehr Lesestücke, meinte Platon, aber sicher kenne Sokrates seine Gedichte. Die fadesten Verse, die je über Knaben geschrieben worden seien, brummte Sokrates. Na ja, gab Platon zu, Lyrik sei nicht seine Stärke. Aber seine Dialoge! Der Philosoph Protagoras habe sich sehr lobend über sie geäußert. Seine Dialoge mit der aristokratischen Hautevolee interessierten niemand, sagte Sokrates. Eben, gab Platon zu, populär müßte man sein. Sokrates sei populär. Aber er vergeude seine Gespräche. Dazu seien sie da, lachte Sokrates. Niemand schreibe sie auf. Würden sie aufgeschrieben, würde Sokrates weltberühmt, gab Platon zu bedenken. Er wolle sie aufschreiben. Sokrates betrachtete Platon mißtrauisch. Was hatte der hochmütige und etwas linkische Aristokrat vor? Als Honorar biete er hundert Drachmen im Monat, fügte Platon bei. Der Vorschlag sei ihm zu undurchsichtig, meinte Sokrates und wollte sich schon abwenden. So sei Sokrates nicht mehr von Xanthippe abhängig und von einem Antiquariat, das die Polizei vielleicht einmal näher untersuchen könnte, bemerkte Platon noch wie beiläufig. Eine Drohung? fragte Sokrates. Eine Warnung, antwortete Platon. Sokrates zuckte die Achseln. Keiner beklage sich, wenn er etwas mitgehen lasse, das sei sein Honorar, er unterhalte die Gastgeber schließlich. Aber dann überlegte er. Schön, sagte er. Hundert Drachmen für Xanthippe. Aber mitgehen lasse er weiterhin etwas. Platon machte sich an die Arbeit, ersetzte in seinen Dialogen Platon durch Sokrates und gab *Protagoras, Ion, Laches, Lysis, Charmides, Gorgias, Symposion* usw. heraus. Riesenerfolge. Besonders das *Symposion* wurde ein Bestseller. Die Athener waren begeistert. Sie hielten sie für wirkliche Dialoge des Sokrates. Dieser las nicht, was Platon schrieb. Es war ihm gleichgültig. Er redete, das genügte, warum noch lesen, was er geredet haben sollte? Aber Xanthippe blieb mißtrauisch. Die Dialoge seien lebendig, aber viel zu edel, sagte sie zum Komödiendichter Aristophanes, und was er da von Diotima erzähle, sei ganz unglaubhaft. Sie kenne Diotima, sie sei eine dumme Gans. Aristophanes antwortete nicht, schlürfte seine Suppe aus. Seine Komödie *Die Wolken*, worin er Sokrates verspottete, hatte diesem gefallen, und sie waren Freunde geworden. Nun war er alt und hatte aufgehört, Komödien zu schreiben. Ob es wahr sei, daß Sokrates ihn am Schluß des *Symposions* unter den Tisch getrunken habe, fragte Xanthippe. Sokrates trinke jeden unter den Tisch, antwortete Aristophanes ausweichend. Er wollte ihr nicht sagen, daß Platon das *Symposion* erfunden hatte. Wenn sie nur die Absicht Platons wüßte, die er mit seiner Schriftstellerei verfolge, sagte Xanthippe und schöpfte Aristophanes Suppe nach. Sie traue Platon nicht.

Er gebe sich als Sokrates. Wozu? Was führe er im Schilde? Er sei ein Weltverbesserer, und Weltverbesserer seien gefährlich. Xanthippe hatte recht. Frauen haben immer recht. Platon fühlte sich als Sokrates in Sicherheit. Er konnte es wagen. Die Welt mußte verändert werden. Er mußte einen Staat gründen, der jeder Veränderung trotzte. Die Veränderung war das Schlimmste, jede Veränderung entfernte sich von der Idee. Die Idee allein war unveränderlich. Der Staat mußte die Idee der Gerechtigkeit verwirklichen, um unveränderlich zu sein. Der Staat ist aus Menschen zusammengesetzt. Das Unveränderliche am Menschen ist die Seele. Der Staat muß der gerechten Seele entsprechen. Die Seele ist gerecht, wenn die Vernunft den Mut aufbringt, den Trieb zu beherrschen. Auf den Staat übertragen: Die Philosophen als die Vernünftigen müssen herrschen, und das Volk als das Triebhafte hat zu gehorchen. Aber zwischen den Herrschenden und den Beherrschten muß es noch die Muthaften geben, die Wächter, die dafür sorgen, daß die Beherrschten gehorchen. Wenn ein Staat so funktioniert, entspricht er der Idee der Gerechtigkeit und ist unveränderbar. Der Staat ist nicht für den Einzelnen da, sondern der Einzelne für den Staat. Privateigentum ist untersagt, Frauen und Kinder sind unter Freunden gemeinsam. Die wichtigste Aufgabe des Staates ist die gymnastische und musische Erziehung der Wächter. Homer und die Tragiker sind verboten, Militärmusik erlaubt. Nach einer Schilderung der Erziehung der Philosophen und nach einem erneuten Angriff auf die Dichtkunst schloß Platon seine zehn Bücher der *Politeia* mit der Schilderung des Lebens nach dem Tode im Jenseits, wo jeder seine Belohnung oder Strafe empfängt, um dann für seine Seele ein neues Leben zu wählen. Das alles stellte er als die Lehre des Sokrates dar. Er war überzeugt, die Athener damit überreden zu können, ihre Verfassung zu ändern und seine Staatsform zu akzeptieren. Aber die *Politeia* wurde ein Mißerfolg. Zu kompliziert und zu schwerfällig. Zu reaktionär. Sparta war ein liberales Staatsgebilde dagegen. Die Kritik war verheerend. Platon sah sich als Politiker vorerst gescheitert. Aber er gab nicht auf. Er begann sich für seine Idee einzusetzen. Er mietete das Theater des Dionysos. Doch statt der erwarteten fünfzehntausend kam nur Aristophanes. Er saß in der obersten Reihe und schlief ein. Trotz seines Schnarchens redete Platon vier Stunden lang. Beim zweiten Vortrag kamen drei. Der Philosoph Meletos, der Politiker Anytos und der Literaturkritiker Lykos. Sie unterbrachen den Vortrag Platons schon nach einer Viertelstunde. Es sei nicht anzuhören, was er da vorbringe. Die Ideen seien nichts Seiendes, sondern nur Gedachtes, sagte der Philosoph Meletos. Er identifiziere sich auf eine Weise mit dem Dialog des Sokrates, daß man annehmen müsse, die *Politeia* sei nicht von Sokrates, sondern von Platon, mutmaßte der Literaturkritiker Lykos. Die politischen Ideen, die in der *Politeia* vorgetragen würden, seien antidemokratisch. Die Gerechtigkeit bestehe in der Gleichheit aller vor dem Gesetz, stellte der Politiker Anytos fest. Platon widersprach. Er wollte seine Fiktion retten, Sokrates sei der Verfasser. So würden sie Sokrates anklagen, durch seine gefährlichen Lehren die Jugend zu verführen, kündigte der Philosoph Meletos an. Wie schon Kritias und Alkibiades verführt worden seien, ergänzte der Politiker Anytos. Dann würden sie sehen, ob Sokrates dabei bleibe, die *Politeia* vorgetragen zu haben, höhnte der Literaturkritiker Lykos. Es kam zum Prozeß. Sokrates mußte die Verteidigungsrede auswendig lernen und dazu noch vier verschiedene Reden, eine für den Freispruch, eine für den Strafantrag, eine nach der Verbannung und eine nach dem Todesurteil. Er lernte mühsam. Aristophanes hörte ihn ab. Sokrates brachte immer wieder die Reden durcheinander. Xanthippe befürchtete das Schlimmste. Sie hatte wieder recht. Sokrates verlor im Areopag den Prozeß. Platon brachte ihr persönlich die Nachricht ins Antiquariat, wo sie eben einen kleinen Apoll von Praxiteles abstaubte. Xanthippe hörte ruhig zu, was Platon berichtete. Kein Wunder bei dieser Verteidigungsrede, warf ihm Xanthippe vor. Sie habe sie oft genug anhören müssen. Sokrates habe den Text verwechselt, antwortete Platon kühl, den Vorschlag auf eine ehrenvolle öffentliche Speisung im Prytaneion hätte er nach dem Freispruch, nicht nach dem Schuldspruch machen sollen, das Gericht sei sich verhöhnt vorgekommen, es hätte darauf nur das Todesurteil fällen können, um seine Würde zu bewahren. Überhaupt habe sich Sokrates nicht an den Text gehalten. Statt den Athenern die *Politeia* zu erklären, habe er sich nicht entblödet, dem Gericht aufzutischen, er sei vom Orakel in Delphi als der Weiseste der Menschen bezeichnet worden. Dabei wisse jeder, daß die Pythia seine Tante sei, Sokrates habe sich das Todesurteil selber zuzuschreiben. Er, Platon, hoffe nur, daß Sokrates seinen nächsten Text besser lerne. Zeit sei genug vorhanden. Das Festschiff nach Delos sei eben ausgelaufen, und erst wenn er zurückkehre, müsse Sokrates den Schierlingsbecher trinken. Aber als dieser im Gefängnis von Platon den Text bekam, den er vor seinem Tode sprechen sollte, weigerte er sich. Wenn er schon sterben müsse, wolle er nicht noch Text lernen. Was heiße sterben, rief Platon aus, wenn Sokrates unsterblich werde! Er brauche nur den dafür bestimmten Text auswendig zu lernen. Der gehe in die Weltliteratur ein, eine einmalige Chance. Sokrates blieb störrisch. Er pfeife beim Sterben auf Literatur. Da mischte sich Aristophanes ein. Er habe Platons Text gelesen. Sokrates sage darin vieles, was einen nachdenklich mache, besonders was er vom Leben nach dem Tode erzähle. Alles Quatsch, sagte Sokrates, tot sei tot. Wahrscheinlich, fuhr Aristophanes fort, auch die drei unterirdischen Flüsse Acheron, Periphlegeton und Kokytos seien geographisch anzuzweifeln, aber im großen und ganzen sei es ein Text, den man Sokrates, bevor er den Schierlingsbecher trinke, zutraue. Aber eben, Aristophanes runzelte die Stirn, erstens, nur wenn Sokrates nachher auch wirklich sterbe, und das sei schade, und zweitens, nur wenn Sokrates fähig sei, den Text auswendig zu lernen, und das halte er für ausgeschlossen. Beim Zeus, klagte Platon, jetzt habe er den *Phaidon* umsonst geschrieben. Dabei habe er an keinem Dialog so gefeilt. Es gebe einen Ausweg, sagte Aristophanes, er werde den Text lernen und den Sokrates spielen. Die beiden andern waren verblüfft. Dann müßte Aristophanes ja auch den Schierlingsbecher trinken, gab Sokrates zu bedenken. Warum nicht? erklärte Aristophanes trocken. Der Vorschlag sei von Platon gekommen. Dionys, der Tyrann von Syrakus, sei von der *Politeia* begeistert und habe Sokrates eingeladen, bei ihm nach seinen Ideen den Staat einzurichten. Platon habe ihn, Aristophanes, schon gefragt, ob er nicht anstelle des Sokrates den Text lerne und sterbe, der *Phaidon*, wie der Dialog heiße, mache einerseits Sokrates unsterblich, wenn dieser sterbe, andererseits sei das Angebot des Dionys eine Chance, die Idee der *Politeia* zu verwirklichen, aber nur wenn Sokrates nach Syrakus flüchte. Er, Aristophanes, habe geantwortet, er wolle sich das mit dem Sterben überlegen, und nun habe er es sich überlegt. Er sei aus der Mode gekommen. Athen sei eine Provinzstadt geworden und seine Politik provinziell. Ungeeignet für Welttheater. Nur noch private Kon-

flikte kämen an. Eheprobleme. Weltschmerz. Nostalgie.
Er sei zum Gespött der Kritiker geworden, seine Komödien würden als Klamauk abgetan. Er sei nur noch ein
Objekt für die Literaturgeschichte. Es sei höchste Zeit,
daß er etwas Nützliches tue. Er werde die Regie des *Phaidon* selber übernehmen, die Hauptrolle in der Maske des
Sokrates spielen und den Schierlingsbecher trinken. Sokrates protestierte. Es sei an ihm zu sterben. Aber nicht
mit diesem Text, widersprach Aristophanes. In ihm rede
ein Sokrates, der von Platon erfunden worden sei, er rede
so wie er im *Symposion* und in der *Politeia* rede. Es seien
höchst artifizielle Gespräche, schwierig, all die Unsterb-
lichkeitsbeweise der Seele und erst die seitenlange Beschreibung der Erde, der Unterwelt und des Lebens nach
dem Tode! Und das alles wolle Sokrates auswendig lernen? Dabei habe er sich schon durch seine Textunsicher-
heit ein Todesurteil eingehandelt. Das wäre ganz in Ordnung, wenn Sokrates ein Schauspieler wäre, dann hätte er
den Tod verdient. Aber er, Aristophanes, wisse, was ein
Schauspieler zu können habe, und es sei für ihn als Komödienschreiber kein würdigerer Tod denkbar, als in der
Maske des Sokrates zu sterben. Es sei höchste Zeit, daß der
Sokrates Platons sterbe und der Sokrates des Sokrates
weiterlebe. Er wünsche ihm in Syrakus alles Gute. Aristophanes schwieg. Sokrates fügte sich in sein Schicksal. Aristophanes ließ aus Theben die Schauspieler Kebes und
Simmias kommen und probte mit ihnen den Dialog. Seine
Regie nannte er poetischen Realismus. In der Zelle war es
ziemlich dunkel. Er hatte Maske gemacht, so daß ihn die
eingeladenen Athener für Sokrates hielten. Sie folgten
atemlos dem Gespräch des Simmias und des Kebes mit
dem zum Tode Bereiten. Aristophanes spielte grandios.
Als der Mann mit dem Schierlingsbecher eintrat, weinten

alle, dann trank Aristophanes, ging hin und her, und als
seine Beine schwer wurden, legte er sich hin, und als sein
Unterleib erkaltet war, deckte er sich noch einmal auf und
sagte zum alten Kriton, der ihn noch immer für Sokrates
hielt, er schulde dem Asklepios einen Hahn, machte noch
eine Bewegung und verschied. Aristophanes wurde als
Sokrates verbrannt, ganz Athen sah zu, wie sich die
Rauchwolke im Blau des Himmels auflöste, während Sokrates mit Xanthippe und Platon auf einem korinthischen
Frachtschiff nach Syrakus unterwegs war. Xanthippe
führte die besten Stücke ihres Antiquariats mit, Phidiasse,
Praxitelesse, Gemälde von Eupompos und Thimantes,
mykenische Vasen und Mischkrüge, Klassikerausgaben,
korinthische und persische Textilien. Doch Platon hatte
sich verrechnet. Zwar hielt auch Dionys dessen Ideen für
jene des Sokrates, aber auf seine Art. Dionys hatte sich
eine Söldnerarmee aus ganz Italien zuammengekauft. Er
herrschte mit Schlauheit, hetzte die Bürger aufeinander
und verschanzte sich in der Burg Euryalos. Er brauchte
Sokrates propagandistisch. Ein Herrscher imponiere, der
mit einem Philosophen verkehre. Aber Platon wollte Dionys zu einem Philosophen machen, um seine Staatsidee zu
realisieren. Er fragte ihn, wie es um seine mathematischen
Kenntnisse stehe, und dieser antwortete verwundert, zum
Rechnen sei sein Sekretär Damokles da, und als Platon von
ihm Tugendhaftigkeit verlangte, ließ er ihn als Geisel fest-
nehmen, von einem aristokratischen Geizkragen war ein
saftiges Lösegeld zu erpressen. Tugendhaft hatten die Beherrschten zu sein, nicht die Herrscher. An Sokrates dagegen fand Dionys Gefallen. Sie pokulierten zusammen
nächtelang in der Festung Euryalos. Ob denn Dionys
wisse, was herrschen sei, wollte etwa Sokrates wissen.
Herrschen sei Menschenkenntnis, war die Antwort. Was

dann aber Menschenkenntnis sei, war die Gegenfrage. Menschenkenntnis sei eben Menschenkenntnis, antwortete Dionys, das könne einer nicht lernen, das könne einer, oder einer könne es nicht. Was einer nicht sagen könne, was er könne, wisse nicht, was er könne, folgerte Sokrates. Er wisse nicht, was herrschen heiße und herrsche, lachte Dionys, und alle lachten, weil es unhöflich war, nicht zu lachen, wenn Dionys lachte. Dann hörte er plötzlich auf zu lachen, schaute finster. Alle erschraken und lachten nicht mehr. Da mußte Dionys wieder über ihre Furcht lachen, und alle lachten aus Höflichkeit wieder. Nur Sokrates tafelte ruhig weiter. Leider hatte Dionys einen Schwur getan, jeder müsse sterben, der ihn unter den Tisch trinke. Sokrates trank Dionys unter den Tisch. Sokrates mußte nun doch den Schierlingsbecher trinken, Dionys erwartete einen großen Spektakel und mietete zum Tode des Sokrates das Amphitheater von Syrakus. Alle Syrakuser erschienen, die Aristrokraten, die Offiziere, die Bürger, ja sogar den Weibern wurde erlaubt zu kommen. Aber Sokrates trank den Schierlingsbecher schweigend. Dafür sprach Xanthippe. »Syrakuser! Ihr habt einen Mann sterben sehen, von dem ihr dabei große und tiefe Worte erwartet habt, eine Rede über den Sinn des Todes und womöglich eine Aufklärung darüber, was uns, die wir alle einmal sterben, nach dem Tode erwartet. Ihr wurdet enttäuscht. Sokrates hat geschwiegen. Statt seiner rede ich, Xanthippe, nun zu euch. Sokrates war mein Mann, und sein Schweigen gibt mir das Recht, in einer Welt, in der sonst die Weiber schweigen, zu reden, um so mehr, als ich zu Wesen rede, die alle von Weibern geboren sind, das einzig sichere, denn wer seine Mutter war, weiß jeder, und sei sie eine Hure gewesen. Aber sein Vater? Er ist bei vielen von euch ungewiß, leben wir doch, ist es Frieden, in einer Welt des Ehebruchs, so daß von vielen unter euch nur eure Mutter euren Vater kennt, und, ist es Krieg, in einer Welt der Vergewaltigung, in der nicht einmal eure Mutter euren Vater kennt, und es ist meistens Krieg. So daß ich nicht weiß, ob ich zu Syrakusern, Karthagern oder Oskern rede, es gibt eben Fragen, die sich nicht beantworten lassen. Das wußte auch Sokrates. Nicht daß es Fragen gegeben hätte, auf die er keine Antwort gewußt hätte, etwa auf die Frage, ob er ein guter Bildhauer sei oder ein schlechter: Er ließ das Bildhauern sein, und viele hätten es auch gelassen, hätten sie sich diese Frage je gestellt. Auch auf die Frage, welcher Wein der beste und wie er zu mischen sei, wußte er zu antworten, aber vor allem verstand Sokrates, sich selber zu sein. Sokrates blieb Sokrates, eine Fähigkeit, welche die wenigsten Männer besitzen, zuerst sind sie Kinder, dann werden sie Männer, und wenn sie Männer geworden sind, werden sie Politiker, Feldherren, Dichter, Helden oder sonst etwas, nur nicht sich selber. Sie sind keine Männer mehr, sie spielen Männer, während wir Frauen Weiber bleiben, wenn wir Mütter, Hetären oder Huren werden. Sokrates dagegen spielte nicht Sokrates, er blieb das, was er seit Anbeginn war, Sokrates. Er wußte, daß er nichts wußte, und darum fragte er einen jeden, was er wisse. Er fragte Handwerker, Philosophen, Astronomen, Politiker, er fragte und fragte, bis niemand mehr eine Antwort wußte, niemand von den Handwerkern, Philosophen, Astronomen und Politikern, die er fragte, so daß er immer wieder vor dem ungeheuren Meer des Nichtwissens stand, worin alle Fragen münden und wo es unsinnig ist, weiter zu fragen, denn je mehr man zu wissen glaubt, desto unermeßlicher wird dieses Meer. Er war überzeugt, Unrecht zu erleiden sei besser, als Unrecht zu tun. Darum tat er nichts. Er war von einer göttlichen Faulheit. Er hielt sich aus und ließ sich aushalten. Sein war ihm alles, Wissen nichts. Er schaute jeder Hetäre und jedem hübschen Knaben nach. Er liebte gutes Essen und trank gern. Und nun hat er euren Tyrannen unter den Tisch getrunken. Dafür mußte er sterben. Er nahm sein Todesurteil gelassen hin. Es sei in Ordnung. Es sei die natürliche Folge seiner Trinkfestigkeit. Jeder andere, der ebensoviel getrunken hätte wie er, wäre schon längst an der Leber gestorben. Er trinke den Schierlingsbecher getrost. Er habe ihn verdient. Sokrates starb als Sokrates. Ich bin stolz, seine Frau gewesen zu sein. Syrakuser, ich scheide nun von euch. Ich nehme Platon mit mir. Ich habe ihn vom Erlös freigekauft, den ich vom Antiquariat erzielte, das zu errichten mir Sokrates ermöglichte. Auch durch seine Trinkfestigkeit. Platon ist das erste Stück meines neuen Antiquariats. Ich werde ihn doppelt so teuer verkaufen, als ich hier für ihn gezahlt habe. Er ist ein Original. Er glaubt, daß er weiß. Er hat Sokrates nach seinem Bilde beschrieben: Einen Sokrates, der nicht wußte, daß er nichts wußte. Lebt wohl.«

*»Von der Politik
haben wir Vernunft,
von den Einzelnen
Liebe zu fordern.«*

Philosophisches
und Politisches

## Das Schicksal der Menschen

### 1950

Das Schicksal der Menschen wird davon abhängen, ob sich die Politik endlich bequemt, das Leben eines jeden heilig zu nehmen, oder ob die Hure weiterhin für jene auf die Straße geht, denen nichts heilig ist. Die Dame muß sich entscheiden. Was die Staatsmänner, auf die es heute ankommt, mit ihr treiben, ist ein Hohn, welcher der Vernunft die Schamröte ins Gesicht treibt und der alle jene in ständige Furcht versetzt, auf die es nie ankommt: Auf die übrigen zwei Milliarden, die diesen Planeten bewohnen. Die sture Ungerechtigkeit der Politik, mit der sie sich über jeden Einzelnen hinwegsetzt, indem sie nach der ewigen Weise der Dummköpfe nur als wirklich ansieht, was eine Abstraktion ist, die Nationen nämlich, denen sie alle jene Beweggründe in die Schuhe schiebt, die der Einzelne nie hat, verhindert endlich, ihr gegenüber immer noch nachsichtig zu sein und mit Engelszungen zu reden. Es gilt jetzt vor allem, von dem nichts zu verstehen und nichts zu begreifen, was sich da abspielt; der Unsinn der heutigen Politik ist allzu deutlich. Die Art, wie man auf beiden Seiten mit einem dritten Weltkrieg spielt, läßt sich, da ein Krieg nicht nur ein wahnwitziges Verbrechen ist, sondern auch eine ebenso große Dummheit, mit nichts mehr entschuldigen. So gibt es denn heute für den Einzelnen zwei Dinge zu tun: Die Kunst zu lernen, mit Riesensauriern umzugehen, deren Hirn von jeher die Größe jenes eines Spatzen hatte und denen gegenüber nie Nachsicht, sondern nur Vorsicht am Platze ist, und zweitens die Wahrheit zu sagen, ja, wenn nötig zu schreien, so lange dies überhaupt noch möglich ist, denn die Gestalt, die es zu warnen gilt, die da vorne, blind und betrunken zugleich, dem Abgrund zutaumelt, in dessen Tiefe wir bald fahle Schinderhütten, bald den immer höher steigenden Pilz der Atombombe ahnen, ist die Menschheit, sind wir selber.

Es hat jedoch keinen Sinn zu protestieren, wenn es nicht deutlich ist, wofür man protestiert. Die Menschheit muß wissen, was möglich ist, was sie von der Allgemeinheit zu erwarten hat und was nur der Einzelne vermag. Sonst wird sie das Unmögliche wollen und Gefahr laufen, an den Sonderinteressen Einzelner zu scheitern oder aus Langeweile Selbstmord zu begehen, indem sie im Krieg entweder ein Universalheilmittel oder ein Abenteuer sieht, von jenen, die in ihm ein Geschäft erblicken, ganz zu schweigen, sie sprechen für sich selbst. Doch ist immer die Chance einer Zeit ebenso groß wie die tödliche Gefahr, in der sie schwebt. Daß heute Wirklichkeit und Möglichkeit wie noch nie auseinanderfallen, ist eine Binsenwahrheit, doch versteht es unsere Zeit wie keine zweite, Binsenwahrheiten zu mißachten. Wie noch nie ist die Möglichkeit da, den Planeten als ganzen zu organisieren und gerechte Lebensbedingungen für alle zu schaffen, eine Aufgabe, die sich um so dringender stellt, als auch der chinesische Bauer und der argentinische Hirte in unser Bewußtsein aufgenommen sind: Wir sind zusammengerückt. Doch dazu ist eine Politik notwendig, die endlich einmal zur Wissenschaft wird und nicht nach den Sternen greift. Was heute eine Sache des Machttriebs ist, soll eine Sache der Vernunft werden. Es geht nicht mehr darum, Machtzentren zu organisieren und sich um Grenzen zu streiten. Die Aufgabe der Politik ist neu abzustecken. Die einen erwarten alles von ihr, die andern nichts mehr. Einige haben eine Metaphysik aus ihr gemacht, andere ein Geschäft, es gilt aus ihr ein Werkzeug zu machen, das den Menschen nicht vergewaltigt und ausbeutet, sondern sichert. Es heißt eine Wirtschaft aufbauen, die ihr Gefälle nicht mehr vom Umstand bezieht, daß der eine Teil der Menschheit im Wohlstand und der überwiegende andere in erbärmlicher Armut lebt. Der Tanz um das Goldene Kalb ist aus dem Repertoire der Menschheit zu streichen, die Musik dazu wird immer unerträglicher, doch wird immer wieder da capo gegeben, und auf anderen Bühnen tanzt man schon um neue Kälber weiter. Die Aufgaben der Politik liegen in der Gegenwart, nicht in der Zukunft, es geht um uns, nicht um die ungeborenen Enkel, in deren Namen die heutigen getötet werden. Die Mißverständnisse sind groß. Die totalen Staaten haben das Mißtrauen in die Organisationen hineingetragen, weil sie den Einzelnen zerstörten, und die Einzelnen haben es in die Freiheit gesät, weil sie die Freiheit mißbrauchten. Es gilt abzuklären, was des Kaisers und was des Einzelnen ist. Nur so kann die Chance der Völker, die sich vermindert, weil die Idee des Vaterlandes, die ihnen die Schwungkraft verlieh, notgedrungen verblaßt, durch die Chance des Einzelnen wettgemacht werden, die sich im gleichen Maße vergrößert.

Dies zu behaupten grenzt an Hohn, denn vor allem ist für den Einzelnen in einer Zeit, in der Geist oft ein Todesurteil bedeutet, die Chance gestiegen, den Kopf zu verlieren. Und dennoch kündet sich, wenn auch noch zögernd, eine ptolemäische Wendung an. Hat der Einzelne bisher versucht, seine Pflicht von einer allgemeinen Weltanschauung abzuleiten, oder wenigstens gehofft, einmal eine solche zu finden, um darum wie die Erde um die Sonne zu kreisen, so wird er nun wieder zur Mitte, notgedrungen, denn nach dem Zusammenbruch der philosophischen Systeme bricht auch jenes der Naturwissenschaft zusammen, ja, immer mehr häufen sich die Anzeichen, daß die Naturwissenschaft überhaupt keine Weltanschauung zu geben vermag. Das Geheimnis der Welt bleibt unangetastet. Es ist heute leichter, an die Auferstehung zu glauben als an das Weltbild des dogmatischen Marxismus, mit dessen Problem nur noch die Gegenwart beschäftigt ist, wie immer weit hinter den Erkenntnissen zurück, und eben dabei, auch in diesem Examen durchzufallen.

So sind wir denn als Einzelne ohnmächtig und mächtig zugleich. Die Geschichte scheint ohne unser Dazutun abzulaufen, und doch haben wir geheimnisvoll Fäden in der Hand. Die Möglichkeit des Glaubens ist ungebrochen, und die Schule der Naturwissenschaft hat unser Urteil geschärft. Wir sind gleichsam mit größeren Voraussetzungen begabt. Die Zukunft der Menschheit liegt im Ungewissen, wir können immer noch den Augenblick festhalten. Der Friede wird hart sein, sei es nun der nach einem sinnlosen Krieg oder jener ohne diesen Umweg, denn Friede bedeutet Alltag, und das Alltägliche, das Gewöhnliche, das Langweilige wird immer mehr zunehmen. Unsere Intensität wird entscheiden, ob sich die Güter dieser Erde in unseren Händen zu Gold oder zu Staub verwandeln. Die Abenteuer der alten Art wird sich die Menschheit immer weniger leisten können, von den Fahrten auf den Mond wird sie enttäuscht heimkehren, es gilt die neuen Abenteuer zu finden, es sind dies jene des Geistes. Die Politik wird im günstigsten Falle sozial gesicherte Räume errichten, sie zu erhellen wird die Sache des Einzelnen sein, sonst wird die Erde zu einem Gefängnis. Eine Organisation muß schematisieren, allein der Einzelne ist imstande, einen Iwan wichtiger als die Sowjetunion zu nehmen und so die wahre Größenordnung wieder herzustellen. Von der Politik haben wir Vernunft, von den Einzelnen Liebe zu fordern. Es ist Sache der Politik, dafür zu sorgen, daß aus der Chance Einzelner die Chance der Einzelnen wird.

## Die vier Verführungen des Menschen
## durch den Himmel

### 1969

Zugegeben, ich war auf das größte Ereignis des Jahrhunderts denkbar schlecht vorbereitet: Zwölf Wochen aufgezwungene Beschäftigung mit der Weltgeschichte – um mich nicht über Literatur aufzuregen – regten mich doch auf: die Eseleien, von denen ich las, waren zu gewaltig, um nicht ernüchternd zu wirken. Der Mensch ist offenbar ein Pechvogel, nicht weil er nicht fliegen könnte – das kann er ja inzwischen –, sondern weil er immer wieder vom Himmel verführt wird, mehr als ein Mensch sein zu wollen: etwas Absolutes. Kaum hatte zum Beispiel die römische Republik die alte Welt geordnet, verwandelte sie sich in ein Imperium und den Kaiser in einen Gott; die Menschen lassen sich zwar von Menschen regieren, aber wollen diese Menschen als Götter sehen. Das ist die erste Verführung des Menschen durch den Himmel. Sie ist auch heute noch wirksam: Mao ist schon gottähnlich, und ein Bundesrat, wenn auch Mao gegenüber homöopathisch verdünnt, hat etwas Erhabenes.

Die zweite Verführung durch den Himmel ist ungleich delikater: Daß der römische Kaiser ein Gott sei, glaubte wahrscheinlich nicht einmal ein römischer Kaiser. Es war mehr eine juristische Notlösung, das Imperium irgendwie im Himmel zu verankern. Erst das Genie Konstantin der Große kam auf die Idee, es sei einleuchtender, Gottes Stellvertreter zu sein als Gott selber: Ein Gott, der Blut vergießt, muß sich vor den Menschen rechtfertigen, vergießt man Blut im Namen Gottes, kann man sich mit Gott rechtfertigen. Man war auf die Verwendbarkeit des Himmels als Staatsideologie gekommen. Womit nichts gegen das Christentum gesagt sein soll, sondern alles gegen den christlichen Staat. Der hat mir nun doch zu schmutzige Finger. Zwar sollen, wie Franz Josef Strauß jüngst erklärte, er und Kiesinger ein besonders enges Verhältnis zu Gott haben; wenn ich Gott wäre, würde ich mir die beiden mal vorknöpfen. Es gibt so wenig einen christlichen Staat, wie es christliche Parteien gibt.

Am perfidesten war die dritte Versuchung des Menschen durch den Himmel. Die Bahnen der Gestirne lassen sich berechnen, am Himmel schärfte sich der menschliche Verstand, am Himmel entdeckte er die Naturgesetze. Aus dem Himmel wurde der Weltraum, wo sich die Erde um die Sonne dreht und die Sonne um den Mittelpunkt der Milchstraße. Es war daher nur natürlich, daß der Mensch dazu überging, sich selber als Natur zu erkennen und an sich selber die Vernunft anzuwenden. Er begann, die Ideologie des christlich getarnten Staates zu durchschauen und zu rebellieren, bis es zur Französischen Revolution und zum Marxismus kam, doch ausgerechnet an diesem so wichtigen Wendepunkt ihrer Geschichte fiel die Menschheit zum dritten Male auf den Himmel herein: Sie versuchte in der Politik die Vollkommenheit der Naturgesetze nachzuahmen: der Marxismus wurde dogmatisch und beanspruchte für sich die Unfehlbarkeit der Weltraummechanik. Vom Marxismus, der sich weiterdenkt und selbstkritisch geworden ist, her gesehen, gibt es daher heute ebensowenig einen marxistischen Staat und eine marxistische Partei, wie es einen christlichen Staat und christliche Parteien gibt. Es gibt nur Ansätze zu sozialistischen Lösungen, doch ziehen sie sich unmittelbar die Feindschaft der Sowjetunion zu und werden von ihr nach Möglichkeit liquidiert.

Und nun stellte uns der Himmel zum viertenmal eine Falle, und prompt wie eine Maus liefen wir in sie hinein: in die gigantische Mausefalle des Weltalls. Ich gestehe, daß ich die Nacht vom 20. auf den 21. Juli 1969 am deutsch-schweizerischen Fernsehen als ausgesprochen komisch empfand.

Gewiß, die Wissenschaftler, die man bisweilen sah, waren in Ordnung, besonders Bruno Stanek; sicher, der Mondstaub, den man so lange nicht sah, weil es eben so lange dauern mußte, bis man ihn sehen konnte, war auch in Ordnung; er verschluckte das LEM nicht, wie man noch vor Jahren befürchtet hatte, aber der Mondstäuble war nicht in Ordnung: den sah man immer. Zu einer technischen Perfektionsleistung sollte man keine Schöngeister beiziehen; da die Naturwissenschaften immer noch unter ihrem Denkniveau liegen, bestaunen sie die Technik, wie Neandertaler ein Fahrrad bestaunen würden: sie beten sie an. So übertraf denn ein Schöngeist den anderen an unfreiwilliger Komik: ein Theologe glaubte irgendwie doch noch an Gott und an den Teufel, und ein Geschichtsprofessor ließ meine mühsam bewältigte Weltgeschichte zu einer unbedeutenden Weltsekunde zusammenschrumpfen und im Namen des heiligen Konrad Lorenz die menschliche Aggression für immer in den Weltraum sausen: Von jetzt an können wir hienieden gut sein, weil wir oben die Planeten in Stücke schlagen dürfen.

Die Hunderte Millionen von Menschen getöteten Menschen, die die Eseleien der Weltgeschichte kosteten, schrumpften mit Lichtgeschwindigkeit zu einer Lappalie zusammen, im Bewußtsein, einmal keine Eselei begangen zu haben. Während der Kontrollraum in Houston im Fernsehschirm wie ein Nationalratssaal bei einer Debatte über das deutschschweizerische Fernsehen aussah, machte man im deutschschweizerischen Fernsehstudio auf Spannung, nichts dämpfte die Ausgelassenheit, nicht einmal die Möglichkeit, die Landung könnte schiefgehen; es ging zu wie bei der Schlußfeier eines sommerlichen Volkshochschulkurses, die Spannung stieg, das LEM landete im Meere der Stille, im Studio wurde es angesichts des welthistorischen Augenblicks immer lauter, man wartete auf die ersten Bilder vom Mond, die nicht kamen; dafür kamen Großaufnahmen von essenden und trinkenden Weltraumberauschten, einmal glaubte man sogar HD Läppli zu erblicken, aber vielleicht war es nur ein Feuerwehrmann oder der Fernsehdirektor, der Selbstkritik übte, dann kamen immer noch keine Bilder vom Mond, dann kam ein Kriminalfilm, Perry Mason, dann sah man wieder den Weltraumkontrollnationalratssaal, die Schöngeister schwiegen, weil sie nichts mehr zu sagen hatten, die Kommentatoren, weil sie alles gesagt hatten, und dann, als alles todmüde war, sah man endlich, was man erwartet hatte: die ersten Menschen auf dem Mond. Es waren Bilder, die nur jene überraschten, die weder astronomische Kenntnisse noch eine Vorstellungskraft besitzen, es ereignete sich das, was man vorausberechnet hatte, und dann geschah das Unvermeidliche: die amerikanische Flagge wurde auf dem Mond gehißt, Präsident Nixon telephonierte mit den Mondpiloten, und die freie Welt war stolz, die Russen endgültig geschlagen.

Was mich betrifft, so habe ich mich aus Neugier seit langem mit Astronomie beschäftigt, die Entdeckung der Quasare und Pulsare interessieren mich mehr als die ganze Raumfahrt, und Phantasie zu haben gehört zu meinem

Metier. Um die Wahrheit zu sagen, der ins Symbolische mißratene Film *2001* erregte, die Fernsehreportage enttäuschte mich. Der Film entsprach der Wirklichkeit paradoxerweise besser. Er zeigte die ungeheuren Distanzen des Weltraums auf, die Übertragung des Mondfluges ließ sie uns vergessen. Sicher, die ganze Übertragung war ein Ereignis. Gewiß, es war das teuerste Ferngespräch der Weltgeschichte, das sich der amerikanische Präsident da leistete, doch gar so teuer war es nun wieder nicht, verglichen mit den Unternehmungen, die sich die Vereinigten Staaten sonst noch leisten. Zwar geben sie für ein Programm, das sich über viele Jahre erstreckt, der NASA 25 Milliarden Dollar, aber soviel leisten sie sich in Vietnam in einem Jahr für einen Krieg, in den sie hineingestolpert sind und den sie aus Gründen des Prestiges nicht zu beenden wissen; während der Flug der Apollo 11 etwa 350 Millionen Dollar kostete, kommt die USA-Strategen die Tötung eines Vietcong-Soldaten auf 350 000 Dollar zu stehen, so daß, umgerechnet, der Apollo-11-Flug soviel kostet wie der Tod von tausend Vietcongs. Eine makabre Berechnung einer makabren Wirklichkeit, doch muß man nicht nur im Weltraum mit Zahlen kommen, will man die Wirklichkeit erkennen.

Am 20. Juli 1969 begann nicht ein neues Zeitalter, sondern der Versuch, sich aus dem unbewältigten 20. Jahrhundert in den Himmel wegzustehlen. Nicht die menschliche Vernunft wurde bestätigt, sondern deren Ohnmacht. Es ist leichter, auf den Mond zu fliegen, als mit anderen Rassen friedlich zusammenzuleben, leichter, als eine wirkliche Demokratie und einen wirklichen Sozialismus durchzuführen, leichter, als den Hunger und die Unwissenheit zu besiegen, leichter, als den Vietnamkrieg zu vermeiden oder zu beenden, leichter, als den wirklichen

Mörder eines Präsidenten zu finden, leichter, als zwischen den Arabern und den Juden und zwischen den Russen und den Chinesen Frieden zu stiften, leichter, als die Sahara zu bewässern, leichter, als den von einer kleinen weißen Volksgruppe besiedelten Kontinent Australien auch für andere Rassen zu öffnen, ja leichter, als das Zweistromland des Tigris und des Euphrat wieder zu jener fruchtbaren Ebene zu machen, die es einst war.

Nicht der Mondflug ist das Schlimmste, er ist nichts als eines jener technischen Abenteuer, die durch die Anwendung von Wissenschaften immer wieder möglich werden: Schlimm ist die Illusion, die er erweckt. Ein neuer Kolumbus ist unmöglich, denn er entdeckte einen neuen Kontinent, der zu bevölkern war, Apollo 11 jedoch erreichte nichts, was der Erde entsprach, sie erreichte bloß die Wüste der Wüsten, den Mond. Wie weit wir auch unser Sonnensystem durchmessen, immer werden die Bedingungen auf den anderen Planeten so schlecht, so jämmerlich, so unmenschlich sein, daß diese Welten von der Erde aus nie besiedelt werden können. Mag es auch auf dem Mond oder auf dem Mars ein astronomisches Institut geben, mit einer künstlichen Atmosphäre (ich hoffe es), es zählt nichts, gegenüber dem, was sich auf der Erde ereignen wird. Daß der Papst im gleichen Jahre, da er vor dem Bildschirm die Mondlandung segnete, die Pille verbot, symbolisiert die Katastrophe, der wir, schneller als den Sternen, entgegeneilen. Wenn Wernher von Braun hofft, in hundert Jahren würde die Menschheit Raketen entwickeln, die nächsten Fixsterne zu erreichen, und wenn wir uns sagen lassen müssen, daß schon im Jahre 2035 14 Milliarden Menschen auf unserem Planeten leben werden, falls es uns nicht gelingt, unsere Vermehrung zu steuern, so kann ich nur hoffen, daß irgendeiner von den Urenkeln unserer schweizerischen Fernsehschöngeister zu den wenigen Privilegierten gehören wird, auserwählt, einen miesen, aber gerade noch bewohnbaren Planeten von Alpha Centauri zu besiedeln. Damit wenigstens dort der Optimismus nicht ausstirbt, denn auf der Erde wird es dann höllisch zugehen, so höllisch, daß es vielleicht vorzuziehen wäre, die Mondpest, die man mit allen Mitteln zu vermeiden trachtet, doch auf die Menschen loszulassen. Humanerweise. Denn im Jahre des ersten wirklichen Vorstoßes in den Raum außerhalb unseres Sonnensystems wird die Menschheit zu vier Fünfteln verhungert oder umgebracht sein müssen, um weiterleben zu können. Bloß, weil uns der Himmel verführte, ihn zu erobern, statt das, was uns allein gehört, vernünftig zu gestalten: unsere Erde. Es gibt keine andere Heimat, und jeder Fluchtversuch ist eine Utopie. Der Weltraumflug hat nur dann einen Sinn, wenn wir durch ihn die Erde entdecken und damit uns selber. Am 20. Juli 1969 bin ich wieder ein Ptolemäer geworden.

*Erzählung vom* CERN

1976

An einem Samstag im Februar des Jahres 1974 wird mir
von einem Physiker, einem Bekannten Albert Vigoleis
Thelens, das ›Europäische Laboratorium für Kernfor-
schung‹ gezeigt, CERN. Am Stadtrand von Genf. Es ist kalt,
Bise. Eine unermeßliche Industrieanlage, kilometerweit,
scheint es, Gebäude an Gebäude. Wir besteigen zuerst
einen Aussichtsturm mit Sicht über das Ganze. Thelen,
der mitgekommen ist und den Ausblick schon kennt,
amüsiert sich, ihm kommt der Aufwand, der da getrieben
wird, komisch vor, ich bin verwirrt, der bescheidene Ar-
beitstisch Otto Hahns steht mir vor Augen, auf welchem
die erste Atomspaltung glückte, irgendwo sah ich ihn
abgebildet, er hätte auch in Doktor Fausts Kabinett ge-
paßt: einige Batterien, Glühbirnen, Spulen, ein Paraffin-
schutzring; und nun diese Ungeheuerlichkeit, die Experi-
mentalphysik braucht nicht zu sparen, hier bastelt sie mit
Zyklopenarmen und Millionenkrediten. Wir fahren in
einem Auto herum, die Anlage zu besichtigen, zu Fuß
wäre es nicht zu schaffen, ein Tagesmarsch. Zuerst eine
Blasenkammer, von außen ein bescheidenes Industriege-
bäude, hangar- oder schuppenähnlich in meiner Erinnerung. Im Vorraum sitzen Techniker um einen Tisch, einer
raucht eine Pfeife. Wir müssen die Uhren abgeben, das
magnetische Feld sei zu groß. Im Innenraum steht ein
gewaltiges Monstrum, tausend Tonnen, schwer zu beschreiben, weil Vergleiche fehlen. Wir besteigen eine

Treppe, befinden uns wie auf einer Kommandobrücke, in meiner Tasche fühle ich, wie sich die Schlüssel bewegen, gegen die Maschine streben: ein metallenes Feuerzeug, dann ein Messer bleiben an ihr kleben. Gewaltige Entladungen, weiße Elektronenblitze, wie Herzschläge eines Giganten; durch ein Fenster erblicken wir in einem aufzuckenden blauen Muster die Spuren der in die Blasenkammer schießenden Atomkerne, die durch den 628 m langen Ring des Protonensynchrotrons gerast sind, immer wieder, dabei durch 14 Energiestöße immer mehr beschleunigt wurden, immer unglaublicher, bis sie einen Weg zurückgelegt hatten, der beinahe so lang ist wie die Strecke von der Erde zum Mond, zuletzt fast mit Lichtgeschwindigkeit dahinschießend. Drei Kameras fotografieren jeden Blitz, die drei Fotos werden stereometrisch ausgemessen, alles automatisch, Hunderttausende von Aufnahmen für ein einziges Experiment, Techniker setzen Filmrollen ein, in einer halben Stunde verbraucht jede Kamera einen 600 m langen 500-mm-Film. Als wir zurückkommen, sitzen im Vorraum zur Blasenkammer immer noch die Techniker, machen Eintragungen, wenigstens hin und wieder, sie haben Zeit, lesen Zeitungen, der mit der Pfeife liest Comics, eine Atmosphäre entspannter Gemütlichkeit. Wir legen die Armbanduhren wieder an, die Techniker beobachten uns dabei gelangweilt, dann Fahrt zum Kontrollraum des Speicherrings oder des Synchrozyklotrons oder des Protonensynchrotrons oder aller Anlagen zusammen, ich weiß es nicht mehr, wahrscheinlich ist schon längst die ganze Beschreibung ein Mißverständnis, der Raum verliert sich im Dunkeln, seine Größe ist schwer abzuschätzen. Wir erblicken durch die Glastür Hunderte von Lämpchen, Schalttafeln, kleine Televisionsscheiben, wie in einem Science-fiction-Film, auch hier zeitungslesende Techniker, sie bewegen sich wie in einem Aquarium, warten auf irgendeine Panne, auf ein Tuten oder Pfeifen, auf irgendein akustisches Signal, um dann einzugreifen, zwei greifen offenbar auch ein, zur Freude Thelens, der schon hofft, alles gehe in die Luft, und nicht bedenkt, daß er dann auch mitflöge; sie telefonieren, ein dritter kommt, sie neigen sich über einen Kontrolltisch, einer telefoniert wieder, worauf sie beruhigt auseinandergehen, die Panne ist behoben oder wird anderswo behoben oder hat nicht stattgefunden, auch ein Kontrollämpchen kann sich irren, oder das akustische Signal wurde aus Versehen ausgelöst oder überhaupt nicht, vor der Glastür stehend hätten wir es ohnehin nicht gehört. Wir gehen weiter, besteigen wieder das Auto. Über dreitausend Leute beschäftigt die Anlage, die meisten nur mit dem vertraut, was sie zu tun haben: zu kontrollieren, Spulen auszuwechseln, Buch zu führen, irgend etwas zu installieren oder zu reparieren; vom Sinn des Ganzen wissen nur wenige, eigentlich nur die Wissenschaftler, die Physiker, und von denen auch bloß die Kernphysiker, und von den Kernphysikern nur die Spezialisten unter ihnen, die sich mit irgendwelchen Teilchen beschäftigen, mit den Neutrinos zum Beispiel, und nicht mit dem gesamten geradezu ungeheuerlichen Gebiet, das der Atomkern als Komplex darstellt; diese Teilchen-Spezialisten sind im CERN in der Minderzahl, sie stellen eine lächerliche Minderheit jener dar, die hier beschäftigt sind, dazu werden neunzig Prozent von den Versuchsanordnungen, die CERN durchführt, von Universitäten irgendwo in Europa und in den Vereinigten Staaten ausgeheckt, eingereicht und ausgewertet. CERN wird von Technikern, nicht von Physikern in Schwung gehalten, die Physiker treiben sich hier eigentlich nur aus Schicklichkeit irgendwelchen Politikern ge-

97

genüber herum, falls sie sich überhaupt hier herumtreiben, die Politiker müssen schließlich das Geld geben oder entscheiden, ob das Geld gegeben werde. Wir geraten in eine Halle voller Computer, die errechneten Resultate werden irgendwann an irgendeinen der Physiker oder, genauer, an irgendeinen der Spezialisten unter den Kernphysikern weitergeleitet oder an irgendeinen Spezialisten auf irgendeiner Universität geschickt oder, noch genauer, an das Team, dem er vorsteht, denn jeder Spezialist steht heute irgendeinem Team von Spezialisten vor (es kann heute einer noch so sehr Spezialist sein, es gibt in seinem Spezialgebiet immer noch Spezialgebiete, die immer noch Spezialisten hervorbringen), mit einem Mathematiker im hintersten Hintergrund des Teams, der die Arbeit all dieser Spezialisten auf ihre mathematische Stubenreinheit hin überprüft, als eine Art wissenschaftlicher Jesuitenpater – hat doch jede physikalische Aussage auch mathematisch zu stimmen, wie früher jede theologische dogmatisch in Ordnung sein mußte und heute wieder jede ideologische linientreu zu sein hat. Dort in diesen Teams, kann ich mir denken, werden weitere Computer gefüttert, ein Computer füttert den anderen und dieser wieder andere, wobei der Mensch vor allem dazu nötig ist herauszufinden, ob die Computer, die da unaufhörlich rechnen, nicht falsch rechnen; die Computer seien schließlich nichts anderes als idiotische Rechengenies auf elektronischer Basis, wird uns erklärt, ein falscher Kontakt, und schon rechne der Computer mit unwahrscheinlicher Geschwindigkeit in einer falschen Richtung drauflos, Resultate abliefernd, die ebenso falsch wie unbegreiflich seien und die, werden sie ernstgenommen, zu völlig phantastischen Atommodellen führen würden. Auch diese Pannen kämen vor, sogar oft, zum Glück besitze CERN einen Mathematiker, der ebenfalls ein Rechengenie sei wie die Computer, wenn auch ein nicht so geschwindes, dafür ein intelligenteres, weil eben ein menschliches, der ungefähr, mehr instinktiv, er wisse selbst nicht wie, abzuschätzen wisse, ob seine elektronischen Brüder richtige oder falsche Resultate fabrizierten, ein Computerpsychiater also oder Computerseelsorger. Erleichterung unsererseits, der Mensch hat doch noch seine Aufgabe. Im übrigen sei CERN auch an sich nicht überzubewerten. Gewiß, es sei wirklich großartig, unwahrscheinlich, wie es als Organisation funktioniere, doch sei CERN schließlich nur da, um die Mutter Natur in Schwung zu setzen, die träge Materie zu beschleunigen, ihr mal Beine zu machen, stur, hartnäckig, immer hartnäckiger. Schon sei eine neue, noch gewaltigere Blasenkammer konstruiert, leider gerade außer Betrieb; der Hangar, worin sie stehe, vorsorglich leicht gebaut für den Fall einer an sich unwahrscheinlichen Explosion, diese Halle sei letzthin vom Sturmwind weggeblasen worden; Albert Vigoleis Thelen grinst, ich grinse mit, wenn auch leicht verlegen – am gleichen Nachmittag in Neuchâtel, als in Genf dieser Hangar davonflog, ich erinnere mich, erreichte der gleiche Sturm 160 km/h, auf dem Felsen über meinem Haus mußte ich mich in den Wald retten, die Hunde winselten, ein Krachen, ich erreichte eine Lichtung, eine große Buche war etwa acht Meter über dem Boden von den wütenden Luftmassen entzweigerissen wie ein zersplitterter Bogen –, und so haben wir jetzt dafür in Genf Pech, der Direktor der Blasenkammer bedauert, er hätte uns ein noch gewaltigeres magnetisches Feld vorführen können, wäre der Orkan nicht gewesen. Doch spielen Pannen keine Rolle, CERN weitet sich ohnehin weiter aus, eine Art umgekehrter NASA, die Erforschung immer kleinerer Teilchen erfordert immer riesenhaftere Einrichtungen, immer zyklopischere Installationen, schon ist ein Superprotonensynchrotron für eine Milliarde Schweizer Franken im Bau: 10 m unter der Erde eine Maulwurfmaschine angesetzt, die einen 4 m breiten, kreisrunden, 7 km langen Schacht durch das Gelände frißt, meist im französischen Gebiet, die Schweiz ist für CERN längst zu klein geworden. Man hofft, die Quarks zu entdecken, wobei unter Quark nicht ein Milchprodukt, sondern das kleinstmögliche Materieteilchen zu verstehen ist, von dem man hofft, es sei vom Superprotonensynchrotron aufzuspüren, falls es die Quarks überhaupt gibt, denn daß man mit der gewaltigen Anlage etwas sucht, was es gar nicht gibt – vielleicht gar nicht geben kann –, ist natürlich auch möglich. Auch wird zugegeben oder beinahe fast zugegeben, man weiß nicht recht, ob man es bestreiten soll oder zugeben darf, daß, wenn immer mächtigere Superprotonensynchrotrone, immer gewaltigere Speicherringe, immer monströsere Blasenkammern gebaut würden, man sich fragen müsse oder solle, ob der Mensch nicht Gefahr laufe, schließlich Ur-Teilchen zu erfinden statt zu finden. Doch wie dem auch sei, man möchte endlich dem Geheimnis des Neutrinos auf die Spur kommen, insoweit dieses Geheimnis überhaupt zu lüften sei, das Geheimnis eines Teilchens, das zwar eine Energie, doch keine Masse aufweise oder fast keine Masse, einhundert Billionen solcher Teilchen schössen oder flössen in jeder Sekunde mit Lichtgeschwindigkeit durch unseren Körper, die Erde sei für sie nichts als ein durchlässiger nebuloser Ball, eigentlich überhaupt nicht vorhanden, wobei sich diese masselosen Teilchen, wie einige Physiker annehmen, noch um sich selber drehen, wie uns erklärt wird, etwas verlegen freilich; denn einerseits versichert uns der Physiker, er verstehe auch nicht viel davon, er sei kein Neutrinospezialist, und man dürfe die Teilchen nicht allzu materialistisch auffassen, sei es doch eigentlich unmöglich geworden, sich vom Bau eines so vertrackten Gebildes, wie es das Atom darstelle, eine Vorstellung oder gar ein Modell zu machen, jedenfalls müsse es widersprüchlich beschrieben werden, als ›Doppelnatur‹, anderseits wird er von Thelen und mir, neugierig wie wir als Schriftsteller nun einmal sind und bereit, als Erfinder von Geschichten auch in den Neutrinos etwas Erfundenes zu sehen, nun doch oder gerade deswegen in die Fragen verwickelt, was denn ein Neutrino eigentlich sei, was man denn unter einem masselosen Teilchen verstehe, das um sich selbst rotiere, ob nicht vielmehr der Raum um dieses Teilchen, um diesen Punkt herumwirble und wir und die Welt vielleicht mit, wie auf einem wahnwitzigen Karussell um eigentlich nichts, eine Idee, die Thelen besonders ausschmückt, ob es sich etwa um ein bloßes Gedankending handle, ob sich am Ende CERN nicht vielleicht mehr als eine metaphysische, ja theologische denn als eine physikalische Versuchsanstalt herausstellen könnte, Fragen, die nicht fair waren; als ob man einen Theologen frage, der eben Gott entmythologisiert hat, was denn Gott in Wirklichkeit sei, ein Prinzip, eine Weltformel oder was denn eigentlich nun, ohne zu begreifen, daß diese Frage untheologisch ist, ja daß gerade moderne Theologie nur noch unter der Bedingung möglich ist, daß solche Kinderfragen nicht mehr gestellt werden. So lächelt der Physiker denn auch nachsichtig: Niemand sei sich klar darüber und könne sich klar darüber sein, was denn eigentlich, außerhalb der physikalischen Fragestellung, ›in Wirklichkeit‹ diese Teilchen seien, die man da erforsche, erforschen wolle oder zu erforschen hoffe – oder zu erfinden, weil es für den Physiker gar kein ›außerhalb‹ geben könne, diese falle vielmehr in das Gebiet der philosophischen Spekulation und sei für die Physik irrelevant. Gleichgültig. Hauptsache, daß man forsche, überhaupt neugierig bleibe. So unwahrscheinlich und paradox das Ganze auch sei, fährt der Physiker schließlich fort, es stelle bis jetzt das weitaus Sinnvollste dar, was Europa hervorgebracht habe, weil es das scheinbar Sinnloseste sei, im Spekulativen, Abenteuerlichen angesiedelt, in der Neugierde an sich. Thelen, sein Freund und ich entfernen uns beinahe stolz durch leerstehende Büros, auf den Tischen immer wieder Comics. Im übrigen, wird uns beiden, das Gespräch abschließend, vom Physiker klargemacht, und es ist ein kleiner Dämpfer auf unsere laienhafte, zukunftsbejahende Begeisterung, sei die Anlage nicht für Genies geschaffen worden, sondern für anständige Durchschnittsphysiker, Genies könnten Versuchsanordnungen verlangen, die einfach zu kostspielig wären, oder gar herausfinden, daß CERN überhaupt überflüssig sei.

## Mitmacher

### 1976

Wir machen alle mit, auch der Schreibende, ob wir nun mit der Welt zufrieden sind, worin wir stecken, oder gegen sie protestieren, Pläne entwerfen, sie zu ändern, uns engagieren, politischen Parteien beitreten oder gar welche gründen, die sie ändern wollen, usw. Wir machen mit, weil wir *sind*, verstrickt nicht nur durch unzählige gesellschaftliche, kulturelle, politische und wirtschaftliche Fäden mit der Welt als Ganzem, sondern auch als Angehörige eines Staates, den wir als Ganzes nicht zu überblicken vermögen, als Teile eines Volkes, das uns nach außen prägt, ob wir wollen oder nicht, auch als Glieder einer Gemeinde, die in anderen Gemeinden aufgeht, oder als Angestellte irgendeiner Firma, die ihrerseits wieder mit anderen Firmen verquickt ist, usw., das Knäuel ist unentwirrbar, nur Theorien über das Durcheinander der Fäden existieren, eine Handvoll Fakten, das meiste ist nur vage zu vermuten. Wir machen unfreiwillig mit, sei es auch unter Protest, treiben im Strom der Zeit dahin. Dieses Mitmachen, diese Verstrickung aller Dinge, ergibt an sich keine Dialektik, keine Dramatik, ist episch, Stoff zu einem unermeßlichen Roman, der jede Darstellbarkeit übersteigt. Kunst muß einschränken, auswählen, Tatsachen außer acht lassen, den Stoff, den sie formen will, aus der Ungeheuerlichkeit der angesammelten und durcheinandergewobenen Stoffe sondern.

Mitmachen muß nicht von vornherein negativ sein. Wir

unterscheiden: Wir machen mit, weil wir von der Notwendigkeit dessen überzeugt sind, bei dem wir mitmachen = ein moralisch positives Mitmachen. Wir machen mit, obgleich wir von der Notwendigkeit dessen nicht überzeugt sind, bei dem wir mitmachen = ein moralisch negatives Mitmachen. Ist der positive Mitmacher engagiert von der Sache her, bei der er mitmacht, so ist der negative Mitmacher nicht engagiert, obgleich er mitmacht, sein Mitmachen ist ein Mitgehen, ein Nachgeben, ist eine Schwäche, ein Mangel an moralischer Position. Ist der positive Mitmacher aktiv, so der negative Mitmacher passiv. Ist es beim positiven Mitmacher entscheidend, daß er die Sache, bei der er mitmacht, als etwas Notwendiges erkennt, als etwas Gutes (weshalb es denn gleichgültig ist, ob diese Sache ›an sich‹ auch notwendig sei oder nicht, gut oder schlecht, das Werturteil über sein Mitmachen liegt nur im Glauben an seine Erkenntnis, ob er diesen habe oder nicht, und nicht daran, ob seine Erkenntnis ›an sich‹ richtig sei oder nicht – es gibt auch getäuschte positive Mitmacher), so spielt die Erkenntnis oder das Verkennen der Sache, bei der einer mitmacht, beim negativen Mitmacher keine Rolle: Er macht nicht der Sache, sondern sich zuliebe mit. Das negative Mitmachen ist ein Sich-nicht-Kümmern um die Erkenntnis (die auf die Sache gerichtet ist, bei der man mitmacht), auch ein Nichtverwirklichen der Erkenntnis, ein nicht nach der Erkenntnis Handeln, ein Handeln wider die Erkenntnis, daß die Sache, bei der man mitmacht, nicht nur nicht notwendig, sondern sogar schlecht ist. Endlich ein In-den-Wind-Schlagen des Glaubens, insofern es ohne Glauben an die Erkenntnis kein Aneignen der Erkenntnis gibt (weil es keine nackte Erkenntnis gibt). Natürlich gibt es auch ein negatives Mitmachen aus Bequemlichkeit: So einer macht mit, ohne zu denken, weil die Sache, bei der er mitmacht, gerade Mode ist, usw. Aber der eigentlich negative Mitmacher in seiner bedenklichsten Form ist der Intellektuelle, der trotzdem mitmacht. Dieser Intellektuelle braucht durchaus kein ›Fachidiot‹ zu sein (was ihn noch entschuldigen würde); entscheidend ist, daß ihm das moralische Sensorium fehlt. Dieser Mangel ist das eigentlich Nihilistische an ihm; daß einer entgegen seiner Erkenntnis handelt oder nicht handelt, ist für jene unverständlich, die der Meinung sind, auf die Erkenntnis des Notwendigen folge auch seine Verwirklichung. Wäre das so, wäre die Welt anders. Moral, wagt man überhaupt dieses Wort noch zu gebrauchen, nicht klischeehaft, als ein sinnloses Vollziehen angeblicher Gesetze – die keine sind, werden sie als Gesetze genommen und nicht als Einsichten –, Moral ist nicht schon die Erkenntnis des Notwendigen. Moral ist das Verwirklichen dieser Erkenntnis. Die Frage, warum wir diese Erkenntnis offenbar nur selten verwirklichen, ist im Bereich des Intellekts nicht zu lösen, weil der Intellekt gezwungen ist, diese Frage im Logischen zu stellen, wohin sie nicht gehört; wie die vernünftigen Pferde in Gullivers vierter Reise staunt die Vernunft stets darüber, warum sich das Vernünftige nicht von selber durchsetzt; daß es sich durchsetzen würde, wäre die Weltordnung vernünftig, ist ein Zirkelschluß: Eine ideale Weltordnung ist nur mit idealen Menschen möglich; setzt man den Menschen ideal, ist es unverständlich, wie und warum er in eine unvernünftige Ordnung hineingeriet, es nützt nichts, den idealen Menschen und die ideale Gesellschaftsordnung ins Zukünftige, Utopische zu versetzen und die jetzige Menschheit auf dem Weg dorthin anzunehmen – der Zwiespalt bleibt bestehen. Der Mensch wie er ist entspricht nicht dem Menschen wie er sein sollte. So widersprüchlich ist auch die Politik. Die Realisten suchen für den offenbar von Natur aus unvernünftigen Menschen die vernünftigste Gesellschaftsordnung, versuchen das Unvernünftige ins möglichst Vernünftige einzupendeln, wobei sie freilich Gefahr laufen, sich in der eigenen Falle zu fangen, auch sie bilden keine Ausnahme, auch sie sind wie sie sind und nicht wie sie sein sollten. Das Schicksal des Idealisten ist kaum besser: Im Bestreben, den Menschen genau einzusetzen, um mit ihm ein pannensicheres Weltsystem zu errichten, erfaßte er ihn als Produkt seiner Produktionsweise und seiner Produkte usw. so einseitig rational, daß die ideal gemeinte Ordnung in einen aberwitzigen Irrationalismus umzuschlagen droht und schon umgeschlagen ist. Die unterdrückten nicht kalkulierbaren Seiten des Menschlichen beginnen gleichsam Amok zu laufen: Daß die Idealisten dazu neigen, alle jene Kräfte zu entfesseln, die im Irrationalen liegen, hat in ihrer Radikalität seinen Grund. Wer die Realität verachtet, muß sie auch vernichten können. Tendiert aber der Realist dazu, von der menschlichen Wirklichkeit korrumpiert zu werden, und wird diese vom Idealisten pervertiert, so enthüllt sich die Frage, warum es um den Menschen so lausig bestellt ist, was die Verwirklichung seiner Einsichten angeht, die Frage also nach der Ohnmacht der Moral vor jeder möglichen Gesellschaftsordnung, vor jeder möglichen Revolution, als existentielles Problem und wird damit unlösbar. Auf die Frage, warum der Mensch so ist wie er ist, auf die Frage nach dem ›radikal Bösen‹ im Menschen gibt es keine Antwort, auch jene der Verhaltensforscher ist keine, ist sie doch nicht mehr als eine Feststellung, daß der Mensch so ist wie er ist. Dann jedoch, wenn das Gefühl hochkommt, es treibe alles in einem unaufhaltsamen Strom dahin, unmerklich, immer schneller, gemäß der menschlichen Na-

tur, irgendwelchen unausweichlichen Katarakten zu, so
daß es eigentlich sinnlos sei, wie man schwimme, ob mit
oder gegen den Strom, dieser trage einen ohnehin seiner
Bestimmung zu, in diesem Augenblick wird das Sich-
Mittreiben-Lassen ein passives Mitmachen, ohne daß zu
sagen wäre, wie es zu vermeiden sei: Die Entscheidungen,
die dann fallen, sind nur noch im Subjektiven möglich, in
Bereichen, die gegen außen hin nicht mehr zu objektivie-
ren sind, vielleicht nur noch mittelbar zu umschreiben,
durch eine Fabel.

Ich komme mir vor wie einer, der sein Haus gegen Osten
zu verließ und, seine Richtung stur einhaltend, alle nur
denkbaren Verkehrsmittel benutzend, sein Haus plötzlich
von Westen her kommend wiederfindet. Trat er aus der
Vordertür hinaus, steht er nun vor der Hintertür und trifft
die alten Fragmente, all das Halbbegonnene, Liegengelas-
sene, ja nur Gedachte wieder an, das er einmal zur Hintertür hinauswarf, in der Meinung, es sei dann aus dem Wege
geschafft: Nun muß sich der Reisende, will er seine Reise
vollenden, durch all dieses Gerümpel den Weg ins Haus
bahnen.
    Fragt mich nun einer, wozu denn diese Reise, so ant-
worte ich, des Reisens wegen; und fragt er, was ist dein
Standpunkt, so antworte ich, der eines Reisenden; fragt er
unerbittlicher, deinen politischen Standpunkt will ich wissen, antworte ich, von Fall zu Fall, in der Sowjetunion,
halte ich mich dort auf, bin ich Antikommunist, in Indien
oder Chile, wäre ich dorthin verschlagen, Kommunist
usw. Ich bin gegen die USA, aber es gibt Fälle, wo ich
wieder froh bin, daß es sie gibt, den Fall Israel zum Beispiel, wenn ich auch noch glücklicher wäre, wenn Israel
die USA nicht nötig hätte; und fragt er mich noch neugie-

riger, so nenne mir wenigstens deine philosophische Herkunft, antworte ich, es stimmt, wie du vermutest, ich bin von Kierkegaard und Kant ausgegangen, von dem wenigen, was ich von ihnen verstanden habe, wenn ich auch nicht sicher bin, ob ich überhaupt etwas von ihnen verstanden habe, und so weiß ich denn auch nicht, durch welche Gebiete die Reise führt, außer daß sie immer wieder zurückführt; und sagt er, dann ist es ja sinnlos zu reisen, entgegne ich, deshalb erzähle ich ja Geschichten; und wirft er mir vor, du bist doch eben erst von einer Reise zurückgekommen, sage ich, das war auch nur so eine von meinen Geschichten; und tritt er endlich ungeduldig auf mich zu und packt mich, was glaubst du eigentlich?, dann antworte ich ihm, unter Antisemiten bin ich Jude, unter Antichristen Christ, unter Antimarxisten Marxist, unter Marxisten Antimarxist. Fragt er dann, und wenn du allein bist?, antworte ich, ich kann es dir nicht sagen. Denn ich glaube, je nach dem Augenblick. Es gibt Augenblicke, da ich zu glauben vermag, und es gibt Augenblicke, da ich zweifeln muß. Das Schlimmste, glaube ich, ist, glauben zu wollen, was es nun sei, was man glauben will, sei es das Christentum oder irgendeine Ideologie. Denn wer glauben will, muß seine Zweifel unterdrücken, und wer seine Zweifel unterdrückt, muß sich belügen. Und nur wer seine Zweifel nicht unterdrückt, ist imstande, sich selbst zu bezweifeln, ohne zu verzweifeln, denn wer glauben will, verzweifelt, wenn er plötzlich nicht glauben kann. Aber wer sich bezweifelt, ohne zu verzweifeln, ist vielleicht auf dem Wege zum Glauben. Ohne ihn vielleicht je zu erreichen. Was für ein Glaube es jedoch ist, dem so einer entgegengeht, ist seine Sache. Es ist sein Geheimnis, das er mit sich nimmt, denn jedes Glaubensbekenntnis ist unbeweisbar, und was nicht bewiesen werden kann, soll man für sich behalten. Verzeih, ich muß wieder weiter. Warte!, ruft er mir nach, als ich aus der Vordertür ins Freie trete. Was willst du noch?, antworte ich, mich entfernend. Du verwirrst mich!, ruft er mir nach. Du mich auch, antworte ich, du mit deiner Fragerei. Ich habe ein Recht zu fragen, schreit er mir nach, ich bin dein Leser! Ich bleibe stehen: Dafür kann ich nichts, dann gehe ich weiter. Ich habe dein Buch gekauft, schreit er, nur noch eine Silhouette in der Vordertür, würde ich zurückblicken, und er schreit, weil ich mich nicht zurückwende, dafür hätte ich fünfmal ins Kino gehen können! Ich schaue in die aufsteigende Dämmerung vor mir, in die immer dunkleren Schichten, die sich mir entgegenschieben: Geh das nächstemal fünfmal ins Kino. Bist du ein Protestant?, schreit er schon undeutlich. Ich habe ein Leben lang nichts anderes getan als protestiert. Seine Stimme wird deutlicher, er muß mir nachgerannt sein: Glaubst du eigentlich irgend etwas? Sein Keuchen ist zu hören. Fängst du wieder damit an?, frage ich zurück, immer weitergehend, ich bin allergisch gegen das Wort ›Glauben‹. Gib mir ein anderes Wort, bettelt er, wieder zurückbleibend. ›Einleuchten‹, sage ich. Was leuchtet dir ein?, ruft er mir nach. Vieles, antworte ich, die Richtigkeit der Mathematik oder die Möglichkeit der Gleichnisse. Leuchtet dir Gott ein?, schreit er von irgendwoher zwischen mir und der Türe, aus der ich ging. Er hat mich nicht erleuchtet, daß er mir einleuchtet, antworte ich und schreite in die immer schwärzere Dunkelheit, in die immer gewaltigere Finsternis. Also glaubst du nicht an Gott, schreit er, endlich habe ich dich festgenagelt. Warum wirst du denn gleich so verdammt theologisch, schreie ich noch, bevor ich endgültig in die Nacht entweiche, stur geradeaus. Du gehst schon wieder auf Reisen, schreit er mir, glaube ich, nach, höhnisch, aus Leibeskräften, obgleich ich für ihn längst nicht mehr auszumachen bin, und ich antworte, und es ist unwahrscheinlich, daß er mich durch die unendliche Schwärze zwischen sich und mir, zwischen Mensch und Mensch, noch versteht, während ich im Ungewissen, Weltweiten, nur Ahnbaren den ersten unwirklichen Lichtschimmer errate, mein Ziel, das ich anstrebe, den Ausgangspunkt meiner Reise, den ich eben verlassen habe, die Hintertür mit dem Gerümpel davor, den Rücken des Fragenden endlich, durch die Vordertür sichtbar, in der Nacht stehend, in der er mich zu erspähen sucht, vergeblich, da ich mich, indem ich mich ihm nähere, immer mehr von ihm entferne: Ich habe nur wieder eine Geschichte erzählt. Und während ich weiterlaufe, immer weiter, fragt einer plötzlich, einer neben mir, einer, an dem ich auf meinen Wanderungen stets vorbeigelaufen bin und den ich doch anreden wollte, ein Schauspieler: Na schön, aber wie soll man das Ganze denn spielen? Und ich antworte, während mich die Nacht verschluckt, wie sie alle verschluckte: Mit Humor!

## Unser Vaterland

### 1985

Land und Leute: Gegründet wurde das Unternehmen, welches sich bald unser Staat, bald unser Vaterland nennt, vor etwas mehr als zwanzig Generationen, grob gerechnet. Ort: Zuerst spielte sich alles der Hauptsache nach im Kalk, Granit und in der Molasse ab, später kam Tertiäres hinzu. Klima: leidlich. Zeit: Zuerst mittelmäßig, die habsburgische Hausmacht braute sich zusammen, viel Faustrecht, es galt sich durchzuprügeln, und man prügelte sich durch, knackte Ritter, Klöster und Burgen wie Panzerschränke, gewaltige Plünderungen, Beute, Gefangene wurden keine gemacht, vor den Schlachten Gebet und nach dem Gemetzel Orgien, enorme Saufereien, der Krieg rentierte, dann aber leider die Erfindung des Pulvers, die Großmachtpolitik stieß auf steigenden Widerstand, dem Dreschen mit Hellebarde und Morgenstern wurden Grenzen gesetzt, die Nahkämpfer wurden aus der Ferne zusammengetätscht, nach kaum acht Generationen schon der berühmte Rückzug, von da noch weitere sieben Generationen relative Wildheit, teils mordete man sich nun untereinander, unterjochte Bauern (mit der Freiheit nahm man es nie so genau) und schlug sich um die Religion, teils betrieb man Söldnerei im großen Stil, gab sein Blut für den Meistbietenden, beschützte die Fürsten vor den Bürgern, ganz Europa vor der Freiheit. Dann endlich gewitterte die Französische Revolution herauf, in Paris wurde die verhaßte Garde zusammengeschossen, tapfer stand sie auf verlorenem Posten, im Dienste eines verrotteten Systems von Gottes Gnaden, während einer ihrer aristokratischen Offiziere in einer Dachkammer und in Sicherheit dichtete: ›Bunt sind schon die Wälder, gelb die Stoppelfelder, und der Herbst beginnt‹. Wenig später räumte Napoleon mit dem ganzen Plunder von gnädigen Herren und Untertanenländern endgültig auf: dem Land taten die Niederlagen gut. Ansätze zur Demokratie zeigten sich und neue Ideen: Pestalozzi, arm, schäbig und glühend, zog im Lande herum, von einem Unglück ins andere. Eine radikale Wende zu Geschäft und Gewerbe setzte ein, drapiert mit den entsprechenden Idealen. Die Industrie begann sich breitzumachen, Eisenbahnen wurden gebaut. Zwar war der Boden arm an Schätzen, Kohle und Erze mußten eingeführt und verarbeitet werden, aber emsiger Fleiß überall, steigender Reichtum, doch ohne Verschwendung, leider auch ohne Glanz. Sparsamkeit installierte sich als höchste Tugend, Banken wurden gegründet, zuerst zaghaft, Schulden galten als unehrenhaft, stellten einst die Landsknechte einen Ausfuhrartikel dar, jetzt die Bankrotteure: wer bei uns pleite ging, hatte jenseits der Ozeane eine Chance. Alles mußte rentieren und rentierte: sogar die unermeßlichen Steinhaufen und Geröllhalden, die Gletscherzungen und Steilhänge, denn seit die Natur entdeckt worden war und sich jeder Trottel in der Bergeinsamkeit erhaben fühlen durfte, wurde auch die Fremdenindustrie möglich: die Ideale des Landes waren immer praktisch. Im übrigen lebte man entschlossen so, daß es jedem möglichen Feind nützlicher war, einen in Ruhe zu lassen, eine an sich unmoralische, doch gesunde Lebenshaltung, die von keiner Größe, aber von beträchtlichem politischem Verstand zeugte. Man mauserte sich denn auch durch zwei Weltkriege, manövrierte zwischen Bestien, kam immer wieder davon. Unsere Generation erschien.

Gegenwart (1957 n. Chr.): Große Teile der Bevölkerung leben beinahe sorglos dahin, gesichert und versichert, Kirche, Bildung und Spitäler stehen zu gemäßigten Preisen zur Verfügung, die Kremierung erfolgt im Notfall kostenlos. Das Leben gleitet auf festen Gleisen, aber die Vergangenheit rüttelt am Bau, erschüttert die Fundamente. Wer viel hat, fürchtet, viel zu verlieren. Man sinkt nach bestandener Gefahr vom Pferd wie der Reiter nach seinem Ritt über den Bodensee: man ist zu zaghaft, die eigene Klugheit als notwendig zu begreifen, man hält es nicht mehr aus, zwar kein Held, aber vernünftig gewesen zu sein, man reiht sich in die Reihen der Sieger ein, die Sage der kriegerischen Väter kommt hoch, von den Mythen her droht Kurzschlußgefahr, man träumt von den alturalten Schlachten, dichtet sich selbst zu Widerstandskämpfern um, und schon sind die Generalstäbler dabei, eine Nibelungenwelt zu beschwören, von Atomwaffen zu träumen, vom heldenhaften Vernichtungskampf im Falle eines Angriffs, das Ende der Armee soll auch der Nation das Ende bereiten, gründlich, stur und endgültig, während ringsherum schon längst unterjochte Völker mit Mut und List davonzukommen wissen. Doch bahnt sich das mögliche Ende noch anders an, witziger. Ausländer kaufen den Boden auf, den man verteidigen will, die Wirtschaft wird von fremden Händen in Schwung gehalten und von den eigenen nur noch verwaltet, kaum noch gesteuert, der Staatsbürger bildet eine Oberschicht, unter der sich, in oft zu unverschämten Preisen vermieteten Wohnungen zusammengepfercht, sparsam und emsig Italiener, Griechen, Spanier, Portugiesen und Türken einnisten, zum Teil verachtet, oft noch Analphabeten, Heloten, ja für viele ihrer Herren Untermenschen, die einmal, zum bewußten Proletariat geworden, überlegen in ihrer genügsamen Vitalität ihre Rechte fordern könnten, in der Erkenntnis, daß der Betrieb, der sich unser Staat nennt, halb schon aufgekauft von fremdem Kapital, nur noch von ihnen abhängt. Unser kleines Land, so ahnt man und reibt sich verblüfft die Augen, ist in Wirklichkeit von der Geschichte abgetreten, als es ins große Geschäft eintrat.

## »Die Hoffnung, uns am eigenen Schopfe aus dem Untergang zu ziehen«

Laudatio auf Michail Gorbatschow

1990

Am 17. Dezember 1938 gelang den Chemikern Otto Hahn und Fritz Straßmann in Berlin vermittels einer Anlage, die auf einem Küchentisch Platz gefunden hätte, in einem Paraffinring die erste Urankernspaltung, schon am 2. August 1939 machte Albert Einstein mit einem Brief Roosevelt darauf aufmerksam, daß die Deutschen Atombomben herstellen könnten, und siebeneinhalb Jahre nach der Entdeckung Otto Hahns fiel die Atombombe auf Hiroshima, die, wäre Deutschland an der Sowjetunion nicht gescheitert, auf Berlin gefallen wäre, wurde sie doch gegen Hitler gebaut. Damit begann eine der unheimlichsten Epochen der Weltgeschichte. Die Herstellung von Atombomben konnte nicht geheimgehalten werden, schon 1949 verfügte die Sowjetunion über diese Waffe, worauf beide Supermächte die Wasserstoffbombe entwickelten, in der durch Zündung einer Atombombe ein Prozeß ausgelöst wird, wie er im Sonneninnern stattfindet. Das Wettrüsten begann, um so mehr, als auch England 1957 und China 1969 über Wasserstoffbomben verfügten. War die Atombombe aus Furcht vor einer deutschen Atombombe entwickelt worden, so hätte sie dennoch nicht gebaut werden müssen; Hitlers Geheimwaffen waren die Raketen, mit denen

London beschossen wurde und gegen die es keine Abwehr gab; diese wurden von den Amerikanern und Sowjetrussen zu Trägerraketen für Atombomben weiterentwickelt, was schließlich zum Gleichgewicht des Schreckens führte. Nun spielt sich das geschichtliche Geschehen auf zwei Ebenen ab: auf jener dessen, was wir Geschichte nennen, in unserem Falle jener des Kalten Krieges, der Konfrontation zweier Supermächte, und auf der Ebene der von diesem Geschehen Betroffenen, auf der Ebene des Psychologischen. Wie die Explosion einer Atombombe durch die Kernkettenreaktion einer kritischen Menge des Uranisotops 235 entsteht, löste die Atombombe, als wäre sie selber die kritische Menge an Furcht, eine Kettenreaktion an Furcht aus. Es war eine Furcht besonderer Art. Seit jeher wohnt dem Menschen die Furcht inne, mit der Atombombe lernte der Mensch sich selber fürchten, er wurde seine eigene Apokalypse. Der Mensch war fähig geworden, die Menschheit zu zerstören. Er hatte gelernt, die Kraft einzusetzen, welche die Atomkerne zusammenhält, die Kraft, die entfesselt wird, wenn sich Materie in Energie verwandelt. Der Kalte Krieg kann nur psychologisch begriffen werden, obgleich er ideologisch geführt wurde, aber die Ideologien, die sich gegenüberstanden, waren nur die rationalen Begründungen des irrationalen Konflikts. Indem die beiden Supermächte über die atomaren Waffen verfügten, lähmten sie sich gegenseitig, panzerten sich gegenseitig ab. Im Westen wurde der Kommunismus, im Osten der Kapitalismus zum Gespenst, die NATO stand dem Warschauer Pakt gegenüber. Keiner wagte die Atomwaffe einzusetzen, aber jeder produzierte immer weitere Atom- und Wasserstoffbomben für die Kurz-, Mittel- und Langstreckenraketen, für Flugzeuge und Unterseeboote, um zu beweisen, daß er sie anwenden würde, wenn der andere sie anwenden würde, und weil keiner sie anwandte, aber jeder der beiden sie anwenden konnte, rüsteten beide Seiten auch konventionell auf, war es doch immer möglich, daß einer der beiden so unfair war und konventionell angriff, in der Annahme, keiner führe aus Furcht vor einem Atomkrieg diesen auch wirklich. So sehr nahm die Furcht voreinander die Merkmale einer Psychose an, daß die beiden Gegner, im Versuch, einander zu Tode zu rüsten, das Resultat des Zweiten Weltkrieges umkehrten, die Verlierer des heißen Krieges, Deutschland und Japan, wurden die Sieger des Kalten, und wenn der deutsche Bundeskanzler den tiefsinnigen Ausspruch tat, Karl Marx sei tot und Ludwig Erhard lebe, so vergaß er, daß die Bundesrepublik nur durch den Kalten Krieg zu dem geworden ist, was sie war und schon nicht mehr ist, weil sie sich dank eines Marxisten mit der Deutschen Demokratischen Republik zu einem neuen Deutschland vereinigen konnte. Der Marxist ist Michail Gorbatschow, und wir müssen ihn, wollen wir ihm gerecht werden, auch als Marxisten ernst nehmen. Er hat schließlich in seiner Eigenschaft als Generalsekretär der Kommunistischen Partei der Sowjetunion den Kalten Krieg beendet. Ich bin daher gezwungen, das Phänomen Gorbatschow zu untersuchen, ohne seine politische Überzeugung zu teilen. Trotzdem muß ich auf sie eingehen, ja Gorbatschow als Politiker von ihr ableiten. Man kommt an der Tatsache nicht vorbei, daß Gorbatschow den Marxismus umzugestalten versucht, nicht um ihn abzuschaffen, sondern um ihn zu erneuern, daß er in der Perestroika, wie er 1987 schreibt, eine unumgängliche Notwendigkeit sieht, die aus den tieferliegenden Entwicklungsprozessen in der sozialistischen Gesellschaft hervorgegangen sei, und daß jeder Aufschub in naher Zukunft zu einer Verschlechterung der

Situation im Innern führen und eine ernste soziale, wirtschaftliche und politische Krise heraufbeschwören könnte. Um die Philosophie des Friedens zu entwickeln, fährt Gorbatschow fort, sei die wechselseitige Abhängigkeit von Krieg und Revolution neu durchdacht worden. In der Vergangenheit hätte oft ein Krieg dazu gedient, eine Revolution auszulösen, was die marxistisch-leninistische Logik bestätigt habe, daß der Imperialismus unausweichlich zur großen bewaffneten Konfrontation führe. Als dann aber ein radikaler Wandel der Verhältnisse eingetreten und als einziges Ergebnis eines nuklearen Krieges die globale Vernichtung denkbar geworden sei, habe das die Theorie von Ursache und Wirkung zwischen Krieg und Revolution widerlegt. Auf dem 17. Parteitag der Kommunistischen Partei der Sowjetunion seien deshalb die Themen Revolution und Krieg klar voneinander »geschieden« und aus der Neufassung des Parteiprogramms die folgenden zwei Sätze gestrichen worden: »Sollten die imperialistischen Aggressoren es trotzdem wagen, einen neuen Weltkrieg anzufangen, so werden die Völker nicht länger ein System tolerieren, das sie in verheerende Kriege hineinzieht. Sie werden den Imperialismus hinwegfegen und begraben.« Damit sei der ökonomische, politische und ideologische Wettbewerb zwischen den kapitalistischen und den sozialistischen Ländern unvermeidlich. Er müsse jedoch im Rahmen des friedlichen Wettbewerbs gehalten werden, der notwendigerweise auf Kooperation ziele. Es sei Aufgabe der Geschichte, ein Urteil über die Verdienste der jeweiligen Systeme zu fällen. Sie würde ihre Wahl treffen. Jede Nation solle für sich entscheiden, welches System und welche Ideologie besser sei. Die Perestroika stelle einen Ansporn zum Wettbewerb dar. Verstehe man die dialektische Einheit der Gegensätze, so füge sie sich in das Konzept der friedlichen Koexistenz. Otto Hahn wußte nicht, daß er die Atombombe ermöglichte, als er das erste Uranatom spaltete. Er nahm das Atom noch als ein Planetensystem an mit Elektronen, die um einen aus Protonen und Neutronen zusammengesetzten Kern in bestimmten Bahnen kreisen; heute ist dieses Atommodell aufgegeben. Wir denken uns das Atom als eine Art Nebel, dessen einzelne Partikel unscharf sind, bald sind sie, bald sind sie nicht, und die Protonen und Neutronen des Kerns sind aus noch kleineren Partikeln zusammengesetzt. Gorbatschow ahnte die Wirkung kaum, die er auslöste, indem er die zwei Sätze aus dem Programm der Kommunistischen Partei der Sowjetunion strich. Für ihn standen sich zwei Supermächte gegenüber, von denen die eine die andere zu Tode zu rüsten versuchte, besonders seit sich die Vereinigten Staaten entschlossen hatten, mit Hunderten von Milliarden einen Schutzschirm zu errichten, der ihr Gebiet gegen atomare Angriffe abgesichert und die Sowjetunion gezwungen hätte, neue Waffen gegen diesen Abwehrschirm zu entwickeln, um das Gleichgewicht des Schreckens wiederherzustellen. Wir wissen heute, daß das atomare Wettrüsten beide Supermächte wirtschaftlich schwächte. Der Unsinn des Wettrüstens mußte eingestellt und die Möglichkeit eines dritten Weltkriegs mit allen Mitteln vermieden werden, er konnte das Ende der Menschheit bedeuten. Aber ein abruptes Ende der Weltgeschichte durch eine atomare Katastrophe war in der marxistischen Theorie nicht vorgesehen, die Theorie stand vor einem Phänomen, das mit ihr nicht übereinstimmte. Könnte sich das Tier definieren, so würde es sagen, *sentio ergo sum*, ich fühle, also bin ich, während der Mensch bestimmt ist durch das *cogito ergo sum*, ich denke, also bin ich. Der Mensch ist ein denkendes Tier. Das Tier ist ganz

Gefühl, ganz Instinkt, gewiß fühlen die höheren Tiere, wenn sie sterben müssen, daß etwas Bedrohliches auf sie zukommt, wenn sie auch nicht zu deuten wissen, was auf sie zukommt: Der Mensch ist das Tier, das weiß, daß es sterben muß. Ist das Tier eins mit dem Sein, wird dem Menschen durch sein Wissen um seine Sterblichkeit das Sein nicht mehr selbstverständlich, es kann ihm jederzeit genommen werden und wird ihm einmal genommen. Als Tier ist der Mensch das Resultat einer etwa eine Milliarde Jahre langen Evolution, auch seine Gefühle, seine Angst, seine Aggression und seine Sexualität wurzeln noch in unserer vormenschlichen Vergangenheit. Erst in den letzten zwei, vielleicht drei Millionen Jahren haben wir uns langsam zum Menschen entwickelt, wir wissen von diesem Vorgang so gut wie nichts, aber als der Mensch Mensch wurde, als er auf das Denken kam und damit den Tod entdeckte, seine Sterblichkeit, verdoppelte sich seine Furcht, die das Tier auch hat, wird es gejagt, zur Furcht vor dem Raubtier trat beim Menschen noch die Furcht vor dem Tode. Aus dieser verdoppelten Furcht entstand der technische Verstand. Auch er ist das Ergebnis der Evolution. Beim Tier finden wir ihn als technischen Instinkt. Die Termitenbauten, die Spinngewebe, die Nester der Vögel, die Dämme der Biber. Der technische Verstand half dem Tier im Menschen zu überleben, indem er den Menschen zu einem Prothesenwesen umschuf: Der Stein, der Speer, den er schleuderte, der Pfeil, den er abschoß, ist sein verlängerter Arm, durch seine Waffen wurde der Mensch zum fürchterlichsten der Raubtiere. Hat der technische Verstand ihm gedient, sein emotionales Erbe aus dem unbeschränkten Sein des Tieres in das vom Tode beschränkte Sein des Menschen hinüberzuretten, so diente er ihm auch dazu, ihn im Menschsein anzusiedeln, sich zu organisieren, aus der Horde wurde ein Stamm, aus dem Stamm ein Volk, aus den Stammeskämpfen Völkerkriege, der Mensch erkannte, daß die beste Prothese er selber ist. Die Antike ist ohne die Sklaverei undenkbar, die Kriege waren notwendig, um Sklaven einzufangen. Doch der technische Verstand entwickelte sich vorerst langsam. Außer der Erfindung des Pulvers und des Buchdrucks blieb die Technik bis zur Zeit Napoleons im großen und ganzen die gleiche wie im Altertum, Kutschen, Segelschiffe, Handwerker usw. Doch schon im 18. Jahrhundert setzt allmählich die industrielle Revolution ein, beginnend mit Manufakturen, fortschreitend zu Fabriken. Arbeitete der technische Verstand zuerst empirisch, orientierte er sich immer mehr an der Naturwissenschaft. Nun ist der Marxismus in einer Zeit der industriellen Revolution entstanden, in der noch nicht vorausgesehen werden konnte, wohin diese führen würde, das wissenschaftliche Weltbild war mechanistisch, alles verlief streng kausal. Marx verstand sich als Wissenschaftler, und weil die industrielle Revolution darin bestand, daß sie die Erkenntnisse der mechanistischen Physik in Maschinen umsetzte und so den Handwerker durch den Arbeiter ablöste, wollte er die Welt nicht nur interpretieren, sondern auch verändern, gleichsam Wissenschaftler und Techniker zugleich sein. Die Entwicklung der menschlichen Gesellschaft sah er entsprechend dem naturwissenschaftlichen Weltbild kausal und voraussagbar, gelten doch die Naturgesetze auch in der Zukunft. Sie verlief in Klassenkämpfen, aus denen am Ende die Klasse der Arbeiter, das Proletariat, als Sieger hervorgehen und die klassenlose Gesellschaft herbeiführen würde. Doch den weiteren Verlauf der industriellen Revolution vermochte Marx nicht vorauszusehen. Er glaubte sie abgeschlossen. Aber sie hielt mit der Revolution der Physik Schritt, damit war sie imstande, die Atombombe zu entwickeln, und so droht die industrielle Revolution mit der Menschheit auch das Proletariat zu vernichten, statt es zu befreien, wie es Marx vorausgesagt hatte. In seiner 1911 erschienenen *Philosophie des Als Ob* geht Vaihinger der Frage nach, wie es komme, daß wir mit bewußt falschen Vorstellungen doch Richtiges erreichen, und untersucht dabei auch die nationalökonomische Methode Adam Smiths, des ersten Theoretikers des Kapitalismus, die in der Fiktion bestehe, alle wirtschaftlichen Handlungen der Gesellschaft so zu betrachten, als ob sie einzig und allein vom Egoismus diktiert wären. Er sehe dabei ab von allen anderen Faktoren wie Wohlwollen, Sittlichkeit, Gerechtigkeit, Billigkeit, Mitleiden, Gewohnheit, Sitten und Gebräuche usw. Er stelle diesen fiktiven Satz als ein Axiom an die Spitze des Systems und entwickle daraus deduktiv, mit systematischer Notwendigkeit, alle Gesetze des Handels und Verkehrs und aller Schwankungen in diesen komplizierten Gebieten. Diese absichtliche Vernachlässigung von Wirklichkeitselementen zum Zwecke wissenschaftlicher Vereinfachung nennt Vaihinger die abstraktive Methode. Nun liegt dem Egoismus, von dem Vaihinger den Kapitalismus ableitet, der Drang nach Freiheit zugrunde, das Gefühl, absolut sich selbst sein zu können, aber weil der Mensch nicht als Einzelner existiert, sondern mit anderen Menschen zusammen, von denen ein jeder frei sein will, fußt jedes Zusammenleben auf der Abgrenzung der Freiheit des Einzelnen durch die des anderen, sogar wenn die Gesellschaft auf das denkbar einfachste Verhältnis abstraktiviert wird, auf das Verhältnis Herr und Knecht. Diese Abgrenzung nennen wir Gerechtigkeit. Sie ist ein dialektisches Verhältnis, wie alles, was sich zwischen Menschen abspielt. Sowohl der Herr als auch der Knecht können das Gefühl haben, gerecht zu handeln und behandelt zu werden, als auch gerecht zu handeln und ungerecht behandelt zu werden, so daß sich das Verhältnis Herr und Knecht gleichsam umkehrt. Ist die Freiheit ein Gefühl des Einzelnen, die Gerechtigkeit ein zwischenmenschliches, somit ebenfalls existentielles Gefühl, operiert die Politik mit zwei Fiktionen, die sie ebenfalls Freiheit und Gerechtigkeit nennt. Für sie ist das Verhältnis Herr–Knecht immer ungerecht, der Herr besitzt das Kapital, der Knecht bezieht den Lohn, der Herr ist immer frei und der Knecht immer unfrei. Darauf kennt die Politik zwei Antworten: eine realistische und eine fiktive. Die realistische besteht darin, das Verhältnis Herr und Knecht gerechter, den Knecht freier und den Herrn unfreier zu gestalten, ohne freilich das Verhältnis Herr und Knecht je aufheben zu können, weil es in der menschlichen Natur begründet liegt, gehe ich wie Adam Smith vor und abstraktiviere das überaus komplizierte Machtgeflecht der Gesellschaft auf das Verhältnis Herr und Knecht. Politisch gesprochen, die Freiheit liegt mit der Gerechtigkeit ständig im Kampf, der Kapitalismus mit dem Sozialismus, die Welt kann nur sozialer werden, nie sozialistisch, oder nur kapitalistischer, aber nie kapitalistisch. Die andere, fiktive Antwort besteht darin, daß sie vorerst das Verhältnis Herr–Knecht anders analysiert. Es gebe viele Herren und viele Knechte. Die Herren nenne sie die Klasse der Bourgeoisie, sie sei im Besitz der Produktionsmittel, die Knechte bildeten die Klasse des Proletariats. Aus diesem Verhältnis Herr–Knecht sei das Verhältnis Bourgeoisie–Proletariat geworden. Das Proletariat diene der Bourgeoisie anders als der Knecht dem Herrn, es stelle mit den Produktionsmitteln der Bourgeoisie Produkte her, welche diese teurer verkaufe, als sie dafür dem

Proletariat bezahlt habe. Sei das Verhältnis Herr–Knecht direkt gewesen, so sei das Verhältnis Bourgeoisie–Proletariat indirekt, der einzelne Proletarier brauche den Bourgeois, der ihn ausbeute, gar nicht zu kennen, zwischen dem Proletariat und der Bourgeoisie stünden die Mittel, welche zur Produktion von Produkten nötig seien. Diese Mittel seien das Kapital, welches durch den Verkauf der durch die Arbeit des Proletariats hergestellten Produkte erhöht werde. Indem sich die Klasse des Proletariats durch den Klassenkampf des Kapitals bemächtige, werde die Klasse der Bourgeoisie eliminiert und durch die Diktatur des Proletariats die klassenlose Gesellschaft eingeführt, denn wenn es nur eine Klasse gebe, gebe es keine Klassen mehr. Die fiktive Antwort ist die marxistische Antwort. Es ist nun zu fragen, ob der Marxismus ebenfalls eine Fiktion sei, aufgestellt zum Zwecke wissenschaftlicher Vereinfachung. Die Behauptung im *Manifest der Kommunistischen Partei*, die Geschichte aller bisherigen Gesellschaften sei die Geschichte von Klassenkämpfen, ist sicher eine abstrakte Fiktion, sie vernachlässigt viele Motive, die in der Geschichte wirken, besonders die emotionalen wie Neid, Demütigung, Rassenwahn, Patriotismus, aber auch das aggressive Verhalten der Religionen. Die Frage ist nur, inwieweit es eine wissenschaftliche abstraktive Fiktion ist. Die Stärke der Fiktion Adam Smiths besteht darin, daß sie zwar einseitig ist, aber sicherlich mit einem Hauptantrieb der Wirtschaft rechnet, der tief in der menschlichen Natur verankert ist, mit dem Egoismus, während das *Kommunistische Manifest* eine Fiktion aufstellt, die sich auf einen allgemeinen Begriff beruft. Eine Klasse setzt Menschen voraus, die mit gleicher Absicht sich gleich beschäftigen, die Bourgeoisie beutet, um ihr Kapital zu mehren, das Proletariat aus, das Proletariat versucht, der Bourgeoisie das Kapital zu entreißen, um nicht mehr ausgebeutet zu werden, da es aber Bourgeois gibt, die nicht Proletarier ausbeuten, und Proletarier, die nicht dem Bourgeois das Kapital entreißen, sondern für sich einen möglichst großen Nutzen erzielen wollen, sind beide Klassen Allgemeinbegriffe, die Fiktionen werden, versucht man sie zu definieren. Da aber weder ein Allgemeinbegriff noch eine Fiktion handeln und kämpfen kann, muß es eine Partei geben, die im Namen ihrer Fiktion handelt und kämpft, siegt sie, fällt das Kapital ihr zu und nicht dem Proletariat, in dessen Namen sie handelt, die Partei nimmt die Stelle der aufgelösten Bourgeoisie ein, so daß nun die Partei dem Proletariat gegenübersteht, worauf das alte Verhältnis Herr und Knecht wiederhergestellt ist, mit dem Unterschied freilich, daß alles, was dem Herrn einfällt zu tun, er im Namen des Knechts tut, der nichts mehr zu sagen hat, weil der Herr ja in seinem Namen handelt. Aber sobald das Verhältnis Herr–Knecht wieder ins Spiel kommt, wird auch die Abstraktivation auf den Egoismus Adam Smiths wirksam. Auf die Partei als Herr bezogen, macht sich der Egoismus als Machtkampf innerhalb der Partei bemerkbar: Hat sie die Produktion des Proletariats zu planen und zu überwachen, so finden nun diese zwei Funktionen der Partei innerhalb des Machtkampfs statt, der in ihr wütet. Die Partei zerfällt in Planer und Beaufsichtiger. Die Planer haben die Produktion zu planen und die Beaufsichtiger einerseits die Proletarier, ob sie die Pläne im Sinne der Planer ausführen, andererseits die Planer zu beaufsichtigen, ob sie parteigemäß planen, was wiederum die Planer zwingt, die Beaufsichtiger zu beaufsichtigen, ob sie im Sinne der Partei oder in ihrem eigenen Sinne beaufsichtigen, ein ganzes System von Beaufsichtigern und Planern, bis hin zum obersten Beaufsichtiger und Planer, der als einziger Herr auf einer Pyramide von Knechten sitzt, wobei jeder Knecht die sich unter ihm befindlichen Knechte als Knechte empfindet und sich als Herr. Fanden in den Machtpyramiden einst blutige Kämpfe statt, wobei es um die Interpretation der Lehre ging, die zur Machtpyramide geführt hatte, wurden sie mit den Jahren immer stabiler, die Umschichtungen erfolgten immer gesetzmäßiger, wer nach oben kommen wollte, konnte durch die unbedingte Treue zu seinem Herrn damit rechnen, dessen Stelle einzunehmen, wenn dieser an die Stelle seines Herrn hinaufrückte und so immer höher. Je mehr sich einer der Spitze der Pyramide näherte, desto größer wurden die Privilegien, desto sicherer vermochte er sich als Herr über die Knechte zu fühlen, die von ihm abhingen und von denen jeder der Herr eines Knechtes und dieser wiederum Herr eines Knechtes, Ketten auf dem Weg zum Aufstieg, waren doch der Herr, dessen Knecht er war, und dessen Herr und wiederum dessen Herr bis hinauf zum obersten Herrn darauf angewiesen, um ihre Herrschaft nicht zu gefährden, das hierarchische Machtgefüge möglichst stabil zu halten und die Gerontokratie an seiner Spitze sich auf eine natürliche Weise ins Nichts auflösen und eine neue an ihre Stelle treten zu lassen, Breschnew, Andropow, Tschernenko, was nur möglich war, wenn sich das Proletariat, in dessen Namen die Partei regierte, ruhig verhielt. Und es verhielt sich ruhig. Weil alles, was es schuf, ihm gehörte, gehörte alles niemandem. Der Klassenkampf war ein Wolkenkuckucksheim geworden. Wofür der Proletarier noch gekämpft hatte, waren bessere Löhne und das Recht auf mehr Freizeit, durch die Diktatur des Proletariats wurden ihm Recht und Kampf genommen, er resignierte, und mit ihm stagnierte das Proletariat, entmündigt und beherrscht von der Partei und immer gleichgültiger beaufsichtigt. Dann kam Michail Gorbatschow, ein Arbeitsunfall des Politbüros. Zuerst wunderte er sich. Zu einem bestimmten Zeitpunkt, schrieb er – es sei in der zweiten Hälfte der siebziger Jahre besonders deutlich geworden –, sei etwas geschehen, was auf den ersten Augenblick unerklärlich geschienen habe: »Die Antriebskraft, der Schwung im Land wurden immer geringer. Ökonomische Mißerfolge nahmen zu. Schwierigkeiten häuften und verschlimmerten sich, ungelöste Probleme nahmen überhand. Anzeichen dessen, was wir Stagnation nennen, und andere Phänomene, die dem Sozialismus wesensfremd sind, tauchten im gesellschaftlichen Leben auf. Eine Art ›Bremsmechanismus‹ lähmte die gesellschaftliche und ökonomische Entwicklung, und das zu einer Zeit, als die wissenschaftlich-technische Revolution dem ökonomischen und sozialen Fortschritt neue Perspektiven eröffnete. Etwas Seltsames ging vor sich; das riesige Schwungrad einer gewaltigen Maschine drehte sich, doch die Treibriemen zu den Arbeitsplätzen rutschten ab oder drehten durch.« Gewiß, fährt er dann fort, die Parteiorganisationen hätten ihre Arbeit und die überwältigende Mehrheit der Kommunisten ihre Pflicht gewissenhaft und selbstlos erfüllt. Und doch müsse man sich darüber im klaren sein, daß keine wirkungsvollen Versuche unternommen worden seien, den Aktivitäten durchtriebener Streber und Egoisten einen Riegel vorzuschieben. In der Regel seien praktische Maßnahmen der Partei und der staatlichen Organe hinter den Erfordernissen der Zeit und des realen Lebens zurückgeblieben. Die Probleme hätten sich schneller, als sie gelöst werden konnten, vermehrt. Die Partei habe gedacht, sie hätte alles im Griff, während in Wirklichkeit eine Lage entstanden sei, vor der Lenin schon gewarnt habe: Das Auto fuhr gar nicht dorthin, wohin der Mann am Steuer dachte, daß es fahre. Das Auto fuhr dem Abgrund zu. Lag es am Wagen oder am Fahrer, am System oder am Menschen? Gorbatschow sah den Fehler beim Menschen. Ein neues politisches Denken mußte her. Die Möglichkeiten des Sozialismus waren zu wenig genutzt worden. Die Partei verfügte über eine gesunde materielle Basis, über Erfahrungsreichtum und über eine klare Weltanschauung, aber ihre Kraft war lahm geworden. Sie mußte sich auf Lenin zurückbesinnen, und Gorbatschow sah sich als Nachfolger Lenins. Er beschäftigte sich mit dessen Spätschriften. Die Lenin-Ära, schrieb Gorbatschow, sei darin besonders lehrreich, daß sie die Stärke der marxistisch-leninistischen Dialektik unter Beweis stelle, deren Schlußfolgerungen immer auf einer Analyse der aktuellen historischen Gegenwart beruhten. Nun bestand Lenins Politik in taktischen Maßnahmen, die kommunistische Revolution in Rußland durchzuführen. Die Perestroika ist eine taktische Maßnahme, die kommunistische Revolution in der Sowjetunion weiterzuführen, aber Gorbatschow übersieht, daß der Kommunismus mehr ist als eine Ökonomie. Der Marxismus, entstanden aus einer Analyse der industriellen Revolution, überschätzte und unterschätzte diese. Er unterschätzte die industrielle Revolution: Auf Massenartikel angewiesen, brauchte sie den Proletarier nicht nur als Arbeiter, sondern auch als Käufer, er stieg in die Schicht ihrer Kunden auf. Die Konsumgesellschaft ebnete die sozialen Gegensätze ein. Er überschätzte sie: Die Grenzen der industriellen Revolution sind jene des technischen Verstandes. Dieser vermochte nicht die Furcht vor dem Tod zu überwinden. Der Mensch mußte sie fruchtbar machen. Er erfand die Metaphysik, die Magie, die Religion, die Kunst. Er schuf sich die Kultur. Die metaphysische Einbildungskraft und der technische

Verstand ergänzten einander, schufen Götterbilder, bauten Pyramiden, Tempel und Kathedralen, und allzuoft wurde der technische Verstand von der Metaphysik mißbraucht, denn erstarrte die metaphysische Phantasie zu Dogmen, gefror sie zur Wahrheit, wurden die Religionen aggressiv. Besonders das Christentum. In seinem Namen wurde in den Kreuzzügen das Morgenland geplündert und durch die Konquistadoren Amerika erobert. Die irdische Beute und das himmlische Paradies waren ihnen sicher. Der Fundamentalismus zieht sich durch die Geschichte: im Islam ist er latent, im Iran hat er die Macht übernommen, Israel ist nicht frei davon, in Indien brechen immer wieder blutige Unruhen aus, und im Golfkrieg beginnt er sich zu manifestieren. Er entzündet sich geradezu an der industriellen Revolution, die immer noch anhält, wie sich einst der Marxismus an ihr entzündet hat. Auch er ist ein Fundamentalismus. Wenn Kant den oft mißverstandenen Satz schrieb, er habe das Wissen aufheben müssen, um zum Glauben Platz zu bekommen, so meinte er mit dem Wissen das vermeintliche Wissen der Metaphysik über Gott, Unsterblichkeit, Freiheit und Gerechtigkeit, die niemals Gegenstand einer möglichen Erfahrung sein können. Die reine Vernunft macht die Mathematik und die exakten Naturwissenschaften möglich, wobei Kant freilich die Vorstellungskraft der Mathematik unterschätzte. Wissen gründet sich auf Beweise, Glauben auf Forderungen der Vernunft: Die praktische Vernunft zeichnet auf, was wir vernünftigerweise glauben sollen. Die Freiheit ist an sich ein metaphysischer Begriff, wir vermögen sie nicht zu beweisen, unsere Wünsche sind genetisch bestimmt, wir wünschen, was wir wünschen müssen, die Freiheit als ein Postulat der praktischen Vernunft ist ein Gefühl, das uns bestimmt, wir fühlen uns unfrei, wenn uns der Wunsch nicht erfüllt wird, den wir wünschen müssen. Ist die Freiheit somit subjektiv, für die reine Vernunft nicht beweisbar, so ist ihr einziger Maßstab der, ob das Gefühl, der Wunsch, frei zu handeln, vernünftig sei. Ebenso ist die Gerechtigkeit ein metaphysischer Begriff, eine Idee, würde Platon sagen, die Natur kennt keine Gerechtigkeit, wir suchen sie vorerst in der Evolution vergebens, ihre Auswahlprinzipien sind grausam. Erst durch die praktische Vernunft wird die Gerechtigkeit eine Forderung: Handle so, daß die Maxime deines Willens zugleich als Prinzip einer allgemeinen Gesetzgebung gelten kann; handle im Sinne des kategorischen Imperativs. Kant ist ein eminent politischer Denker. Die praktische Vernunft geht nicht vom Allgemeinen aus, sondern vom individuellen Handeln, von dem er ein allgemeines Ziel fordert, das Prinzip einer allgemeinen Gesetzgebung zu sein, einer Gesetzgebung, die ebenfalls der praktischen Vernunft entspricht. Aber weil auch Gott und die Unsterblichkeit von der praktischen Vernunft gefordert werden, hebt Kant den Fundamentalismus auf. Die Vernunftsreligion ersetzt das *credo quia absurdum* durch *credo quia utile*, ich glaube, weil es nützlich ist, eine Forderung, die heute nur noch Politchristen einleuchtet. Kant setzt mit seiner *Kritik der praktischen Vernunft* die Metaphysik, die er zerstörte, als praktische Notwendigkeit ein, als notwendige Fiktion, und damit als Produkt der moralischen Vorstellungskraft. Kant war ein Realist. Er hielt den Menschen zum Ärger Goethes für »radikal böse«. Ein vernünftiges Zusammenleben war für ihn nur durch metaphysische Fiktionen zu erreichen: Der Mensch muß sich wie Münchhausen am eigenen Schopfe ins Sittliche ziehen. Ob Kant wirklich an die Notwendigkeit dieser moralischen Fiktion glaubte, ist nicht auszumachen: Er selber sah sich als Kritiker der praktischen Vernunft. Die Einsicht, daß der Mensch an Fiktionen glauben muß, heißt nicht, daß der Einsichtige selber an diese Fiktionen glaubt. Hegel dagegen setzte die Logik als metaphysischen Prozeß, in welchem sich Gott selber denkt, sich als Natur entäußert und sich im Menschen wiederfindet. Gott als dialektische Selbstbewegung des Geistes. Marx transponierte diese metaphysische Dialektik ins Diesseits, in den Klassenkampf, der in der klassenlosen Gesellschaft mündet. Aber Marx blieb unbewußt ein Metaphysiker. Er war kein Revolutionär, das war Lenin, Marx war ein Religionsstifter. Die Väter seiner Eltern waren Rabbiner, die wiederum Rabbiner als Väter hatten und so fort durch Jahrhunderte. Arnold Künzli schließt sein Buch *Karl Marx, eine Psychographie* mit den Worten: »Manche Einsichten von Marx mögen ihre Geltung behalten. Das Problem der Entfremdung des Menschen im modernen Wirtschaftsprozeß ist längst nicht gelöst, und man wird sich noch lange mit dem von Marx dazu Gesagten auseinandersetzen müssen. Aber daß dem Proletariat – sofern es dieses in dem von Marx gemeinten Sinne je gab oder noch gibt – in der Geschichte die Rolle zukomme, die in der biblischen Heilsgeschichte dem Volke Israel aufgetragen ist – dieser Glaube, auf dem das ganze Werk von Marx als seiner heilsgeschichtlichen Grundlage ruht, ist heute als ein Mythos erwiesen. [...] Persönliches Schicksal und Werk von Karl Marx sind letztlich wohl nur verständlich als eine ungewöhnliche, im Persönlichen tragische, im Werk geniale Äußerung und durch den Selbsthaß dämonisierte Umgestaltung des alten Schicksals und der biblischen Botschaft des Judentums.« Für die Juden war der Messias nie Gottes Sohn, sondern ein Mensch, ein Jude, der kommt, das auserwählte Volk, die Juden zu erlösen.

Karl Marx war ein Jude, der kam, das auserwählte Volk, das Proletariat zu erlösen. Von der Knechtschaft unter der Bourgeoisie in die klassenlose Gesellschaft. Gewiß, Marx sah sich als Wissenschaftler, doch jeder wissenschaftliche Dogmatismus ist ein unwissenschaftlicher Fundamentalismus, letztlich eine Religion. Er muß geglaubt werden. Eine Hoffnung für die Armen und Ausgebeuteten, eine Hoffnung für die Intellektuellen, die der Utopie nachhängen, die Welt könne wie ein Reißbrett sein, sauber, ordentlich, ohne Macht von Menschen über Menschen, ein intellektueller Traum, eine Welt für Ästheten. Von da an wurden dem Taktiker die Züge auf dem Schachbrett der Macht nach und nach aufgezwungen. Nur beim ersten Zug war Gorbatschow frei. Er begann mit der Beendigung des atomaren Wettrüstens. Diese war nicht nur notwendig, das wäre sie schon lange gewesen, aber es verlangte einen außergewöhnlichen Mut, gehört doch Mut dazu, die gegenseitige Furcht zu überwinden, aber auch Mut, das Gefühl des Sieges hinzunehmen, das bei dem Gegner aufkommt, verfällt er doch allzuleicht der Gewißheit, beim Rüstungswettstreit gewonnen zu haben. Gewiß, die Politik der Sowjetunion den ihr in Europa angrenzenden Staaten gegenüber war brutal gewesen, aus Furcht vor dem Kapitalismus wurde ihnen ein kommunistisches Regime aufgezwungen und die Aufstände niedergeschlagen, aber die Furcht vor dem Kommunismus in der westlichen Welt war ebenso groß. Sie trieb die USA in den Korea- und Vietnamkrieg und zur Unterstützung dubioser Diktaturen. Um das Wettrüsten zu beenden, handelte Gorbatschow, indem er nicht handelte. Er wich nicht von seinem Plan ab und ließ die Staaten des Warschauer Paktes selber entscheiden, welches System und welche Ideologie sie wählen wollten. Damit beendete er den Kalten Krieg und befreite die westliche Welt von der Furcht vor einer atomaren Katastrophe. Europa atmete auf. Kommunistische Regierungen stürzten. Gorbatschow setzt seine Perestroika unbeirrt fort. Er nahm der Kommunistischen Partei den Anspruch auf Alleinherrschaft weg: Sie gleicht jetzt einer frei schwebenden Pyramide, die in sich zusammenfällt. Auch versucht er, die freie Marktwirtschaft einzuführen. Die Perestroika überwindet mit marxistisch-leninistischer Logik die marxistisch-leninistische Ideologie. Diese war eine Arbeitshypothese. Sie hat ihre Arbeit getan und kann fallengelassen werden. Michail Gorbatschow ließ sie fallen. Er hat dadurch wie kein anderer Staatsmann die heutige Welt verändert. Am meisten hat von seiner Politik Deutschland profitiert, es ist die größte europäische Macht geworden, nicht zuletzt, weil es schon vorher seinen Nutzen aus dem Wirtschaftsgefüge der Welt zog. Dieses sieht bedenklich aus. Gorbatschow hat den Schleier weggezogen, der den sogenannten realexistierenden Sozialismus verhüllte. Aber in die »Gorbi, Gorbi«-Rufe mischt sich Siegesgeschrei. Der deutsche Wahlkampf fand statt, die regierenden Parteien waren im Siegesrausch, die freie Marktwirtschaft wurde heiliggesprochen, das Wort Sozialismus verteufelt, und der deutsche Bundeskanzler sagt voraus, nie werde die Zukunft für die Kinder glücklicher sein. Ich bin dessen nicht so sicher. Seit Otto Hahn in einem Paraffinring das erste Atom spaltete und damit eine Energie freisetzte, deren Kraft er unterschätzte, hat sich das Weltbild verändert. Es gleicht verblüffend der politischen Lage, in der sich die Menschheit befindet. Wir leben in einem expandierenden Weltall, von dem wir annehmen, daß es durch eine gewaltige Explosion entstand, leer und doch angefüllt mit hundert Milliarden Galaxien, die sich manchmal durchdringen, mit explodierenden und in sich zusammenfallenden und von schwarzen Löchern aufgesaugten Sonnen, während immer neue in Gasnebeln entstehn, in einem Universum der Katastrophen, von dessen Zukunft wir nichts wissen, es kann sich endlos ausdehnen oder wieder zusammenstürzen, und auch die stabilen Systeme wie unser Sonnensystem können chaotisch werden, wie die Computer berechnet haben. Aber auch die Menschheit zeigt sich in einem ähnlichen Bilde. Wie das Weltall begann ihre neueste Geschichte mit der Explosion einer Atombombe und führte zum Wettrüsten und verbreitete die große Furcht; wie das Weltall expandiert auch die Menschheit, in absehbarer Zeit wird sie zehn Milliarden Menschen zählen. Wir bauen uns eine technische und ökologische Katastrophenwelt auf. Die Galaxis der Armut droht die unsere des Wohlstands zu durchdringen, die freie Marktwirtschaft beschwört Krisen herauf, Hochkonjunkturen dauern nicht ewig, sie saugt wie ein schwarzes Loch die Ressourcen der Dritten Welt auf. Alte Nationen fordern wieder neue unabhängige Staaten, anderen droht der Untergang. Nie waren der Hunger, das Elend und die Unterdrückung so groß, und schon droht im Golf ein Krieg, bei dem nicht für ein Ideal, sondern für Öl gestorben wird. Wir wissen ebensowenig, wie unsere Zukunft sein wird, wie wir über die Zukunft des Weltalls wissen, in welchem wir leben. Wir können uns im Chaos verlieren oder in eine höllische Ideologie zusammenstürzen, und die atomaren Waffen sind erfunden, sie können nicht rückgängig gemacht werden. Was wir brauchen, ist die furchtlose Vernunft Michail Gorbatschows. Was sie bewirken kann, wissen wir nicht, er steht der wirtschaftlichen und politischen Krise gegenüber, die er durch die Perestroika hatte vermeiden wollen. Auch eine Scheinordnung, die zerstört wird, schafft eine Unordnung. Aber eine furchtlose Vernunft ist das einzige, was uns in der Zukunft zur Verfügung steht, diese möglicherweise zu bestehen, uns, nach der Hoffnung Kants, am eigenen Schopfe aus dem Untergang zu ziehen.

# »Nur im Irrenhaus sind wir noch frei.«

Elf Szenen
aus elf Komödien

# Romulus der Große

## 1949

JULIA Wir sind jetzt zwanzig Jahre verheiratet, Romulus.
ROMULUS Was willst du mit dieser unheimlichen Tatsache
sagen?
JULIA Wir haben uns einmal geliebt.
ROMULUS Du weißt genau, daß du lügst.

*Schweigen.*

JULIA Dann hast du mich nur geheiratet, um Kaiser zu
werden!
ROMULUS Gewiß.
JULIA Das wagst du mir ruhig ins Gesicht zu sagen?
ROMULUS Natürlich. Unsere Ehe war fürchterlich, aber
ich habe nie das Verbrechen begangen, dich einen Tag
darüber im Zweifel zu lassen, weshalb ich dich zur Frau
nahm. Ich habe dich geheiratet, um Kaiser zu werden,
und du hast mich geheiratet, um Kaiserin zu werden.
Du bist meine Frau geworden, weil ich vom höchsten
römischen Adel abstamme und du die Tochter des Kaisers Valentinianus und einer Sklavin bist. Ich habe dich
legitimiert, und du mich gekrönt.

*Schweigen.*

JULIA Wir haben eben einander gebraucht.
ROMULUS Genau.

JULIA So ist es auch deine Pflicht, mit mir nach Sizilien zu gehen. Wir gehören zusammen.

ROMULUS Ich habe dir gegenüber keine Pflicht mehr. Ich habe dir gegeben, was du von mir gewollt hast. Du bist Kaiserin geworden.

JULIA Du kannst mir nichts vorwerfen. Wir haben das gleiche getan.

ROMULUS Nein, wir haben nicht das gleiche getan. Zwischen deiner und meiner Handlung ist ein unendlicher Unterschied.

JULIA Das sehe ich nicht ein.

ROMULUS Du hast mich aus Ehrgeiz geheiratet. Alles, was du tust, geschieht aus Ehrgeiz. Auch jetzt willst du nur aus Ehrgeiz den verlorenen Krieg nicht aufgeben.

JULIA Ich gehe nach Sizilien, weil ich mein Vaterland liebe.

ROMULUS Du kennst kein Vaterland. Was du liebst, ist eine abstrakte Staatsidee, die dir die Möglichkeit gab, durch Heirat Kaiserin zu werden.

*Die beiden schweigen wieder einmal.*

JULIA Nun gut. Warum soll ich nicht die Wahrheit sagen. Warum sollen wir nicht aufrichtig zueinander sein. Ich bin ehrgeizig. Für mich gibt es nichts anderes als das Kaisertum. Ich bin die Urenkelin Julians, des letzten großen Kaisers. Ich bin stolz darauf. Und was bist du? Der Sohn eines bankrotten Patriziers. Aber auch du bist ehrgeizig, sonst hättest du es nicht bis zum Kaiser über ein Weltreich gebracht, sondern wärest der Niemand geblieben, der du gewesen bist.

ROMULUS Das habe ich nicht aus Ehrgeiz getan, sondern aus Notwendigkeit. Was bei dir das Ziel war, das war bei mir das Mittel. Ich bin allein aus politischer Einsicht Kaiser geworden.

JULIA Wann hättest du je eine politische Einsicht gehabt? Du hast in den zwanzig Jahren deiner Regierung nichts anderes getan als gegessen, getrunken, geschlafen, gelesen und Hühner gezüchtet. Dein Landhaus hast du nie verlassen, deine Hauptstadt nie betreten, und die Reichsfinanzen wurden so radikal aufgebracht, daß wir jetzt wie die Tagelöhner leben müssen. Deine einzige Geschicklichkeit besteht darin, mit deinem Witz jeden Gedanken niederzuschlagen, der darauf zielt, dich abzuschaffen. Daß aber deinem Verhalten noch eine politische Einsicht zugrunde liegen soll, ist eine ungeheuerliche Lüge. Der Größenwahn Neros und das Rasen Caracallas zeugen von einer größeren politischen Reife als deine Hühnerleidenschaft. Hinter dir steht nichts als deine Faulheit.

ROMULUS Eben. Es ist meine politische Einsicht, nichts zu tun.

JULIA Dazu hättest du nicht Kaiser werden brauchen.

ROMULUS Nur so konnte natürlich mein Nichtstun einen Sinn haben. Als Privatmann zu faulenzen ist völlig wirkungslos.

JULIA Und als Kaiser zu faulenzen gefährdet den Staat.

ROMULUS Siehst du.

JULIA Was willst du damit sagen?

ROMULUS Du bist hinter den Sinn meiner Faulenzerei gekommen.

JULIA Es ist doch unmöglich, die Notwendigkeit des Staates zu bezweifeln.

ROMULUS Ich bezweifle nicht die Notwendigkeit des Staates, ich bezweifle nur die Notwendigkeit unseres Staates. Er ist ein Weltreich geworden und damit eine

Einrichtung, die öffentlich Mord, Plünderung, Unterdrückung und Brandschatzung auf Kosten der andern Völker betrieb, bis ich gekommen bin.

JULIA Ich begreife nicht, warum du dann ausgerechnet Kaiser geworden bist, wenn du so über das römische Weltreich denkst.

ROMULUS Das römische Weltreich besteht seit Jahrhunderten nur noch, weil es einen Kaiser gibt. Es blieb mir deshalb keine andere Möglichkeit, als selbst Kaiser zu werden, um das Imperium liquidieren zu können.

JULIA Entweder bist du wahnsinnig oder die Welt.

ROMULUS Ich habe mich für das letztere entschieden.

JULIA Du hast mich also nur geheiratet, um das römische Imperium zu zerstören.

ROMULUS Aus keinem anderen Grunde.

JULIA Von allem Anfang an hast du an nichts als an Roms Untergang gedacht.

ROMULUS An nichts anderes.

JULIA Du hast die Rettung des Imperiums bewußt sabotiert.

ROMULUS Bewußt.

JULIA Du hast den Zyniker gespielt und den ewig verfressenen Hanswurst, nur um uns in den Rücken zu fallen.

ROMULUS Du kannst es auch so formulieren.

JULIA Du hast mich getäuscht.

ROMULUS Du hast dich in mir getäuscht. Du hast angenommen, daß ich ebenso machtbesessen sei wie du. Du hast gerechnet, aber deine Rechnung war falsch.

JULIA Deine Rechnung stimmt.

ROMULUS Rom geht unter.

JULIA Du bist Roms Verräter!

ROMULUS Nein, ich bin Roms Richter.

*Sie schweigen. Dann schreit die Kaiserin verzweifelt auf.*

JULIA Romulus!
ROMULUS Geh jetzt nach Sizilien. Ich habe dir nichts mehr zu sagen.

## Die Ehe des Herrn Mississippi

### 1952

MISSISSIPPI *dumpf* Es war die schlimmste halbe Stunde meines Lebens.

ANASTASIA *erschüttert* Das ist also das Geschick, das uns aneinanderfesselt.

MISSISSIPPI *erschöpft* Wir haben beide einander unsere Tat gestanden.

ANASTASIA Sie haben getötet und ich habe getötet. Wir sind beide Mörder.

MISSISSIPPI *fest* Nein, gnädige Frau. Ich bin kein Mörder. Zwischen Ihrer Tat und der meinen ist ein unendlicher Unterschied. Was S i e aus einem grauenvollen Trieb getan haben, tat i c h aus sittlicher Einsicht. Sie haben Ihren Mann hingeschlachtet und ich mein Weib hingerichtet.

ANASTASIA *tödlich erschrocken* Hingerichtet?

MISSISSIPPI *stolz* Hingerichtet.

ANASTASIA Ich weiß gar nicht, wie ich Ihre entsetzlichen Worte verstehen soll.

MISSISSIPPI Wörtlich. Ich habe meine Gattin vergiftet, weil sie durch ihren Ehebruch des Todes schuldig geworden war.

ANASTASIA In keinem Gesetzbuch der Welt steht auf Ehebruch die Todesstrafe.

MISSISSIPPI Im Gesetz Mosis.

ANASTASIA Das sind einige tausend Jahre her.

MISSISSIPPI Deshalb bin ich auch felsenfest entschlossen, es wieder einzuführen.

ANASTASIA Sie sind wahnsinnig.

MISSISSIPPI Ich bin nur ein vollkommen sittlicher Mensch, gnädige Frau. Unsere Gesetze sind im Verlaufe der Jahrtausende jämmerlich heruntergekommen. Sie sind außer Kurs gesetztes Papiergeld, das der guten Sitte wegen noch in einer Gesellschaft umläuft, deren einzige Religion der Genuß ist, die den Raub privilegiert hat und mit Frauen und Petroleum Tauschhandel treibt. Nur noch weltfremde Idealisten können glauben, daß der Check gedeckt ist, mit dem die Justiz zahlt. Unser Zivilgesetzbuch ist, verglichen mit dem Gesetz des Alten Testamentes, das für den Ehebruch den Tod b e i d e r Schuldigen vorschreibt, ein purer Hohn. Aus diesem heiligen Grunde war die Ermordung meiner Frau eine absolute Notwendigkeit. Es galt, den Lauf der Weltgeschichte, die das Gesetz verlor und eine Freiheit gewann, die sittlich in keiner Sekunde zu verantworten ist, wieder zurückzubiegen.

ANASTASIA Dann ist es mir vollkommen unerklärlich, warum Sie mich um die Ehe bitten.

MISSISSIPPI Sie sind schön. Und dennoch sind Sie schuldig. Sie rühren mich aufs tiefste.

ANASTASIA *unsicher* Sie lieben mich?

MISSISSIPPI Sie sind eine Mörderin, gnädige Frau, und ich bin der Staatsanwalt. Doch ist es besser, schuldig zu sein, als die Schuld zu sehen. Eine Schuld kann bereut werden, der Anblick der Schuld ist tödlich. Fünfundzwanzig Jahre habe ich in meinem Beruf Auge in Auge mit der Schuld gestanden, ihr Blick hat mich vernichtet. Ich habe nächtelang um die Kraft gefleht, wenigstens noch e i n e n Menschen lieben zu können. Es war vergeblich. Ich kann nicht mehr lieben, was verloren ist, ich kann nur noch töten. Ich bin eine

Bestie geworden, die der Menschheit an die Gurgel springt.

ANASTASIA *schaudernd* Und dennoch haben Sie den Wunsch geäußert, mich zu heiraten.

MISSISSIPPI Gerade die absolute Gerechtigkeit zwingt mich zu diesem Schritt. Ich richtete Madeleine privat hin, nicht staatlich. Ich habe mich durch diesen Schritt bewußt gegen die heutigen Gesetze vergangen. Für dieses Vorgehen muß ich bestraft werden, auch wenn meine Motive lauter wie Quellwasser sind. Doch bin ich gezwungen, in dieser unwürdigen Zeit, selbst mein Richter zu sein. Ich habe das Urteil gefällt. Ich habe mich verurteilt, Sie zu heiraten.

## Ein Engel kommt nach Babylon

### 1953

AKKI Weiter, mein Mädchen, weiter! Dem Sandsturm entgegen, der immer mächtiger heranheult und meinen Henkersmantel zerfetzt.

KURRUBI Ich liebe einen Bettler, den es nicht mehr gibt.

AKKI Und ich liebe eine Erde, die es immer noch gibt, eine Erde der Bettler, einmalig an Glück und einmalig an Gefahr, bunt und wild, an Möglichkeiten wunderbar, eine Erde, die ich immer aufs neue bezwinge, toll von ihrer Schönheit, verliebt in ihr Bild, von Macht bedroht und unbesiegt. Weiter denn, Mädchen, voran denn, Kind, dem Tod übergeben, und doch am Leben, mein zum zweitenmal, du Gnade, die nun mit mir zieht: Babylon, blind und fahl, zerfällt mit seinem Turm aus Stein und Stahl, der sich unaufhaltsam in die Höhe schiebt, dem Sturz entgegen; und vor uns, hinter dem Sturm, den wir durcheilen, verfolgt von Reitern, beschossen mit Pfeilen, stampfend durch Sand, klebend an Hängen, verbrannten Gesichts, liegt fern ein neues Land, tauchend aus der Dämmerung, dampfend im Silber des Lichts, voll neuer Verfolgung, voll neuer Verheißung und voll von neuen Gesängen!

# Der Besuch der alten Dame

## 1956

DER RADIOSPRECHER Meine Damen und Herren. Nach den Aufnahmen im Geburtshaus und dem Gespräch mit dem Pfarrer wohnen wir einem Gemeindeanlaß bei. Wir kommen zum Höhepunkt des Besuches, den Frau Claire Zachanassian ihrem ebenso sympathischen wie gemütlichen Heimatstädtchen abstattet. Zwar ist die berühmte Frau nicht zugegen, doch wird der Bürgermeister in ihrem Namen eine wichtige Erklärung abgeben. Wir befinden uns im Theatersaal im Goldenen Apostel, in jenem Hotel, in welchem Goethe übernachtete. Auf der Bühne, die sonst Vereinsanlässen dient und den Gastvorstellungen des Kalberstädter Schauspielhauses, versammeln sich die Männer. Nach alter Sitte – wie der Bürgermeister eben informierte. Die Frauen befinden sich im Zuschauerraum – auch dies Tradition. Feierliche Stimmung, die Spannung außerordentlich, die Filmwochenschauen sind hergefahren, meine Kollegen vom Fernsehen, Reporter aus aller Welt, und nun beginnt der Bürgermeister zu reden.

*Der Reporter geht mit dem Mikrophon zum Bürgermeister, der in der Mitte der Bühne steht, die Männer von Güllen im Halbkreis um ihn.*

DER BÜRGERMEISTER Ich heiße die Gemeinde von Güllen willkommen. Ich eröffne die Versammlung. Traktandum: Ein einziges. Ich habe die Ehre, bekanntgeben zu dürfen, daß Frau Claire Zachanassian, die Tochter unseres bedeutenden Mitbürgers, des Architekten Gottfried Wäscher, beabsichtigt, uns eine Milliarde zu schenken.

*Ein Raunen geht durch die Presse.*

DER BÜRGERMEISTER Fünfhundert Millionen der Stadt, fünfhundert Millionen an alle Bürger verteilt.

*Stille.*

DER RADIOSPRECHER *gedämpft* Liebe Hörerinnen und Hörer. Eine Riesensensation. Eine Stiftung, die mit einem Schlag die Einwohner des Städtchens zu wohlhabenden Leuten macht und damit eines der größten sozialen Experimente unserer Epoche darstellt. Die Gemeinde ist denn auch wie benommen. Totenstille. Ergriffenheit auf allen Gesichtern.
DER BÜRGERMEISTER Ich gebe dem Lehrer das Wort.

*Der Radioreporter nähert sich mit dem Mikrophon dem Lehrer.*

DER LEHRER Güllener. Wir müssen uns klar sein, daß Frau Zachanassian mit dieser Schenkung etwas Bestimmtes will. Was ist dieses Bestimmte? Will sie uns mit Geld beglücken, mit Gold überhäufen, die Wagnerwerke sanieren, die Platz-an-der-Sonne-Hütte, Bockmann? Ihr wißt, daß dies nicht so ist. Frau Claire Zachanassian plant Wichtigeres. Sie will für ihre Milliarde Gerechtigkeit, die Gerechtigkeit. Sie will, daß sich unser Gemeinwesen in ein gerechtes verwandle. Diese Forderung läßt uns stutzen. Waren wir denn nicht ein gerechtes Gemeinwesen?

DER ERSTE Nie!

DER ZWEITE Wir duldeten ein Verbrechen!

DER DRITTE Ein Fehlurteil!

DER VIERTE Meineid!

EINE FRAUENSTIMME Einen Schuft!

ANDERE STIMMEN Sehr richtig!

DER LEHRER Gemeinde von Güllen! Dies der bittere Tatbestand: Wir duldeten die Ungerechtigkeit. Ich erkenne nun durchaus die materielle Möglichkeit, die uns die Milliarde bietet; ich übersehe keineswegs, daß die Armut die Ursache von so viel Schlimmem, Bitterem ist, und dennoch: Es geht nicht um Geld, – *Riesenbeifall* – es geht nicht um Wohlstand und Wohlleben, nicht um Luxus, es geht darum, ob wir Gerechtigkeit verwirklichen wollen, und nicht nur sie, sondern auch all die Ideale, für die unsere Altvordern gelebt und gestritten hatten und für die sie gestorben sind, die den Wert unseres Abendlandes ausmachen! *Riesenbeifall.* Die Freiheit steht auf dem Spiel, wenn die Nächstenliebe verletzt, das Gebot, die Schwachen zu schützen, mißachtet, die Ehe beleidigt, ein Gericht getäuscht, eine junge Mutter ins Elend gestoßen wird. *Pfuirufe.* Mit unseren Idealen müssen wir nun eben in Gottes Namen Ernst machen, blutigen Ernst. *Riesenbeifall.* Reichtum hat nur dann Sinn, wenn aus ihm Reichtum an Gnade entsteht: Begnadet aber wird nur, wer nach der Gnade hungert. Habt ihr diesen Hunger, Güllener, diesen Hunger des Geistes, und nicht nur den anderen, profanen, den Hunger des Leibes? Das ist die Frage, wie ich als Rektor des Gymnasiums ausrufen möchte. Nur wenn ihr das Böse nicht aushaltet, nur

wenn ihr unter keinen Umständen in einer Welt der
Ungerechtigkeit mehr leben könnt, dürft ihr die Milliarde der Frau Zachanassian annehmen und die Bedingung erfüllen, die mit dieser Stiftung verbunden ist.
Dies, Güllener, bitte ich zu bedenken.

*Tosender Beifall.*

DER RADIOREPORTER  Sie hören den Beifall, meine Damen
und Herren. Ich bin erschüttert. Die Rede des Rektors
bewies eine sittliche Größe, wie wir sie heute – leider –
nicht mehr allzuoft finden. Mutig wurde auf Mißstände
allgemeiner Art hingewiesen, auf Ungerechtigkeiten,
wie sie ja in jeder Gemeinde vorkommen, überall, wo
Menschen sind.
DER BÜRGERMEISTER  Alfred Ill –
DER RADIOREPORTER  Der Bürgermeister ergreift wieder
das Wort.
DER BÜRGERMEISTER  Alfred Ill, ich habe an Sie eine Frage
zu stellen.

*Der Polizist gibt Ill einen Stoß. Der erhebt sich. Der Ra-
diosprecher kommt mit dem Mikrophon zu ihm.*

DER RADIOREPORTER  Nun die Stimme des Mannes, auf
dessen Vorschlag hin die Zachanassian-Stiftung gegründet wurde, die Stimme Alfred Ills, des Jugendfreundes
der Wohltäterin. Alfred Ill ist ein rüstiger Mann von
etwa siebzig Jahren, ein senkrechter Güllener von altem
Schrot und Korn, natürlicherweise ergriffen, voll
Dankbarkeit, voll stiller Genugtuung.
DER BÜRGERMEISTER  Ihretwegen wurde uns die Stiftung
angeboten, Alfred Ill. Sind Sie sich dessen bewußt?

*Ill sagt leise etwas.*

DER RADIOREPORTER Sie müssen lauter reden, guter alter
 Mann, damit unsere Hörerinnen und Hörer auch etwas
 verstehen.

ILL Ja.

DER BÜRGERMEISTER Werden Sie unseren Entscheid über
 Annahme oder Ablehnung der Claire-Zachanassian-
 Stiftung respektieren?

ILL Ich respektiere ihn.

DER BÜRGERMEISTER Hat jemand an Alfred Ill eine Frage
 zu stellen?

*Schweigen.*

DER BÜRGERMEISTER Hat jemand zur Stiftung der Frau
 Zachanassian eine Bemerkung zu machen?

*Schweigen.*

DER BÜRGERMEISTER Herr Pfarrer?

*Schweigen.*

DER BÜRGERMEISTER Herr Stadtarzt?

*Schweigen.*

DER BÜRGERMEISTER Die Polizei?

*Schweigen.*

DER BÜRGERMEISTER Die politische Opposition?

*Schweigen.*

DER BÜRGERMEISTER Ich schreite zur Abstimmung.

*Stille. Nur das Surren der Filmapparate, das Aufblitzen der Blitzlichter.*

DER BÜRGERMEISTER Wer reinen Herzens die Gerechtigkeit verwirklichen will, erhebe die Hand.

*Alle außer Ill erheben die Hand.*

# Frank der Fünfte

## 1959

BÖCKMANN Hochwürden! Dank, daß Sie gekommen sind.

FRANK V. Böckmann. Ich bin's doch, Frank, dein bester Freund.

BÖCKMANN Die Schmerzen.

FRANK V. Nur Mut.

BÖCKMANN Die Angst.

FRANK V. Nur Mut.

BÖCKMANN Ich sterbe.

FRANK V. Nur Mut.

BÖCKMANN Du nennst dich meinen besten Freund und kommst als falscher Priester zu mir.

FRANK V. Böckmann. Man darf mich doch nicht als Frank erkennen, das wäre unser aller Ende.

BÖCKMANN Unser aller Ende. Ich nehme ein Ende, ob du dich nun verstellst oder nicht, falscher Priester. Du glaubst, dein Kleid sei notwendig, wie alle unsere Verbrechen. Nichts war notwendig, falscher Priester, nicht der kleinste Betrug, nicht ein einziger Mord.

FRANK V. *setzt sich ans Bett* Aber Böckmann. Wir konnten doch nicht anders. Das Erbe war allzu bitter. Du kennst sie ja, die unvorstellbaren Gaunereien unserer Väter, du weißt, daß uns keine andere Wahl blieb, als weiterzumorden und zu betrügen, daß es unmöglich war umzukehren.

BÖCKMANN *packt Frank am Priesterrock* Du lügst. In jeder Stunde hätten wir umkehren können, in jedem Augenblick unseres bösen Lebens. Es gibt kein Erbe, das nicht auszuschlagen wäre, und kein Verbrechen, das verübt werden muß. Wir waren frei, falscher Priester, in Freiheit erschaffen und der Freiheit überlassen! *Er sinkt wieder zurück.* Hebe dich von meinem Sterbebette, du Gespenst, stürze dich in dein Grab zurück, gleich wird Pfarrer Moser kommen.

FRANK V. *erhebt sich erschrocken* Du läßt einen Priester kommen?

BÖCKMANN Ich will sterben, wie meine Väter starben.

FRANK V. Du willst beichten?

BÖCKMANN Ich will Buße tun. Ich bereue mein Leben. Ich will diese höllischen Schmerzen nicht auch noch in der Ewigkeit erleiden.

FRANK V. Aber Böckmann. Gott ist doch ganz von selber gnädig, du wirst schon sehen, du brauchst gar nicht zu beichten bei der unermeßlichen Gnade Gottes.

BÖCKMANN Du wagst es, von Gnade zu reden, falscher Priester, den Namen Gottes auszusprechen? Und wenn Gott mir nicht gnädig ist? War ich gnädig? Hatte ich Mitleid mit dem armen Herbert Molten und all den andern? Ich will Schluß machen mit meinen Sünden, bevor der Tod mit mir Schluß macht. Eines echten Priesters Ohr soll meine Verbrechen vernehmen. Ich will nicht verlassen sein in der Stunde des Gerichts. Jemand soll für mich um Gnade bitten, einer, der unbeteiligt ist an meinen Schurkereien, jemand, der das Recht zu dieser Bitte besitzt, auch wenn sie noch so ungeheuerlich ist.

*Von links kommt Ottilie mit ihrer großen Handtasche. Frank geht zu ihr.*

FRANK V. Da bist du endlich. Er läßt einen Priester kommen.

OTTILIE Das habe ich mir gleich gedacht.

FRANK V. Will beichten. Das ist doch einfach mittelalterlich.

BÖCKMANN Jeder Verbrecher darf beichten. Der gemeinste Schurke. Und ihr wollt es mir verbieten.

*Ottilie geht zum Fußende des Betts.*

OTTILIE Lieber Böckmann. Du bist gar kein Verbrecher. Im Gegenteil. Du wolltest dein Leben lang ein Kinderheim gründen. Du wurdest bloß durch widrige Umstände daran gehindert.

BÖCKMANN Die Schmerzen.

OTTILIE Nur Mut.

BÖCKMANN Die Angst.

OTTILIE Nur Mut.

BÖCKMANN Ich muß sterben.

OTTILIE Nur Mut.

BÖCKMANN Der Priester ist schon auf dem Wege zu mir, der Diener Gottes. Ich werde ihm alle meine Verbrechen entgegenschreien.

FRANK V. Es geht schief, ich weiß, es geht schief.

OTTILIE So. Schon auf dem Wege. Mein lieber, lieber Böckmann, wie konntest du uns das antun, uns, deinen besten Freunden, die Leid und Freud mit dir geteilt haben ein Leben lang. Liegst du auf dem Sterbebette Aug in Aug mit der Ewigkeit und begehst noch eine so schändliche Sünde. Einen Priester rufen!

FRANK V. Wenn ich denke, wie mein Vater gestorben ist! Mit Hohngelächter, Böckmann, mit Hohngelächter, weiß Gott, das war ein Sterben.

OTTILIE Wirklich, Böckmann, das ist nicht fair von dir, das haben wir wirklich nicht um dich verdient. Beichten. Man traut seinen Ohren nicht. Kein Außenstehender darf je von unseren Geschäftsmethoden erfahren, das weißt du genau! Natürlich gibt es ein Beichtgeheimnis, aber ein Priester ist schließlich auch nur ein Mensch, und wenn er eine Bemerkung fallenläßt, irgendwo, was dann? Aber nun Schwamm darüber, keine Diskussion mehr.

*Sie geht zum Kopfende des Betts, wischt Böckmann den Schweiß ab.*

OTTILIE Wir haben deine Schmerzen zu lindern. Die sind ja grauenhaft. Ich werde dir eine Spritze geben. Doktor Schlohberg hat sie verordnet. Gottfried, verriegle die Türe.

FRANK V. Jawohl, Ottilie, sofort. *Geht nach links.*

BÖCKMANN Ich will beichten! Ich will bekennen! Ich will das Riesengewicht der Sünden von meiner Seele wälzen!

FRANK V. Verriegelt.

*Ottilie geht zum Tisch rechts hinten, bereitet die Spritze vor.*

## Die Physiker

### 1962

MÖBIUS *steht auf* Wir sind drei Physiker. Die Entscheidung, die wir zu fällen haben, ist eine Entscheidung unter Physikern. Wir müssen wissenschaftlich vorgehen. Wir dürfen uns nicht von Meinungen bestimmen lassen, sondern von logischen Schlüssen. Wir müssen versuchen, das Vernünftige zu finden. Wir dürfen uns keinen Denkfehler leisten, weil ein Fehlschluß zur Katastrophe führen müßte. Der Ausgangspunkt ist klar. Wir haben alle drei das gleiche Ziel im Auge, doch unsere Taktik ist verschieden. Das Ziel ist der Fortgang der Physik. Sie wollen ihr die Freiheit bewahren, Kilton, und streiten ihr die Verantwortung ab. Sie dagegen, Eisler, verpflichten die Physik im Namen der Verantwortung der Machtpolitik eines bestimmten Landes. Wie sieht nun aber die Wirklichkeit aus? Darüber verlange ich Auskunft, soll ich mich entscheiden.

NEWTON Einige der berühmtesten Physiker erwarten Sie. Besoldung und Unterkunft ideal, die Gegend mörderisch, aber die Klimaanlagen ausgezeichnet.

MÖBIUS Sind diese Physiker frei?

NEWTON Mein lieber Möbius. Diese Physiker erklären sich bereit, wissenschaftliche Probleme zu lösen, die für die Landesverteidigung entscheidend sind. Sie müssen daher verstehen –

MÖBIUS Also nicht frei. *Er wendet sich Einstein zu.* Joseph

Eisler. Sie treiben Machtpolitik. Dazu gehört jedoch Macht. Besitzen Sie die?

EINSTEIN Sie mißverstehen mich, Möbius. Meine Machtpolitik besteht gerade darin, daß ich zugunsten einer Partei auf meine Macht verzichtet habe.

MÖBIUS Können Sie die Partei im Sinne Ihrer Verantwortung lenken, oder laufen Sie Gefahr, von der Partei gelenkt zu werden?

EINSTEIN Möbius! Das ist doch lächerlich. Ich kann natürlich nur hoffen, die Partei befolge meine Ratschläge, mehr nicht. Ohne Hoffnung gibt es nun einmal keine politische Haltung.

MÖBIUS Sind wenigstens Ihre Physiker frei?

EINSTEIN Da auch sie für die Landesverteidigung –

MÖBIUS Merkwürdig. Jeder preist mir eine andere Theorie an, doch die Realität, die man mir bietet, ist dieselbe: ein Gefängnis. Da ziehe ich mein Irrenhaus vor. Es gibt mir wenigstens die Sicherheit, von Politikern nicht ausgenützt zu werden.

EINSTEIN Gewisse Risiken muß man schließlich eingehen.

MÖBIUS Es gibt Risiken, die man nie eingehen darf: der Untergang der Menschheit ist ein solches. Was die Welt mit den Waffen anrichtet, die sie schon besitzt, wissen wir, was sie mit jenen anrichten würde, die ich ermögliche, können wir uns denken. Dieser Einsicht habe ich mein Handeln untergeordnet. Ich war arm. Ich besaß eine Frau und drei Kinder. An der Universität winkte Ruhm, in der Industrie Geld. Beide Wege waren zu gefährlich. Ich hätte meine Arbeiten veröffentlichen müssen, der Umsturz unserer Wissenschaft und das Zusammenbrechen des wirtschaftlichen Gefüges wären die Folgen gewesen. Die Verantwortung zwang mir einen anderen Weg auf. Ich ließ meine akademische

Karriere fahren, die Industrie fallen und überließ meine Familie ihrem Schicksal. Ich wählte die Narrenkappe. Ich gab vor, der König Salomo erscheine mir, und schon sperrte man mich in ein Irrenhaus.

NEWTON Das war doch keine Lösung!

MÖBIUS Die Vernunft forderte diesen Schritt. Wir sind in unserer Wissenschaft an die Grenzen des Erkennbaren gestoßen. Wir wissen einige genau erfaßbare Gesetze, einige Grundbeziehungen zwischen unbegreiflichen Erscheinungen, das ist alles, der gewaltige Rest bleibt Geheimnis, dem Verstande unzugänglich. Wir haben das Ende unseres Weges erreicht. Aber die Menschheit ist noch nicht soweit. Wir haben uns vorgekämpft, nun folgt uns niemand nach, wir sind ins Leere gestoßen. Unsere Wissenschaft ist schrecklich geworden, unsere Forschung gefährlich, unsere Erkenntnis tödlich. Es gibt für uns Physiker nur noch die Kapitulation vor der Wirklichkeit. Sie ist uns nicht gewachsen. Sie geht an uns zugrunde. Wir müssen unser Wissen zurücknehmen, und ich habe es zurückgenommen. Es gibt keine andere Lösung, auch für euch nicht.

EINSTEIN Was wollen Sie damit sagen?

MÖBIUS Ihr besitzt Geheimsender?

EINSTEIN Na und?

MÖBIUS Ihr benachrichtigt eure Auftraggeber. Ihr hättet euch geirrt. Ich sei wirklich verrückt.

EINSTEIN Dann sitzen wir hier lebenslänglich.

MÖBIUS Sicher.

EINSTEIN Gescheiterten Spionen kräht kein Hahn mehr nach.

MÖBIUS Eben.

NEWTON Na und?

MÖBIUS Ihr müßt bei mir im Irrenhaus bleiben.

NEWTON Wir?
MÖBIUS Ihr beide.

*Schweigen.*

NEWTON Möbius! Sie können von uns doch nicht verlangen, daß wir ewig –
MÖBIUS Meine einzige Chance, doch noch unentdeckt zu bleiben. Nur im Irrenhaus sind wir noch frei. Nur im Irrenhaus dürfen wir noch denken. In der Freiheit sind unsere Gedanken Sprengstoff.
NEWTON Wir sind doch schließlich nicht verrückt.
MÖBIUS Aber Mörder.

*Sie starren ihn verblüfft an.*

## Herkules und der Stall des Augias

### 1963

PHYLEUS  Mein Vater?
AUGIAS  Mein Sohn?
PHYLEUS  *finster* Alles voll Blumen, Bäume voll Früchte.
AUGIAS  Greif den Boden.
PHYLEUS  Erde!
AUGIAS  *hart* Aus Mist ist Erde geworden. Gute Erde.
PHYLEUS  Ich verstehe dich nicht mehr, Vater.

*Augias geht wieder ins Innere, kommt mit einer Gieß-
kanne und mit einer Stechschaufel.*

AUGIAS  Siehst du, mein Sohn, an diesem Garten habe ich
ein Leben lang im geheimen gearbeitet, und so schön er
ist, er ist ein etwas trauriger Garten. Ich bin kein Herkules. Und wenn nicht einmal er der Welt seinen Willen
aufzuzwingen vermag, wie wenig erst vermag ich es. So
ist dies der Garten meiner Entsagung. Ich bin Politiker,
mein Sohn, kein Held, und die Politik schafft keine
Wunder. Sie ist so schwach wie die Menschen selbst, ein
Bild nur ihrer Zerbrechlichkeit und immer wieder zum
Scheitern bestimmt. Sie schafft nie das Gute, wenn wir
selber nicht das Gute tun. Und so tat ich denn das Gute.
Ich verwandelte Mist in Humus. Es ist eine schwere
Zeit, in der man so wenig für die Welt zu tun vermag,
aber dieses Wenige sollen wir wenigstens tun: das Eigene. Die Gnade, daß unsere Welt sich erhelle, kannst

du nicht erzwingen, doch die Voraussetzung kannst du schaffen, daß die Gnade – wenn sie kommt – in dir einen reinen Spiegel finde für ihr Licht. So sei denn dieser Garten dein. Schlag ihn nicht aus. Sei nun wie er: verwandelte Ungestalt. Trage du nun Früchte. Wage jetzt zu leben und hier zu leben, mitten in diesem gestaltlosen, wüsten Land, nicht als ein Zufriedener, sondern als ein Unzufriedener, der seine Unzufriedenheit weitergibt und so mit der Zeit die Dinge ändert: die Heldentat, die ich dir nun auferlege, Sohn, die Herkulesarbeit, die ich auf deine Schultern wälzen möchte.

## Der Meteor

### 1966

FRIEDRICH GEORGEN Freunde. Wolfgang Schwitter ist tot. Mit uns trauert die Nation, ja die Welt; ist sie doch um einen Mann ärmer, der sie reicher machte. Seine sterbliche Hülle liegt auf diesem Bett, liegt unter diesen Kränzen. Man wird sie übermorgen mit jenem festlichen Gepränge zu Grabe tragen, das einem Nobelpreisträger zukommt. Doch wir, seine Freunde, haben bescheidener zu trauern, gefaßter, stiller. Wir haben nicht billiges Lob zu spenden, nicht kritiklose Bewunderung, wir haben uns durch Wissen und Liebe leiten zu lassen. Nur so werden wir dem großen Toten gerecht. Er hat ausgelitten. Sein Sterben war erschütternd, daß wir uns in seinem alten Atelier befinden, deutet es an. Nicht sein Geist, seine Vitalität wehrte sich. Ihm, der die Tragik ablehnte, fiel ein tragisches Ende zu. In diesem düsteren Lichte haben wir ihn zu sehen, zum ersten Male vielleicht in harter Deutlichkeit, als den letzten Verzweifelten einer Zeit, die sich anschickt, die Verzweiflung zu überwinden. Es gab für ihn nichts als die nackte Realität. Doch gerade darum dürstete er nach Gerechtigkeit, sehnte er sich nach Brüderlichkeit. Umsonst. Nur wer an einen lichten Sinn der dunklen Dinge glaubt, erkennt die Ungerechtigkeit, die es in dieser Welt auch gibt, als etwas Unabwendbares, stellt den sinnlosen Kampf ein, versöhnt sich. Schwitter blieb unversöhnlich. Ihm fehlte der Glaube, und so fehlte ihm auch der Glaube an die Menschheit. Er war ein Moralist aus Nihilismus heraus. Er blieb Rebell, ein Rebell im luftleeren Raum. Sein Schaffen war der Ausdruck einer inneren Ausweglosigkeit, nicht ein Gleichnis der Wirklichkeit: Sein Theater, nicht die Realität ist grotesk. Hier liegt seine Grenze. Schwitter blieb in einer feierlich großartigen Weise subjektiv, seine Kunst heilte nicht, sie verletzte. Wir aber, die wir ihn lieben und seine Kunst bewundern, müssen sie nun überwinden, damit sie eine notwendige Stufe werde zur Bejahung einer Welt, die unser armer Freund verneinte und in deren Erhabenheit und Harmonie er eingegangen ist.

*Koppe erhebt sich und drückt Georgen die Hand.*

KOPPE Friedrich Georgen, ich danke Ihnen.

*Die wenigen Verbliebenen verneigen sich vor dem Totenbett, entfernen sich, unterdessen ständig Blitzlichter.*

GEORGEN Sie sind sein Verleger, Koppe. Mein Beileid. *Verneigt sich.*
KOPPE Erscheint Ihre Rede im Morgenblatt?
GEORGEN Noch heute abend.
KOPPE Wird mächtig hinhauen. Er war ein Moralist aus Nihilismus heraus. Ein Rebell im luftleeren Raum. Sein Theater, nicht die Realität ist grotesk. Glänzend definiert und böse gesagt.
GEORGEN Nicht böse gemeint, Koppe.
KOPPE Bitterböse gemeint, Georgen. *Legt ihm die Hand auf die Schulter.* Ihre Unverschämtheit war grandios. Sie zerfetzten mir unseren guten Schwitter mit Andacht auf dem Totenbett. Imponierend. Literarisch ist der

Mann erledigt, noch eine Dünndruckausgabe und er ist vergessen. Schade. Er war echter, als Sie glauben, und dann noch eins, ganz unter uns: Ihr Tiefsinn in Ehren, Georgen, aber an sich war Ihre Rede Mumpitz. Schwitter war nie verzweifelt, man brauchte ihm nur ein Kotelett vor die Nase zu setzen und einen anständigen Tropfen, und er war glücklich. Gehen wir. Der Ort ist schauerlich.

## Die Wiedertäufer

### 1967

KAISER  Ich bin Kaiser Karl der Fünfte in seinem fünfund-
dreißigsten Lebensjahr
Eben ist die Nachricht eingetroffen, daß mein Feld-
herr Pizarro in dem neuentdeckten Kontinent über
dem Meere
Die Stadt Cuzco eingenommen habe
Zwei Jahre brauchte die Nachricht, bis sie zu mir
gelangte
Und ich weiß immer noch nicht so recht, wo denn
dieses Cuzco eigentlich liegt
Mein Imperium ist dermaßen gewaltig
Daß die Sonne stets einen Teil meines Reiches röstet
So wie die glühenden Holzkohlen das Hähnchen am
Spieß
Den mein niederländischer Leibkoch sorgsam dreht
Ich bin Aargauer
Meine Urahnen verließen die kleine schäbige Festung
Habsburg
Nahe bei Brugg in der Schweiz
Ein Weltgeschäft zu machen: Mit Familienpolitik
Ein Unterfangen, das Disziplin, Härte, unglückliche
Ehen und Frömmigkeit verlangt
Diese besonders, denn Völker sterben nur für reli-
giöse Dynastien gern
Nur so haben sie das Gefühl, nicht für irgendeine
Sippe zu leiden

Sondern für Gott, für seine Kirche und für die Einheit
des Abendlandes
Das, meine ich, ist ihr Recht, das dürfen Völker wirk-
lich verlangen
So sehe ich denn vor meinem inneren Auge meine
Länder
Sauber aufgeräumt von meinen Landsknechten und
reingefegt von jeder Ketzerei durch die heilige In-
quisition
Ohne Menschen meinetwegen, ein Kammerdiener
genügt mir in meinem Weltreich
Einige Lakaien, ein Beichtvater, ein Kanzler, der
Koch, den ich schon erwähnte, und ein Henker für
alle Fälle
Auf die Untertanen kann ich verzichten, Untertanen
stören nur die erhabenen Spiele der Macht
Mein Wunsch ist, einmal in ein Kloster zu gehen
Es muß ein Kloster sein abgelegen in kahlen Bergen
Und in der Mitte seines Hofes muß ein Standbild der
Gerechtigkeit stehen
Eine Gerechtigkeit, wie man sie überall sieht, bunt
bemalt, mit verbundenen Augen, mit einer Waage
sowie mit einem Schwert
Es muß eine gewöhnliche Gerechtigkeit sein
Um diese will ich kreisen zehn Stunden am Tage
Im immer gleichem Abstand, wie um eine Sonne,
jahrelang und nichts anderes
Bevor ich, müde vom Weltregieren und fröstelnd in
der Septemberhitze
Meine kalten Augen schließe

*Der Kanzler tritt auf.*

KAISER Noch aber ist es dumpfer Mittag, und noch bin Ich die Sonne, um die sich alles dreht.

KANZLER Majestät!

KAISER Wo sind wir, Kanzler?

KANZLER In Deutschland, Majestät.

KAISER In Deutschland? Wir vergaßen. Wir vergaßen. Wir glaubten Uns in Unserem Palaste zu Madrid.

KANZLER Majestät halten sich in Worms auf. Der Reichstag ist einberufen.

KAISER Der Reichstag! Scheußlich! Wir lieben diese deutschen Angelegenheiten nicht, sie sind so – unplastisch.

KANZLER Majestät haben die Mitglieder der Kaiserlichen Akademie für Malerei in Wien zu bestimmen. Die Liste, Majestät.

KAISER Tizian, gut, Tintoretto, möglich, Maarten van Hemskerk, tüchtig, Marinus von Roymerswaele, brav, Jan van Amstel, wacker, Altdorfer, na ja, Holbein, geht auch noch, Hagelmeier aus Wien – Kanzler, unmöglich. Wir sind zwar Habsburger, doch diese wienerische Phantasielosigkeit ist nicht akzeptabel. Müssen wir schon Bäume abgebildet sehen statt Menschen, wie uns der Kerl zumutet, sollten wir eine Ahnung der Kraft verspüren, mit der die Natur diese großen Pflanzen aus ihrem Schoße treibt, statt dessen erblicken wir nichts als tote Haufen pedantisch gemalten Laubes. Sonst noch was?

# Die Frist

## 1977

GOLDBAUM  Hm. Wo bin ich denn?

EXZELLENZ  Im Thronsaal des königlichen Palastes. Na ja. Der Generalissimus ließ hier sein Arbeitszimmer einrichten. *Weist auf die Fresken* Vielleicht Goya.

GOLDBAUM  Auch unheimlich.

EXZELLENZ  Der Meister weilte ein Jahr in diesem Lande.

GOLDBAUM  Eine Riesenarbeit.

EXZELLENZ  Nehmen Sie Platz.

GOLDBAUM  Hm. Ich verstehe nicht recht – schön. *Setzt sich.*

EXZELLENZ  Gratuliere zum zweiten Nobelpreis.

GOLDBAUM  So.

EXZELLENZ  Auch für unser Land eine Ehre.

GOLDBAUM  Tja.

EXZELLENZ  Ich wundere mich zwar, daß Sie sich ausgerechnet bei uns niedergelassen haben.

GOLDBAUM  Meine Frau ist hier geboren.

EXZELLENZ  Ein Grund hierzubleiben?

GOLDBAUM  Ein Opfer der Nazis hat die Pflicht, für die Menschenrechte weiterzukämpfen.

EXZELLENZ  Dreißig Jahre währt Ihr Kampf schon.

GOLDBAUM  Vierzig Jahre regiert der Generalissimus schon.

EXZELLENZ  Ihre Frau ist tot.

GOLDBAUM  Um so mehr bin ich diesem Land verpflichtet.

EXZELLENZ  Sie sind allein, Goldbaum. Keine Kinder,

keine Verwandten. Ein altes Weib, das für Sie kocht, ein alter Hund hinter der Haustür, das ist alles.

*Schweigen.*

EXZELLENZ Nichts ist Ihnen geblieben als Ihre einsamen Spaziergänge.

GOLDBAUM Sie vergessen meinen Beruf.

EXZELLENZ Ein Landarzt mit lächerlich wenigen Patienten. Nur heimlich wagt sich hin und wieder ein Bauer zu Ihnen.

GOLDBAUM Ich schlage mich durch.

EXZELLENZ Im Ausland wären Sie überall willkommen.

GOLDBAUM Ich schüttle deshalb den Staub dieses Landes nicht von den Füßen.

EXZELLENZ Bilden Sie sich wirklich ein, Möller ließe Sie außer Landes?

GOLDBAUM Ich will ja nicht außer Landes.

EXZELLENZ Sie könnten auch nicht außer Landes, Goldbaum.

GOLDBAUM Ich verlernte es, mich zu fürchten.

EXZELLENZ Mutig. Aber jedesmal, wenn Sie eine Ihrer berühmten Pressekonferenzen geben und unser Regime mit unbezwinglicher Logik in der Luft zerfetzen, zittere ich um Ihr Leben.

GOLDBAUM Möller wird es nie wagen –

EXZELLENZ Ein falsches Wort von Ihnen, Goldbaum, und Möller muß es wagen.

GOLDBAUM Ich denke, Sie ließen mich nicht entführen, um sich mit mir politisch zu unterhalten.

EXZELLENZ Ich benutze die Gelegenheit. *Nimmt sich eine Zigarette.* Goldbaum, Sie sind in Lebensgefahr.

GOLDBAUM Wenn schon.

EXZELLENZ Möller schlägt zu. Sie sind leichtsinnig.

GOLDBAUM Die Geheimpolizei läßt mich gleichgültig.

EXZELLENZ Als Politiker haben Sie mit ihr zu rechnen.

GOLDBAUM Ich bin kein Politiker.

EXZELLENZ Dann ist Ihre Opposition purer Luxus.

GOLDBAUM Der Politik kommt man nur noch als Nichtpolitiker bei.

EXZELLENZ Sie sind ein politischer Hochstapler, Goldbaum. Ihr Scheck ist auch durch Ihre zwei Nobelpreise nicht gedeckt, wenn Sie sich weigern, die Opposition in diesem Lande zu führen.

GOLDBAUM Meine Aufgabe ist es, die Opposition zu entfachen, nicht, sie zu führen.

EXZELLENZ Ihre Sentenzen sind Ausreden, mit denen Sie sich um die Macht drücken.

GOLDBAUM Ich suche die Macht nicht.

EXZELLENZ Aber die Macht wird Sie finden, Goldbaum. *Raucht.* Weiß Gott, sie wird Sie finden. *Raucht.* Ich will fair sein, Goldbaum. Ich biete Ihnen eine letzte Chance.

GOLDBAUM Die wäre?

EXZELLENZ Ich lasse Sie durch meine Leute außer Landes schaffen.

GOLDBAUM Ich kann Sie nicht hindern.

EXZELLENZ Nicht ohne Ihre Einwilligung natürlich.

GOLDBAUM Die gebe ich nicht.

EXZELLENZ Im Ausland fällt es Ihnen leichter, eine Exilregierung zu bilden.

GOLDBAUM Ich wäre an der Spitze einer Exilregierung ein idealistischer Stümper. Ich bin dem Regime nur so lange gefährlich, als ich ihm als Mensch im Namen der Menschlichkeit entgegentrete und nicht als Politiker im Namen irgendeiner Richtung.

*Schweigen.*

EXZELLENZ Schön, Goldbaum. Sie haben sich entschieden. Sie lassen mir keine andere Wahl: Ich ernenne Sie
zum Leibarzt des Generalissimus.

GOLDBAUM Hm. Deshalb ließen Sie mich verhaften?

EXZELLENZ Unter anderem.

*Achterloo*

1983

NAPOLEON Meine Aufgabe, Hus, besteht darin, die Welt zu tragen, die deine, sie zu ertragen.

*Napoleon kommt im Nachthemd hinter dem Wandschirm hervor und setzt sich in den Fernsehsessel.*

HUS Das kalte Huhn ist prima.

NAPOLEON Beide Aufgaben sind gleich wichtig. Jene des Atlas und jene des Herkules. Du bist Herkules, wenn auch ein anderer als jener der Sage. Du machst die Welt allmählich bewohnbarer durch das Nie-Nachlassen der Vernunft, die hartnäckig fordert, was selbstverständlich sein sollte, und die im Verlaufe der Jahrhunderte die fixen Ideen und die starren Pläne des Verstandes überwindet, um vor neuen fixen Ideen und starren Plänen zu stehen, und du wirst dich wieder an die Arbeit machen. Weg mit dieser lächerlichen Sonnenbrille.

*Wirft sie unter den Fernseher.*

NAPOLEON Und ich bin Atlas. Früher verschob ich die Kontinente, türmte die Berge aufeinander und kippte die Ozeane über die Länder, und einmal, in grauer Vorzeit, bin ich dir begegnet. Ich versuchte, die Welt auf deine Schultern zu wälzen. Aber du bist zu klug für

mich gewesen. Du hast sie wieder auf meine Schultern
zurückgestemmt.

HUS Der Emmentaler ist phantastisch.

*Ißt.*

NAPOLEON Aus Wut ging ich sorgloser als je mit ihr um.
Dann kam Sankt Helena. Ich begriff, daß die Erde zu
kostbar ist für blutbesudelte Titanen. Sie ist deine Aufgabe. Mich wird man immer hassen, weil man sich
fürchtet, von der Welt zerschmettert zu werden, laß ich
sie fallen; und dich wird man immer lieben, auch wenn
du die Ungeduldigen enttäuschst, weil nur deine Hart-
näckigkeit die Welt weiterbringt.

*»Dem Theater
sind durch seine Freiheit
die Zähne gezogen.«*

Theater im
wissenschaftlichen
Zeitalter

*Friedrich Dürrenmatt*
*interviewt* F. D.

1980

Heinz Ludwig Arnold bat mich, an seiner Stelle mit F. D. ein Interview über dessen Komödien zu führen. F. D. werde 60 und sei unausstehlich geworden. Weil nun einmal schon das Gerücht umgehe, ich sei mit F. D. – wenn auch weit entfernt – identisch, bat H. L. Arnold mich, nach Neuchâtel zu fahren. Leider nahm ich den Auftrag an und muß ihn als mißglückt bezeichnen. Seine entfernte Identität mit mir stritt F. D. zwar rundweg ab – zu meinem Glück; in diesem Punkte hat er recht –, aber das, was die Kritiker beschäftigt – wenn sie sich überhaupt noch mit ihm beschäftigen –, ob F. D. sich bei seinen Komödien etwas denke, und wenn ja, was, kann ich auch nicht beantworten. Irgendwie dachte er sich etwas dabei, aber was er sich dabei gedacht hatte, weiß er wahrscheinlich nicht mehr. Ich kann den Kritikern nur raten, ihn weiter zu verreißen; sie können sicher sein, er wird sie nicht verreißen, weil er sie ebensowenig wie sich selber liest. Als ich mit ihm sprach, kam es mir vor, als denke er, während er meine Fragen beantwortete, an das, was er denken wolle, wenn ich gegangen sein werde: an etwas ganz anderes, als er jetzt sprach. Ich wußte nicht, wer von uns beiden anwesend war: er oder ich. Irgendwie war nur einer da. Aber wer?

179

*Es steht geschrieben*
*Der Blinde*

Die ersten beiden Stücke, noch als Dramen bezeichnet, sind Versuche, jene Vergangenheit zu gestalten, die F. D. (Jahrgang 21) mitgemacht und die ihn gemacht hatte, obgleich er sie aus der Abgeschiedenheit der Schweiz heraus erlebte, verschont und gefangen: die Schweiz war Privileg und Gefängnis zugleich. Es sind Stücke sowohl der Nähe als auch der Distanz, von der Frage angeregt, wie wohl Hitler und damit der Glaube an ihn möglich geworden war. *Es steht geschrieben* schildert die kurze Herrschaft der Wiedertäufer über die Stadt Münster (1534–1536). Die den Glauben glauben, werden von dem mißbraucht, der den Glauben benutzt, und nach einem sinnlosen Widerstand von dem besiegt, der den Glauben verwaltet, doch im geheimen jene bewundert, die glauben konnten. Zur Wahl des Stoffes half wohl auch ein altes Buch mit, das in der Bibliothek seines Vaters stand. *Der Blinde* stellt den Glauben an sich als eine elementare Kraft dar, unabhängig von seinem ›Inhalt‹. Die Handlung spielt im Dreißigjährigen Krieg und ist erfunden – wenn auch beeinflußt vom biblischen Hiob. In der Ruine seines Palastes wird ein blinder Herzog im Glauben gelassen, er besitze noch die Macht, die er verloren hat, und sein Land sei verschont geblieben. Der Herzog wagt den Glauben in der Erkenntnis, daß es für einen Blinden keine andere Möglichkeit gibt als blind zu glauben. Er wird durch seinen Glauben für die ›Sehenden‹ lächerlich, doch nicht für sich. Ein italienischer Edelmann will dem Blinden die Absurdität seines Glaubens beweisen und spielt dem Herzog den Untergang seines Herzogtums vor, der schon längst stattgefunden hat. Der Blinde spielt unbeirrt mit. Er hält einen Neger für

Wallenstein, eine Dirne für eine Äbtissin usw. Den Dichter, der ihm die ›Wahrheit‹ sagen will, erwürgt er. An seiner Blindheit zerbricht schließlich die Realität der Sehenden, und die geglaubte ›Realität‹ des Blinden wird wirklich. Beide Stücke sind rhetorisch. Ich fragte F. D., ob diese Stücke von Claudel beeinflußt seien. Er lachte. Das sei der Eindruck einiger seiner katholischen Freunde gewesen. In Wirklichkeit seien diese Stücke Resultate eines Konflikts: Einer, der Maler werden wollte, Philosophie studiert hatte und ohne Sprache nicht mehr ausgekommen sei, habe sich durch die Sprache mit Hilfe der Bühne befreit. Das Theater ist sein, F. D.'s, Ausweg ins Freie.

## Romulus der Große

*Romulus der Große* ist F. D.'s erste Komödie. Er schrieb sie im Winter 1948/49. Den Stoff fand er angedeutet in der Novelle Strindbergs, *Attila,* die endet: »Orestes und Edeko reisten am selben Morgen; und sie vergaßen niemals diese Hochzeit, die sie zum ersten Male zusammengeführt hatte. Später erneuerten sie die Bekanntschaft, aber unter andern und größeren Verhältnissen. Denn Edekos Sohn war Odoaker, der den Sohn des Orestes stürzte, und der war kein anderer als der letzte Kaiser Romulus Augustus. Er hieß sonderbarer Weise Romulus, wie Roms erster König, und Augustus, wie der erste Kaiser. Und er beschloß sein Leben als Verabschiedeter, mit einer Pension von sechstausend Goldmünzen, in einer Villa in Campanien, die vorher Lucullus besessen hatte.« Die absurde Diskussion, die in Deutschland schon aufkam, ob die Attentäter vom 20. Juli 1944 Landesverräter gewesen seien oder nicht, brachte F. D. auf die Idee, den letzten

Kaiser Westroms, ›Romulus Augustulus‹, ein fünfzehn-jähriges Unschuldslamm, in einen mehr als fünfzigjähri-gen Landesverräter auf dem Thron zu verwandeln, der sein Reich den Germanen ausliefert, weil er nicht mehr an das Recht des römischen Imperiums glaubt, sich zu vertei-digen. Wie Hamlet den Wahnsinnigen spielt, spielt Romu-lus den ›schlechten‹ Kaiser. Dominiert Romulus in der ersten Fassung absolut, setzt ihm F. D. in der 1957 ge-schriebenen zweiten Fassung im vierten Akt seine dialek-tische Gegenfigur entgegen: Odoaker; in der ersten Fas-sung eine der komödiantischen Gestalten der Handlung, ist er nun – im Gegensatz zu Romulus, der an das Recht glaubt, ein Weltreich zu vernichten – jener, der nicht an das Recht glaubt, ein Weltreich zu errichten. Romulus ver-dammt die Vergangenheit, Odoaker fürchtet die Zukunft, aber beide müssen als Politiker handeln: Romulus liqui-diert das weströmische, Odoaker errichtet das germanische Imperium und ruft einen geschichtslosen Frieden aus, der nur einige wenige Jahre dauern kann, da hinter beiden, Romulus und Odoaker, der Henker beider lauert: Theode-rich. In dieser zweiten Fassung wird F. D.'s dramaturgische Neigung deutlich: die Personen seiner Komödie vor einen tragischen Hintergrund zu setzen, sie gleichsam tragisch zu grundieren. Seine Menschen werden in einigen Komö-dien durch ihr Denken gerechtfertigt und durch ihr Schick-sal zwar gefällt, aber nicht widerlegt, oder aber, in anderen Komödien, durch ihr Schicksal ad absurdum geführt. Romulus gehört der ersten Gattung an. Romulus' Heiter-keit liegt in seiner Überzeugung, Odoaker werde ihn tö-ten; er opfert Rom, weil er sich selbst opfern will, aber er opfert unfreiwillig jene, die fliehen und die er hätte retten wollen; und indem ihn Odoaker pensioniert, wird er, der vorher komisch tragisch war, tragisch komisch. Nicht umsonst gab F. D. auf meine Frage, warum er seine Stücke Komödien nenne, zur Antwort: »Stücke sind wie ein rollender Ball: die eine Hälfte bezeichnet die Ästhetik als Tragödie, die andere als Komödie. Da bei einem rollenden Ball nicht auszumachen ist, welche Hälfte oben und welche unten ist, nenne ich meine Stücke eben Komödien.«

## Die Ehe des Herrn Mississippi

*Die Ehe des Herrn Mississippi* wurde aus der Eheszene im *Romulus* (3. Akt) entwickelt. Das Stück galt drei Jahre lang als unaufführbar und brachte 1952 unter Hans Schweikarts Regie den Durchbruch F. D.'s im deutschen Theater. Das Stück, das in drei Fassungen vorliegt, versucht, auf die Komödienform des Aristophanes zurückzugreifen. Doch ersetzt F. D. die aristophanischen Parabasen und Chöre durch die Monologe der männlichen Hauptpersonen. Einer von ihnen, der betrunkene Tropenarzt Graf Bodo von Übelohe-Zabernsee, behauptet, F. D. habe das Stück nur geschrieben, »um zu untersuchen, was sich beim Zusammenprall bestimmter Ideen mit Menschen ereignet, die diese Ideen wirklich ernst nehmen und mit kühner Energie, mit rasender Tollheit und mit einer unerschöpflichen Gier nach Vollkommenheit zu verwirklichen trachten«. F. D. nannte mir gegenüber seine Komödie auch »Die Geschichte eines Zimmers«, wohl weil es im zweiten Teil zur Ruine wird, bis nur noch ein Teetisch und zwei Sessel unberührt bleiben. Es gibt in diesem Stück keine andere Realität als die der Bühne: die Bühne wird zur Weltbühne. F. D. sieht in der *Ehe des Herrn Mississippi* eine mit allen technischen Mitteln des Theaters spielende Komödie der Ideologien und der Ideologen, die sich im Kampf um die

›Frau Welt‹ (Anastasia) gegenseitig vernichten, nur »um immer wieder aufzuerstehen«. Etwas rätselhaft meinte er noch, Schweikarts Regie sei genial gewesen, doch habe sie zu der grotesken Meinung geführt, er sei so etwas wie ein Nachfolger Wedekinds und Sternheims, was zu vielen fatalen Inszenierungen geführt habe; überhaupt nehme man ihn in Deutschland entweder ›falsch ernst‹ oder ›falsch komisch‹. Eine Behauptung, die mir von einem, der Komödien schreibt, zumindest merkwürdig erscheint. Auch sei, fuhr F. D. fort, in den menschlichen Bezirken Einsteins Relativitätstheorie nur im Bereiche des Humors überprüfbar. In Gedanken versunken schwieg er und sagte dann auf berndeutsch, er sei im deutschen Sprachraum ein Schwarzes Loch.

## Ein Engel kommt nach Babylon

Ein ins Theater verirrter Theologe, meint F. D., könnte in dieser Komödie eine Theodizee erblicken. Sehe Leibniz die Rechtfertigung der Unvollkommenheit der Schöpfung darin, daß unsere Welt zwar die beste aller möglichen Welten sei, doch zwangsläufig nicht ganz vollkommen, weil nur Gott vollkommen sein könne, so rechtfertigt F. D. die Unvollkommenheit der Welt damit, daß sie für Gott die unbekannteste aller Welten sein müsse: Dem vollkommenen Weltschöpfer stelle er den zerstreuten Weltschöpfer gegenüber, der seine Schöpfungen offenbar immer wieder vergesse. Der Engel, der als Geschenk Gottes für den Ärmsten der Menschen das Mädchen Kurrubi zur Erde bringt, habe nicht umsonst vorher die Materie nur im ›gasförmigen Zustand‹ kennengelernt, auch habe er keine Ahnung, was Gott mit diesem Mädchen eigentlich wolle;

wir müßten leider schließen, Gott wisse es auch nicht. Gottes Gnade sei nicht nur uns, sondern auch Gott unbegreiflich. Die Erde erscheine dem Engel als das, was sie astronomisch ja auch sei: als Wunder, als Sonderfall (auch wenn es Milliarden solcher Sonderfälle geben möge; im Weltall, im Bereich der großen Zahl, vermöge auch eine Milliarde ein Sonderfall zu sein). Sei für Leibniz, angesichts der Vollkommenheit Gottes, das Böse etwas Unbedeutendes, sei es für den Engel, angesichts der relativen Einmaligkeit der Erde, nicht denkbar. Soweit F. D. Zuzugeben ist, daß die Handlung auf einem Mißverständnis beruht: So gibt etwa der Engel Kurrubi nicht dem Ärmsten der Menschen, sondern dem Mächtigsten, dem König Nebukadnezar, hat doch dieser, um sein Reich vollkommen zu gestalten, das Betteln verboten und sich als Bettler verkleidet, um auch den letzten der Bettler, der sich seinem Befehl widersetzt, den Meisterbettler Akki, zu überzeugen, die Bettelei aufzugeben. Die Handlung ist noch komplizierter als dieser Satz. Das Mädchen Kurrubi fällt am Ende dem Bettler Akki zu, und der Ärmste der Menschen erweist sich als der Reichste, und der Mächtigste als der Ärmste. Die Komödie spielt in einem poetischen Babylon, am Bühnenhimmel hängt der Andromedanebel. Dialektisch gesehen handelt es sich um eine Komödie der Gnade. Nebukadnezar vermag den Irrtum des Engels, er sei der Ärmste der Menschen, nicht zu akzeptieren und setzt der Gnade des Himmels den Fluch des Menschen entgegen: den Turm zu Babel. Nebukadnezar gibt dem ungerechten Himmel recht: Nebukadnezar macht sich zum Ärmsten der Menschen. Über irgendwen macht sich F. D. in diesem Stück lustig, entweder über den Himmel oder über die Mächtigen oder über die Theologen oder über uns alle oder über sich allein. Es ist mir nicht klar geworden, über wen.

*Der Besuch der alten Dame*

Sein meistgespieltes Stück sei sein mißverstandenstes, murmelte F. D. endlich, nachdem er sich lange geweigert hatte, meine Frage zu beantworten, wie er denn heute zum *Besuch* stehe. Dann sprach er von seiner Inszenierung im Herbst 1956 in Basel, von einem unbeschreiblichen Durcheinander: Hauptprobe, mit Bühnenbild zum erstenmal, Generalprobe, Premiere, alles am gleichen Tag, noch während der Premiere habe er hinter der Bühne inszeniert; dann sprach er über den Erfolg des Stückes in den USA, der auf den Frauenvereinen beruht habe, endlich hätten die ›Mamis‹ jemanden gefunden, der ihnen das Recht zubilligte, den ungetreuen ›Papi‹ umzubringen; auch machte er sich darüber lustig, daß man dieses Stück zu seinem 60. Geburtstag im Fernsehen inszenieren wolle, besser als die berndeutsche Fassung könne es gar nicht werden. Und nur beiläufig meinte er, in Wirklichkeit sei es auch keine Parabel der Konjunktur, wie viele glaubten, sondern ein Weiterdenken von Motiven, die seit jeher das Theater beschäftigt hätten, ja aus denen das Theater entstanden sei, doch stehe hinter ihm nicht Aristophanes, sondern Sophokles, folgerichtig ende es denn auch mit dem Chor: »Ungeheuer ist viel...« Soweit F. D. Ich könnte hinzufügen: Wie der Held der griechischen Tragödie ist die Hauptperson als der ›Einzelne‹ schuldig, doch nachdem der Einzelne seine Schuld eingesehen und durch seinen Tod gesühnt hat, wird die Gesellschaft, die bei Sophokles durch den Vollzug der Gerechtigkeit am Einzelnen mit entsühnt wird, nun schuldig. Bei Sophokles weicht die Pest zurück, bei F. D. kommt sie erst; bei Sophokles ist der Einzelne ein Teil des Allgemeinen, bei F. D. nicht. Das Stück setzt die Gerechtigkeit zweimal: als Folge der Schuld ist sie forderbar und damit käuflich; als Einsicht der Schuld ist sie allein vom Schuldigen zu vollziehen. Auch tritt bei dieser Komödie an die Stelle des Schicksals das Geld.

### Frank der Fünfte, Oper einer Privatbank

F. D.: »Der Untertitel dieses Stückes, ›Oper einer Privatbank‹, verführt dazu, in dieser Komödie mit Musik einen Nachfolger der *Dreigroschenoper* zu sehen. Aber im Gegensatz zu dieser, deren Figuren ihre Wahrheiten im Sinne Brechts singen, singen meine Figuren ihre Ausreden: Sie singen, wenn sie morden. Hinter dieser Oper steht, wie hinter keiner anderen meiner Komödien (die Shakespeare-›Bearbeitungen‹ ausgeschlossen) Shakespeare. Und wie einen Shakespeare sollte man sie auch inszenieren. Das gelang noch niemals. Es ging mir darum, in der Moderne ein ähnlich hierarchisches Gebilde zu finden, wie wir es in den Shakespeareschen Königsdramen dargestellt sehen. Ich fand es als Schweizer in der Bank: *Frank der Fünfte* ist die Komödie einer hierarchischen Gesellschaft, die sich unter dem Druck mißlicher Umstände demokratisieren muß, so daß sich die nicht unaktuelle Frage stellt, ob denn – und wie denn – eine Demokratie kleinerer und größerer Gangster noch Chancen habe zu überleben. Die Szene, in der Frank v. und Ottilie den sterbenden Prokuristen Böckmann ermorden, damit er nicht beichten kann, halte ich für meine beste Szene.«

*Die Physiker*

Bei diesem Gespräch verhielt sich F. D. wie bei der *Alten Dame:* Es langweilte ihn offenbar, von diesem Stück zu sprechen; gab rätselhafte Sätze von sich; so etwa, dieses Stück werde immer inszeniert, statt interpretiert, erläuterte er in halb angefangenen und halb beendigten Sätzen; dozierte, wie der Wahnsinn zu spielen sei, so nämlich, daß es dem Zuschauer erst allmählich aufgehe, die Irrenärztin sei verrückt; kam dann auf die Schwierigkeiten der Liebesszene zu sprechen, die erst möglich werde, wenn sie als Liebesszene gespielt werde; machte sich über den Einwand lustig, den er oft gehört hätte: Wenn Möbius Monika wirklich liebte, könnte er sie nicht erdrosseln; nur wenn Möbius wirklich liebe, werde die Szene ungeheuerlich. Dann sann F. D. dem Zufall nach, der dramaturgisch ›nicht am Rande, sondern in der Mitte‹ (?) liegen müsse usw., um dann zu äußern – ich zitiere: »*Die Physiker* denken das Ödipus-Motiv weiter. An die Stelle des Orakels ist die Wissenschaft getreten. Der Wissenschaftler ist in der Lage, abschätzen zu können, was die Ergebnisse seiner Forschungen unter Umständen zu bewirken vermögen: die Vernichtung der Menschheit. Möbius versucht, den Gefahren seiner physikalischen Ergebnisse dadurch zu entgehen, daß er sich ins Irrenhaus flüchtet. Er stellt sich verrückt. Dieses entspricht der Flucht des Ödipus vor dem Schicksal, das ihm das Orakel ankündigt, nach Theben. Hier greift der Zufall ein. Ödipus flüchtet in die falsche Stadt, Möbius in das falsche Irrenhaus. Indem die verrückte Irrenärztin Mathilde von Zahnd die gespielte Verrücktheit des Möbius als Wahrheit auffaßt und somit seine Entdeckungen, die sie sich aneignet, nicht als Verrücktheiten, sondern als das ansieht, was sie sind, als geniale Entdeckungen, hebt sie den Sinn seiner Flucht auf. Möbius und seine zwei Genossen, gleichfalls Physiker, verhalten sich wie drei Reisende, die, in den falschen Zug gestiegen, nach hinten rennen, um so doch noch den Ort zu erreichen, von dem sich der Zug in rasender Fahrt immer weiter entfernt. Daß die Irrenärztin in der ersten Fassung ein Irrenarzt war, stimmt. Therese Giehse las diese Fassung, seufzte und meinte, den Irrenarzt möchte sie gern spielen, worauf ich aus ihm eine Frau machte, eine Vorläuferin der ›Unsterblichen‹ in der *Frist*.«

### Herkules und der Stall des Augias

F. D. hätte diesem Stück gerne den Untertitel ›Ein Festspiel‹ gegeben, stellt es doch sein etwas wehmütiges Bekenntnis zur Demokratie dar, wobei seine Liebe zum Emmental mitschwingt, vor dessen Bauernhäusern die prächtigsten und bestgezöpfelten Misthaufen sich dem Vorüberwandernden darbieten. Aber wer wandert schon noch vorüber? Man saust an ihnen vorbei, wenigstens solange die Benzinpreise es gerade noch zulassen. Die Komödie sei sein Lieblingsstück, behauptet F. D., nicht als Satire zu spielen, sondern als poetische Ballade, in der alles auf eine leicht melancholische Weise zwar schiefgehe, aber doch die Hoffnung erhalten bleibe, die Evolution meine es mit der Menschheit schließlich gut. F. D.'s oft zitierte ›schlimmst-mögliche Wendung‹ ist zur ›fastschlimmstmöglichen Wendung‹ gemildert, wobei er in diesem ›fast‹ unsere Chance sieht. Die beste Aufführung vom Bühnenbild her habe er in Lausanne gesehen: die Misthaufen als Kuben mit Latten verbunden, im Hintergrund eine Mistwand mit einem Baum, der im Verlaufe des Abends langsam hinter der Mistwand versunken sei, die Griechen nackt, Herkules mit einem kolossalen Feigenblatt, die elischen Parlamentarier mit grotesken Bauernmasken, Augias am Schluß in einem Schrebergarten mit Gartenzwergen.

*Der Meteor*

Das Stück, zur gleichen Zeit (1960) konzipiert wie *Die Physiker,* im Unterengadin, während des täglichen, immer gleichen, ärztlich verordneten Spaziergangs: eine Schlucht hinauf, über einen Bergrücken und zum Kurhaus hinab, greift wie *Ein Engel kommt nach Babylon* das Thema der Gnade auf, doch in einer noch verschärften Form. Es belegt, scheint mir, F. D.'s Arbeitsweise: ein Motiv immer wieder neu zu durchdenken und weiterzugestalten. Er arbeite an einem Motiv, wie die Physiker etwa am ›Atommodell‹ immer wieder gearbeitet hätten, äußerte er sich mir gegenüber, wenn auch der Vergleich hinke; weder verifiziere noch falsifiziere die Bühne oder gar die Kritik ein Theaterstück; darum lasse ihn auch die Kritik gleichgültig, sie interessiere ihn nur, wenn ihn die Persönlichkeit interessiere, die sie schreibe, dann sage sie etwas über den Kritiker aus, Stilübungen in Weltanschauung oder Ästhetik langweilten nur; ob ein Stück gut oder schlecht sei, sei an sich nicht zu beweisen; es könne unabhängig von seinem ästhetischen Wert – der subjektiv sei – zur Legende werden: Ödipus als Legende oder Mythos sei wichtiger als das Kunstwerk. Während er diesen Gedanken nachhing, überlegte ich mir, was zum *Meteor* zu sagen wäre, was F. D. überging: Nicht nur der *Engel,* sondern auch *Der Blinde* sind als Vorläufer zu nennen. Wie Nebukadnezar die Gnade nicht zu akzeptieren vermag, weil er nicht glaubt, der Ärmste der Menschen zu sein, so kann der Nobelpreisträger Schwitter nicht an seine Auferstehung glauben, weil er nicht an seinen Tod glaubt. Glauben setzt das Vertrauen in andere voraus. Der Herzog im *Blinden* vertraut bedingungslos jenen, die ihn belügen, und gewinnt Macht über sie. Schwitter vertraut ebenso bedingungslos den anderen nicht; daran gehen sie zugrunde. Die Macht des Glaubenden und die Macht des Zweifelnden sind gleich schrecklich.

### Die Wiedertäufer

Mit *Die Wiedertäufer* nimmt F. D. sein erstes Stück *Es steht geschrieben* wieder auf: die gleiche geschichtliche Situation, aber anders gesehen. Er definiert: ›Ein Stück über das Engagement‹. Er hat nicht unrecht: Die Wiedertäufer um Jan Matthison und Knipperdollinck sind engagierte Christen; ihnen gegenüber steht nicht ein triebhafter Dämon wie in *Es steht geschrieben,* sondern ein Schauspieler ohne Engagement, der verzweifelt versucht hat, beim theaterliebenden, der Vernunft engagierten Bischof von Münster, Franz von Waldeck, ein Engagement zu finden; er engagiert sich bei den Wiedertäufern und benutzt sie als Statisten bei einem grausigen Schauspiel, das er den Fürsten darbietet, die Münster belagern. Der Künstler auf dem Thron öffnet endlich selber den Landsknechten das Ägidiitor: »Das Spiel ist aus, ihr Fürsten ohnegleichen. Ich trug eure Maske bloß, ich war nicht euresgleichen. Münster sei euch und eurer Wut. Noch leben einige. Nun gut. Sie mögen jetzt am Rad verbleichen. Doch ich, der das Spiel euch schuf, der kühne Denker, ich erwarte einen Lorbeerkranz und nicht den Henker.« Die Fürsten applaudieren ihm, und der Kardinal engagiert ihn, von seiner Kunst begeistert, mit dreifacher Spitzengage als Schauspieler für seine Truppe. Die sich dem Glauben engagiert haben, kommen um; die sich der Vernunft engagiert haben, wissen keinen Rat. »Diese unmenschliche Welt muß menschlicher werden. Aber wie? Aber wie?« ruft der Bischof von Münster. Über diesen Satz, 1966 geschrieben, machten sich viele lustig. Sie wußten offenbar wie. Trotz ihrer: Menschlicher ist die Welt weder seit 1536 noch seit 1966 geworden. Wie sollte sie auch.

### König Johann (nach Shakespeare)

F. D. diktiert: »Diese Bearbeitung des selten gespielten Königsdramas Shakespeares, das selber wieder eine Bearbeitung eines zweiteiligen Stückes eines Unbekannten ist, stellt den verzweifelten Versuch des Bastards, des illegitimen Sohnes Richard Löwenherz' mit der Lady Faulconbridge, dar, seinem Stiefbruder Johann beizubringen, daß Politik und Verstand sich nicht ausschließen müssen, sondern miteinander vereinbar seien. Der Bastard rechnet jedoch nicht damit, daß eine an sich unvernünftige Welt nicht vernünftig zu handeln vermag, so daß die Versuche König Johanns, vernünftig zu sein, die der Bastard ihm einredet, stets in ihr Gegenteil umschlagen. Die Politik wird immer unvernünftiger, endet in sinnlosen Gemetzeln und führt schließlich dazu, daß König Johann im Interesse der Lords, der Kirche und Frankreichs vergiftet wird, woraufhin er, sterbend, den Bastard verflucht und davonjagt.« Ich selbst habe dem Diktat nichts beizufügen. Das

Stück ist nicht unaktuell, die Handlung voller Pannen auf
dem Weg zur *Panne*.

### *Play Strindberg*

Diese Komödie wurde von F. D. gleichzeitig geschrieben
und inszeniert. Er folgt Strindbergs Stück *Totentanz*, hebt
es aus dem Rhetorischen und versucht, mit den sparsam-
sten Mitteln, dem Schauspieler beizubringen, nicht so sehr
durch das Wort, als vielmehr durch seine Präsenz auf der
Bühne zu wirken. F. D. denkt gern an die Probenzeit zurück und erzählt oft davon.

### *Porträt eines Planeten*

Dieses Stück sei noch extremer als *Play Strindberg* ein
Übungsstück für Schauspieler, führt F. D. aus. Stellten in
*Play Strindberg* die Schauspieler während des ganzen
Stücks noch dieselben Personen dar, spielten die vier
Schauspieler und vier Schauspielerinnen hier, ohne sich
umzukleiden, nur mit Hilfe von Requisiten, immer andere
Personen. Das Stück habe keine Handlung im üblichen
Sinne, es sei denn, daß vier Götter gleichgültig beobachteten, wie sich irgendeine Sonne, von der sie nicht wüßten,
ob sie Planeten habe, in eine Supernova zu verwandeln
beginne. Auf der Erde, diesem von den Göttern nicht
beobachteten Planeten, werde es immer heißer, dennoch
spiele sich das Leben auf ihr ab wie sonst. Die Handlung
sei nicht ›dramaturgisch‹, sondern ›musikalisch‹ angelegt:
jeder Schauspieler halte seinen Prolog, spiele mit seinen
Partnern in Szenen zu dritt, zu viert, zu acht. Als die

Katastrophe hereinbreche, vereinigten sich alle zu einem großen Lobgesang, der dem 104. Psalm nachgebildet sei, worauf die vier Götter, nachdem die Sonne sich in eine Supernova verwandelt habe, gähnend weiterwanderten. Im übrigen, schloß F. D. seine Ausführung, sei das Stück nicht nur ein Übungsstück für Schauspieler, sondern auch für Menschen, die sich noch nicht an die Situation gewöhnt hätten, in der sich die Menschheit befinde. Sich allein zu fürchten, sei schrecklich, nur gemeinsame Furcht helfe. »Was soll das wieder?« dachte ich.

### Titus Andronicus (nach Shakespeare)

*Titus Andronicus* stellt den Versuch dar, das berüchtigte, chaotische Jugendwerk Shakespeares für die deutsche Bühne spielbar zu machen, ohne die Shakespeareschen Grausamkeiten und Grotesken zu vertuschen. War Shakespeares Erstling nicht ohne Seneca denkbar, so griff F. D. bei seiner Bearbeitung, wohl nicht ohne eine gewisse Nostalgie, auf seine erste Komödie *Romulus* zurück; wie bei dieser endet das Stück mit der Zerstörung des römischen Imperiums. Hier jedoch nicht durch Odoaker, sondern durch den Westgoten Alarich. Was F. D. besonders reizte, war – nach seinen Worten – der ›dichterische Hintergrund‹ des Shakespeareschen Stückes. Nach seiner Überzeugung haben manche Teile des Schlußakts, in welchem sich die teuflische Gotin Tamora als Rache und ihre nicht minder teuflischen Söhne als Raub und Mord ausgeben, Goethe beeinflußt *(Faust II)*. Aber noch wichtiger scheint F. D., daß, seiner Meinung nach, im *Titus Andronicus* bereits die beiden größten Gestalten, die Shakespeare schuf, König Lear (verstanden als ›Rebell‹) und Hamlet

(verstanden als einer, der die absolute Rache will), vorge-
formt wurden, wenn auch in der Gestalt des Titus mehr
ahnbar als nachweisbar. Man wird nicht immer ganz klug
daraus, wie F. D. andere und sich selber interpretiert. Wer
legt was in wen hinein?


## Der Mitmacher

Der *Mitmacher* ist ein Stück über die Korruption. In ihm
wendet F. D. die dramatische Technik, die er sich bei den
beiden Übungsstücken für Schauspieler (*Play Strindberg*
und *Porträt eines Planeten*) erarbeitete, auf eine Fabel an,
die aus verschiedenen, miteinander kombinierten Motiven
besteht, mit denen er sich schon vorher beschäftigte. Nicht
umsonst besteht F. D. immer wieder darauf, er schreibe
nicht Stücke, er komponiere sie; so sei der *Mitmacher* ein
Stück von ›synthetischer Dramaturgie‹, vielleicht gerade
deshalb ein Schlüsselstück seines Denkens. Wie in *Mississippi* spiele das Stück in einem Raum, diesmal fünf Stock-
werke unter der Erde, wie dort werde der Raum zum
Schluß demoliert, und wie in *Mississippi* halte jede der
Hauptfiguren einen Monolog; wie Monika in ihrer Liebesszene mit Möbius in den *Physikern* daran zugrunde-
gehe, daß Möbius ihr nicht die Wahrheit zu sagen wage,
gehe im *Mitmacher* Ann in den Tod, weil weder sie Doc
noch Doc ihr die Wahrheit zu sagen wage; wie Claire
Zachanassian ferner im *Besuch* 1 Milliarde für die Gerechtigkeit biete, so biete Bill 10 Millionen für die Ermordung
des jeweiligen Staatspräsidenten usw. Am meisten jedoch
spiele die Welt aus *Frank der Fünfte* hinein. Doc sei das
letzte Glied einer Gangsterorganisation, die sich am Ende
dadurch auflöse, daß sie von der Gesellschaft übernom-

men werde. Soweit F. D. Ich möchte hinzufügen, daß – insofern ich seine Stücke überblicke – in der Gestalt des Cop ein dramaturgisches Hauptproblem F. D.'s aufgenommen wird, an dem er immer noch arbeitet und das, wie mir scheint, von Kierkegaard kommt: der ›ironische Held‹. Ich denke hier nicht nur an Graf Bodo von Übelohe-Zabernsee; F. D. nimmt im *Mitmacher* eine Kunstform wieder auf, die er beim Bettler Akki *(Ein Engel kommt nach Babylon)* zum ersten Mal angewandt hat: die Makame. Übrigens erzählte er mir, daß er die Makame Cops in einem serbischen Restaurant in Mannheim geschrieben habe, um sie dem Schauspieler nach der Vorstellung zu überreichen. Am nächsten Vormittag auf der Probe habe der Schauspieler sie ihm dann vorgetragen. Um ein Stück fertigzuschreiben, fügte F. D. bei, brauche er zweierlei: Schauspieler und eine Bühne.

## Die Frist

Meine Ansicht, daß die dramaturgische Phantasie, ja die Phantasie überhaupt einerseits assoziativ, andererseits logisch vorgehe, finde ich besonders durch diese Komödie F. D.'s bestätigt: Daß die moderne Medizin mit ihren Intensivstationen und Apparaturen unwillkürlich Assoziationen mit einem Konzentrationslager aufkommen läßt, ist paradox, aber leider nicht zu widerlegen. Francos Sterben, das von 30 Ärzten wochenlang verlängert wurde, schwört das Bild eines Hitler herauf, der in Auschwitz sein Ende findet. Wer jedoch heute an Konzentrationslager und moderne Klinikzentren zugleich denkt, denkt assoziativ auch an Dissidenten. In *Die Frist* wird dieser Motivkreis durchgespielt; doch so, daß zum assoziativ aus der

Zeit gewonnenen Dissidenten sein durch die Phantasie logisch gefundener Gegenspieler tritt: die Exzellenz, ein intellektueller Romulus, der bewußt, durch geschickte Diplomatie und indem er das Sterben des Diktators verlängert, den Dissidenten an die Macht zu bringen versucht – die seinem Kalkül nach einzige Möglichkeit, das Land aus der Diktatur in eine Demokratie zu führen. Nicht umsonst verdiente sich Seine Exzellenz ihr Studium als Rechenkünstler im Kabarett. Logik: Dem Dissidenten, der die Macht nicht zu ergreifen wagt, weil er sie durchschaut, steht der Technokrat gegenüber, der die Macht auszuüben wagt, weil er sie durchschaut. Die Tragik des Dissidenten besteht darin, daß er die Macht schließlich doch ausüben muß; die Tragik der Exzellenz, daß sie, durch die Macht notgedrungen korrumpiert, von ihr vernichtet wird. Der Hintergrund des ganzen Geschehens ist wiederum assoziativ. Dem Spiel, das sich um einen sterbenden Diktator dreht, stehen die Unsterblichen gegenüber, ein Chor uralter Weiber, geführt von einer Urmutter, die das Sinnbild seiner Opfer und der auf ewig Opfer gebärenden Frauen ist. Durch die Männerwelt der Macht wird die Welt pervertiert, Frau und Mann getrennt. Ist der Gegensatz Exzellenz–Dissident ein logischer, steht den beiden in den Unsterblichen etwas gänzlich Irrationales gegenüber. Zugegeben, das sind meine Gedanken über das Stück. F. D. mochte nicht über das Stück sprechen. Er sagte nur, es sei ein Versuch gewesen zu testen, wie weit er sich vom üblichen Theaterbetrieb entfernt habe; die Distanzen könnten nur in Lichtjahren angegeben werden. Was er damit sagen wollte? Wahrscheinlich ebensoschwer zu verstehen wie dieses Stück, das mir, will es überhaupt verstanden werden, eine Unvoreingenommenheit voraussetzt, die, als selbstverständlich vorauszusetzen, eine Naivität

voraussetzt, die sich, nimmt man ihn beim Wort, nur noch
F. D. leistet.

### Die Panne

Der Stoff dieses Stückes lag zuerst als Hörspiel, dann als
Novelle vor. Darüber befragt, antwortete F. D. unwillig,
wie die Novelle das Hörspiel weiterführe, denke die Komödie die Novelle weiter. Denken in Stoffen und Denken
am Stoff sei für ihn das Gleiche: die Vertiefung eines
Denkmodells; ob ich es denn endlich kapiert habe. Ich
hatte, denn auch hier läßt sich der Ariadnefaden zurück-
verfolgen, der durch F. D.'s Komödienlabyrinth führt. Am
Anfang steht Kleists *Zerbrochener Krug.* Im Unterschied
zum Hörspiel und zur Novelle sind der Staatsanwalt, der
Rechtsanwalt und der Richter nicht bloße Pensionäre,
sondern durch die gegenseitige Korruption enorm reich
gewordene Privatiers, die es sich leisten können, das gerechte Gericht, das sie einst nicht waren, zu spielen. Während bei Kleist der schuldige Richter Adam vor dem Ge-
richtsrat Walter seine Unschuld und gleichzeitig, daß er
ein guter Richter sei, beweisen muß, braucht in F. D.'s
Komödie das ungleich schuldigere Gericht nur zu beweisen, daß es auch ein gerechtes Gericht sein könnte. Das
Gericht, das der Dorfrichter Adam abhalten muß, ist notwendig, das Gericht, vor dem der Allerweltsmensch Traps
steht, nur ein Spiel, dessen Gerechtigkeit, durch keine
Realität behindert, immer grausamer wird. Damit wird die
*Panne* zur Komödie der Gerechtigkeit, die sich im Sinne
der alten attischen Komödie zur Weltkomödie ausweitet.
Nicht umsonst tragen am Schluß der Henker, der Richter,
der Staatsanwalt und der Rechtsanwalt griechische Göt-

termasken, nicht umsonst weitet sich das Spiel um die Gerechtigkeit zu einem Spiel gegen die Gerechtigkeit aus, die als die fixeste der Ideen bezeichnet wird, in deren Namen Menschen Menschen schlachten, nicht umsonst kommt dieses ungerechte Gericht, indem es gerecht sein will, dazu, zwei Urteile zu fällen, die sich gegenseitig aufheben, ein ›Schuldig‹ und ein ›Nichtschuldig‹, und nicht umsonst, während der gleichzeitig verurteilte und freigesprochene Traps, um seine Würde zu beweisen, sich erhängt, pöbelt das Gericht die Götter an: die – gäbe es in dieser Welt der Zufälle und Katastrophen überhaupt noch Schuldige – einzig Schuldigen. Warum F. D. diese Komödie für eine seiner besten hält, verriet er mir nicht.


F. D. diktiert: »Was mich bei der Uraufführung meines ersten Stückes besonders störte, waren die vielen Vorhänge, die den Handlungsablauf immer wieder unterbrachen. Ich sah ein, daß es ohne Kenntnis der Bühne unmöglich war, Stücke zu schreiben. Ich begann, mit der Bühne zu denken. Zuerst in Basel unter Kurt Horwitz und Ernst Ginsberg; dann von 1952 an in den Kammerspielen München unter Hans Schweikart. Seit 1956 bis 1967 im Schauspielhaus Zürich: erst waren Oskar Wälterlin, später Kurt Horwitz, Leonard Steckel und Werner Düggelin meine Regisseure. Ich war bei jeder Probe anwesend, es war für die Schauspieler selbstverständlich, daß ich Mit-Regie führte. Wichtig war für mich die Freundschaft mit dem Bühnenbildner Teo Otto. Seit 1952 begann ich auch allein zu inszenieren: zuerst in Bern *Die Ehe des Herrn Mississippi,* dann in Basel und in Bern den *Besuch der Alten Dame,* in Paris *Frank der Fünfte.* In Basel inszenierte ich 1969 *Play Strindberg.* Im gleichen Jahr trennte ich mich vom Basler Theater und kehrte ans Zürcher Schauspielhaus zurück; ich trat seinem Verwaltungsrat unter der Intendanz von Harry Buckwitz bei. Am Schauspielhaus inszenierte ich Goethes *Urfaust* (unter Einbeziehung des Volksbuches vom Doktor Faustus), Büchners *Woyzeck* und Lessings *Emilia Galotti,* von eigenen Stücken das *Porträt eines Planeten* und für ein Tourneetheater die *Physiker.* 1973 kam es zur Uraufführung meines *Mitmachers.* Der Regisseur zog sich drei Tage vor der Premiere als der Klügere zurück, ich setzte auf Bitten der Direktion die Proben fort; ihr ging es um die Termine, mir um das Stück. Auch Durchfälle haben ihre Dramaturgien. Mir wurde klar, daß ich mich im Theater ins Abseits gespielt hatte. Die Regisseure, einst meine Lehrer, dann meine Mitarbeiter, waren gestorben, auch Teo Otto und viele Schauspieler, für mich wichtig wie für einen Maler bestimmte Farben. Dazu kam, daß meine Vorstellung, die ich von der Bühne hatte, auf einer Tradition beruhte, die verlorengegangen war. Eine neue zu schaffen oder mich an eine neue zu gewöhnen, fehlte mir die Zeit. Und weil auf meiner Leidenschaft, nur ins Theater zu gehen, wenn ich unbedingt mußte, das heißt fast nie, meine Leidenschaft beruhte, hin und wieder ein Stück zu schreiben, kannte ich das moderne Theater auch nicht. Inzwischen habe ich meine Leidenschaften nicht geändert, wohl aber änderten sich die Umstände. Das alte Schauspielhaus, einst ein Privatunternehmen, wurde als Theater einer Stadt immer mehr zur Institution und erstarrte. Wie die anderen deutschen Bühnen erstickte es in den Subventionen: Sein Leben wurde künstlich erhalten. Zwar inszenierte ich den *Mitmacher* ein halbes Jahr nach seinem Zürcher Durchfall in Mannheim und stellte während dieser Inszenierung die Endfassung des Stückes her, aber den Glauben, mich als

Mitglied eines subventionierten Theaters integrieren zu können, hatte ich verloren, und auch die Lust, als Gespenst einer vergangenen Zeit herumzugeistern. Ich begann, mich der Prosa zuzuwenden: Aus meinen Erfahrungen mit dem *Mitmacher* entstand der *Mitmacher-Komplex*, in welchem ich nicht nur den dramaturgischen ›Hintergrund‹ des Stückes beschrieb, die Gedankenwelt, die es hervorbrachte, sondern auch die subjektiven Erlebnisse, die auf dem Umweg über die ersten Seiten einer Novelle *(Smithy)* zum Stück und nach dem Stück zur Vollendung dieser Novelle führten; sie wiederum löste eine der für mich wichtigsten Erzählungen aus: *Das Sterben der Pythia*, bei der ich die auf Monologen beruhende Technik des *Mitmachers* anwandte; daß diese Erzählung auch meine Auseinandersetzung mit Brecht darstellt, sei nur erwähnt. Ich bin nicht ein Schüler Brechts, seine Irrtümer waren nie die meinen, ich irre mich anders. Der Bühne wandte ich mich mit der *Frist* gleichsam ›aus dem Sarg‹ zu. Die Neugier, wie es einmal mit mir ohne mich weitergehe, war zu groß. Was die Regisseure aus diesem Stück machten, bestätigte mir, daß ich keine Regisseure mehr hatte. Allzusehr beschäftigt mit den *Stoffen*, einem Prosawerk, an dem ich – immer wieder unterbrochen – seit 1968 arbeite, das den Zusammenhang zwischen Leben, Erlebtem, Phantasie und den daraus entspringenden Stoffen untersucht, konnten mich meine Bühnenschicksale nicht mehr beeindrukken. Doch verläuft das Schreiben wie jedes geistige Arbeiten selten nach Plan, es gehorcht den Gesetzen des Atmens; und der Wunsch, hin und wieder mal etwas Neues anzufangen, ist stärker als jeder Vorsatz. Die Versuchung, die man hinter sich glaubt, verlockt von neuem: Wer einmal für die Bühne schrieb, wird immer wieder für sie schreiben. Ungeschriebene Stoffe beschäftigen mich weiter, ungelöste Probleme lassen mich nicht in Ruhe. So inszenierte ich 1978 im Theater in der Josefstadt den *Meteor,* allein weil bei der Uraufführung 1965 der Schluß nicht gelöst war; in Wien löste ich das Problem. 1979 schrieb und inszenierte ich für Egon Karters Gastspieltheater Basel die *Panne,* weil mich der 1956 als Hörspiel und Novelle geschriebene Stoff noch immer beschäftigte. Vor allem aber, weil ich heute im unsubventionierten Tourneetheater das ehrlichste Theater erblicke: mein Weg zurück zu Striese. Ich blicke denn beruhigt und beunruhigt zugleich in die Zukunft. Mein Pech, von der Prosa auf die Bühne und von der Bühne auf die Prosa geworfen zu werden, bleibt mir treu. Das Glück, wie Odysseus zwischen Scylla und Charybdis hindurchsegeln zu können, kommt mir nicht zu. Ich schlage mich schon wieder mit einem neuen Stück für das Gastspieltheater herum: mit der ›Friedhofskomödie‹ *Die Sekretärin,* und es mahnt mich das Gewissen, die schon häufig für abgeschlossen gehaltenen *Stoffe* endlich abzuschließen, auch meldet sich mein noch nicht geschriebenes Lieblingsstück *Der Tod des Sokrates.* Doch bevor mich mein Schiff diesem Ziel nähersteuert, muß ich – hilflos an den Mast der Pflicht gebunden, eine leider vielbändige Werkausgabe vorzubereiten – außerdem den Sirenenklängen des Diogenes-Verlages widerstehen, einen neuen Roman zu schreiben. Wen wundert's da, daß ich mich manchmal zur Staffelei schleiche?«

# Theaterprobleme

## 1954

In der Kunst, wie sie in diesen Tagen praktiziert wird, fällt ein Zug nach Reinheit auf. Man ist um das rein Dichterische bemüht, um das rein Lyrische, das rein Epische, das rein Dramatische. Dem Maler ist das rein Malerische, dem Musiker das rein Musikalische ein Ziel, aufs innigste zu wünschen, und schon sagte mir ein Rundfunkmann, das rein Funkische sei eine Synthese zwischen Dionysos und Logos. Doch noch merkwürdiger ist in dieser Zeit, die sich doch sonst nicht durch Reinheit auszeichnet, daß jeder seine besondere, einzig richtige Reinheit gefunden zu haben glaubt; so viele Kunstjungfrauen, so viele Arten an Keuschheit möchte man meinen. So sind denn auch die Theorien über das Theater, über das rein Theatralische, das rein Tragische, das rein Komische, die modernen Dramaturgien wohl kaum zu zählen, jeder Dramatiker hat deren drei, vier bereit, und schon aus diesem Grunde bin ich etwas verlegen, nun auch mit den meinen zu kommen.

Dann möchte ich bitten, in mir nicht einen Vertreter einer bestimmten dramatischen Richtung, einer bestimmten dramatischen Technik zu erblicken oder gar zu glauben, ich stehe als ein Handlungsreisender irgendeiner der auf den heutigen Theatern gängigen Weltanschauungen vor der Tür, sei es als Existentialist, sei es als Nihilist, als Expressionist oder als Ironiker, oder wie nun auch immer das in die Kompottgläser der Literaturkritik Eingemachte etikettiert ist. Die Bühne stellt für mich nicht ein Feld für

Theorien, Weltanschauungen und Aussagen, sondern ein Instrument dar, dessen Möglichkeiten ich zu kennen versuche, indem ich damit spiele. Natürlich kommen in meinen Stücken auch Personen vor, die einen Glauben oder eine Weltanschauung haben, lauter Dummköpfe darzustellen, finde ich nicht interessant, doch ist das Stück nicht um ihrer Aussage willen da, sondern die Aussagen sind da, weil es sich in meinen Stücken um Menschen handelt und das Denken, das Glauben, das Philosophieren auch ein wenig zur menschlichen Natur gehört. Die Probleme jedoch, denen ich als Dramatiker gegenüberstehe, sind arbeitspraktische Probleme, die sich mir nicht vor, sondern während der Arbeit stellen, ja, um genau zu sein, meistens nach der Arbeit, aus einer gewissen Neugier heraus, wie ich es denn eigentlich nun gemacht habe. Von diesen Problemen möchte ich etwas sagen, auch auf die Gefahr hin, daß der allgemeinen Sehnsucht nach Tiefe nicht genügend Rechnung getragen und der Eindruck erweckt wird, man höre einen Schneider sprechen. Ich habe freilich keine Ahnung, wie ich es anders machen könnte, wie man es anstellen müßte, unschneiderisch über die Kunst zu reden, und so kann ich nur zu jenen reden, die bei Heidegger einschlafen.

Es geht um die empirischen Regeln, um die Möglichkeiten des Theaters, doch da wir in einer Zeit leben, in der die Literaturwissenschaft, die Literaturkritik blüht, kann ich der Versuchung nicht ganz widerstehen, einige Seitenblicke auf die theoretische Dramaturgie zu werfen. Zwar braucht der Künstler die Wissenschaft nicht. Die Wissenschaft leitet ihre Gesetze von etwas Vorhandenem ab, sonst wäre sie nicht Wissenschaft, die so gefundenen Gesetze sind jedoch für den Künstler wertlos, auch wenn sie stimmen. Er kann kein Gesetz übernehmen, das er nicht gefunden hat, findet er keines, kann ihm auch die Wissenschaft nicht helfen, wenn sie ein solches fand, und hat er eines gefunden, so ist es ihm gleichgültig, ob es nun auch von der Wissenschaft gefunden worden sei oder nicht. Doch steht die verleugnete Wissenschaft wie ein drohendes Gespenst hinter ihm, um sich immer dann einzustellen, wenn er über Kunst reden will. So auch hier. Über Fragen des Dramas zu reden, ist nun einmal ein Versuch, sich mit der Literaturwissenschaft zu messen. Doch beginne ich mein Unternehmen mit Bedenken. Für die Literaturwissenschaft ist das Drama ein Objekt; für den Dramatiker nie etwas rein Objektives, von ihm Abgelöstes. Er ist beteiligt. Seine Tätigkeit macht zwar das Drama zu etwas Objektivem (was eben sein Arbeiten darstellt), doch zerstört er sich dieses geschaffene Objekt wieder, er vergißt, verleugnet, verachtet, überschätzt es, um Neuem Platz zu machen. Die Wissenschaft sieht allein das Resultat: Den Prozeß, der zu diesem Resultat führte, kann der Dramatiker nicht vergessen. Sein Reden ist mit Vorsicht aufzunehmen. Sein Denken über seine Kunst wandelt sich, da er diese Kunst macht, ständig, ist der Stimmung, dem Moment unterworfen. Nur das zählt für ihn, was er gerade treibt, dem zuliebe er verraten kann, was er vorher trieb. So sollte er nicht reden, doch redet er einmal, ist es gar nicht so unnütz, ihn zu vernehmen. Eine Literaturwissenschaft ohne Ahnung von den Schwierigkeiten des Schreibens und von den versteckten Riffen (die den Strom der Kunst in oft unvermutete Richtungen lenken) läuft Gefahr, zu einem bloßen Behaupten, zu einer sturen Verkündigung von Gesetzen zu werden, die keine sind.

So ist es etwa zweifellos, daß die Einheit des Ortes, der Zeit und der Handlung, die Aristoteles, wie man lange meinte, aus der antiken Tragödie folgerte, als Ideal einer

Theaterhandlung gefordert ist. Dieser Satz ist vom logischen und demnach ästhetischen Standpunkte aus unanfechtbar, so unanfechtbar, daß sich die Frage stellt, ob damit nicht ein für allemal das Koordinatensystem gegeben sei, nach welchem sich jeder Dramatiker richten müßte. Die Einheit des Aristoteles ist die Forderung nach größter Präzision, größter Dichte und größter Einfachheit der dramatischen Mittel. Die Einheit des Ortes, der Zeit und der Handlung wäre im Grunde ein Imperativ, den die Literaturwissenschaft dem Dramatiker stellen müßte und den sie nur deshalb nicht stellt, weil das Gesetz des Aristoteles seit Jahr und Tag niemand befolgt; aus einer Notwendigkeit heraus, die am besten das Verhältnis zwischen der Kunst, Theaterstücke zu schreiben, und den Theorien darüber illustriert.

Die Einheit des Ortes, der Zeit und der Handlung nämlich setzt der Hauptsache nach die griechische Tragödie als Bedingung voraus. Nicht die Einheit des Aristoteles macht die griechische Tragödie möglich, sondern die griechische Tragödie die Einheit des Aristoteles. So abstrakt eine ästhetische Regel auch zu sein scheint, so ist doch das Kunstwerk, aus dem sie gefolgert wurde, in ihr enthalten. Wenn ich mich anschicke, eine Handlung zu schreiben, die sich, sagen wir, innerhalb zweier Stunden am selben Ort entwickeln und abspielen soll, so muß diese Handlung eine Vorgeschichte haben, und diese Vorgeschichte wird um so größer sein müssen, je weniger Personen mir zur Verfügung stehen. Das ist eine Erfahrung der praktischen Dramaturgie, eine empirische Regel. Unter einer Vorgeschichte verstehe ich die Geschichte vor der Handlung auf der Bühne, eine Geschichte, die erst die Bühnenhandlung möglich macht. Die Vorgeschichte des Hamlet etwa ist die Ermordung seines Vaters, das Drama dann die Aufdekkung dieses Mordes. Auch ist die Bühnenhandlung in der Regel kürzer als das Geschehen, das sie schildert, sie setzt oft mitten im Geschehen ein, oft erst gegen den Schluß: Ödipus muß zuerst seinen Vater getötet und seine Mutter geheiratet haben, Handlungen, die eine gewisse Zeit benötigen, bevor das Theaterstück des Sophokles einsetzen kann. Die Bühnenhandlung konzentriert ein Geschehen, je mehr sie der Einheit des Aristoteles entspricht: um so wichtiger wird daher die Vorgeschichte, hält man an der Einheit des Aristoteles fest.

Nun kann natürlich eine Vorgeschichte und damit eine Handlung erfunden werden, die für die Einheit des Aristoteles besonders günstig zu sein scheint, doch gilt hier die Regel, daß, je erfundener oder je unbekannter dem Publikum ein Stoff ist, um so sorgfältiger seine Exposition sein muß, die Entwicklung seiner Vorgeschichte. Die griechische Tragödie nun lebt von der Möglichkeit, die Vorgeschichte nicht erfinden zu müssen, sondern zu besitzen: die Zuschauer kannten die Mythen, von denen das Theater handelte, und weil diese Mythen allgemein waren, etwas Vorhandenes, etwas Religiöses, wurden auch die nie wieder erreichten Kühnheiten der griechischen Tragiker möglich, ihre Abkürzungen, ihre Gradlinigkeit, ihre Stichomythien und ihre Chöre und somit auch die Einheit des Aristoteles. Das Publikum wußte, worum es ging, war nicht so sehr auf den Stoff neugierig als auf die Behandlung des Stoffs. Da die Einheit die Allgemeinheit des Stoffs voraussetzt – eine geniale Ausnahme ist etwa der *Zerbrochene Krug* von Kleist – und damit das religiöse, mythische Theater, mußte eben, sobald das Theater die religiöse, mythische Bedeutung verlor, die Einheit des Aristoteles umgedeutet oder fallengelassen werden. Ein Publikum, das sich einem fremden Stoff gegenübersieht, achtet mehr auf den Stoff als auf die Behandlung des Stoffs, notwendigerweise muß deshalb ein solches Theaterstück reicher, ausführlicher sein als eines mit bekannter Handlung. Die Kühnheiten des einen sind nicht die Kühnheiten des andern. Jede Kunst nützt nur die Chancen ihrer Zeit aus, und eine chancenlose Zeit wird es nicht so leicht geben. Wie jede Kunst ist das Drama eine gestaltete Welt, doch kann nicht jede Welt gleich gestaltet werden, die natürliche Begrenzung jeder ästhetischen Regel, auch wenn diese noch so einleuchtend ist. Doch ist damit die Einheit des Aristoteles nicht veraltet: was einmal eine Regel war, wird nun eine Ausnahme, ein Fall, der immer wieder eintreten kann. Auch der Einakter gehorcht ihr, wenn auch unter einer anderen Bedingung. An Stelle der Vorgeschichte dominiert die Situation, wodurch die Einheit wieder möglich wird.

Was aber von der Dramaturgie des Aristoteles gilt, ihre Gebundenheit an eine bestimmte Welt und ihre nur relative Gültigkeit, gilt auch von jeder anderen Dramaturgie. Brecht ist nur konsequent, wenn er in seine Dramaturgie jene Weltanschauung einbaut, der er, wie er meint, angehört, die kommunistische, wobei sich dieser Dichter freilich ins eigene Fleisch schneidet. So scheinen seine Dramen manchmal das Gegenteil von dem auszusagen, was sie auszusagen behaupten, doch kann dieses Mißverständnis nicht immer dem kapitalistischen Publikum zugeschoben werden, oft ist es einfach so, daß der Dichter Brecht dem Dramaturgen Brecht durchbrennt, ein durchaus legitimer Vorfall, der nur dann bedrohlich wird, wenn er nicht mehr stattfindet.

Reden wir hier deutlich. Wenn ich das Publikum als einen Faktor eingeführt habe, so mag das viele befremden; doch wie ein Theater ohne Publikum nicht möglich ist, so ist es auch sinnlos, ein Theaterstück als eine Art Ode mit verteilten Rollen im luftleeren Raum anzusehen und zu behandeln. Ein Theaterstück wird durch das Theater, in dem man es spielt, etwas Sichtbares, Hörbares, Greifbares, damit aber auch Unmittelbares. Diese seine Unmittelbarkeit ist eine seiner wichtigsten Bestimmungen, eine Tatsache, die in jenen heiligen Hallen, in denen ein Theaterstück von Hofmannsthal mehr gilt als eines von Nestroy und ein Richard Strauss mehr denn ein Offenbach, oft übersehen wird. Ein Theaterstück ereignet sich. In der Dramatik muß alles ins Unmittelbare, ins Sichtbare, ins Sinnliche gewandt, verwandelt werden, mit dem Zusatz, der heute offenbar berechtigt ist, daß sich nicht alles ins Unmittelbare, ins Sinnliche übersetzen läßt, zum Beispiel nicht Kafka, der denn auch eigentlich nicht auf die Bühne gehört. Das Brot, das einem da vorgesetzt wird, ist keine Nahrung, es bleibt unverdaut in den unverwüstlichen Mägen der Theaterbesucher und Abonnenten liegen. Doch halten zum Glück viele den inneren Druck, den es so ausübt, nicht für Leibschmerzen, sondern für den Alpdruck, der von Kafkas richtigen Werken ausgeht, und so kommt die Sache durch ein Mißverständnis wieder in Ordnung.

Die Unmittelbarkeit, die jedes Theaterstück anstrebt, die Sichtbarkeit, in die es sich verwandeln will, setzt das Publikum, das Theater, die Bühne voraus. So tun wir gut daran, auch das Theater in Augenschein zu nehmen, für das man schreiben muß. Wir kennen alle diese defizitbelasteten Institutionen. Sie sind, wie viele Einrichtungen heutzutage, nur noch ideell zu rechtfertigen: eigentlich gar nicht mehr. Ihre Architektur, ihr Theaterraum und ihre Bühne, hat sich aus dem Hoftheater entwickelt oder, wie wir besser sagen, ist darin steckengeblieben. Das heutige Theater ist schon aus diesem Grunde kein heutiges Theater. Im Gegensatz zur primitiven Bretterbühne der Shakespearezeit etwa, zu diesem »Gerüste«, um mit Goethe zu reden, »wo man wenig sah, wo alles nur bedeutete«, war das Hoftheater darauf bedacht, der Natürlichkeitsforderung nachzugeben, obgleich so eine viel größere Unnatürlichkeit erreicht wurde. Man war nicht mehr bereit, hinter einem »grünen Vorhang« das Zimmer des Königs anzunehmen, sondern ging daran, das Zimmer nun auch zu zeigen. Das Merkmal dieses Theaters ist die Tendenz, das Publikum und die Bühne zu trennen, durch den Vorhang und dadurch, daß die Zuschauer im Dunkeln einer beleuchteten Bühne gegenüber sitzen, die wohl verhängnisvollste Neuerung, wurde doch so erst die weihevolle Stimmung möglich, in der unsere Theater ersticken. Die Bühne wurde zu einem Guckkasten. Man erfand eine immer bessere Beleuchtung, die Drehbühne – und der drehbare Zuschauerraum soll auch schon erfunden worden sein. Die Höfe gingen, doch das Hoftheater blieb. Zwar fand auch die heutige Zeit ihre eigene Theaterform, den Film. Wie sehr man auch die Unterschiede betont und wie wichtig es auch ist, sie zu betonen, so muß doch darauf hingewiesen werden, daß der Film aus dem Theater hervorgegangen ist und gerade das kann, was sich das Hoftheater mit seinen Maschinerien, Drehbühnen und anderen Effekten erträumte: die Wirklichkeit vortäuschen.

Der Film ist nichts anderes als die demokratische Form des Hoftheaters. Er steigert die Intimität ins Unermeßliche, so sehr, daß er Gefahr läuft, die eigentlich pornographische Kunst zu werden, die den Zuschauer in die Situation des Voyeurs zwingt, und die Beliebtheit der Filmstars liegt nur darin, daß jeder, der sie auf der Leinwand sah, auch das Gefühl hat, schon mit ihnen geschlafen zu haben, so gut werden sie photographiert. Eine Großaufnahme ist an sich unanständig.

Was ist nun aber das heutige Theater? Wenn der Film die moderne Form des alten Hoftheaters sein soll, was ist es denn noch? Es ist heute weitgehend ein Museum geworden, das kann nicht verschwiegen werden, in welchem die Kunstschätze alter Theaterepochen gezeigt werden. Dem ist in keiner Weise abzuhelfen. Es ist dies in unserer rückwärtsgewendeten Zeit, die alles zu besitzen scheint außer einer Gegenwart, nur natürlich. Zu Goethes Zeiten spielte man weniger die Alten, hin und wieder einen Schiller und zur Hauptsache Kotzebue und wie sie alle hießen. Es mag hier ausdrücklich auf die Tatsache hingewiesen sein, daß der Film dem Theater die Kotzebue und die Birch-Pfeiffer wegnimmt. Es wäre nicht auszudenken, was man heute auf den Theatern spielen müßte, wenn der Film nicht erfunden wäre und die Filmautoren Theaterstücke schrieben.

Wenn das heutige Theater zum Teil ein Museum ist, so hat das für die Schauspieler, die sich darin beschäftigen, eine bestimmte Auswirkung. Sie sind Beamte geworden, oft pensionsberechtigt, soweit die Filmarbeit sie noch theaterspielen läßt, wie ja überhaupt der einst verachtete Stand, menschlich erfreulich, künstlerisch bedenklich, schon längst ins Bürgertum übergesiedelt ist und heute in der Rangordnung etwa zwischen den Ärzten und den kleinen Großindustriellen liegt; innerhalb der Kunst nur noch von den Nobelpreisträgern, Pianisten und Dirigenten übertroffen. Manche sind eine Art Gastprofessoren oder Privatgelehrte, die der Reihe nach in den Museen auftreten oder Ausstellungen arrangieren. Danach richtet sich auch der Betrieb, der seinen Spielplan immer mehr nach den Gästen richtet: Was spielt man, wenn die oder jene Kapazität auf dem oder jenem Gebiet zu der oder jener Zeit zur Verfügung steht? Ferner sind die Schauspieler gezwungen, sich in den verschiedenen Stilarten zu bewegen, bald im Barock, bald in der Klassik, bald im Naturalismus und morgen bei Claudel, was etwa ein Schauspieler zur Zeit Molières nicht nötig hatte. Der Regisseur ist wichtig, beherrschend geworden wie noch nie, entsprechend dem Dirigenten in der Musik. Die Forderung nach richtiger Interpretation der historischen Werke stellt sich, sollte sich stellen, doch ist man auf den Theatern noch nicht zur Werktreue vorgestoßen, die einigen Dirigenten selbstverständlich ist. Man interpretiert nicht immer, sondern exekutiert allzu oft die Klassiker, der fallende Vorhang deckt einen verstümmelten Leichnam. Doch ohne Gefahr, denn stets stellt sich auch die rettende Konvention ein, die alles Klassische als vollendet hinnimmt, als eine Art Goldwährung in der Kultur, und die aus der Meinung besteht, daß alles Gold sei, was da in Dünndruckausgaben glänzt. Das Publikum strömt zu den Klassikern, ob sie nun gut oder schlecht gespielt werden, der Beifall ist gewiß, ja, Pflicht des Gebildeten, und man ist auf eine legitime Weise der Nötigung enthoben, nachzudenken und ein anderes Urteil zu fällen als das, welches die Schule einem einpaukte.

Doch gerade die vielen Stilarten, die das heutige Theater zu bewältigen hat, weisen ein Gutes auf. Dieses Gute erscheint zuerst als etwas Negatives. Jede große Theaterepoche war möglich, weil eine bestimmte Theaterform gefunden worden war, ein bestimmter Theaterstil, in welchem und durch welchen man Theaterstücke schrieb. Dies läßt sich bei der englischen, der spanischen Bühne verfolgen, oder beim Wiener Volkstheater, bei dieser wundervollsten Erscheinung im Theaterwesen deutscher Zunge. Nur so läßt sich etwa die große Zahl der Theaterstücke erklären, die Lope de Vega schreiben konnte. Stilistisch war ihm das Theaterstück kein Problem. In dem Maße aber, wie es einen einheitlichen Theaterstil nicht mehr gibt, nicht mehr geben kann, in dem Maße wird das Theaterschreiben ein Problem und damit schwieriger. So ist denn das heutige Theater zweierlei, einerseits ein Museum, anderseits aber ein Feld für Experimente, so sehr, daß jedes Theaterstück den Autor vor neue Aufgaben, vor neue Stilfragen stellt. Stil ist heute nicht mehr etwas Allgemeines, sondern etwas Persönliches, ja, eine Entscheidung von Fall zu Fall geworden. Es gibt keinen Stil mehr, sondern nur noch Stile, ein Satz, der die Situation der heutigen Kunst überhaupt kennzeichnet, denn sie besteht aus Experimenten und nichts anderem, wie die heutige Welt selbst.

Gibt es nur noch Stile, gibt es nur noch Dramaturgien und keine Dramaturgie mehr: die Dramaturgie Brechts, die Dramaturgie Eliots, jene Claudels, jene Frischs, jene Hochwälders, eine Dramaturgie von Fall zu Fall: Dennoch ist eine Dramaturgie vielleicht denkbar, eine Dramaturgie aller möglichen Fälle eben, so wie es eine Geometrie gibt, die alle möglichen Dimensionen einschließt. Die Dramaturgie des Aristoteles wäre in dieser Dramaturgie nur eine der möglichen Dramaturgien. Von einer Dramaturgie wäre zu reden, welche die Möglichkeiten nicht einer bestimmten Bühne, sondern *der* Bühne untersuchen müßte, von einer Dramaturgie des Experiments.

Was läßt sich endlich über die Besucher sagen, ohne die kein Theater möglich ist, wie wir ausführten? Sie sind anonym geworden, nur noch Publikum eben, eine schlimmere Angelegenheit, als es wohl auf den ersten Blick scheinen mag. Der moderne Autor kennt kein bestimmtes Publikum mehr, will er nicht für die Dorftheater schreiben oder für Caux, was doch auch kein Vergnügen wäre. Er fingiert sein Publikum, in Wahrheit ist er es selber, eine gefährliche Situation, die weder zu ändern noch zu umgehen ist. Das Zweifelhafte, Abgenutzte, für politische Zwecke zu Mißbrauchende, das sich heute an die Begriffe ›Volk‹ und ›Gesellschaft‹ heftet – von der ›Gemeinschaft‹ gar nicht zu reden –, hat sich notgedrungen auch ins Theater geschlichen. Wie setzt er nun die Pointen? Wie findet er nun die Stoffe, wie die Lösungen? Fragen, auf die wir vielleicht eine Antwort finden, wenn wir uns über die Möglichkeiten etwas im klaren sind, die das Theater immer noch bietet.

Wenn ich es unternehme, ein Theaterstück zu schreiben, so ist der erste Schritt, daß ich mir klarmache, wo denn dieses Theaterstück zu spielen habe. Das scheint auf den ersten Blick keine wichtige Frage zu sein. Ein Theaterstück spielt in London oder Berlin, in einem Hochgebirge, in einem Spital oder auf einem Schlachtfeld, wie dies nun eben die Handlung verlangt. Doch stimmt das nicht ganz. Ein Theaterstück spielt auf der Bühne, die London oder das Hochgebirge oder ein Schlachtfeld darstellen muß. Das ist ein Unterschied, den man nicht zu machen braucht, aber machen kann. Es kommt darauf an, wie sehr der Autor die Bühne mit einbezieht, wie sehr er die Illusion will, ohne die kein Theater auskommt, ob dick aufgetragen, wie Farbberge auf eine Leinwand gehäuft, oder nur durchsichtig, durchscheinend, brüchig. Den dramatischen Ort kann ein Theaterschriftsteller blutig ernst nehmen, als Madrid, als das Rütli, als die russische Steppe, oder nur als Bühne, als die Welt oder als seine Welt.

Der Ort, den die Bühne darzustellen hat, ist die Aufgabe des Bühnenmalers. Nun ist die Bühnenmalerei schließlich auch eine Art Malerei, und die Entwicklung, die in der Malerei stattgefunden hat, kann an ihr nicht vorübergegangen sein. Wenn auch das abstrakte Bühnenbild im wesentlichen gescheitert ist, weil das Theater nie abstrahieren kann vom Menschen und von der Sprache, die abstrakt und konkret zugleich ist, und weil das Bühnenbild ja stets etwas Konkretes darstellen muß, auch wenn es sich noch so abstrakt gebärdet, will es einen Sinn haben, so ist man doch wieder zurück zum grünen Vorhang gegangen, hinter dem der Zuschauer das Zimmer des Königs anzunehmen hat. Man erinnerte sich der Tatsache, daß der dramatische Ort auf der Bühne nicht vorhanden ist, und wäre das Bühnenbild noch so ausführlich, noch so täuschend, sondern durch das Spiel entstehen muß. Ein Wort, wir sind in Venedig, ein Wort, wir sind im Tower. Die Phantasie des Zuschauers braucht nur leichte Unterstützung. Das Bühnenbild will andeuten, bedeuten, verdichten, nicht schildern. Es ist transparent geworden, entstofflicht. Entstofflicht kann jedoch auch der Ort des Dramas werden, den die Bühne darstellen soll. Die beiden Theaterstücke der letzten Jahre, die am deutlichsten die Möglichkeit illustrieren, die ich Entstofflichung des Bühnenbildes und Entstofflichung des dramatischen Orts nennen will, sind Wilders *Kleine Stadt* und *Wir sind noch einmal davongekommen*. Die Entstofflichung der Bühne in der *Kleinen Stadt* ist diese: Sie ist leer, nur die Gegenstände stehen da, die man zur Probe benötigt, Stühle, Tische,

Leitern usw., und aus diesen Alltagsgegenständen entsteht der Ort, der dramatische Ort, die kleine Stadt, allein durch das Wort, durch das Spiel, das die Phantasie des Zuschauers erweckt. Im andern Stück dieses großen Theaterfanatikers ist der dramatische Ort entstofflicht: wo nun eigentlich das Haus der Familie Anthropus steht, in welcher Zeit und in welchem Stand der Zivilisation, wird nie recht ersichtlich, bald befinden wir uns in der Eiszeit, bald in einem Weltkrieg. Überhaupt ist dieses Experiment in der modernen Bühnenliteratur oft anzutreffen: unbestimmt ist es etwa, wo sich bei Frisch der unheimliche Graf Öderland befindet; wo man Herrn Godot erwartet, weiß kein Mensch, und in der *Ehe des Herrn Mississippi* habe ich die Unbestimmtheit des Ortes damit ausgedrückt (um das Stück in den Witz, in die Komödie hinein zu hängen), daß man durch das eine Fenster desselben Raums eine nördliche Landschaft mit einer gotischen Kathedrale und einem Apfelbaum erblickt, durch das andere eine südliche, eine antike Ruine, etwas Meer und eine Zypresse. Entscheidend dabei ist, daß *mit* der Bühne gedichtet wird, um Max Frisch zu zitieren, eine Möglichkeit, die mich seit jeher beschäftigt und die einer der Gründe, wenn nicht der Hauptgrund ist, warum ich Theaterstücke schreibe. Man hat ja jederzeit nicht nur auf, sondern mit der Bühne gedichtet, ich denke etwa an die Komödien des Aristophanes oder an die Lustspiele Nestroys.

Doch dies nur nebenbei. Wie sehen nun die einzelnen Probleme aus, denen zum Beispiel ich mich gegenüberfand, um einen Autor zu nennen, den ich einigermaßen kenne, wenn auch nicht ganz überblicke? Im *Blinden* ging es mir darum, dem dramatischen Ort das Wort entgegenzustellen, das Wort gegen das Bild zu richten. Der blinde Herzog glaubt, er lebe in seinem unzerstörten Schloß, und lebt in einer Ruine, er wähnt, sich vor Wallenstein zu demütigen, und sinkt vor einem Neger nieder. Der dramatische Ort ist der gleiche, aber durch das Spiel, das man dem Blinden vorspielt, wird er ein Doppeltes, ein Ort, den der Zuschauer sieht, und ein Ort, an welchem sich der Blinde glaubt. Und wenn ich in meiner Komödie *Ein Engel kommt nach Babylon* als dramatischen Ort die Stadt des Turmbaus wählte, so habe ich im wesentlichen zwei Probleme lösen müssen: Erstens mußte mit der Bühne zum Ausdruck kommen, daß es in dieser Komödie zwei Orte gibt: den Himmel und die Stadt Babylon. Der Himmel als der geheimnisvolle Ausgangspunkt der Handlung und Babylon als der Ort, wo sich die Handlung abspielt.

Nun, den Himmel könnte man einfach mit einem dunklen Hintergrund wiedergeben, als eine Ahnung seiner Unendlichkeit, doch da es mir in meiner Komödie darum geht, den Himmel nicht so sehr als einen Ort des Unendlichen, sondern des Unbegreiflichen, des ganz anderen einzusetzen, schreibe ich vor, daß den Hintergrund der Bühne, den Himmel über der Stadt Babylon, ein Riesenbild des Andromedanebels einnehmen müsse, wie wir es in dem Spiegel des Mount Palomar sehen. Damit versuche ich zu erreichen, daß der Himmel, das Unbegreifliche, Unerforschliche, auf der Bühne Gestalt annimmt, Theatergestalt. Auch wird damit das Heranrücken des Himmels gegen die Erde hin deutlich, ein Heranrücken, welches in der Handlung in der Weise zum Ausdruck kommt, daß eben ein Engel Babylon besucht. Auch wird so eine Welt konstruiert, in der das Resultat der Handlung, der Turmbau zu Babel, möglich wird.

Zweitens war zu überlegen, wie nun etwa der Ort, in welchem das Stück spielt, Babylon, durch die Bühne dargestellt werden kann. Was mich an Babylon reizte, war das

Heutige, das Zyklopische dieser Stadt, als eine Art New York mit Wolkenkratzern und Elendsvierteln, wobei dadurch, daß sich die beiden ersten Akte am Euphratquai abspielen, Paris hineinkommt: Babylon steht für Großstadt überhaupt. Es ist ein Phantasiebabylon, das einige typisch babylonische Züge aufweisen muß, doch in einer ins Moderne parodierten Form, ebenso moderne Züge, wie etwa eine Straßenlaterne, auf babylonisch parodiert. Natürlich ist die Ausführung, der Bau dieser Bühne, Sache des Bühnenmalers, doch muß sich der Dramatiker überlegen, was für eine Bühne er will.

Ich liebe das farbige Bühnenbild, das farbige Theater, die Bühne Teo Ottos, um einen Namen mit Verehrung auszusprechen. Mit dem Theater vor schwarzen Vorhängen, wie es einmal Mode war, oder mit dem Hang, Armut auszustrahlen, dem einige Bühnenmaler nachgeben, kann ich nicht viel anfangen. Gewiß, auf dem Theater ist vor allem das Wort wichtig, aber eben: vor allem. Nach dem Wort kommt noch vieles, was auch zum Theater gehört, auch der Übermut, und wenn einer zu meinem *Mississippi* tiefsinnig fragte, ob denn eigentlich ein vierdimensionales Theater möglich sei, weil darin eine Person durch eine Standuhr die Bühne betritt, so muß ich dazu bemerken, daß ich dabei nicht an Einstein gedacht habe. Es wäre mir im täglichen Leben oft ein Vergnügen, eine Gesellschaft zu besuchen und bei dieser Gelegenheit zum Erstaunen der Anwesenden durch eine Standuhr ins Zimmer zu treten oder durchs Fenster zu schweben. Daß wir Bühnenautoren es manchmal lieben, solchen Wünschen wenigstens auf dem Theater nachzugeben, wo sie nun eben möglich sind, darf uns gewiß niemand verwehren. Der alte Streit, was vorher gewesen sei, das Ei oder das Huhn, kann in der

Kunst dahin abgewandelt werden, ob das Ei oder das Huhn darzustellen sei, die Welt als Potential oder als Reichtum. Die Künstler wären dann in solche einzuteilen, die zum Ei, und in solche, die zum Huhne hin tendieren. Der Streit besteht, und wenn Alfred Polgar zu mir einmal bemerkte, es sei doch merkwürdig, daß, während die heutige angelsächsische Dramatik alles im Dialog zur Darstellung bringe, bei mir immer viel zu viel auf der Bühne geschehe, und er sähe einmal gern einen einfachen Dürrenmatt, so steckt hinter dieser Wahrheit nur meine Weigerung, das Ei über das Huhn zu stellen, und mein Vorurteil, das Huhn mehr als das Ei zu lieben. Es ist meine nicht immer glückliche Leidenschaft, auf dem Theater den Reichtum, die Vielfalt der Welt darstellen zu wollen. So wird mein Theater oft vieldeutig und scheint zu verwirren. Auch schleichen sich Mißverständnisse ein, indem man verzweifelt im Hühnerstall meiner Dramen nach dem Ei der Erklärung sucht, das zu legen ich beharrlich mich weigere.

Doch ist ein Theaterstück ja nun nicht nur an einen Ort gebunden, es gibt auch eine Zeit wieder. Wie die Bühne einen Ort darstellt, stellt sie auch Zeit dar, die Zeit, welche die Handlung dauert (und die Zeit, in der sie sich abspielt). Hätte Aristoteles die Einheit des Ortes, der Zeit und der Handlung wirklich gefordert, so hätte er damit die Zeitdauer einer Tragödie der Zeitdauer ihrer Handlung gleichgesetzt (was die griechischen Tragiker annähernd erreichen), weshalb denn auch alles auf diese Handlung konzentriert sein müßte. Die Zeit würde so ›naturalistisch‹ wiedergegeben als ein fugenloses Nacheinander. Dies braucht jedoch nicht immer der Fall zu sein. Im allgemeinen erscheinen zwar die Handlungen auf der Bühne als ein Nacheinander, in der Zauberposse *Der Tod am Hoch-*

*zeitstag* von Nestroy aber, um ein Beispiel zu nehmen, gibt es zwei Akte, die gleichzeitig spielen, und mit Geschick ist diese Gleichzeitigkeit dadurch vorgetäuscht, daß die Handlung des zweiten Akts die Geräuschkulisse für den ersten und die Handlung des ersten die Geräuschkulisse für den zweiten Akt bildet. Weitere Beispiele der Anwendung der Zeit als einer Möglichkeit des Theaters könnten mit Leichtigkeit erbracht werden. Die Zeit kann verkürzt, verlangsamt, gesteigert, angehalten, wiederholt werden, wie ein Josua vermag der Dramatiker seiner Theatersonne zuzurufen: Stehe still zu Gibeon, und, Theatermond, im Tal Ajalon.

Hierzu ist weiter zu bemerken, daß die Einheit des Aristoteles auch in der antiken Tragödie nicht vollkommen erfüllt ist. Die Handlung wird durch die Chöre unterbrochen und damit die Zeit durch die Chöre eingeteilt. Der Chor unterbricht die Handlung und ist, im Hinblick auf die Zeit und ganz untiefsinnig, nach Schneiderart gesprochen, das, was heute der Vorhang ist. Durch den Vorhang wird die Zeit einer Handlung zerlegt. Nichts gegen dieses ehrwürdige Mittel. Der Vorhang hat das Gute, daß er einen Akt deutlich schließt, reinen Tisch macht. Auch ist es, psychologisch, oft nur allzu nötig, den erschöpften und erschrockenen Zuschauer ausruhen zu lassen. Doch ist man nun dazu übergegangen, die Sprache mit der Zeit auf eine neue Weise zu verknüpfen.

Wenn ich Wilders *Kleine Stadt* noch einmal heranziehe, so deshalb, weil dieses schöne Theaterstück allgemein bekannt sein dürfte. Jedermann weiß, daß sich in ihm verschiedene Personen ans Publikum wenden und von den Nöten und Sorgen der kleinen Stadt erzählen. Damit erreicht Wilder, daß er keinen Vorhang mehr braucht. Der Vorhang ist durch die Anrede an das Publikum ersetzt. Zu der Dramatik tritt die Epik, die Schilderung. Daher nennt man diese Theaterform episches Theater.

Nun sind jedoch auch, sieht man genau hin, Shakespeare oder etwa der *Götz* in einem gewissen Sinne episches Theater. Nur auf eine andere, verstecktere Weise. Da sich Shakespeares Königsdramen oft über längere Zeit hin erstrecken, ist diese Zeitspanne wieder in verschiedene Handlungen eingeteilt, in verschiedene Episoden, die jede für sich dramatisch behandelt werden. *Heinrich der Vierte* weist 19, der *Götz* gegen Ende des vierten Aktes schon 41 Bilder auf. Weiter habe ich nicht gezählt. Betrachtet man den Aufbau der Gesamthandlung, so erscheint er, was die Behandlung der Zeit angeht, dem Epischen angenähert, wie ein Film, der zu langsam gedreht wird, so daß die Bilder einzeln sichtbar werden, denn die Zusammenballung auf eine bestimmte Zeit hin ist zugunsten einer Episodendramatik aufgegeben.

Wenn nun in neueren Theaterstücken sich der Autor ans Publikum wendet, so wird damit versucht, das Bühnenstück kontinuierlicher zu gestalten, als dies sonst einer Episodendramatik möglich ist. Die Leere zwischen den Akten soll aufgehoben, die Zeitspanne nicht durch eine Pause, sondern durch das Wort überbrückt werden, durch die Schilderung dessen, was inzwischen geschehen ist, oder durch die Selbsteinführung einer neuen Person. Die Expositionen werden episch durchgeführt, nicht die Handlungen, zu denen die Expositionen führen. Es ist dies ein Vorstoß des Wortes auf dem Theater, das Wort schickt sich an, ein Terrain zurückzuerobern, das es schon längst verloren hatte. Wird versucht, sagte ich, denn oft dient heute die Ansprache an das Publikum nur dazu, das Stück zu erklären, ein ganz unsinniges Unternehmen: Wenn das Publikum von einer Handlung mitgerissen ist, braucht es nicht nachzukommen, wird es jedoch nicht mitgerissen, kommt es auch nicht mit, wenn es nachkommt.

Im Gegensatz zur Epik jedoch, die den Menschen zu beschreiben vermag, wie er ist, stellt die Kunst des Dramas den Menschen mit einer Einschränkung dar, die nicht zu umgehen ist und den Menschen auf der Bühne stilisiert. Diese Einschränkung ist durch die Kunstgattung hervorgerufen. Der Mensch des Dramas ist ein redender Mensch, das ist seine Einschränkung, und die Handlung ist dazu da, den Menschen zu einer besonderen Rede zu zwingen. Die Handlung ist der Tiegel, in welchem der Mensch Wort wird, Wort werden muß. Das heißt nun aber, daß ich den Menschen im Drama in Situationen zu bringen habe, die ihn zum Reden zwingen. Wenn ich zwei Menschen zeige, die zusammen Kaffee trinken und über das Wetter, über die Politik oder über die Mode reden, sie können das noch so geistreich tun, so ist dies noch keine dramatische Situation und noch kein dramatischer Dialog. Es muß etwas hinzukommen, was ihre Rede besonders, dramatisch, doppelbödig macht. Wenn der Zuschauer etwa weiß, daß in der einen Kaffeetasse Gift vorhanden ist, oder gar in beiden, so daß ein Gespräch zweier Giftmischer herauskommt, wird durch diesen Kunstgriff das Kaffeetrinken zu einer dramatischen Situation, aus der heraus, auf deren Boden, sich die Möglichkeit des dramatischen Dialogs ergibt. Ohne den Zusatz einer besonderen Spannung, einer besonderen Situation gibt es keinen dramatischen Dialog.

Muß der Dialog aus einer Situation entstehen, so muß er in eine Situation führen, in eine andere freilich. Der dramatische Dialog bewirkt: ein Handeln, ein Erleiden, eine neue Situation, aus der ein neuer Dialog entsteht usw.

Nun ist der Mensch ja nicht nur ein redender Mensch. Die Tatsache, daß er denkt oder doch denken sollte, daß er fühlt, vor allem fühlt, und daß er dies Denken, dies Fühlen anderen nicht immer offenbaren will, hat dazu geführt, das Kunstmittel des Monologs anzuwenden. Zwar ist ein Mensch, der auf der Bühne ein lautes Selbstgespräch führt, nicht gerade etwas Natürliches, was ja auch, und in erhöhtem Maße, von der Arie in der Oper zu sagen wäre. Doch ist der Monolog (und die Arie) ein Beweis, daß ein Kunstkniff, der doch vermieden werden sollte, zu einer unverhofften Wirkung gelangen kann, auf den, und mit Recht, das Publikum immer wieder hereinfällt, so sehr, daß der Monolog »Sein oder Nichtsein« im *Hamlet* oder der Monolog des Faust wohl das Beliebteste und Berühmteste sind, was es auf der Bühne gibt.

Doch ist nicht alles Monolog, was sich wie ein Monolog anhört. Der Sinn des Dialogs ist es nicht nur, den Menschen dahin zu bringen, wo er handeln oder erleiden muß, sondern bisweilen auch in die große Rede zu münden, in die Erklärung seines Standpunktes. Viele haben den Sinn für das Rhetorische verloren, seit, wie Hilpert berichtet, ein textunsicherer Schauspieler den Naturalismus erfunden hat. Das ist schade. Die Rede vermag wie kein anderes Kunstmittel über die Rampe zu dringen. Doch können auch die Kritiker nicht mehr viel mit ihr anfangen. Dem Autor, der heute die Rede wagt, wird es wie dem Bauern Dikaiopolis gehen, er wird seinen Kopf auf den Richtpflock legen müssen; nur daß im Gegensatz zu den Acharnern des Aristophanes die meisten Kritiker zuschlagen: die normalste Sache der Welt. Niemand köpft leichter als jene, die keine Köpfe haben.

Auch gab es immer eine Erzählung innerhalb des Dramas, man braucht dazu nicht erst an das epische Theater zu denken. So muß etwa eine Vorgeschichte erzählt oder in der Form eines Botenberichts ein Ereignis gemeldet werden. Eine Erzählung auf der Bühne ist nicht ungefährlich, weil sie nicht in der Weise lebt, greifbar ist wie eine Handlung, die auf der Bühne geschieht. Man hat dem oft abzuhelfen versucht, indem man den Boten dramatisiert, ihn etwa in einem spannenden Augenblick auftreten oder einen Dummkopf sein läßt, dem der Bericht nur mit Mühe zu entlocken ist. Doch muß ein sprachliches Moment hinzutreten, will man auf der Bühne erzählen. Die Bühnenerzählung kommt nicht ohne Übertreibung aus. Man achte, wie Shakespeare den Bericht des Plutarch von der Barke der Kleopatra übertreibt. Dieses Übertreiben ist nicht nur ein Merkmal des barocken Stils, sondern ein Mittel, die Barke der Kleopatra gleichsam auf die Bühne zu stellen, sichtbar zu machen. Keine Theatersprache kommt ohne Übertreibung aus, freilich ist es nötig, zu wissen, wo man übertreiben muß und vor allem: wie.

Ferner: Wie die Personen auf der Bühne, kann auch ihre Sprache ein Schicksal erleiden: Der Engel etwa, der nach Babylon kommt, wird von Akt zu Akt über die Schönheit der Erde begeisterter, seine Sprache muß diese steigende Begeisterung ausdrücken und sich bis zum Hymnus steigern. Der Bettler Akki in der gleichen Komödie erzählt sein Leben in Makamenform, in einer Prosa, die Reime enthält und aus dem Arabischen kommt. Damit versuche ich, das Arabische dieser Gestalt, die Freude am Fabulieren, am Wortgefecht, am Wortspiel auszudrücken, ohne jedoch in eine andere Form, etwa ins Chanson, zu fallen. Die Makamen des Akki sind nichts anderes als die äußerste Möglichkeit seiner Sprache und somit eine Verdichtung seiner Gestalt. Akki wird in ihnen ganz Sprache, ist in ihnen Sprache geworden, und das hat ein Bühnenschriftsteller immer anzustreben: daß es in seinem Theater Momente gibt, in denen die Gestalten, die er schreibt, Sprache werden und nichts anderes.

Freilich lauert hier eine Gefahr. Die Sprache kann verführen. Die Freude, mit einem Mal schreiben zu können, Sprache zu besitzen, wie sie mich etwa während der Arbeit am *Blinden* überfiel, kann den Autor überreden, gleichsam vom Gegenstand weg in die Sprache zu flüchten. Nah am Gegenstande zu bleiben, ist eine große Kunst, die nur dann erreicht wird, wenn ein Gegentrieb vorhanden ist, den es zu bändigen gilt. Auch Dialoge können verführen, Wortspiele, die einen unvermutet vom Stoffe wegtreiben. Doch gibt es immer wieder Einfälle, denen man nicht widerstehen darf, auch wenn sie drohen, den mühsam errichteten Plan über den Haufen zu rennen. Neben der Vorsicht, den Einfällen zu widerstehen, muß auch der Mut vorhanden sein, sich ihnen auszusetzen.

All diese Elemente und Probleme des Ortes, der Zeit und der Handlung, hier nur angedeutet, eng miteinander verschlungen, gehören zu den Elementen, Kunstgriffen und Werkzeugen des dramatischen Handwerks. Nun kann ich nicht verschweigen, daß ich mit dem Begriff des dramatischen Handwerks im Kriege stehe. Die Ansicht, daß die Kunst jedem, der sich mit genügendem Fleiß und Ausdauer hinter die Aufgabe setzt, sie zu produzieren, schließlich doch erlernbar sei, scheint längst überwunden, doch findet sie sich offenbar noch in jenen Urteilen, die über die Kunst, Theaterstücke zu schreiben, abgegeben werden. Diese wird als etwas Handfestes angenommen, als etwas Biederes und Braves. So wird denn auch das Verhältnis, das der Dramatiker mit seiner Kunst hat, als eine Ehe betrachtet, in der alles legitim vor sich geht, versehen mit den Sakramenten der Ästhetik. Daher kommt es wohl auch, daß hier wie nirgends sonst so oft die Kritik von einem Handwerk spricht, das je nach dem Fall beherrscht oder nicht beherrscht werde; doch untersucht man genauer, was sie unter dem Handwerk eigentlich denn nun versteht, so stellt es sich heraus, daß es nichts anderes ist als die Summe ihrer Vorurteile. Es gibt kein dramatisches Handwerk, es gibt nur die Bewältigung des Stoffs durch die Sprache und durch die Bühne: eine Überwältigung, um es genauer zu sagen, denn jedes Schreiben ist ein Waffengang mit seinen Siegen, Niederlagen und unentschiedenen Gefechten. Vollkommene Stücke gibt es nicht, das ist eine Fiktion der Ästhetik, bei der es immer etwas wie im Kino zugeht, wo allein noch der vollkommene Held zu finden ist. Noch nie hat ein Theaterschreiber unverwundet das Schlachtfeld verlassen, und jeder hat seine Achillesferse. Dabei ist der Gegner, der Stoff, nie fair. Er ist listig, oft nicht aus seiner Festung zu locken und wendet die geheimsten, niederträchtigsten Fallen an, und so muß der Dramatiker denn auch mit allen erlaubten und unerlaubten Mitteln kämpfen, die weisen Mahnungen, Regeln und Sittensprüche der Handwerksmeister und der altehrwürdigen Zunft hin oder her. Mit dem Hute in der Hand kommt man in der Dramatik nicht durchs ganze Land, nicht einmal über die Grenze. Die Schwierigkeiten der Dramatik liegen dort, wo sie niemand vermutet, oft nur in der Schwierigkeit, zwei Personen sich begrüßen zu lassen, oder in der Schwierigkeit des ersten Satzes. Was man heute unter dem dramatischen Handwerk versteht, lernt man leicht in einer halben Stunde. Wie schwer es jedoch ist, etwa einen Stoff in fünf Akte zu teilen, und wie wenig Stoffe es gibt, bei denen man dies kann, wie fast unmöglich es ist, noch Jamben zu schreiben, ahnen die

Stückezimmerer am wenigsten, die jeden Stoff mühelos in fünf Akte teilen und stets mit Leichtigkeit in Jamben geschrieben haben und noch schreiben. Die wählten ihren Stoff und ihre Sprache wirklich so aus, wie sich die Kritik vorstellt, daß man es mache; bei denen geht es nicht, wenn sie über Kunst reden, wie beim Schneider zu, sondern wenn sie Kunst verfertigen. Da gibt es bei jedem Stoff den immer gleichen Schlafrock, in welchem sich kein Publikum erkältet und ruhig weiter schläft. Nichts Idiotischeres als die Meinung, nur das Genie habe sich nicht an die Regeln zu halten, die der Kritiker dem Talent vorschreibt. Da halte ich mich lieber gleich selber für ein Genie. Mit allem Nachdruck möchte ich bemerken, daß die Kunst, Theaterstücke zu schreiben, nicht unbedingt mit der Planung eines bestimmten Kindes anfängt, oder wie sich der Eunuch die Liebe denkt, sondern mit der Liebe, die der Eunuch nicht kann. Die Schwierigkeiten, die Mühen, aber auch das Glück des Schreibens liegen jedoch nicht im Bereich dessen, was zu berichten ist, was berichtet werden kann: Berichtet kann nur von einem dramatischen Handwerk werden, welches es nur gibt, wenn man über das Drama redet, aber nicht, wenn man es macht. Das dramatische Handwerk ist eine optische Täuschung. Über Dramen, über Kunst zu reden, ist ein viel utopischeres Unternehmen, als jene glauben, die es meistens tun.

Mit diesem Handwerk nun, das es nicht gibt, machen wir uns daran, einen bestimmten Stoff darzustellen. Er weist meistens einen Mittelpunkt auf, den Helden. In der Dramaturgie wird zwischen einem tragischen Helden, dem Helden der Tragödie, und einem komischen Helden, dem Helden der Komödie, unterschieden. Die Eigenschaften, die ein tragischer Held haben muß, sind bekannt. Er muß fähig sein, unser Mitleid zu erwecken. Seine Schuld und seine Unschuld, seine Tugenden und seine Laster müssen aufs angenehmste und exakteste gemischt und dosiert nach bestimmten Regeln erscheinen, derart etwa, daß, wähle ich zum Helden einen Bösewicht, ich ihm zur Bosheit eine gleich große Menge Geist beimengen muß, eine Regel, die bewirkte, daß in der deutschen Literatur die sympathischste Theatergestalt gleich der Teufel wurde. Das ist so geblieben. Geändert hat sich nur die soziale Stellung dessen, der unser Mitleid erweckt.

In der antiken Tragödie und bei Shakespeare gehört der Held der höchsten Gesellschaftsklasse an, dem Adel. Das Publikum sieht einen Helden leiden, handeln, rasen, der eine höhere soziale Stellung besitzt, als es selber einnimmt. Das ist noch immer für jedes Publikum höchst eindrucksvoll.

Wenn nun bei Lessing und bei Schiller das bürgerliche Trauerspiel eingeführt wird, so sieht damit das Publikum sich selbst als leidenden Helden auf der Bühne. Dann ging man noch weiter. Büchners Woyzeck ist ein primitiver Proletarier, der weniger darstellt, sozial gesehen, als der durchschnittliche Theaterbesucher. Das Publikum soll nun eben gerade in dieser extremen Form des Daseins, in dieser letzten, erbärmlichsten Form auch den Menschen, sich selbst, sehen.

Hier ist endlich Pirandello zu erwähnen, der den Helden, die Person auf der Bühne, als erster, soweit ich sehe, entstofflicht, transparent machte, wie Wilder etwa den dramatischen Ort, wobei das Publikum, das solchen Schemen gegenüber sitzt, seiner eigenen Zergliederung beiwohnt, der Pychoanalyse seiner selbst, und die Bühne zum Innenraum, zum Weltinnenraum wird.

Nun hat das Theater auch schon vorher nicht nur von

Königen und Feldherren gehandelt, die Komödie kannte seit je den Bauer, den Bettler, den Bürger als Helden, aber eben, die Komödie. Bei Shakespeare tritt nirgends ein komischer König auf, seine Zeit konnte einen Herrscher wohl als bluttriefendes Scheusal, doch nie als Narren zeigen. Komisch sind bei ihm die Hofschranzen, die Handwerker, die Arbeiter. So zeigt sich denn in der Entwicklung des tragischen Helden eine Hinwendung zur Komödie. Das gleiche läßt sich beim Narren nachweisen, der immer mehr zur tragischen Figur wird. Dieser Tatbestand ist jedoch nicht bedeutungslos. Der Held eines Theaterstückes treibt nicht nur eine Handlung vorwärts oder erleidet ein bestimmtes Schicksal, sondern stellt auch eine Welt dar. Wir müssen uns daher die Frage stellen, wie unsere bedenkliche Welt dargestellt werden muß, mit welchen Helden, wie die Spiegel, diese Welt aufzufangen, beschaffen und wie sie geschliffen sein müssen.

Läßt sich die heutige Welt etwa, um konkret zu fragen, mit der Dramatik Schillers gestalten, wie einige Schriftsteller behaupten, da ja Schiller das Publikum immer noch packe? Gewiß, in der Kunst ist alles möglich, wenn sie stimmt, die Frage ist nur, ob eine Kunst, die einmal stimmte, auch heute noch möglich ist. Die Kunst ist nie wiederholbar, wäre sie es, wäre es töricht, nun nicht einfach mit den Regeln Schillers zu schreiben.

Schiller schrieb so, wie er schrieb, weil die Welt, in der er lebte, sich noch in der Welt, die er schrieb, die er sich als Historiker erschuf, spiegeln konnte. Gerade noch. War doch Napoleon vielleicht der letzte Held im alten Sinne. Die heutige Welt, wie sie uns erscheint, läßt sich dagegen schwerlich in der Form des geschichtlichen Dramas Schillers bewältigen, allein aus dem Grunde, weil wir keine tragischen Helden, sondern nur Tragödien vorfinden, die von Weltmetzgern inszeniert und von Hackmaschinen ausgeführt werden. Aus Hitler und Stalin lassen sich keine Wallensteine mehr machen. Ihre Macht ist so riesenhaft, daß sie selber nur noch zufällige, äußere Ausdrucksformen dieser Macht sind, beliebig zu ersetzen, und das Unglück, das man besonders mit dem ersten und ziemlich mit dem zweiten verbindet, ist zu weitverzweigt, zu verworren, zu grausam, zu mechanisch geworden und oft einfach auch allzu sinnlos. Die Macht Wallensteins ist eine noch sichtbare Macht, die heutige Macht ist nur zum kleinsten Teil sichtbar, wie bei einem Eisberg ist der größte Teil im Gesichtslosen, Abstrakten versunken. Das Drama Schillers setzt eine sichtbare Welt voraus, die echte Staatsaktion, wie ja auch die griechische Tragödie. Sichtbar in der Kunst ist das Überschaubare. Der heutige Staat ist jedoch unüberschaubar, anonym, bürokratisch geworden, und dies nicht etwa nur in Moskau oder Washington, sondern auch schon in Bern, und die heutigen Staatsaktionen sind nachträgliche Satyrspiele, die den im Verschwiegenen vollzogenen Tragödien folgen. Die echten Repräsentanten fehlen, und die tragischen Helden sind ohne Namen. Mit einem kleinen Schieber, mit einem Kanzlisten, mit einem Polizisten läßt sich die heutige Welt besser wiedergeben als mit einem Bundesrat, als mit einem Bundeskanzler. Die Kunst dringt nur noch bis zu den Opfern vor, dringt sie überhaupt zu Menschen, die Mächtigen erreicht sie nicht mehr. Kreons Sekretäre erledigen den Fall Antigone. Der Staat hat seine Gestalt verloren, und wie die Physik die Welt nur noch in mathematischen Formeln wiederzugeben vermag, so ist er nur noch statistisch darzustellen. Sichtbar, Gestalt wird die heutige Macht nur etwa da, wo sie explodiert, in der Atombombe, in diesem wundervollen Pilz, der da aufsteigt und sich ausbreitet, makellos wie die Sonne, bei dem Massenmord und Schönheit eins werden. Die Atombombe kann man nicht mehr darstellen, seit man sie herstellen kann. Vor ihr versagt jede Kunst als eine Schöpfung des Menschen, weil sie selbst eine Schöpfung des Menschen ist. Zwei Spiegel, die sich ineinander spiegeln, bleiben leer.

Doch die Aufgabe der Kunst, soweit sie überhaupt eine Aufgabe haben kann, und somit die Aufgabe der heutigen Dramatik ist, Gestalt, Konkretes zu schaffen. Dies vermag vor allem die Komödie. Die Tragödie, als die gestrengste Kunstgattung, setzt eine gestaltete Welt voraus. Die Komödie – sofern sie nicht Gesellschaftskomödie ist wie bei Molière – eine ungestaltete, im Werden, im Umsturz begriffene, eine Welt, die am Zusammenpacken ist wie die unsrige. *Die Tragödie überwindet die Distanz.* Die in grauer Vorzeit liegenden Mythen macht sie den Athenern zur Gegenwart. *Die Komödie schafft Distanz,* den Versuch der Athener, in Sizilien Fuß zu fassen, verwandelt sie in das Unternehmen der Vögel, ihr Reich zu errichten, vor dem Götter und Menschen kapitulieren müssen. Wie die Komödie vorgeht, sehen wir schon in der primitivsten Form des Witzes, in der Zote, in diesem gewiß bedenklichen Gegenstand, den ich nur darum zur Sprache bringe, weil er am deutlichsten illustriert, was ich Distanz schaffen nenne. Die Zote hat zum Gegenstand das rein Geschlechtliche, das darum, weil es das rein Geschlechtliche ist, auch gestaltlos, distanzlos ist und, will es Gestalt werden, eben Zote wird. Die Zote ist darum eine Urkomödie, ein Transponieren des Geschlechtlichen auf die Ebene des Komischen, die einzige Möglichkeit, die es heute gibt, anständig darüber zu reden, seit die Van de Veldes hochgekommen sind. In der Zote wird deutlich, daß das Komische darin besteht, das Gestaltlose zu gestalten, das Chaotische zu formen.

Das Mittel nun, mit dem die Komödie Distanz schafft, ist der Einfall. Die Tragödie ist ohne Einfall. Darum gibt es auch wenige Tragödien, deren Stoff erfunden ist. Ich will damit nicht sagen, die Tragödienschreiber der Antike hätten keine Einfälle gehabt, wie dies heute etwa vorkommt, doch ihre unerhörte Kunst bestand darin, keine nötig zu haben. Das ist ein Unterschied. Aristophanes dagegen lebt vom Einfall. Seine Stoffe sind nicht Mythen, sondern erfundene Handlungen, die sich nicht in der Vergangenheit, sondern in der Gegenwart abspielen. Sie fallen in die Welt wie Geschosse, die, indem sie einen Trichter aufwerfen, die Gegenwart ins Komische, aber dadurch auch ins Sichtbare verwandeln. Das heißt nun nicht, daß ein heutiges Drama nur komisch sein könne. Die Tragödie und die Komödie sind Formbegriffe, dramaturgische Verhaltensweisen, fingierte Figuren der Ästhetik, die Gleiches zu umschreiben vermögen. Nur die Bedingungen sind anders, unter denen sie entstehen, und diese Bedingungen liegen nur zum kleineren Teil in der Kunst.

Die Tragödie setzt Schuld, Not, Maß, Übersicht, Verantwortung voraus. In der Wurstelei unseres Jahrhunderts, in diesem Kehraus der weißen Rasse, gibt es keine Schuldigen und auch keine Verantwortlichen mehr. Alle können nichts dafür und haben es nicht gewollt. Es geht wirklich ohne jeden. Alles wird mitgerissen und bleibt in irgendeinem Rechen hängen. Wir sind zu kollektiv schuldig, zu kollektiv gebettet in die Sünden unserer Väter und Vorväter. Wir sind nur noch Kindeskinder. Das ist unser Pech, nicht unsere Schuld: Schuld gibt es nur noch als persönliche Leistung, als religiöse Tat. Uns kommt nur noch die Komödie bei. Unsere Welt hat ebenso zur Groteske geführt wie zur Atombombe, wie ja die apokalyptischen Bilder des Hieronymus Bosch auch grotesk sind. Doch das Groteske ist nur ein sinnlicher Ausdruck, ein sinnliches Paradox, die Gestalt nämlich einer Ungestalt, das Gesicht einer gesichtslosen Welt, und genau so wie unser Denken ohne den Begriff des Paradoxen nicht mehr auszukommen scheint, so auch die Kunst, unsere Welt, die nur noch ist, weil die Atombombe existiert: aus Furcht vor ihr.

Doch ist das Tragische immer noch möglich, auch wenn die reine Tragödie nicht mehr möglich ist. Wir können das Tragische aus der Komödie heraus erzielen, hervorbringen als einen schrecklichen Moment, als einen sich öffnenden Abgrund, so sind ja schon viele Tragödien Shakespeares Komödien, aus denen heraus das Tragische aufsteigt.

Nun liegt der Schluß nahe, die Komödie sei der Ausdruck der Verzweiflung, doch ist dieser Schluß nicht zwingend. Gewiß, wer das Sinnlose, das Hoffnungslose dieser Welt sieht, kann verzweifeln, doch ist diese Verzweiflung nicht eine Folge dieser Welt, sondern eine Antwort, die man auf diese Welt gibt, und eine andere Antwort wäre das Nichtverzweifeln, der Entschluß etwa, die Welt zu bestehen, in der wir oft leben wie Gulliver unter den Riesen. Auch der nimmt Distanz, auch der tritt einen Schritt zurück, der seinen Gegner einschätzen will, der sich bereit macht, mit ihm zu kämpfen oder ihm zu entgehen. Es ist immer noch möglich, den mutigen Menschen zu zeigen.

Dies ist denn auch eines meiner Hauptanliegen. Der Blinde, Romulus, Übelohe, Akki sind mutige Menschen.

Die verlorene Weltordnung wird in ihrer Brust wieder hergestellt, das Allgemeine entgeht meinem Zugriff. Ich lehne es ab, das Allgemeine in einer Doktrin zu finden, ich nehme es als Chaos hin. Die Welt (die Bühne somit, die diese Welt bedeutet) steht für mich als ein Ungeheures da, als ein Rätsel an Unheil, das hingenommen werden muß, vor dem es jedoch kein Kapitulieren geben darf. Die Welt ist größer denn der Mensch, zwangsläufig nimmt sie so bedrohliche Züge an, die von einem Punkt außerhalb nicht bedrohlich wären, doch habe ich kein Recht und keine Fähigkeit, mich außerhalb zu stellen. Trost in der Dichtung ist oft nur allzubillig, ehrlicher ist es wohl, den menschlichen Blickwinkel beizubehalten. Die Brechtsche These, die er in seiner Straßenszene entwickelt, die Welt als Unfall hinzustellen und nun zu zeigen, wie es zu diesem Unfall gekommen sei, mag großartiges Theater geben, was ja Brecht bewiesen hat, doch muß das meiste bei der Beweisführung unterschlagen werden: Brecht denkt unerbittlich, weil er an vieles unerbittlich nicht denkt.

Endlich: Durch den Einfall, durch die Komödie wird das anonyme Publikum als Publikum erst möglich, eine Wirklichkeit, mit der zu rechnen, die aber auch zu berechnen ist. Der Einfall verwandelt die Menge der Theaterbesucher besonders leicht in eine Masse, die nun angegriffen, verführt, überlistet werden kann, sich Dinge anzuhören, die sie sich sonst nicht so leicht anhören würde. Die Komödie ist eine Mausefalle, in die das Publikum immer wieder gerät und immer noch geraten wird. Die Tragödie dagegen setzt eine Gemeinschaft voraus, die heute nicht immer ohne Peinlichkeit als vorhanden fingiert werden kann: es gibt nichts Komischeres etwa, als in den Mysterienspielen der Anthroposophen als Unbeteiligter zu sitzen.

Dies alles zugegeben, muß nun doch eine Frage gestellt werden: Ist es erlaubt, von etwas Allgemeinem auf eine Kunstform zu schließen, das zu tun, was ich eben getan habe, wenn ich von der behaupteten Gestaltlosigkeit der Welt auf die Möglichkeit schloß, heute Komödien zu schreiben? Ich möchte dies bezweifeln. Die Kunst ist etwas Persönliches, und mit Allgemeinheiten soll nie Persönliches erklärt werden. Der Wert einer Kunst hängt nicht davon ab, ob mehr oder weniger gute Gründe für sie zu finden sind. So bin ich denn auch gewissen Problemen aus dem Weg gegangen, so etwa dem Streit, der heute aktuell geworden ist, ob es besser sei, Vers- oder Prosadramen zu schreiben. Meine Antwort besteht einfach darin, daß ich in Prosa schreibe, ohne die Frage entscheiden zu wollen. Einen Weg muß man schließlich gehen, und warum soll immer einer schlechter sein als der andere? Was nun meine Darstellung der Komödie angeht, so glaube ich, daß auch hier persönliche Gründe wichtiger sind als allgemeine, die ja doch zu widerlegen sind – welche Logik in Dingen der Kunst wäre nicht zu widerlegen! Von Kunst redet man am besten, wenn man von seiner Kunst redet. Die Kunst, die man wählt, ist der Ausdruck zugleich der Freiheit, ohne die keine Kunst bestehen kann, und der Notwendigkeit, ohne die auch keine Kunst bestehen kann. Der Künstler stellt immer die Welt und sich selber dar. Wenn früher einmal die Philosophie lehrte, das Besondere vom Allgemeinen herzuleiten, so kann ich jetzt nicht mehr ein Drama wie Schiller bauen, der vom Allgemeinen ausgeht, da ich ja bezweifle, daß je vom Allgemeinen her das Besondere zu erreichen ist: Mein Zweifel aber ist der meine und nicht der eines Katholiken zum Beispiel, der in der Dramatik Möglichkeiten besitzt, die sonst niemand hat, das muß zugegeben werden, wenn ihm auch, nimmt er sich ernst, Möglichkeiten verbaut sind, die sonst jedermann hat; und die Gefahr dieses Satzes besteht nur darin, daß es immer wieder Künstler gibt, die ihm zuliebe übertreten, ein merkwürdiger Schritt, bei dem noch das Pech hinzutritt, daß er nichts nützt. Die Schwierigkeiten, die ein Protestant mit der Kunst des Dramas hat, sind genau die seines Glaubens. So ist es denn mein Weg, dem zu mißtrauen, was man den Bau des Dramas nennt, und ihn vom Besonderen, vom Einfall her zu erreichen zu suchen, und nicht vom Allgemeinen, vom Plane her. Es besteht für mich die Notwendigkeit, ins Blaue hinein zu schreiben, wie ich mich ausdrücke, um der Kritik ein Stichwort hinzuwerfen. Sie braucht es denn auch oft genug, ohne es zu begreifen.

Doch geht es bei dem allem um meine Angelegenheit, und darum ist es auch nicht nötig, die Welt heranzuziehen, diese meine Angelegenheit als die Angelegenheit der Kunst im allgemeinen hinzustellen, wie der Dorfrichter Adam den Teufel, um die Herkunft einer Perücke zu erklären, die in Wahrheit nur die seine ist. Wie überall und nicht nur auf den Gebieten der Kunst gilt auch hier der Satz: Keine Ausreden, bitte.

Dennoch bleibt die Tatsache bestehen (mit dem Vorbehalt, den wir gemacht haben), daß wir in ein anderes Verhältnis zu dem geraten sind, was wir Stoff nennen. Unsere ungeformte, ungestaltete Gegenwart ist dadurch gekennzeichnet, daß sie von Gestalten, von Geformtem umstellt ist, die unsere Zeit zu einem bloßen Resultat, weniger noch, zu einem Übergangsstadium machen und die der Vergangenheit als dem Abgeschlossenen und der Zukunft als dem Möglichen ein Übergewicht verleihen. Diese Bemerkung könnte auch ohne weiteres auf die Politik bezogen werden, auf die Kunst bezogen bedeutet sie, daß der Künstler nicht nur von den Meinungen über Kunst umstellt ist und von Forderungen, die man nicht aus ihm, sondern aus etwas Historischem, Vorhandenem folgerte, sondern auch von Stoffen, die nicht mehr Stoff, das heißt: Möglichkeiten, sondern schon Gestalten, das heißt: Geformtes sind; Cäsar ist für uns kein reiner Stoff mehr, sondern ein Cäsar, den die Wissenschaft zum Objekt ihrer Forschung gemacht hat. Es ist nun einmal so, daß die Wissenschaft, indem sie sich, und immer heftiger, nicht nur auf die Natur, sondern auch auf den Geist und die Kunst stürzte, Geisteswissenschaft, Literaturwissenschaft, Philologie und wer weiß was alles wurde, Fakten schuf, die nicht mehr zu umgehen sind (denn es gibt keine bewußte Naivität, welche die Resultate der Wissenschaft umgehen könnte), dem Künstler aber dadurch die Stoffe entzog, indem sie selber das tat, was doch Aufgabe der Kunst gewesen wäre. Die Meisterschaft etwa, mit der ein Richard Feller die Geschichte Berns schreibt, schließt die Möglichkeit aus, über Bern ein historisches Drama zu schreiben, die Geschichte Berns ist schon Gestalt vor der Dichtung, aber eben, eine wissenschaftliche Gestalt (nicht eine mythische, die den Weg der Tragiker offen ließe), eine Gestalt, die den Raum der Kunst einengt, ihr nur die Psychologie übrigläßt, die auch schon Wissenschaft geworden ist; die Dichtung wäre eine Tautologie, eine Wiederholung mit untauglichen Mitteln, eine Illustration zu wissenschaftlichen Erkenntnissen: gerade das, was die Wissenschaft in ihr sieht. Shakespeares *Cäsar* war auf Grund Plutarchs möglich, der noch nicht ein Historiker in unserem Sinne, sondern ein Geschichtenerzähler war, ein Verfasser von Lebensbildern. Hätte Shakespeare unser Wissen über Rom besessen, hätte er den Cäsar nicht ge-

schrieben, weil ihm in diesem Augenblick notwendigerweise die Souveränität abhanden gekommen wäre, mit der
er über seine Stoffe schrieb. Das gleiche ist sogar bei den
griechischen Mythen der Fall, die für uns, da wir sie nicht
mehr erleben, sondern begutachten, erforschen, sie eben
als Mythen erkennen und damit vernichten, Mumien geworden sind, die, mit Philosophie und Theologie behängt,
nur allzuoft Lebendiges ersetzen.

Aus diesem Grunde muß denn auch der Künstler die
Gestalten, die er trifft, auf die er überall stößt, reduzieren,
will er sie wieder zu Stoffen machen, hoffend, daß es ihm
gelinge: Er parodiert sie, das heißt, er stellt sie im bewußten Gegensatz zu dem dar, was sie geworden sind. Damit
aber, durch diesen Akt der Parodie, gewinnt er wieder
seine Freiheit und damit den Stoff, der nicht mehr zu
finden, sondern nur noch zu erfinden ist, denn jede Parodie setzt ein Erfinden voraus. Die Dramaturgie der vor-
handenen Stoffe wird durch die Dramaturgie der erfun-
denen Stoffe abgelöst. Im Lachen manifestiert sich die
Freiheit des Menschen, im Weinen seine Notwendigkeit,
wir haben heute die Freiheit zu beweisen. Die Tyrannen
dieses Planeten werden durch die Werke der Dichter nicht
gerührt, bei ihren Klageliedern gähnen sie, ihre Heldenge-
sänge halten sie für alberne Märchen, bei ihren religiösen
Dichtungen schlafen sie ein, nur eines fürchten sie: ihren
Spott. So hat sich denn die Parodie in alle Gattungen
geschlichen, in den Roman, ins Drama, in die Lyrik. Weite
Teile der Malerei, der Musik sind von ihr erobert, und mit
der Parodie hat sich auch das Groteske eingestellt, oft
getarnt, über Nacht: es ist einfach auf einmal da.

Doch auch damit wird unsere mit allen Wassern gewa-
schene Zeit fertig, und durch nichts läßt sie sich beikom-

men: Sie hat das Publikum erzogen, in der Kunst etwas Weihevolles, Heiliges, Pathetisches zu sehen. Das Komische gilt als das Minderwertige, Dubiose, Unschickliche, man läßt es nur gelten, wo einem so kannibalisch wohl wird als wie fünfhundert Säuen. Doch in dem Moment, wo das Komische als das Gefährliche, Aufdeckende, Fordernde, Moralische erkannt wird, läßt man es fahren wie ein heißes Eisen, denn die Kunst darf alles sein, was sie will, wenn sie nur gemütlich bleibt.

Uns Schriftstellern wird oft vorgeworfen, unsere Kunst sei nihilistisch. Nun gibt es heute natürlich eine nihilistische Kunst, doch nicht jede Kunst ist nihilistisch, die so aussieht: Wahre nihilistische Kunst sieht überhaupt nicht so aus, sie gilt meistens als besonders human und für die reifere Jugend überaus lesenswert. Der muß schon ein arger Stümper von einem Nihilisten sein, den die Welt als solchen erkennt. Als nihilistisch gilt nur, was unbequem ist. Nun hat der Künstler zu bilden, nicht zu reden, sagt man, zu gestalten, nicht zu predigen. Gewiß. Doch fällt es immer schwerer, rein zu gestalten, oder wie man sich dies vorstellt. Die heutige Menschheit gleicht einer Autofahrerin. Sie fährt immer schneller, immer rücksichtsloser ihre Straße. Doch hat sie es nicht gern, wenn der konsternierte Mitfahrer »Achtung!« schreit und »Hier ist eine Warnungstafel«, »Jetzt sollst du bremsen« oder gar »Überfahre nicht dieses Kind«. Sie haßt es, wenn einer fragt, wer denn den Wagen bezahlt oder das Benzin und das Öl geliefert habe zu ihrer Wahnsinnsfahrt, oder wenn er gar ihren Führerschein zu sehen verlangt. Ungemütliche Wahrheiten könnten zutage treten. Der Wagen wäre vielleicht einem Verwandten entwendet, das Benzin und das Öl aus den Mitfahrern selber gepreßt und gar kein Öl und Benzin, sondern unser aller Blut und unser aller Schweiß, und der Führerschein wäre möglicherweise gar nicht vorhanden; es könnte sich gar herausstellen, daß sie zum ersten Mal fährt. Dies wäre freilich peinlich, fragte man nach so naheliegenden Dingen. So liebt sie es denn, wenn man die Schönheit der Landschaft preist, durch die sie fährt, das Silber eines Flusses und das Glühen der Gletscher in der Ferne, auch amüsante Geschichten liebt sie, ins Ohr geflüstert. Diese Geschichten zu flüstern und die schöne Landschaft zu preisen ist einem heutigen Schriftsteller jedoch oft nicht mehr so recht mit gutem Gewissen möglich. Leider kann er aber auch nicht aussteigen, um der Forderung nach reinem Dichten Genüge zu tun, die da von allen Nichtdichtern erhoben wird. Die Angst, die Sorge und vor allem der Zorn reißen seinen Mund auf.

Mit dieser Emphase wäre schön zu schließen, ein halbwegs gesicherter Abgang im Bereich des nicht gerade Unmöglichen. Doch ist aus Ehrlichkeit zu fragen, ob denn dies alles heute noch einen Sinn habe, ob wir uns nicht viel lieber im Schweigen üben sollten. Ich habe gezeigt, daß heute das Theater zu einem Teil ein Museum ist, im besten Sinne des Wortes freilich, und zum andern Teil ein Feld für Experimente, und ich bemühte mich auch, ein wenig zu zeigen, worin etwa diese Experimente bestehen. Kann nun das Theater diese seine andere Bestimmung erfüllen? Ist das Stückeschreiben heute schwierig geworden, so auch das Spielen, das Einstudieren dieser Stücke, schon aus Zeitmangel kommt im besten Falle nur ein anständiger Versuch, ein erstes Abtasten, ein Vorstoß in einer bestimmten, vielleicht guten Richtung heraus. Ein Theaterstück ist allein vom Schreibtisch aus nicht mehr zu lösen, wenn es nicht in einer Konvention geschrieben ist, sondern ein Experiment sein will: Giraudoux' Glück war Jouvet. Lei-

240

der ist solches fast einmalig. Unsere Repertoiretheater vermögen solches immer weniger zu leisten, können es sich immer weniger leisten. Das Stück muß so schnell wie möglich heraus. Das Museum überwiegt. Das Theater, die Kultur leben von den Zinsen des gut angelegten Geistes, dem nichts mehr passieren kann und dem man nicht einmal mehr Tantiemen zu zahlen braucht. Mit dem Bewußtsein, einen Goethe, einen Schiller, einen Sophokles auf seiner Seite zu haben, nimmt man die modernen Stücke entgegen. Am liebsten nur zur Uraufführung. Heroisch erfüllt man seine Pflicht, um beim nächsten Shakespeare wieder aufzuatmen. Dagegen ist nichts zu sagen. Es läßt sich nur die Bühne räumen. Platz den Klassikern. Die Welt der Museen wächst, birst von Schätzen. Noch sind die Kulturen der Höhlenbewohner nicht zur Gänze erforscht. Custoden anderer Jahrtausende mögen sich mit unserer Kunst abgeben, wenn wir an der Reihe sind. So ist es gleichgültig, ob Neues hinzukommt, ob Neues geschrieben wird. Die Forderungen, welche die Ästhetik an den Künstler stellt, steigern sich von Tag zu Tag, alles ist nur noch auf das Vollkommene aus, die Perfektion wird von ihm verlangt, die man in die Klassiker hineininterpretiert – ein vermeintlicher Rückschritt, und schon läßt man ihn fallen. So wird ein Klima erzeugt, in welchem sich nur noch Literatur studieren, aber nicht mehr machen läßt. Wie besteht der Künstler in einer Welt der Bildung, der Alphabeten? Eine Frage, die mich bedrückt, auf die ich noch keine Antwort weiß. Vielleicht am besten, indem er Kriminalromane schreibt, Kunst da tut, wo sie niemand vermutet. Die Literatur muß so leicht werden, daß sie auf der Waage der heutigen Literaturkritik nichts mehr wiegt: Nur so wird sie wieder gewichtig.

## »Theater ist ein Spiel.«

### Zum Tode Ernst Ginsbergs

1965

Meine Damen und Herren,

Am dritten Dezember 1964 ist Ernst Ginsberg in der Zürcher Klinik Neumünster gestorben. Seine Krankheit war schwer, über deren Fortschreiten und Ausgang war er sich im klaren. Er wurde gelähmt, verlor endlich die Sprache, sein Geist blieb unangetastet. Als er noch diktieren konnte, verfaßte er Prosa und Gedichte, die letzten Verse entstanden, als er sich nur vermittels Tabellen zu verständigen vermochte. Seinem eingemauerten Geiste blieb keine andere schöpferische Möglichkeit. Doch gab es noch einen weiteren Grund. Den Wert einer Kunst messen wir gern an der Dauer ihres Ruhms, Vergängliches ist für uns Vergängliche zweitrangig. Kurz vor seinem Tode signalisierte der Kranke, man werde einmal vergessen, wie er Molière gespielt habe. Er hoffte, eine unvergänglichere Spur zu hinterlassen. Es hatte ihn immer zum Schreiben gedrängt. Er gab früher zwei Anthologien über barocke Lyrik und Lyrik des achtzehnten Jahrhunderts heraus, dazu eine Auswahl der Werke Else Lasker-Schülers und Berthold Viertels, verfaßte Aufsätze über das Theater. Auch entstanden schon damals Gedichte, die er geheimhielt. Er war mit Leidenschaft Schauspieler, aber ihn quälte die Vergänglichkeit der schauspielerischen Leistung, die durch die konservierenden Mittel der Technik nicht aufgehoben, sondern nur ins Gespenstische, Schemenhafte gerückt wird, ein Abbild nur erscheint auf der Leinwand, eine Stimme nur ertönt aus dem Lautsprecher, noch wirklich für uns, die wir sie durch die Erinnerung ergänzen können, verfälscht schon für die Nachwelt, nur dokumentarisch, historisch. Für uns jedoch ist Ernst Ginsberg keine Sage, wir haben ihn erlebt und wir haben ihn verloren. Der Verlust ist für uns noch abzumessen.

Zuerst haben Sie ihn erlitten, meine Damen und Herren, Sie waren sein Publikum. Er spielte für Sie. Er schenkte Ihnen seine Kunst, Sie schenkten ihm Ihren Beifall, nicht unwichtig, denn ein Schauspieler braucht den Erfolg, die öffentliche Anerkennung, den Ruhm. Er nahm Sie als Publikum ernst. Er fühlte sich Ihnen verantwortlich. Er war populär. Er galt bei vielen als geistiger Schauspieler. Er war es nicht, weil es geistige Schauspieler nicht gibt, sondern nur Schauspieler mit Geist. Denn die Schauspielerei ist eine elementare Kunst, die den Menschen als Ganzes einsetzt, die mehr empirischen Regeln untersteht als theoretischen Gesetzen, bei der die Bühnenerfahrung oft mehr zählt als eine noch so feinsinnige Kunstauffassung.

Als Schauspieler war Ernst Ginsberg schwer einzuordnen. Das Theater besitzt eine natürliche Weisheit. Es führt eine Unterscheidung der Schauspieler nach Typen durch, es spricht vom jugendlichen Helden, vom Charakterdarsteller, vom Heldenvater usw., diese handfesten Unterscheidungen, etwas aus der Mode gekommen, sind noch immer die besten. Die Theorie will tiefer gehen. Sie glaubt, daß einige Schauspieler unmittelbar durch ihre Natur wirken, andere mehr durch ihr Können überzeugen, sie stellt dem Komödianten den Techniker gegenüber, und nur als Techniker ließen einige Ernst Ginsberg gelten, wir haben kein Recht, diesen Einwand zu verschweigen. Doch einmal angenommen, diese Unterscheidung sei unter echten Schauspielern überhaupt möglich, ist eine Richtigstellung notwendig. Auch der Komödiant ist ohne Kunstverstand und ohne technische Beherrschung seines Metiers nicht denkbar, weil er sich sonst weder darzustellen noch sich innerhalb seiner Natur zu verwandeln und zu variieren vermöchte. Natur an sich ist nie Kunst. Der Komödiant muß sich seiner instinktiven Fähigkeiten bewußt werden, seine Natur ist nicht das Mittel, sondern der Ausgangspunkt, das Material, woran er das Werkzeug seines Könnens setzt. Der Techniker dagegen hat einen anderen Weg einzuschlagen. Von der Technik allein vermag er nicht auszugehen, die Technik an sich ist blind, hinter dem Können muß ein Plan, eine Einsicht, ein Bewußtsein stehen. Er geht daher von einer Überlegung aus, um mit Hilfe seines Könnens die Natur zu erzielen, instinktiv zu scheinen. In der Wirkung auf das Publikum jedoch würden sich der ideale Komödiant und der ideale Techniker in nichts unterscheiden. Das sollte uns vorsichtig stimmen. Mehr als eine Arbeitshypothese stellt auch die einleuchtendste Theorie über eine Kunst nie dar. In der Wirklichkeit unterscheiden sich der Komödiant und der Techniker wohl mehr in ihrer Taktik der Rolle gegenüber als ihrem schauspielerischen Wesen nach. Eine rein bewußte Kunst gibt es ebensowenig wie eine rein instinktive.

Ernst Ginsberg war vor allem ein Charakterdarsteller, ein Schauspieler, der sich nie gehen ließ, der seine Leistung unter Kontrolle hatte wie jeder echte Schauspieler, und ein Techniker mag er insofern gewesen sein, als er wirklich etwas konnte. Er verfügte über ein nie versagendes Gedächtnis und über eine perfekte Technik des Sprechens. Ich erinnere nur an seine letzte Rolle, die er auf dieser

Bühne spielte. Er sprach Wedekinds Bühnenprosa aufs Komma genau und bewies, daß jene, die Wedekinds Sprache für Papier halten, es nur tun, weil sie Wedekinds Partitur nicht gewachsen sind, ihn nicht sprechen und darum auch nicht lesen können. Ernst Ginsberg war jeder Partitur, jedem Stil gewachsen. Doch als Schauspieler aus Instinkt war er wiederum ganz Komödiant, nicht nur seiner komödiantischen Spielfreudigkeit nach, die ihn manchmal zu Übertreibungen verleitete. Er setzte seine Natur radikal ein. Er war gebildet. Er besaß einen scharfen Verstand und war echt naiv. Er war wahrhaftig und komödiantisch, fromm und maßlos, er wußte seine gegensätzlichen Eigenschaften im Spiel zu vereinigen. Vielleicht, dürfen wir sagen, war er nur in seiner Kunst wirklich eine Einheit, vielleicht, ahnen wir, lag hier der Grund, weshalb er Schauspieler werden mußte, dieser Einheit zuliebe, die fast nur in der Kunst und fast nie im Leben zu erreichen ist. Aus seinem Wesen sprang unmittelbar die Intensität, die seine Stärke war, die unbedingte Konzentration auf die Rolle, auf Philipp den Zweiten, auf den Menschenfeind Alceste, auf Doktor Schön.

Gewiß, er faszinierte durch sein Können, doch berührte uns noch mehr die Begegnung seiner Persönlichkeit mit der Rolle. Wahre Schauspielkunst ist nie etwas anderes als eine solche Begegnung. Wir erleben sie als ein Ereignis, das sich vor uns auf der Bühne abspielt, und je stärker uns dieses Ereignis gefangennimmt, desto mehr vergessen wir die Kunst, die es möglich macht. Wir beobachten nicht mehr, *wie* ein Schauspieler Hamlet spielt, wir erleben Hamlet, auch wenn heute die Theorie aufgekommen ist, der Schauspieler habe nicht in seiner Rolle aufzugehen, sondern müsse sie demonstrieren. Aber der Zuschauer gehorcht nur seinem Gesetz. Er will erleben. Er stellt die Illusion, einem Ereignis beizuwohnen, auch dort her, wo man ihm diese Illusion nehmen will, und nachdenken wird er, wenn überhaupt, erst später. Nachträglich. Das Publikum läßt sich nichts vorschreiben, um diese oft bittere Erfahrung kommt kein Theater, kein Schauspieler herum. Denn das Publikum ist unerbittlich, wenn auch nicht unbestechlich. Sensationen können es verführen, Posen begeistern, Moralien rühren, Konventionen blind machen, Neues abschrecken. Seine Ungerechtigkeit ist sein Recht, seine Gerechtigkeit immer wieder erstaunlich. Gerade dem Schauspieler gegenüber. Ein Schauspieler kommt an oder nicht. Nur was er auf der Bühne *ist,* entscheidet. Nur jener Schauspieler wirkt, der zu überzeugen weiß: so ist Franz Moor, so ist Mephistopheles und nicht anders. Mit Ernst Ginsberg, meine Damen und Herren, wußte Sie ein echter Schauspieler zu überzeugen. Indem er vor Ihnen bestand, bestanden Sie vor ihm. Sie *alle* haben ihn verloren. Jeder auf seine Weise. Ein Verlust ist etwas Persönliches. Unsere Erlebnisse machen unser Leben aus, erlebten Sie Ernst Ginsberg je wirklich, haben Sie viel verloren.

Doch auch das Theater ist betroffen. Ein Theater verändert sich. Die Schauspieler lösen einander ab, ziehen fort, erscheinen noch als Gäste, bleiben fern. Neue Namen tauchen auf, werden berühmt, erlöschen. Der Tod besetzt um. Niemand ist unersetzlich. Auch Ernst Ginsberg nicht. Das Theater steht unter dem Gesetz der Geschichte, und die Geschichte geht weiter. Das Theater als eine menschliche Ausdrucksform ist zeitlos, doch als Institution steht es unter dem Einfluß der Zeit und wird bestimmt von deren Zwangsläufigkeiten, Anschauungen, Moden, Experimenten und Irrtümern. Die Geschichte des Theaters läßt sich darstellen wie jede Geschichte, von außen, vom Besonderen, vom Ereignis her, doch hinter dieser Geschichte mit ihren Erfolgen, Durchfällen und Schicksalen, umrankt von Anekdoten, verbirgt sich sein Alltag. Das Theater als Organisation ist leicht einzusehen, jedem seiner Mitglieder kommt eine bestimmte Funktion zu, doch von seinem Alltag ist nicht nur das Publikum, sondern auch die Theatergeschichte ausgeschlossen. Nicht grundlos. Im Alltag des Theaters spielt sich das Wesentliche ab, die Arbeit eines Kollektivs. Wie jeder Vorgang, der zu einem Kunstwerke führt, ist diese Arbeit unberechenbar und nachträglich ohne Verfälschungen kaum darzustellen. Die Schwierigkeiten innerhalb eines kollektiven Arbeitens sind nur zu begreifen, während sie sich stellen, die Kämpfe leuchten nur ein, während sie ausgefochten werden; sind die Schwierigkeiten einmal gelöst, sind sie keine mehr, haben sich die Auseinandersetzungen gelegt, scheinen sie sinnlos gewesen zu sein.

Diesem Theateralltag fehlt nun Ernst Ginsberg. Mit ihm ist nicht mehr zu rechnen, weder in Zürich, noch in München, noch sonstwo. Sein Tod trifft die Regisseure und die Schauspieler, trifft alle, die mit ihm gearbeitet haben. Gewiß, das Ziel der Theaterarbeit ist die Aufführung, aber das Mittel sind die Proben. Die wahre Geschichte eines Theaters, darf man sagen, ist die Geschichte seiner Proben. Hier stellen sich die eigentlichen Probleme: Wie wird dieser dramaturgisch wichtige Moment deutlich, was ist mit diesem Satz gemeint, wie hat hier der Schauspieler zu reagieren, wie wird die Handlung verständlich, hat hier die Anschauung der Tradition recht, oder ergibt sich ein neuer Gesichtspunkt? Proben ist ein Arbeiten unter Menschen mit Menschen. Diese Arbeit ist notwendig, weil der Schauspieler nicht allein auf der Bühne steht. Der Schauspieler wirkt nicht nur durch sich, er wirkt auch durch seinen Partner. Zu Hamlet tritt Ophelia, zu Tasso Antonio, zu Shlink Garga. Es gibt auf dem Theater ein mechanistisches Prinzip: Der Schauspieler handelt auf der Bühne, die Wirkung, die sein Handeln auslöst, haben seine Partner zu spielen, und er wiederum hat auf deren Handeln zu reagieren. Er hat sich auf sie, sie haben sich auf ihn zu konzentrieren. Alles muß auf der Bühne gespielt werden, das Handeln und das Erleiden, das Reden und das Schweigen, das Fühlen und das Denken, sonst stehen die Schauspieler nur herum. Die Schauspielerei ist eine aktive Kunst, selbst die gespielte Passivität verlangt einen aktiven Einsatz. Theater ist Spiel, was es sonst noch ist, sei es das Bühnenbild, sei es die Bühnenmusik, sei es die Beleuchtung, dient nur zur Unterstützung des Spiels. Ein jeder steht unter dem Einfluß eines jeden. Die Unsicherheit eines Schauspielers wirkt sich auf alle aus, seine Ruhe hilft allen, seine Kraft reißt alle mit. In Ernst Ginsberg verlieren seine Regisseure einen Schauspieler, den sie einzusetzen vermochten, wie ein Maler eine bestimmte Farbe braucht, bewußt. Er war in seiner Wirkung ein zuverlässiger Faktor, diese Farbe fehlt nun auf ihrer Palette. Seinen Partnern aber fehlt mehr als ein Kollege, der ihnen Sicherheit gab: Er war ein Teil ihrer eigenen Wirkung, so wie sie ein Teil seiner Wirkung waren, sein Verlust ist ein Verlust an eigener Spielmöglichkeit. Er war für sie ein Maß. Miteinander spielen ist ein Sich-aneinander-Messen, ein Wettstreit, ohne den kein Theater möglich ist.

Doch einen trifft es besonders. Wir sind verpflichtet, hier auch an ihn zu denken. Wie sich auf dem Theater Gegnerschaften bilden, die sich oft fruchtbar auswirken, so entstehen auch Freundschaften, die einmalige Leistungen möglich machen. Kurt Horwitz hat in Ernst Ginsberg einen Freund verloren. Wir verdanken dieser menschlichen und künstlerischen Freundschaft viel, vor allem ihre gemeinsamen Molière-Aufführungen. Nun wird ein Schauspieler nicht nur dadurch charakterisiert, wie er spielt, auch was er spielt, zeichnet sein Wesen. Was Horwitz und Ginsberg in ihrer Interpretation des großen Franzosen erreicht haben, ist nicht so selbstverständlich, wie es scheinen mag. Besonders heute nicht. Shakespeare und Molière haben sich zwar auf der deutschsprachigen Bühne längst angesiedelt. Ein Unterschied besteht freilich. Es kann nicht bezweifelt werden, daß einige Stücke Shakespeares in August Wilhelm Schlegel einen genialen Übersetzer fanden, was von den Übersetzern Molières nicht behauptet werden kann, mehr als gerade noch brauchbar sind unsere Übersetzungen nicht. Die beiden Sprachen sind zu verschieden, das Französische besitzt eine angeborene Rhetorik, im Deutschen wirkt das Rhetorische fast immer zu wuchtig, und was gar den Alexandriner betrifft, will man ihn überhaupt nachahmen, so wirkt er bei Molière ebenso selbstverständlich wie im Deutschen unnatürlich. Molière ist vielleicht prinzipiell unübersetzbar. Dieser Tatsache steht jedoch die Bedeutung entgegen, die Molière durch Horwitz und Ginsberg wieder erlangt hat. In der Sprache Molières kann diese Bedeutung nicht liegen, weil wir sie nicht besitzen. Molières Bedeutung auf der deutschsprachigen Bühne liegt allein in seinen Gestalten. Seine Form und seine Stoffe entstammen einer Komödientradition, die weit in die Antike zurückreicht, doch die Weise, wie er die ewigen Typen des Geizigen, des betrogenen Ehemannes oder des Menschenfeindes sah, stoßen sie aus dem Typischen in den Charakter und ins Dämonische. Seine Menschen sind stärker als seine Sprache, der Unübersetzbare wird auf deutsch spielbar. Aus zwei Gründen. Weil er – das mag ein Paradox sein – in seiner eigenen Sprache so großartig schrieb und weil er – das ist das Entscheidende – ein Schauspieler war: er schrieb von der Schauspielerei her, er gestaltete als Schauspieler. Molière ist zugleich ein großer Dichter und ein eminenter Theaterpraktiker wie Shakespeare und in der neuesten Zeit Brecht. Kurt Horwitz und Ernst Ginsberg versuchten daher nicht, einen französischen Molière auf deutsch vorzutäuschen, sie spielten nicht aufs Lose, Elegante und Improvisierte, auf jene Eigenschaften hin, die unser Publikum allzugern für französische hält, sie interpretierten unerbittlich die Gestalten, sie stellten sie in Molières Realistik und in seiner bitteren Menschenkenntnis dar, und weil sie das so unbedingt wagten, fand sich auch eine Sprache und eine Form, die überzeugte, ein deutscher Molière entstand. Mit Recht. Theater ist nicht Sprache an sich, sondern Menschendarstellung durch die Sprache und durch den Schauspieler. Ginsbergs schauspielerische Intensität stellte die Sprache Molières gleichsam her, indem er eine von Natur aus ungenügende Übersetzung in etwas Elementares, Natürliches verwandelte, um so Gestalten zu schaffen, die unsere Phantasie nie mehr loslassen.

Zuletzt haben wir Autoren ihn verloren. Der Weg eines jeden von uns ist von Schauspielern begleitet, sie spielten in unseren Uraufführungen, wir können uns unser Schaffen ohne sie nicht denken und müssen es doch immer wieder lernen, weil der Tod die Reihen lichtet. Es herrscht ein Arbeitsverhältnis zwischen uns und den Schauspielern. Die Bühne ist unser Instrument, wir müssen mit ihnen rechnen, Schreiben ist immer auch ein Regieführen, wir haben sie in unser Denken einzubeziehen. Wir schauen ihnen nicht unbeteiligt zu. Sie stellen mehr als unsere Rollen dar, sie sind die letzte Probe, der sich unsere Werke unterziehen, an ihnen hat sich deren Spielbarkeit zu beweisen. Der Schriftsteller mag vorgehen, wie er will, sein Text wird durch die Persönlichkeit des Schauspielers ergänzt, auf der Bühne stehen durch die Schauspieler immer Menschen, jedes Stück stellt sich als eine Welt aus Menschen dar, mit der sich der Autor konfrontieren muß, denn zu beurteilen vermag er sein Werk nur auf der Bühne, nicht am Schreibtisch. Darum hat ein Schriftsteller auf der Probe auch jedes Zögern eines Schauspielers ernst zu nehmen, jede Frage, jedes Nichtbegreifen, jeden Hinweis auf Unstimmigkeiten in einer Rolle, der Fehler liegt meistens im Text, nicht beim Schauspieler. Doch gibt es noch besondere Beziehungen zwischen einem Schauspieler und einem Schriftsteller, ihretwegen, meine Damen und Herren, werden Sie es mir erlauben, von mir persönlich zu reden, ich bin es Ernst Ginsberg schuldig.

Ich lernte ihn mit Kurt Horwitz im Jahre sechsundvierzig zu Beginn meiner Beschäftigung mit dem Theater kennen. Horwitz inszenierte mein erstes Stück in Zürich, Ginsberg führte meine beiden nächsten in Basel auf. Ich war unfertig und ohne Erfahrung. Meine Bildung war eine philosophische, das Theater etwas Fremdes, ich steckte voller Theorien und Vorurteile, mein Schreiben war kaum mehr als ein Versuch, ein denkerisches Chaos zu klären, etwas Ordnung zu schaffen. Mit Kurt Horwitz und Ernst Ginsberg begegneten mir zum ersten Male Persönlichkeiten, die auf dem Theater ihr Metier beherrschten, an ihnen hatte ich das meine zu lernen. Vieles wurde mir damals klar, nicht ohne Schwierigkeiten und Krisen. Welches wirkliche Lernen ginge leicht? Die beiden halfen mir, indem sie mich spielten. Meine Manuskripte gelangten vom Schreibtisch auf die Bühne, die beiden waren die ersten, die sie lasen, mit mir den Text diskutierten. Ich änderte, lernte streichen. Die Krise meiner Schriftstellerei stellte sich nach meinem zweiten Stück *Der Blinde* ein. Dieses Stück war noch ganz Aussage, die Illustration eines religiösen Problems, ein Stück der sprachlichen Arien, dessen Rollen kaum angedeutet waren, ich hatte mich von den Gestalten ins Dichterische geflüchtet. Mein nächster Versuch geriet ins Riesenhafte, Unspielbare, ich mußte ihn abbrechen. Da half mir ein Erlebnis weiter. Horwitz inszenierte den *Hamlet,* die Aufführung wurde wenig beachtet, wohl weil sie in Basel stattfand. Ginsberg spielte den Titelhelden nicht als einen passiven, introvertierten, sondern als einen barocken, aktiven Menschen, auf der Bühne bot sich die Tragödie der absoluten Rache dar, nicht nur im Diesseits, sondern auch im Jenseits sollte der Verbrecher büßen. Hamlets Wissen um den Mord seines Onkels stammt aus dem Jenseits, verkündet durch ein Gespenst, das aus der Hölle steigt und Rache fordert, Gerechtigkeit, doch gerade aus Gerechtigkeit zögert Hamlet vorerst. Er untersucht, ob das Gespenst die Wahrheit gesprochen habe, ob es wirklich sein Vater und nicht ein Teufel gewesen sei, der ihn verführen wollte, darum stellt er sich wahnsinnig und inszeniert mit der Schauspielertruppe ein Spiel, das den König entlarvt, um dann, als er die Wahrheit endlich weiß, sofort zu handeln, doch, weil er die absolute Rache will, vermag er den Mörder seines Vaters nicht zu töten. Er findet ihn im Gebet, die Seele seines Onkels soll in die Hölle fahren wie die Seele seines Vaters, der ohne Beichte sterben mußte, und wie er dann glaubt, den verbrecherischen König töten zu können, ersticht er aus Versehen Polonius. Von diesem Augenblick an wendet sich die Handlung, der gewarnte König stellt nun Hamlet nach, und das Ende ist auf eine entsetzliche Weise folgerichtig, ein Höllensturz aller Hauptbeteiligten: ohne noch gebeichtet zu haben, bringen sie sich gegenseitig um, Hamlets Wille zur absoluten Rache hat Schuldige und Unschuldige in den Abgrund gerissen. Ein unheimliches, schreckliches, ja barbarisches Stück, bei dem das Publikum nur deshalb nicht rebelliert, weil es einem installierten Wert gegenübersitzt. Klassiker sind positiv. Daß jedoch diese Interpretation des Hamlet mich intensiv beschäftigte, wird jeder einsehen, der mein drittes Stück *Romulus der Große* kennt, auch Romulus verstellt sich, auch Romulus will in einer ungerechten Welt die Gerechtigkeit vollziehen, aber Hamlet brachte mich auch in einer Frage weiter, die sich heute der Dramaturgie stellt und nicht nur ihr, im Grunde der modernen Kunst überhaupt, und wenn ich auf diese Frage näher eingehe, so nicht, um abzuschweifen, sondern um zu demonstrieren, wie in den Fragen des Theaters das Persönliche und das Allgemeine ineinandergreifen, um zu zeigen, wie das Erlebnis Ernst Ginsberg, wie das Erlebnis des schauspielerischen Phänomens überhaupt, unmittelbar in die Schreibweise eines Schriftstellers einzugreifen vermag.

Die Frage ist aufgeworfen worden nach dem Wesen des Theaters im wissenschaftlichen Zeitalter, ob das Theater in einer Welt des wissenschaftlichen Denkens noch das gleiche sein könne wie in einer nicht wissenschaftlich denkenden Welt, es ist eine Frage nach der Funktion des Theaters. Als Position ist sich das Theater gleich geblieben. Das wissenschaftliche Denken ist ein Denken in begrifflich scharf gestellten Fragen, ein Denken in Problemen, denn Wissenschaft ist nur möglich, wenn das Objekt der Wissenschaft begrifflich dargestellt werden kann, und wenn wir heute feststellen, daß der Mensch nicht nur die Natur, sondern sich selbst und sein Zusammenleben mit den anderen Menschen wissenschaftlich untersucht, so meinen wir damit, daß er sich als Problem sieht, vergessen aber, daß es auch eine nichtwissenschaftliche Problematik gibt, zum Beispiel ein philosophisches oder theologisches Denken, auch hier steht der Mensch begrifflich scharf gestellten Fragen, Problemen gegenüber. Der Mensch denkt immer in Begriffen und stellt aus den Begriffen seine Probleme auf, aber er selbst lebt in einer Welt der Konflikte, in einer Welt, in der sich die Einsichten, Motive und Leidenschaften widerstreiten, er lebt in ständiger Kollision bald mit sich selbst, bald mit der Familie, bald mit dem Staat. In dieser Welt der Konflikte steht aber auch das Theater, das ist seine gleichbleibende Position, die Frage nach seiner Funktion lautet, ob sich das Theater als Mittel eigne, die Welt der Konflikte vom Problem her zu ändern, eine Frage, die sich für den Dramatiker in der Form stellt, ob er vom Problem oder vom Konflikt auszugehen habe.

Ich möchte diese Frage hier nur aufwerfen, sie nicht in allen ihren Aspekten beleuchten, Verwirrung entsteht nur, wenn die Frage nicht gesehen wird, wenn die Meinung aufkommt, die Dramatik gehe an sich von einem Problem aus. Grundsätzlich scheinen beide Methoden möglich. *Geht der Dramatiker vom Problem aus,* so hat er es auch zu lösen, die Handlung als Illustration dieses Vorgangs kann er jedoch nur als Konflikt darstellen. Die Lösung eines Problems ist etwas Positives, sie ist die Beantwortung einer Fragestellung, sei sie nun in Form einer Moral oder einer Doktrin, sie befriedigt den Intellekt, doch stellt sich ihr die Wirklichkeit entgegen, denn die Lösung eines Problems ist nicht auch schon die Lösung des Konflikts, der dem Problem zugrunde liegt, der Konflikt als das

Konkrete ist vielschichtiger als das Problem, als das Abstrakte. *Geht der Dramatiker vom Konflikt aus,* braucht er keine Lösung, sondern nur ein Ende, seine Handlung ist keine Illustration eines Problems, sondern die Darstellung eines Konflikts, bei der die verschiedenen Probleme, die der Konflikt stellt, zwar gezeigt werden können, jedoch nicht gelöst werden müssen. Die Beendigung eines Konflikts kann glücklich oder unglücklich ausfallen, der Dramatiker hat nicht ein Problem zu lösen, sondern seine Geschichte zu Ende zu denken. Beim Dramatiker vom Problem her ist die Frage nach Positiv oder Negativ sinnvoll, beim andern ist sie sinnlos, denn die Frage, ob Coriolan, König Lear, Tartuffe oder der Dorfrichter Adam positive oder negative Helden seien, ist Stumpfsinn.

Diese Frage, meine Damen und Herren, nach der Ausgangsposition meines eigenen Arbeitens, ging mir zum ersten Male am Beispiel des Hamlet auf, den Ernst Ginsberg spielte, an einem Stück, worin alles, was sich ereignet, jede Ungeheuerlichkeit und jeder unglückliche Zufall, nicht einem Problem, sondern einem Konflikt zuliebe geschieht; die Antwort, die ich darauf zu geben hatte, war nicht schlagartig, als eine Erleuchtung, sondern erst nachträglich, zuerst noch dunkel und vage, als Ahnung des Weges, den ich einzuschlagen hatte, von nun an nämlich *nur* vom Konflikt auszugehen. Nicht aus Mißachtung den Problemen gegenüber, sondern aus besorgter Achtung vor ihnen, weil sie bedenklich werden, werden sie nicht immer vom Konflikte her, vom Besonderen, korrigiert. Ich glaube an eine natürliche Arbeitseinteilung der menschlichen Gesellschaft. In ihr hat der Schriftsteller und mit ihm der Schauspieler den Menschen in seinen Konflikten sichtbar zu machen, ihn zu dokumentieren, der Denker, in welcher Form er sich auch präsentiert, hat die Probleme des Menschen zu finden und als Probleme zu lösen, die Menschheit braucht beide Darstellungsweisen, die denkerische als Vorschlag zur Lösung ihrer Konflikte, die künstlerische als Warnung, in ihren Lösungsversuchen nicht unmenschlich zu werden.

Ich nehme Abschied von Ernst Ginsberg. Er war mein Freund und als Schauspieler einer meiner Lehrer und ein Teil meiner Erfahrung mit dem Theater sowie der Schlüsse, die ich aus dieser Erfahrung gezogen habe. Für uns alle aber, meine Damen und Herren, war er etwas Einmaliges, wie jeder Schauspieler etwas Einmaliges ist, ein Sinnbild der Einmaligkeit eines jeden Menschen.

## Das Theater
### als moralische Anstalt heute

Rede zur Verleihung des Schiller-Gedächtnispreises
des Landes Baden-Württemberg

1986

Meine Damen und Herren

Nach mehr als vierzigjähriger Schriftstellerei als einzigem Beruf, den ich zwar nie gelernt, aber seit 1945 ausschließlich ausgeübt habe, bin ich nicht ungeübt im Entgegennehmen von Preisen. Zuerst bekommt man sie als einer, der zu bestimmten Hoffnungen berechtigt, später als einer, der zwar nicht alle Hoffnungen erfüllte, aber es zu einigem Ruhm brachte, endlich als eine Art Ehrensold für einen ausgedienten Recken des Schlachtfeldes der Literatur, zwischen erlegten Schriftstellern herumhumpelnd, die alten und neuen Wunden teils vernarbt, teils verbunden, bespickt und umsaust von bald berechtigten, bald stumpfen Pfeilen der Kritik. Wenn ich nun noch mit dem Schillerpreis des Landes Baden-Württemberg dekoriert werde, so empfinde ich bei diesem Festakt sogar einen Stolz besonderer Art, habe ich es doch in Sachen Schillerpreise zu einer gewissen Meisterschaft gebracht: Dieser ist der dritte. Sei es nun aus Zufall, aus Glück oder gar aus Übung. Der erste fiel mir 1959 in Mannheim zu, der zweite 1961 in Zürich, und nun darf ich den dritten hier entgegennehmen müssen. Diese grammatikalisch nicht ganz dudenreine Formel ist mir wohl unterlaufen, weil mit dem Preis-entgegennehmen-Dürfen auch ein Rede-halten-

Müssen verbunden ist. Hielt ich in Mannheim, in der Meinung, wenn ich schon einen Schillerpreis erhalte, müsse ich auch über Schiller sprechen, eine ausgedehnte Rede, vor mir ein strapaziertes Publikum, unter mir ein zeitungslesendes Orchester, hinter mir ein gemischter Chor, der dann Freude schöner Götterfunken, Tochter, Sie wissen es, aus Elysium, sang, fiel meine Rede in Zürich bedeutend kürzer aus, beinah bündig, von ihr halte ich nur noch die Sätze bedenkenswert, die falsche Weihe, die allzu große Mission, der tierische Ernst schadeten auf der Bühne, die nicht die Welt sei, nicht einmal deren Abbild, sondern eine vom Menschen erdichtete, erfabulierte Welt, in der die Leiden und Leidenschaften gespielt seien und nicht erduldet werden müßten und in welcher der Tod selbst nicht etwas Schreckliches, sondern nur einen dramaturgischen Kniff darstelle. Das Theater sei an sich komödiantisch, und auch die Tragödie, die es spiele, könnte es nur durch die komödiantische Lust an eben der Tragödie vollziehen. Aber gerade dadurch, daß das Theater Theater sei und nichts anderes, scheinbar das Unverbindlichste, werde es etwas Verbindliches, ein Gegenüber, ein Objektives, ein Maßstab, denn es vermöge nur an das Gewissen der Menschen zu appellieren, wenn es dies aus seiner Freiheit heraus tue, das heißt unwillkürlich. In der unwillkürlichen Moralität des Theaters liege seine Moral, nicht in seiner erstrebten. Mehr wäre auch heute zum Theater nicht zu sagen, außer daß ich, vorsichtiger geworden, statt das Gewissen der Menschen das Gewissen einiger Menschen formulieren würde, denn verhältnismäßig gehen ohnehin nur wenige ins Theater, und bei den wenigsten der wenigen, die ins Theater gehen, spielt ihr Gewissen mit. Nun kann nicht verschwiegen werden, daß Schiller unter der ›Schaubühne‹ – wie er das Theater nannte – etwas anderes verstand als eine Kunstform, die unwillkürlich wirkt, das heißt ungewollt, zufällig, oft ihren Intentionen entgegengesetzt, weil das Gewissen im Subjekt wurzelt, im einzelnen, nicht im allgemeinen, nicht im Publikum, weshalb einer von einem Theaterstück getroffen werden kann, ein anderer nicht. Schiller, von Kant beeinflußt, glaubte nicht nur an eine allgemein verpflichtende Vernunftsmoral, sondern auch an eine allgemein verpflichtende Vernunftsreligion. So führt er 1784 in seiner Vorlesung *Was kann eine gute stehende Schaubühne eigentlich wirken?* aus, derjenige, welcher zuerst die Bemerkung gemacht habe, daß eines Staats festeste Säule die Religion sei, daß ohne sie die Gesetze selbst ihre Kraft verlören, habe vielleicht, ohne es zu wollen oder zu wissen, die Schaubühne von ihrer edelsten Seite verteidigt. Ebendiese Unzulänglichkeit, diese schwankende Eigenschaft der politischen Gesetze, welche dem Staat die Religion unentbehrlich mache, bestimme auch den Einfluß der Bühne. Gesetze seien glatt und geschmeidig, wandelbar wie Laune und Leidenschaft – Religion binde streng und ewig. Religion (er trenne hier ihre politische Seite von ihrer göttlichen), Religion wirke im ganzen mehr auf den sinnlichen Teil des Volks – sie wirke vielleicht durch das Sinnliche allein so unfehlbar. Ihre Kraft sei dahin, wenn wir ihr dieses nähmen – und wodurch wirke die Bühne? Religion sei dem größern Teile der Menschen nichts mehr, wenn wir ihre Bilder, ihre Probleme vertilgten, wenn wir ihre Gemälde von Himmel und Hölle zernichteten –, und doch seien es nur Gemälde der Phantasie, Rätsel ohne Auflösung, Schreckbilder und Lockungen aus der Ferne. Welche Verstärkung für Religion und Gesetze, wenn sie mit der Schaubühne in Bund träten, wo Anschauung und lebendige Gegenwart sei, wo Laster und Tugend, Glückseligkeit und Elend, Torheit und Weisheit in tausend Gemälden faßlich und wahr an dem Menschen vorübergingen, wo die Vorsehung ihre Rätsel auflöse, ihren Knoten vor seinen Augen entwickle, wo das menschliche Herz auf den Foltern der Leidenschaft seine leisesten Regungen beichte, alle Larven fielen, alle Schminke verfliege und die Wahrheit unbestechlich wie Rhadamanthys Gericht halte. Später fährt Schiller fort, noch deutlicher werdend, wohin er ziele, daß, falls es die Oberhäupter und Vormünder des Staates verstünden, sie, vermittels der Schaubühne, die Meinungen der Nation über Regierung und Regenten zurechtweisen könnten, weil jede gesetzgebende Macht hier durch fremde Symbole zu den Untertanen sprechen, sich gegen seine Klagen verantworten, noch ehe sie laut würden, und seine Zweifelsucht bestechen würde, ohne es zu scheinen, das heißt wohl, ohne als Bestecher dazustehen, ja, daß sogar Industrie und Erfindungsgeist vor dem Schauplatz Feuer fangen könnten und würden, wenn die Dichter es der Mühe wert hielten, Patrioten zu sein, und der Staat sich herablassen wollte, sie zu hören. Genau gesehen ist es ein Geschäft, das Schiller vorschlägt. Der Staat solle das Theater unterhalten und das Theater den Staat erhalten helfen, für Geld Moral, wobei Schiller freilich dieses Geschäft an eine Bedingung knüpft, die er nur en passant erwähnt, als verstünde sie sich von selbst, die Bühnendichter und die Bühne seien nur dann imstande, patriotisch zu wirken, wenn der Staat auch auf sie höre. Dieses Geschäft hat sich in den zweihundert Jahren, seit es von Schiller vorgeschlagen wurde, höchst merkwürdig modifiziert. Aus den Regierungen und Regenten, die den einen Geschäftspartner bildeten, sind durch die technischen, wirtschaftlichen und in deren Folge politischen Umwälzungen einer in sich immer verflochteneren, bevölkerungsmäßig explodierenden Welt nur schwer variierbare institutionell legitimierte und funktionierende Apparate geworden, Staaten, keiner Moral, sondern Gesetzen unterworfen, durch die sie konstituiert wurden, und Forderungen, die sie selber erlassen haben, Gebilde jenseits von Gut und Böse wie monströse Verkehrsordnungen, während das Theater in eine noch seltsamere Lage geriet. War es einerseits bei Schiller das einzige Medium der dramatischen Kunst gewesen, bemächtigten sich derer durch die technische Entwicklung auch andere Medien, Film, Rundfunk, Fernsehen, gehorchen doch auch die Stücke, die für diese Medien gestaltet werden, dramaturgischen Gesetzen, andererseits wird das Theater nun vom Staat unterstützt wie noch nie, es luxuriert geradezu, wird selber zu einer komplizierten Institution, mit geregelten Arbeits- und geregelten Freizeiten für sein technisches, administratives und künstlerisches Personal. Vollständig in den Staat integriert, im Grunde unabhängig vom Publikum und ihm gleichgültig gegenüber, je nach personeller Konfiguration mit der Presse verfeindet oder verbrüdert, da sich Schauspieler, Regisseure, Intendanten, Kritiker und Schriftsteller in den gleichen elitären Gesellschaftskreisen bewegen, Fische im gleichen Aquarium, genießt die Schaubühne als moralische Anstalt eine vollkommene Freiheit, aber die Bedingung, die Schiller dem Staate gestellt hatte, er solle auf das Theater hören, ließ es fallen. Nicht etwa, weil der Staat auf die Moral der Schaubühne einging, die sie verkündigte, sondern weil er auf ihr Wesen einging: Die Politik wurde zur Bühne, auf der die Parteien sich selber zur Schau stellen mit dem Ziel, die Macht über den Staatsapparat zu erringen, wodurch der unpersönlich gewordene Staat wieder etwas Persönliches zu sein scheint. Dank des Rundfunks und des Fernsehens ziehen die Politiker in die Wohnstuben ein, mimen Landesväter und Volksvertreter, entfachen Gefühle und Mitgefühle, Emotionen, Feindbilder, Gefahren, das christliche Abendland steht auf dem Spiel, der Sozialstaat ist in Frage gestellt, jede Wahl wird zur Jahrhundertwahl, zur Schicksalswende, die an der Macht sind, verteufeln jene, die an die Macht wollen, und die an die Macht wollen jene, die an der Macht sind. Weil jedoch zu den Idealen, die keine Partei in Frage stellt, vor allem die Freiheit gehört und weil diese dort, wo sie fragwürdig ist, gefährlich wird, in der Industrie nämlich, die, verflochten mit der Weltwirtschaft, zum Wettbewerb verdonnert, verflucht ist, sich immer mehr zu rationalisieren, will sie rentieren, und damit immer wieder solche in die Freiheit entläßt, die sie nicht wollen, in die Arbeitslosigkeit als das irreversible Paradox der freien Marktwirtschaft, die nur auf Kosten jener vier Milliarden zu florieren vermag, die in der Dritten Welt leben, so läßt jede Politik die Freiheit dort zu, wo sie nicht schadet: in der Kultur. Eingeklemmt zwischen zwei Supermächten, deren unsinniges atomares Wettrüsten der Westen selber wettrüstend und Waffen verkaufend beklagt, braucht er seine kulturelle Freiheit als Alibi für seine mißbrauchte Freiheit. Wurde während des Krieges in der Schweiz Schillers *Don Carlos* gegeben, brach bei der Forderung des Marquis von Posa: »Geben Sie Gedankenfreiheit« das Publikum in einen tosenden Applaus aus. Heute schweigt das Publikum, Gedankenfreiheit haben alle, dem Theater sind durch seine Freiheit die Zähne gezogen. Als zahnlose Bestie fletscht es uns entgegen. Doch was für das Theater gilt, gilt für den ganzen Kunstbereich, höchstens was den lieben Gott betrifft und die Pornografie gibt es je nach politischer Landschaft gewisse zaghafte Widerstände, doch fürchtet sich bald jede Staatsmacht, als rückständig zu gelten. Der Versuch, mit der heutigen Kunst Protest zu erregen, wird immer schwieriger, so schwierig, daß ein Intendant in der verzweifelten Suche nach Mut ein Stück aufführen läßt, um mit diesem, das sonst niemand aufführen würde, weil es nicht einmal antisemitisch ist, sondern schlecht, einen Protest zu erzielen, worauf diejenigen, von denen man den Protest erwartet, prompt hereinfallen und protestieren: die Komödie von Frankfurt. Das frei gewordene Theater muß sich, will es noch immer um seine Freiheit kämpfen, seine Unfreiheit selber erschaffen. Die heutige Kunst gleicht einem Stück Land, das, vom Ufer losgerissen, einen Strom hinunter treibt, einem Katarakt entgegen, sich dabei in mehrere Inseln aufteilt. Ein jeder kann sich auf seiner Insel frei bewegen, der Richtung des Stroms entgegenschreiten, rundherum rennen, auf dem Kopf stehen, es ist gleichgültig, was er treibt, die Insel treibt dem Katarakt entgegen, die Kultur, unfähig, den Verlauf des Stromes zu ändern oder sein immer schnelleres Dahinschießen zu verhindern, ist unwirksam geworden, überflüssig dem Weltgeschehen gegenüber. Schreiben wird zur privaten Angelegenheit, die allzuleicht in die Gefahr gerät, privat zu werden. Wer aber heute vorgibt, für die Ewigkeit zu schreiben, ist ein Narr. Das Ende der Menschheit, noch in meiner Jugend in astronomischer Milliardenjahren-Ferne durch ein Aufblähen der immer heißeren Sonne, verknüpft mit der Hoffnung, die Menschheit würde inzwischen schon einen Weg gefunden haben, sich im Weltall anderswo anzusiedeln, ist durch den Menschen selber jederzeit möglich geworden. Tritt die atomare Selbstvernichtung nicht ein, gerät die Menschheit in eine noch nie geahnte geopolitische Zwangslage, Eingriffe in die Wirtschaft und in die Persönlichkeitsrechte werden notwendig, politische Umwälzungen. Die Menschheit, will sie nicht im Chaos versinken, wird vor dem schwersten Problem stehen, vor dem sie je stand, vor dem Frieden, waren doch die Kriege nur möglich, weil wir ihn nie zu meistern wußten. Auch heute nicht. Nun ist mir bewußt, daß ich eine dunkel grundierte Rede halte: unangemessen dem Fest, aber angemessen der Zeit, aber heute sprechen wir allzu sehr von dem, was wir sollten, aber allzu selten von dem, was ist, denn was wir sollten, hätten wir längst wollen sollen, es ist sinnlos, auf einem lecken Schiff von den Rettungsbooten zu sprechen, die fehlen. Doch wenn sich heute niemand von der Pflicht nachzudenken dispensieren darf, um so weniger von der Pflicht, sich jener Frage zu stellen, der er so gerne aus dem Wege geht, der Frage, warum er denn, wenn er schon sein Schreiben für sinnlos halte, weiterhin, wenn vielleicht auch nicht mehr Komödien, so doch Prosa schreibe. Ich weiß nur eine Antwort: Bin ich von Schiller gekommen, möchte ich mit einem Manne schließen, der von 1708 bis 1777 lebte, einundvierzig Jahre vor Schiller geboren wurde, diesen durch seine Lehrgedichte beeinflußte und im Jahre starb, als Schiller *Die Räuber* zu schreiben begann, einer unserer vergessenen Nationaldichter, noch bedeutender als Chirurg, Botaniker, Physiolog und Anatom, Professor in diesen Fächern in Göttingen, eine der berühmtesten Kapazitäten in seinen Wissenschaften des 18. Jahrhunderts, Albrecht von Haller, der wahrscheinlich Lessing veranlaßte, dessen Trauerspiel *Samuel Henzi,* das schon begonnen und angekündigt worden war, liegenzulassen. Henzi hatte versucht, die Regierung Berns zwar nicht zu stürzen, aber doch zu etwas mehr Demokratie zu bewegen, und wurde dafür am 17. Juli 1744 hingerichtet. Es hätte der Schweiz gutgetan, wenn sie neben Schillers *Wilhelm Tell* Lessings *Samuel Henzi* als Nationaltragödie bekommen hätte. 1753 kehrte Haller nach Bern zurück. Schon in Göttingen begann er das Tagebuch seiner Beobachtungen über Schriftsteller und über sich selber zu schreiben. Es wurde 1787 in der Hallerschen Buchhandlung in Bern von einem gewissen Heinzmann herausgegeben. Der zweite Band ist voller Selbstanklagen, Haller, geschüttelt vor Furcht, nach seinem Tode keine Gnade zu finden, fühlte sich mitschuldig am Tod seiner zwei Ehefrauen, als Arzt wußte er, daß er sie infiziert hatte, in seiner letzten Eintragung acht Tage vor seinem Tod schrieb er, er könne es nicht verhehlen, der Anblick des ihm so nahen Richters sei ihm furchtbar, wie wollte er vor diesem bestehen, wozu freilich der Herausgeber in einer Fußnote bemerkt: »So starb Haller der Ungläubige, oder der vom Mohnsaft zur Andacht hinaufgetriebene Hyperorthodoxe«, und darunter steht mit Tinte geschrieben: »Man ließ mich am Tage seines Todes dringend zu ihm bitten; ich war aber auf dem Lande, als ich späth in die Stadt kam, ging ich eilend hin, fand ihn aber seit einer ¼ Stunde tod. Herr Pfarrer Hopf war bey seinem Tode gegenwärtig. Der große Beobachter fühlte seinen Puls und im entscheidenden Puncte sprach er ›mein Gott! ich sterbe‹ und starb.« Die Lehre des Christentums, daß der Mensch zwar prinzipiell verdammt, aber durch einen Gnadenakt unverdienterweise erlöst, doch wenn er sich dieser Gnade nicht würdig erweise, dennoch verdammt sei, ist deren stärkste Waffe. Dem Menschen ist die Hölle sicher und die Seligkeit nur möglich, aber unsicher, was die Kathedralen in den Himmel schießen und ihre Wände mit Kunstwerken sich bedecken ließ, doch möchte ich an dieser Stelle die katholische Kirche bitten, das unwürdige Dogma, sie allein mache selig, fallenzulassen, weil sonst in ihren Augen Auschwitz für die Millionen Juden, die dort vergast wurden, nur ein Durchgangslager zur Hölle sein müßte. Auch wenn Schiller Himmel und Hölle als Gemälde der Phantasie durchschaut, als Schreckbilder und Lockungen aus der Ferne, so wuchern sie so sehr im Unbewußten fort, daß Albrecht von Haller die Höllenqualen noch in jener Ewigkeit fürchtete, von der er schrieb: »Ich häufe ungeheure Zahlen, Gebirge Millionen auf; ich wälze Zeit auf Zeit, und Welt auf Welt zu Hauf und wenn ich, von der grausen Höhe, mit Schwindeln wieder nach dir sehe, ist alle Macht der Zahl, vermehrt mit tausend Malen, noch nicht ein Teil von dir, ich zieh sie ab und du liegst ganz vor mir«, doch jetzt, wie der Tod naht, in diesem Hereinbrechen der Wirklichkeit, auf dieser Klippe, von der aus der Mensch ins Nichts fällt, in diesem Augenblick der absoluten Freiheit, wo jede Schuld ihren Stachel verliert, wo jede Reue sinnlos wird, verschwindet auch die Furcht vor der Hölle, ebenso wie die Hoffnung auf Vergebung, die Neugier des Arztes, des Beobachters wird übermächtig, Haller fühlt seinen Puls und stellt seine letzte Diagnose. Dieses Bild begleitet mich, seit ich das Buch mit der handschriftlichen Notiz aus dem Jahre 1787 des Pfarrers von Wyttenbach in einem alten, mit Schwarten vollgestopften Antiquariat am Faubourg de l'Hôpital in Neuchâtel für fünf Franken erstanden habe. Der sich den Puls fühlende, sterbende Haller ist mir ein Sinnbild für mein Schreiben geworden. Zwar bin ich weder von der Furcht bedrängt, jenseits in die Hölle zu kommen, noch getröstet von der Hoffnung auf ein seliges Leben, auch bleibt mir, wie ich in meiner ersten Schillerrede im Jahre 1959 ausführte, um mit ihr zu enden und den Kreis zu schließen, ist doch ein vierter Schillerpreis nicht mehr zu befürchten, wie jedem einzelnen, die Ohnmacht, das Gefühl, nicht mehr einschreiten, mitbestimmen zu können, aber auch die Ahnung einer großen Befreiung, von neuen Möglichkeiten, davon, daß nun die Zeit gekommen sei, entschlossen und tapfer das Meine zu tun, das noch Mögliche, im Wissen um die sinnlose Wirkungslosigkeit meines Tuns, weiterschreibend gleichsam meinen Puls zu fühlen, und das, Sie werden verblüfft sein, mit leicht erstauntem Humor, lebe ich doch, wenn ich meinen Puls fühle, und erreiche, unwillkürlich, durch einen nie voraussehbaren Zufall, einige, indem ich sie nachdenklich stimme oder, was mich auch etwas freut, ärgere. Es ist die Zeit, in der wir leben, unsere Zeit, fühle ich meinen Puls. Auch beim Schreiben. Ich habe es versucht. Es geht. Ich schreibe mit Bleistift.

## »*Andere Zeiten!*«
### Zwei Hörspiele

## Abendstunde im Spätherbst

Ein Hörspiel

1956

> »Der Herr Korbes muß ein
> recht böser Mann gewesen sein«
> Brüder Grimm

DER AUTOR *(auch als bloße Szenenbeschreibung oder als Anmerkung zu lesen)* Meine Damen, meine Herren. Zu Beginn halte ich es für meine Pflicht, Ihnen den Ort dieser vielleicht etwas seltsamen, aber – ich schwöre es – wahren Geschichte zu beschreiben. Zwar ist es nicht ganz ungefährlich, wahre Geschichten zu erzählen, jemand von der Polizei oder gar ein Staatsanwalt könnte schließlich zugegen sein, wenn auch nicht gerade dienstlich, doch darf ich mir dies insofern erlauben, weil ich genau weiß, daß Sie diese meine wahre Geschichte nicht für wahr halten, wenigstens offiziell nicht; denn in Wirklichkeit – inoffiziell sozusagen – wissen Sie natürlich – Hand aufs Herz – ganz genau, auch der möglicherweise anwesende Staatsanwalt oder Polizist, daß ich nur wahre Geschichten zum besten gebe. Nun, darf ich um eine kleine Anstrengung bitten? Stellen Sie sich den Salon eines Grandhotel-Appartements vor. Der Preis von Räubern abgekartet. Modern, für einen längeren Aufenthalt hergerichtet. Einverstanden? Links vor Ihnen (Sie brauchen nur die Augen zu schließen, dann sehen Sie den Raum deutlich, nur Mut,

Phantasie besitzen Sie wie alle Menschen, auch wenn Sie es vielleicht bezweifeln), links vor Ihnen erblicken Sie verschiedene Tische zusammengerückt. Interessiert Sie der Arbeitsplatz eines Schriftstellers? Bitte, treten Sie näher. Sie sind enttäuscht? Zugegeben, auch die Arbeitsplätze kleinerer Schriftsteller können so aussehen. Eine Unordnung von Papieren, eine Schreibmaschine, Manuskripte, eng mit Korrekturen übersät in verschiedenen Farben, Bleistifte, Kugelschreiber, Gummis, eine große Schere. Leim. Ein Dolch – na ja, aus Versehen hiehergekommen – *räuspert sich.* Hinter diesem Wirrwarr eine Art improvisierte Hausbar – Kognak, Whisky, Absinth, Rotwein usw. –, auch dies sagt nichts über die Größe, die Qualität, über das Genie des Schriftstellers aus, um den es hier geht, spricht nicht zu seinen Gunsten, aber auch nicht zu seinen Ungunsten. Doch beruhigen Sie sich: rechts im Zimmer herrscht Ordnung. Besser: verhältnismäßige Ordnung, wenn ich dieses – na ja, weibliche Kleidungsstück – versorgt habe, in die Ecke damit, und auch diesen Revolver – versorgen wir ihn in der Schublade. Fauteuils, groß, weich, bequem, von neuester Konstruktion, und überall liegen Bücher herum, an den Wänden Photographien, Bilder von – nun, das werden Sie vernehmen. Das schönste aber: der Hintergrund. Eine große, offene Türe, ein Balkon, die Aussicht bezaubernd, dem Preise entsprechend, ein lichter See, bedeckt noch vor wenigen Wochen mit weißen, roten Segeln, nun leer, eine tiefblaue Fläche, Hügel, Wälder dahinter, Vorberge. Der Himmel: abendlich. Strand, auch er verlassen, Spätherbst, alles in allem, eine Orgie in Gelb und Rot, doch auf den Tennisplätzen noch Leben, das Ticken von Ping-Pong. Hören Sie? Kehren wir ins Zimmer zurück.

Betrachten wir die Hauptpersonen unseres Spiels. Beginnen wir mit mir – Sie hören richtig – i c h bin eine der Hauptpersonen, es tut mir leid, wirklich. Doch will ich mir Mühe geben, Sie nicht allzu abrupt zu erschrecken. So schiebe ich mich denn vorsichtig von rechts in den Raum, komme eben aus dem Schlafzimmer, offenbar war ich eben beschäftigt – nun, das geht niemanden etwas an, womit ich eben beschäftigt war, obgleich es in gewissen Zeitungen stehen wird, in der ›Abendzeitung‹ etwa oder im ›Bild‹, was steht nicht alles in gewissen Zeitungen über mich, mein Leben ist verlottert, konfus, wild, skandalumwittert, ich will es nicht bestreiten, und den Rest sagt mein Name: Korbes – auch hier hören Sie richtig. Maximilian Friedrich Korbes, Romancier, Nobelpreisträger usw. usw., dick, braungebrannt, unrasiert, kahler Riesenschädel. Meine Eigenschaften: brutal, gehe aufs Ganze, versoffen. Sie sehen, ich bin ehrlich, wenn ich auch nur den Eindruck referiere, den die Welt von mir hat. Möglich, daß dieser Eindruck stimmt, möglich, daß ich so geschaffen bin, wie ich mich eben geschildert habe und wie Sie mich, meine Damen und Herren, von der Filmwochenschau, von den Illustrierten her kennen, die Königin von Schweden wenigstens – anläßlich der Verleihung des schon erwähnten Preises – meinte, ich sähe genau so aus. Dabei war ich im Frack, hatte allerdings ein Glas Bordeaux versehentlich über die königliche Abendrobe gegossen. Doch wer kennt wen, wer kennt sich. Man mache sich keine Illusion. Ich wenigstens kenne mich nur flüchtig. Kein Wunder. Die Gelegenheiten, mit sich selber Bekanntschaft zu machen, sind rar, stellten sich bei mir etwa ein, als ich über eine Eisfläche des Kilimandscharos in die Tiefe sauste, als die berühmte – na ja, Sie wissen schon, wen ich meine – eine gotische Madonna – nicht die rechts im Zimmer, sondern eine andere – auf meinem Kopf zerschmetterte, oder – nun, diesen Vorfall sollen Sie selber vernehmen. Ich wünsche Ihnen viel Vergnügen dabei. Doch zuerst noch ein Wort zu meiner Kleidung. Auch hier bitte: Verzeihen Sie; vor allem: Verzeihen Sie, meine Damen. Ich trage eine Pyjamahose und einen Schlafrock, offen, der nackte Oberkörper – weißbehaart – ist halb sichtbar. All dies ist nicht zu verschweigen. In der Hand: ein leeres Glas. Ich will zur Bar, stutze jedoch, wie ich den Besucher sehe, der sich unvermutet in meinem Arbeitszimmer befindet. Der Kerl ist bald beschrieben. Streng bürgerlich, klein, hager, einem alten Reisenden in Versicherungen nicht unähnlich, eine Mappe unter dem Arm. Näher auf den Herrn einzugehen ist nicht nötig, schon aus dem Grunde, daß er nach Ablauf unserer Geschichte auf eine ganz natürliche Weise nicht mehr vorhanden und deshalb auch nicht mehr von Interesse sein wird. Doch genug. Der Besucher beginnt zu sprechen, wir wären soweit.

DER BESUCHER *schüchtern* Ich freue mich, vor dem weltberühmten und weltverehrten Dichter Maximilian Friedrich Korbes zu stehen.

DER AUTOR *grob* Zum Teufel, was treiben Sie in meinem Arbeitszimmer?

DER BESUCHER Ihr Sekretär führte mich herein. Ich harre schon über eine Stunde.

DER AUTOR *nach einer Pause, etwas milder* Wer sind Sie?

DER BESUCHER Mein Name ist Hofer. Fürchtegott Hofer.

DER AUTOR *mißtrauisch* Sie kommen mir bekannt vor. *Dann geht ihm ein Licht auf.* Sie sind wohl der Mensch, der mich mit Briefen bombardiert?

DER BESUCHER Stimmt. Seit Sie in Iselhöhebad weilen. Sprach außerdem jeden Morgen beim Portier vor. Wurde abgewiesen. Endlich lauerte ich Ihrem Sekretär auf. Ein strenger junger Mann.

DER AUTOR Theologiestudent. Mausearm. Muß sein Studium verdienen.

DER BESUCHER Es gelang mir nur mit unendlicher Geduld, ihn zu überzeugen, daß diese Zusammenkunft für uns beide von größter Tragweite sein werde, verehrter Meister.

DER AUTOR Korbes. Den verehrten Meister sparen Sie sich.

DER BESUCHER Verehrter Herr Korbes.

DER AUTOR Wenn Sie schon in der Nähe der Bar stehen, reichen Sie mir den Whisky rüber – links außen steht die Flasche.

DER BESUCHER Bitte sehr.

DER AUTOR Danke schön. *Er schenkt sich ein.* Nehmen Sie auch einen?

DER BESUCHER Lieber nicht.

DER AUTOR Absinth? Campari? Ein anderes Getränk?

DER BESUCHER Auch nicht.

DER AUTOR *mißtrauisch* Abstinenzler?

DER BESUCHER Nur vorsichtig. Ich stehe schließlich einem Geistesriesen gegenüber. Ich fühle mich ein wenig wie der heilige Georg vor dem Kampf mit dem Lindwurm.

DER AUTOR Katholisch?

DER BESUCHER Evangelisch.

DER AUTOR Durst.

DER BESUCHER Sie sollten sich schonen.

DER AUTOR *grob* Sie haben mir keine Ratschläge zu geben.

DER BESUCHER Ich bin Schweizer, Herr Korbes. Darf ich den Raum näher betrachten, in welchem der Dichter arbeitet?

DER AUTOR Schriftsteller.

DER BESUCHER Der Schriftsteller arbeitet? Überall Bücher, Manuskripte. Darf ich die Photographien an der Wand betrachten? Faulkner. Mit eigenhändiger Unterschrift: ›Meinem lieben Korbes‹. Thomas Mann: ›Meinem bewunderten Korbes, sein verängstigter Thomas‹. Hemingway: ›Meinem besten Freunde Korbes, sein Ernest‹. Henry Miller: ›Meinem Seelenbruder Korbes. Nur in der Liebe und im Mord sind wir noch wahr‹. Und nun die Aussicht. Superb der Blick auf den See mit dem Hochgebirge dahinter und den wechselnden Wolkengebilden darüber. Und eben geht die Sonne unter. Rot. Gewaltig.

DER AUTOR *mißtrauisch* Sie schreiben wohl?

DER BESUCHER Ich lese. Kann Ihre ganzen Novellen auswendig.

DER AUTOR Lehrer von Beruf?

DER BESUCHER Buchhalter. Pensionierter Buchhalter der Firma Oechsli und Trost in Ennetwyl bei Horck.

DER AUTOR Setzen Sie sich.

DER BESUCHER Herzlichen Dank. Es bangt mir ein wenig vor diesen übermodernen Stühlen. Ein luxuriöses Appartement.

DER AUTOR Die Preise sind auch danach.

DER BESUCHER Kann ich mir denken. Iselhöhebad ist teuer. Für mich katastrophal. Dabei wohne ich höchst bescheiden in der Pension ›Seeblick‹. *Er seufzt.* In Adelboden war's billiger.

DER AUTOR In Adelboden?

DER BESUCHER In Adelboden.

DER AUTOR War ebenfalls in Adelboden.

DER BESUCHER Sie im Grandhotel ›Wildstrubel‹, ich im Erholungsheim ›Pro Senectute‹. Wir begegneten uns einige Male. So bei der Drahtseilbahn auf die Ängstligenalp und auf der Kurterrasse in Baden-Baden.

DER AUTOR In Baden-Baden waren Sie auch?

DER BESUCHER Auch.

DER AUTOR Während ich dort weilte?

DER BESUCHER Im christlichen Heim ›Siloah‹.

DER AUTOR *ungeduldig* Meine Zeit ist spärlich bemessen. Ich habe wie ein Sklave zu arbeiten, Herr –

DER BESUCHER Fürchtegott Hofer.

DER AUTOR Herr Fürchtegott Hofer. Mein Lebenswandel verschlingt Hunderttausende. Ich kann nur eine Viertelstunde für Sie aufwenden. Fassen Sie sich kurz, sagen Sie mir, was Sie wünschen.

DER BESUCHER Ich komme in einer ganz bestimmten Absicht.

*Der Autor steht auf.*

DER AUTOR Sie wollen Geld? Ich habe keines für irgend jemanden übrig. Es gibt eine so ungeheure Anzahl von Menschen, die keine Schriftsteller sind und die man anpumpen kann, daß man Leute von meiner Profession gefälligst in Ruhe lassen soll. Und im übrigen ist der Nobelpreis verjubelt. Darf ich Sie nun verabschieden.

DER BESUCHER *erhebt sich* Verehrter Meister –

DER AUTOR Korbes.

DER BESUCHER Verehrter Herr Korbes –

DER AUTOR Hinaus!

DER BESUCHER *verzweifelt* Sie mißverstehen mich. Ich bin nicht aus finanziellen Gründen zu Ihnen gekommen, sondern, weil – *entschlossen* – weil ich mich seit meiner Pensionierung als Detektiv betätige.

DER AUTOR *atmet auf* Ach so. Das ist etwas anderes. Setzen wir uns wieder. Da kann ich ja erleichtert aufatmen. Sie sind also jetzt bei der Polizei angestellt?

DER BESUCHER Nein, verehrter –

DER AUTOR Korbes.

DER BESUCHER Verehrter Herr Korbes. Ich bin Privatdetektiv geworden. Schon als Buchhalter gab es allerlei zu enthüllen, und nicht ganz ohne Erfolg. Ich war Revisor, ehrenhalber, in diesem und jenem Verein. Ja, es gelang mir sogar, den Gemeindekassier von Ennetwyl ins Zuchthaus zu bringen als Veruntreuer von Mündelgeldern. Doch, im Alter, wie nun etwas Erspartes zur Verfügung stand und meine Gattin kinderlos gestorben war, beschloß ich, gänzlich meiner Neigung zu leben, und dies auf Grund der Lektüre Ihrer Bücher.

DER AUTOR Meiner Bücher?

DER BESUCHER Ihrer unsterblichen Bücher! Meine Einbildungskraft entzündete sich an ihnen. Ich las sie fiebernd, mit Spannung, schlankweg hingerissen von den grandiosen Verbrechen, die Sie schildern. Ich wurde Detektiv wie etwa einer auf dem religiösen Gebiet, begeistert von der Meisterschaft, mit der der Teufel seine Arbeit verrichtet, Theologe werden könnte, erzeugt doch jeder Druck einen gleich heftigen Gegendruck. Mein Gott, und nun sitze ich hier, neben einem Nobelpreisträger, und die Sonne geht unter hinter dem Hüttliberg, und Sie trinken Whisky –

DER AUTOR Sie sind dichterisch veranlagt, lieber Fürchtegott Hofer.

DER BESUCHER Das kommt nur von der Lektüre Ihrer Schriften.

DER AUTOR Das tut mir leid. Sie sind eher ärmlich geklei-
det. Sie scheinen in Ihrem neuen Beruf nichts zu lachen
zu haben.

DER BESUCHER Ich bin allerdings nicht auf Rosen gebettet.

DER AUTOR Der Justizminister dieses Landes ist mein
Freund. Will ihm mal einen Wink geben. Auf welches
Gebiet der Kriminalistik haben Sie sich geworfen? Auf
Spionage? Auf Ehebruch? Auf den Rauschgift- oder
den Mädchenhandel?

DER BESUCHER Auf das literarische Gebiet.

*Der Autor steht auf.*

DER AUTOR *streng* Dann muß ich Sie zum zweitenmal
bitten, diesen Raum auf der Stelle zu verlassen!

DER BESUCHER *steht auf* Verehrter Herr Korbes!

DER AUTOR Sie sind Kritiker geworden.

DER BESUCHER Lassen Sie sich doch erklären –

DER AUTOR Hinaus!

DER BESUCHER *verzweifelt* Aber ich habe doch nur Ihre
Werke auf ihren k r i m i n e l l e n Gehalt hin untersucht!

DER AUTOR *beruhigt* Ach so. Dann können Sie bleiben.
Setzen wir uns wieder.

DER BESUCHER Ich bin so frei.

DER AUTOR Ich wurde schon tiefenpsychologisch, katholisch, protestantisch, existentialistisch, buddhistisch
und marxistisch gedeutet, aber noch nie auf die Weise,
wie Sie es unternommen haben.

DER BESUCHER Ich bin Ihnen denn auch eine Erklärung
schuldig, verehrter Meister –

DER AUTOR Korbes.

DER BESUCHER Verehrter Herr Korbes. Ich las Ihre

Werke auf Grund eines ganz bestimmten Verdachts. Was es in der Phantasie – in Ihren Romanen – gibt, mußte es auch in der Wirklichkeit geben, denn es scheint mir unmöglich, etwas zu erfinden, was es irgendwo nicht gibt.

DER AUTOR *stutzt* Eine ganz vernünftige Überlegung.

DER BESUCHER Auf Grund dieser Überlegung begann ich nach den Mördern Ihrer Romane in der Wirklichkeit zu suchen.

DER AUTOR *elektrisiert* Sie nahmen an, es existiere zwischen meinen Romanen und der Wirklichkeit ein Zusammenhang?

DER BESUCHER Richtig. Ich ging mit messerscharfer Logik vor. Ich analysierte zuerst Ihr Werk. Sie sind nicht nur der skandalumwittertste Schriftsteller unserer Epoche, von dessen Scheidungen, Liebesabenteuern, Alkoholexzessen und Tigerjagden die Zeitungen berichten, Sie sind auch als Verfasser der schönsten Mordszenen der Weltliteratur berühmt.

DER AUTOR Ich habe nie den Mord allein verherrlicht, es ging mir darum, den Menschen als Ganzes darzustellen, wozu freilich gehört, daß er auch zum Morde fähig ist.

DER BESUCHER Als Detektiv interessiert mich nicht so sehr, was Sie wollten, sondern, was Sie erreichten. Vor Ihnen sah man im Mord allgemein etwas Schreckliches, mit Ihnen gewinnt man auch dieser dunklen Seite des Lebens – oder besser des Sterbens – Größe und Schönheit ab. Man nennt Sie allgemein ›Old Mord und Totschlag‹.

DER AUTOR Nur ein Zeichen meiner Popularität.

DER BESUCHER Und Ihrer Kunst, echte Meistermörder zu erfinden, denen kein Mensch dahinterkommt.

DER AUTOR *neugierig* Sie meinen meine – Eigentümlich-
keit, den Verbrecher unentdeckt entkommen zu lassen?

DER BESUCHER Getroffen.

DER AUTOR Hm. Sie lasen meine Romane wie Polizei-
berichte?

DER BESUCHER Wie Mörderberichte. Ihre Helden morden weder aus Gewinnsucht noch enttäuschter Leidenschaft. Sie morden aus psychologischem Vergnügen,
aus Lebensgenuß, aus Raffinesse, aus Drang nach eige-
nem Erleben; Motive, welche die herkömmliche Kriminalistik nicht kennt. Sie sind für die Polizei, für den
Staatsanwalt buchstäblich zu tief, zu subtil. So vermuten diese Instanzen nicht einmal Mord, denn wo sie
keine Motive sehen, gibt es auch kein Verbrechen.
Nimmt man nun an, die Morde, die Sie beschreiben,
hätten wirklich stattgefunden, so müßten sie der Öffentlichkeit als Selbstmorde, Unglücksfälle oder auch
als natürliche Todesfälle erschienen sein.

DER AUTOR Logischerweise.

DER BESUCHER Genau so, wie sie der Öffentlichkeit in
Ihren Romanen erscheinen.

DER AUTOR Genau so.

DER BESUCHER An diesem Punkte meiner Untersuchung
kam ich mir wie jener spanische Ritter Don –

DER AUTOR Don Quijote.

DER BESUCHER Don Quijote vor, den Sie öfters in Ihren
Romanen erwähnen. Er zog aus, weil er die Ritter-
romane für wirklich nahm, und ich machte mich
dran, Ihre Romane für wirklich zu nehmen. Aber
ich ließ mich durch nichts abschrecken. ›Und wenn
die Welt voll Teufel wär‹ ist immer meine Parole gewesen.

DER AUTOR *begeistert* Großartig! Das ist ja geradezu

großartig, was Sie da unternommen haben! *Er klingelt.* Sebastian! Sebastian!

DER SEKRETÄR Herr Korbes wünschen?

DER AUTOR Wir werden die Nacht durcharbeiten müssen. Bieten Sie Herrn Hofer eine Zigarre an. Mit etwas werden wir ihm doch eine Freude bereiten können. Brasil? Havanna?

DER BESUCHER Nein. Nein. Nein. Wenn Sie gestatten, daß ich meinen heimatlichen Stumpen schmauche, den ich mit mir führe?

DER AUTOR Aber natürlich. Sie können gehen, Sebastian, und nehmen Sie diesen Dolch mit. Ich brauche ihn jetzt doch nicht.

DER SEKRETÄR Jawohl, verehrter Meister. *Ab.*

DER BESUCHER Habe das Prunkstück schon längst bemerkt, verehrter –

DER AUTOR Korbes.

DER BESUCHER Verehrter Herr Korbes. Ein Stoß, und jemand ist hin. Es ist äußerst scharf geschliffen.

DER AUTOR Feuer?

DER BESUCHER Genieße aus vollen Zügen.

DER AUTOR Genießen Sie, lieber Hofer, genießen Sie. Doch vor allem erzählen Sie weiter.

DER BESUCHER Ich hatte es nicht leicht, zu einem Resultat zu kommen. Eine minuziöse Kleinarbeit war zu leisten. Zuerst ackerte ich Ihren Roman ›Begegnung in einem fremden Lande‹ durch.

DER AUTOR Meinen ersten Roman.

DER BESUCHER Vor elf Jahren erschienen.

DER AUTOR Für den ich den Bollingenpreis erhielt und den Hitchcock verfilmte.

DER BESUCHER Ich kann nur ausrufen: Welch ein Wurf! Ein französischer Abenteurer, dick, braungebrannt, unrasiert, kahler Riesenschädel, verlumpt, genial und versoffen, lernt eine Dame kennen. Was Piekfeines, wie er sich ausdrückt, Gattin eines deutschen Attachés. Er lockt sie in ein zerfallenes Hotel Ankaras, in eine Absteige übelster Sorte, verführt sie, redet ihr ein, gewaltig in seiner Trunkenheit, ein Homer, ein Shakespeare, das höchste Glück liege in einem gemeinsamen Selbstmord. Sie glaubt an die Leidenschaft, die sie erlebt, betört von seinen wilden Ausbrüchen, nimmt sich das Leben. Im Liebesrausch. Doch er tötet sich nicht. Er zündet sich vielmehr eine Zigarette an und verläßt das Bordell. Er streicht durch verrufene Gassen, verprügelt einen Prediger der Türkenmission, raubt dessen Armenkasse aus und macht sich im Morgengrauen auf nach Persien. Auf Petrolsuche. Diese Handlung mag trivial sein, da mag die ›Neue Zürcher Zeitung‹ recht haben, doch in ihrer Knappheit, in ihrer Phrasenlosigkeit läßt sie Hemingway meilenweit hinter sich.

DER AUTOR *amüsiert* Sie haben nun doch nicht etwa gar in der Türkei nach dieser Geschichte geforscht, lieber Hofer?

DER BESUCHER Es blieb nichts anderes übrig. Ich verschaffte mir mit erheblichen Kosten aus Ankara Zeitungen aus dem Jahre 1954, in welchem Ihr Roman spielt, und ließ sie von einem türkischen Studenten der Eidgenössischen Technischen Hochschule durchsehen.

DER AUTOR Das Ergebnis?

DER BESUCHER Nicht die Gattin eines deutschen, sondern jene eines schwedischen Attachés, eine blonde, etwas reservierte Schönheit, beging Selbstmord. In einem Hotel übelster Sorte. Aus unbekannten Gründen, wie ich richtig vermutete.

DER AUTOR Und der Mann, mit dem sie dieses – Hotel besuchte?

DER BESUCHER Unbekannt – Doch muß es sich nach den Aussagen des Portiers um ein Individuum deutscher Sprache gehandelt haben. Auch wurde wirklich ein Prediger der Türkenmission verprügelt, doch war er in einem zu bejammernswerten Zustand, um genaue Angaben über das Verschwinden der Armenkasse machen zu können. Dann untersuchte ich ›Mister X langweilt sich‹.

DER AUTOR Die Lieblingslektüre Churchills.

DER BESUCHER Ihr zweiter Roman. Ein Meisterwerk. Mister X, einst ein Strolch, nun ein arrivierter Schriftsteller, Präsident des amerikanischen PEN-Clubs, begegnet in Saint-Tropez einem sechzehnjährigen Mädchen. Er ist von der Schönheit und Natürlichkeit des Kindes bezaubert. Die gewaltige Natur, der Spiegel des Meers, die unbarmherzige Sonne läßt ihn zum Urmenschen werden, urmenschlich reagieren. Vergewaltigung, Mord, unermeßlich strömender Regenschauer eines Gewitters. Wohl die bezauberndsten und entsetzlichsten Seiten zugleich, die je geschrieben wurden. Die Sprache wie skizziert, doch von höchster lichter Prägnanz. Der Polizeiapparat, der aufgeboten wird, Motorräder, heranheulende Radiowagen, das Suchen nach dem Mörder, die Verdächtigungen, die allein vor dem Schuldigen haltmachen, der zu berühmt, zu bewundert ist, um die Ahnung der Wahrheit hochkommen zu lassen. Im Gegenteil. Mister X, bevor er nach London dampft, um den Lord-Byron-Preis entgegenzunehmen, nimmt an der Beerdigung teil, mit deren Beschreibung das Werk wie eine antike Tragödie schließt.

DER AUTOR *lächelnd* Lieber Hofer, Sie reden sich da in eine gewaltige Begeisterung hinein.

DER BESUCHER *eindringlich* Neunzehnhundertsieben-
undfünfzig, vor zehn Jahren, wurde eine sechzehnjäh-
rige Engländerin bei Saint-Tropez vergewaltigt und er-
mordet.

DER AUTOR Und der Mörder?

DER BESUCHER Unbekannt.

DER AUTOR Wie der Mörder der Schwedin?

DER BESUCHER Genau so. *Zögernd* Trotz eines überwälti-
genden Polizeiapparates.

DER AUTOR *stolz* Trotz.

DER BESUCHER Die offiziellen Stellen besitzen nicht den
geringsten Anhaltspunkt.

DER AUTOR Machten Sie weitere Entdeckungen?

DER BESUCHER Darf ich Ihnen ein dahingehendes Verzeichnis überreichen? Eine Liste jener Personen, bei
denen ich eine Übereinstimmung mit Gestalten Ihrer
Dichtung feststellte. Bitte sehr.

DER AUTOR Das sind – zweiundzwanzig Namen.

DER BESUCHER Sie schrieben auch zweiundzwanzig Romane, verehrter Herr Korbes.

DER AUTOR Alle diese Personen sind tot?

DER BESUCHER Sie schieden teils durch Selbstmord, teils
durch Unglücksfall unvermutet aus dem Leben, sehen
wir vom Fall der vergewaltigten Engländerin ab.

DER AUTOR Weshalb steht hinter dem Namen der argenti-
nischen Multimillionärin Juana ein Fragezeichen?

DER BESUCHER Diese Frau entspricht der Mercedes, die in
Ihrem Roman ›Böse Nächte‹ von Ihrem Helden erwürgt wird. Die Multimillionärin starb jedoch in Ost-
ende eines natürlichen Todes.

DER AUTOR Hm – eine – kostbare – Liste.

DER BESUCHER Das Resultat zehnjähriger kriminalisti-
scher Arbeit. Dazu kommt eine weitere merkwürdige

Tatsache. Alle diese Selbstmorde und Unglücksfälle spielten sich an Orten ab, in denen Sie – verehrter Herr Korbes – auch weilten.

DER AUTOR *etwa wie ein ertappter Schuljunge* So.

DER BESUCHER Sie waren in Ankara, als die Schwedin, in Saint-Tropez, als die Engländerin starb, an all den andern zwanzig Orten, als die andern zwanzig starben. Ich erinnere nur an Minister von Wattenwil in Davos, an Fürstin Windischgräz in Biarritz, an Lord Liverpool in Split –

DER AUTOR All die, die auf der Liste stehen.

DER BESUCHER Ohne Ausnahme.

DER AUTOR Sie zogen mir nach, Herr Hofer?

DER BESUCHER Wollte ich kein Dilettant sein, mußte ich Ihnen nachziehen. Von Ferienort zu Ferienort, von einem teuren Bad ins andere.

DER AUTOR Sie hielten sich also nicht nur in Adelboden und Baden-Baden auf?

DER BESUCHER Ich war überall, wo Sie auch weilten.

DER AUTOR *neugierig* War dies nicht äußerst kostspielig?

DER BESUCHER Ruinös. Dabei waren meine Mittel kärglich, meine Pension, bei den Riesensummen, die die Firma Oechsli und Trost verdient, lächerlich. Ich mußte haushalten, Entbehrungen auf mich nehmen. Manche Reise sparte ich mir buchstäblich, verehrter –

DER AUTOR *ermahnend* Korbes.

DER BESUCHER Verehrter Herr Korbes, vom Munde ab. Nur Südamerika vor sieben Jahren war mir zu unerschwinglich, und dann natürlich Ihre jährlichen Exkursionen in den indischen und afrikanischen Dschungel –

DER AUTOR Macht nichts, lieber Hofer. Da jag ich auch nur Tiger und Elefanten.

DER BESUCHER Doch sonst war ich immer in Ihrer Nähe.

DER AUTOR Offensichtlich.

DER BESUCHER Wo wir auch weilten, Sie in einem Luxushotel, ich in einer schäbigen Pension, erfolgte ein Unglücksfall, den Sie nachträglich als Mord beschrieben.

DER AUTOR Lieber Hofer, Sie sind einer der erstaunlichsten Menschen, der mir je begegnet ist.

DER BESUCHER Es stellte sich mir denn auch – naturgemäß – die Frage, wie diese – Verbindungen zwischen Ihren Werken und der Wirklichkeit zustande gekommen sein könnten.

DER AUTOR Allerdings.

DER BESUCHER Bei konsequenter logischer Durchdringung der Materie stieß ich auf zwei Möglichkeiten. Entweder nahmen Sie Personen aus der Wirklichkeit zum Modell Ihrer Geschichten, oder Ihre Geschichten spielten sich auch in der Wirklichkeit so ab, wie Sie sie schrieben.

DER AUTOR Zugegeben.

DER BESUCHER *gewichtig* Diese zweite These angenommen, wären Ihre Geschichten, die jedermann als Schöpfungen Ihrer sprudelnden Phantasie bewundert, in Wahrheit Tatsachenberichte. Lange habe ich geschwankt, mich zu dieser These zu entschließen, doch heute weiß ich, daß sie die einzig mögliche ist. Doch damit stellt sich ein neues Problem: Wenn diese Romane Tatsachenberichte sind, müssen auch die Mörder Tatsache sein, was unerbittlich nach der Frage ruft: Wer sind diese Mörder?

DER AUTOR Was haben Sie herausgefunden?

DER BESUCHER *eisern* Wir müssen die verschiedenen Mörder in e i n e n zusammenziehen. Ihre Helden tragen eindeutig die Züge e i n e s Menschen. Gewaltig, mit meist nackter Brust in den entscheidenden Mordstunden, mit kahlem Riesenschädel, die Züge wildbegeistert, Whisky trinkend und stets leicht betrunken, stürmt er durch das barockene Meer Ihrer Prosa.

*Schweigen.*

DER BESUCHER Sie sind der Mörder.

DER AUTOR Sie wollen damit behaupten, daß ich verschiedene Male –

DER BESUCHER Einundzwanzigmal.

DER AUTOR Zweiundzwanzigmal.

DER BESUCHER Einundzwanzigmal. Die argentinische Multimillionärin bildet eine Ausnahme.

DER AUTOR Nun gut. Fast zweiundzwanzigmal gemordet habe?

DER BESUCHER Es ist meine felsenfeste Überzeugung. Ich sitze nicht nur einem der bedeutendsten Dichter, sondern auch einem der bedeutendsten Mörder aller Zeiten gegenüber.

DER AUTOR *nachdenklich* Zweiund –

DER BESUCHER *hartnäckig* Einundzwanzigmal.

DER AUTOR Einundzwanzigmal. Wenn man dies so hört –

DER BESUCHER Man wird ganz andächtig dabei, verehrter Meister.

*Stille.*

DER AUTOR *lächelnd* Nun, lieber Fürchtegott Hofer, was wollen Sie jetzt eigentlich von mir?

DER BESUCHER Verehrter Herr Korbes. Meine Entdeckung ist heraus. Ich kann aufatmen. Ich habe vor diesem Augenblick gezittert, doch ich habe mich nicht getäuscht. Ich sehe Sie gefaßt, mir weiterhin freundlich zugetan. Lassen Sie mich deshalb auch weiterhin mit fürchterlicher Offenheit reden.

DER AUTOR Bitte.

DER BESUCHER Ich hatte anfangs nichts anderes im Sinne, als Sie der öffentlichen Gerechtigkeit zu übergeben.

DER AUTOR Haben Sie Ihren Sinn geändert?

DER BESUCHER Jawohl, verehrter Meister.

DER AUTOR Weshalb?

DER BESUCHER Ich habe Sie nun zehn Jahre beobachtet. Ich sah, mit welcher Meisterschaft Sie Ihrer Leidenschaft nachgingen, mit welcher Überlegenheit Sie Ihre Opfer wählten, mit welcher Gelassenheit Sie ans Werk gingen.

DER AUTOR Sie bewundern mich?

DER BESUCHER Unendlich.

DER AUTOR Als Mörder oder als Schriftsteller?

DER BESUCHER Sowohl kriminalistisch als auch literarisch. Je mehr ich auf Ihre kriminellen Schliche komme, desto mehr lerne ich Ihre dichterischen Finessen schätzen. Ich bin entschlossen, Ihrer Kunst ein ungeheuerliches Opfer zu bringen.

DER AUTOR Das wäre?

DER BESUCHER *still und einfach* Ich bin bereit, auf das höchste Glück zu verzichten: auf meinen Ruhm.

DER AUTOR Sie wollen mich nicht anzeigen?

DER BESUCHER Ich verzichte darauf.

DER AUTOR Und was erwarten Sie für eine Gegenleistung?

DER BESUCHER Eine kleine – Anerkennung.

DER AUTOR In welcher Form?

DER BESUCHER Ich bin – bankrott. Ich habe meiner Kunst alles geopfert. Ich bin unfähig, ein Leben weiterzuführen, an das ich mich im Dienste der kriminalistischen Wissenschaft gewöhnt habe. Ich kann es mir nicht mehr leisten, von einem teuren Badeort in den andern zu ziehen. Ich bin gezwungen, mit Schimpf und Schande nach Ennetwyl bei Horck zurückzukehren, als eine gescheiterte Existenz, wenn Sie nicht – *Er zaudert.*

DER AUTOR Fahren Sie fort.

DER BESUCHER Wenn Sie nicht meiner Pension von Oechsli und Trost zusätzlich ein kleines Taschengeld beisteuern, verehrter Herr Korbes, so sechshundert oder siebenhundert Schweizerfranken im Monat, damit ich – diskret – weiterhin an Ihrem Leben teilnehmen darf als Ihr Bewunderer und Mitwisser.

*Schweigen.*

DER AUTOR Mein lieber Fürchtegott Hofer. Auch ich will Ihnen nun ein Geständnis machen, auch ich will nun mit fürchterlicher Offenheit reden, wie Sie sich ausdrücken. Sie sind zweifellos der größte Detektiv, dem ich je begegnet bin. Ihr Scharfsinn, Ihre kriminalistischen Talente führen Sie nicht in die Irre. Ich gestehe.

*Schweigen.*

DER BESUCHER Sie geben es zu?

DER AUTOR Ich gebe es zu.

DER BESUCHER Die Schwedin?

DER AUTOR Die Schwedin.

DER BESUCHER Die junge Engländerin?

DER AUTOR Auch die.

DER BESUCHER Die Fürstin Windischgräz?

DER AUTOR Ebenso. Und auch die argentinische Multimillionärin.

DER BESUCHER Tut mir leid. Die muß ich ausschließen.

DER AUTOR Mein Herr –

DER BESUCHER Sie wissen genau, daß Sie da mogeln, verehrter Meister.

DER AUTOR Also gut. Die Multimillionärin nicht.

DER BESUCHER Sonst haben Sie alle einundzwanzig Morde
begangen?

DER AUTOR Alle einundzwanzig. Ich lasse mich nicht
lumpen.

*Schweigen.*

DER BESUCHER *andächtig* Es ist dies die feierlichste Stunde
meines Lebens.

DER AUTOR Sie haben recht. Die feierlichste Stunde Ihres
Lebens. Doch dies vielleicht in einem etwas anderen
Sinne, als Sie glauben.

*Aus der Schlafzimmertüre rennt eine junge Dame ver-
zweifelt durch den Raum und verschwindet.*

DIE JUNGE DAME Maximilian Friedrich, ich muß einfach
zu Papa.

DER BESUCHER War dies nicht die reizende Tochter des
englischen Obersten im Zimmer nebenan, die eben
bloßfüßig vorüberhuschte?

DER AUTOR Gewiß!

DER BESUCHER Ihr nächstes Opfer?

DER AUTOR Kaum. Mein nächstes Opfer ist jemand anders. Vergessen Sie nicht, Herr Hofer, daß Sie trotz der
Richtigkeit Ihrer Untersuchung einen Fehler begingen.

Haben Sie sich nie überlegt, es könnte gefährlich sein, mit Ihrem Wissen um mein – Privatleben bei mir vorzusprechen?

DER BESUCHER Sie meinen, daß Sie mich – ermorden könnten?

DER AUTOR Genau das.

DER BESUCHER Aber natürlich, verehrter Herr Korbes. Ich habe an diese Gefahr gedacht. Und ich habe seelenruhig alle erdenklichen Vorsichtsmaßnahmen getroffen, die Lage sondiert. Über Ihnen logiert ein berühmtes Fräulein vom Film aus Amerika, rechts ein englischer Oberst, links eine bürgerliche Witwe.

DER AUTOR Pardon, eine verwitwete Herzogin.

DER BESUCHER Irrtum, forschte nach: Ihr Mann war Portier eines Genfer Etablissements, und unter Ihnen wohnt der lungenkranke Erzbischof von Cernowitz. Ein Hilferuf – und ein Skandal bricht los, der die Welt erschüttert. Deshalb müßten Sie mich lautlos umbringen. Es käme nur Vergiftung in Frage.

DER AUTOR Verstehe. Deshalb haben Sie also kein Getränk zu sich genommen?

DER BESUCHER Deshalb. Es fiel mir nicht leicht. Ich bete Whisky geradezu an.

DER AUTOR Auch keine Zigarre geraucht.

DER BESUCHER Den Tenor Lorenz Hochsträßer haben Sie schließlich mit einer besonders leichten Havanna vernichtet, die mit einem indianischen Gift durchtränkt war.

DER AUTOR Mein lieber Fürchtegott Hofer. Sie vergessen, daß Sie aus Ennetwyl bei Horck kommen.

DER BESUCHER Unterschätzen Sie dieses Dorf nicht. Ennetwyl ist durchaus weltaufgeschlossen und weist ein reges kulturelles Leben auf.

DER AUTOR Gerade darum. Vor allem Orte mit einem regen kulturellen Leben sind heutzutage hinter dem Mond, sonst hätten Sie von der Sinnlosigkeit Ihrer Nachforschungen wissen müssen. *Er schenkt sich Whisky ein.* Sie haben nur bewiesen, was keines Beweises bedarf.

*Schweigen.*

DER BESUCHER *bestürzt* Sie wollen damit sagen –
DER AUTOR Jawohl. Was Sie als Ihr Geheimnis betrachten, weiß die Welt schon lange.
DER BESUCHER *außer sich* Das ist unmöglich. Ich habe alle seriösen Zeitungen aufs genaueste durchforscht und nicht den geringsten Hinweis gefunden.
DER AUTOR Die Wahrheit finden Sie heutzutage nur in den Klatschzeitungen, Fürchtegott Hofer. Sie sind voll von meinen Morden. Glauben Sie, daß die Menschen meine Werke verschlingen würden, wenn sie nicht wüßten, daß ich nur Morde beschreibe, die ich begehe?
DER BESUCHER Aber verehrter Meis –
DER AUTOR Korbes.
DER BESUCHER Verehrter Herr Korbes – Dann wären Sie doch längst verhaftet!
DER AUTOR *verwundert* Warum denn?
DER BESUCHER *verzweifelt* Weil Sie doch gemordet haben! Massenhaft!
DER AUTOR Na und? Wir waren seit jeher im Sinne der bürgerlichen Moral Ungeheuer! Denken Sie an Goethe, Balzac, Baudelaire, Verlaine, Rimbaud, Edgar Allan Poe. Doch nicht nur das. Entsetzte sich die Welt anfangs noch, bewunderte sie uns mit der Zeit immer

mehr, gerade weil wir Ungeheuer sind. Wir stiegen dermaßen in der sozialen Stufenleiter, daß man uns wie höhere Wesen bestaunt. Die Gesellschaft hat uns nicht nur akzeptiert, sie interessiert sich auch fast nur noch für unseren Lebenswandel. Wir sind der Wunschtraum von Millionen geworden, als Menschen, die sich alles erlauben dürfen, alles erlauben sollen. Unsere Kunst ist nur der Freipaß für unsere Laster und Abenteuer. Glauben Sie, ich hätte den Nobelpreis für die Novelle ›Der Mörder und das Kind‹ erhalten, wenn ich nicht selbst dieser Mörder wäre? Sie sehen diese Briefe. Sie liegen haufenweise in meinem Zimmer herum. Damen der höchsten Gesellschaft, Bürgersfrauen, Dienstmädchen bieten sich in ihnen an, sich von mir ermorden zu lassen.

DER BESUCHER Ich träume.

DER AUTOR So erwachen Sie endlich. Daß der Schriftsteller an der Sprache, an der Form arbeite, glauben nur Kritiker. Die wahre Literatur beschäftigt sich nicht mit Literatur, sie hat die Menschheit zu befriedigen. Die dürstet nicht nach einer neuen Form, oder nach sprachlichen Experimenten, und am wenigsten nach Erkenntnissen, die dürstet nach einem Leben, das die Hoffnung nicht braucht, weil es die Hoffnung nicht mehr gibt, nach einem Leben so prall an Erfüllung, an Augenblick, an Spannung, an Abenteuer, wie es in unserer Maschinenwelt der Masse nicht mehr die Wirklichkeit, sondern nur noch die Kunst liefern kann. Die Literatur ist eine Droge geworden, die ein Leben ersetzt, das nicht mehr möglich ist. Doch um diese Droge herzustellen, müssen leider die Schriftsteller das Leben führen, das sie beschreiben, und daß dies einem mit der Zeit – besonders wenn man ein gewisses Alter erreicht hat – höllenmäßig zusetzt, können Sie mir glauben.

*In der Eingangstüre erscheint eine weitere junge Dame.*

DIE ZWEITE JUNGE DAME Maximilian Friedrich.
DER AUTOR Hinaus!

*Die zweite junge Dame verschwindet ebenfalls.*

DER AUTOR Das war die Filmschauspielerin aus Amerika. Als junger Mann versuchte ich mich als strenger Stilist. Einige Lokalredaktoren klopften mir auf die Achsel, sonst interessierte sich kein Hund für mich. Mit Recht. Ich gab die Schriftstellerei auf und trieb mich als gescheiterte Existenz herum, ging auf Petrolsuche nach Persien. Doch auch hier versagte ich. So blieb mir nichts anderes übrig, als mein Leben zu beschreiben. Ich dachte, ich würde verhaftet. Der erste, der mir gratulierte und mir eine bedeutende Summe vorstreckte, war der schwedische Attaché, und mein Liebesabenteuer mit seiner Frau wurde mein erster Welterfolg. So, und nun nehmen Sie auch einen Whisky, da Sie ihn ja geradezu anbeten.

*Er schenkt ein.*

DER BESUCHER Danke – ich bin – ich weiß nicht – danke –
DER AUTOR Wie ich nun begriff, was die Welt wollte, habe ich ihr von nun an das Gewünschte geliefert. Ich schrieb nur noch mein Leben. Ich ließ meinen Stil fallen, um ohne Stil zu schreiben, und siehe, da besaß ich auf einmal Stil. So wurde ich berühmt, doch mein Ruhm zwang mich, ein immer wilderes Leben zu führen, weil man mich in immer abscheulicheren Situationen sehen, durch mich all das erleben wollte, was verboten war.

Und so wurde ich zum Massenmörder! Alles, was nun geschah, diente meinem Ruhme. Man hat meine Bücher eingestampft, der Vatikan setzte sie auf den Index, die Auflagen wurden immer größer. Und nun kommen Sie! Mit Ihrer lächerlichen Beweisführung, daß meine Romane der Wahrheit entsprächen. Bei keinem Gericht der Welt würden Sie durchdringen, weil die Welt mich so will, wie ich bin. Man würde Sie für verrückt erklären, wie man alle jene für verrückt erklärte, die es schon versuchten! Glauben Sie, Sie seien der erste? Mütter, Gattinnen, Ehemänner, Söhne kamen schon racheschnaubend zu den Rechtsanwälten gestürzt. Noch jeder Prozeß wurde eingestellt, Staatsanwälte, Justizminister, ja Staatspräsidenten griffen zu meinen Gunsten im Namen der Kunst siegreich ein. Noch jeder machte sich lächerlich, der mich vor ein Gericht zu schleppen versuchte. Sie sind ein Narr, Fürchtegott Hofer. Sie haben auf eine unsagbar sträfliche Weise Ihre Ersparnisse verschleudert. Erwarten Sie von mir nicht, daß ich diese ersetze. Erwarten Sie vielmehr etwas anderes. Schreien Sie um Hilfe!

DER BESUCHER *ängstlich* Um Hilfe?

DER AUTOR Ich habe einen neuen Stoff nötig.

DER BESUCHER Einen neuen Stoff?

DER AUTOR Der neue Stoff sind Sie.

DER BESUCHER Was wollen Sie damit sagen?

DER AUTOR Höchste Zeit, mich in die Arbeit zu stürzen.

DER BESUCHER *grauenerfüllt* Warum ziehen Sie denn auf einmal einen Revolver hervor?

DER AUTOR Immer noch nicht begriffen?

DER BESUCHER Ich gehe, ich gehe ja schon.

DER AUTOR Ich habe den Revolver nicht gezogen, damit Sie gehen, sondern damit Sie sterben.

DER BESUCHER Ich schwöre Ihnen, bei allem was mir heilig ist, daß ich Iselhöhebad auf der Stelle verlassen und nach Ennetwyl zurückkehren werde.

DER AUTOR Sie haben mir die Idee zu einem Hörspiel gegeben, und nun müssen Sie sterben, denn ich schreibe nur, was ich erlebe, weil ich überhaupt keine Phantasie besitze, weil ich nur schreiben kann, was ich erlebe. Durch mich werden Sie in die Weltliteratur eingehen, Fürchtegott Hofer. Millionen werden Sie sehen, wie Sie nun vor mir stehen, angstgeschüttelt, die Augen, den Mund weit aufgerissen, Abgründe, in die Katarakte des Entsetzens stürzen, eine Buchhalterfratze der unendlichen Ahnungslosigkeit, die erlebt, wie sich die Wahrheit ihr Korsett vom Leibe reißt.

DER BESUCHER Hilfe!

*Stille.*

DER AUTOR Nun? Stürzen die Leute herbei? Kommen Ihnen das Fräulein vom Film, der englische Oberst, der Erzbischof von Cernowitz zu Hilfe?

DER BESUCHER Sie – Sie sind der Satan.

DER AUTOR Ich bin ein Schriftsteller und brauche Geld. Das Hörspiel, das ich über Ihre Ermordung schreiben werde, wird über alle Sender laufen. Ich muß Sie töten. Schon rein finanziell. Glauben Sie, es sei mir ein Vergnügen? Weiß Gott, ich würde tausendmal lieber mit Ihnen eine Flasche Wein trinken unten in der Halle und später etwas kegeln, als die Nacht mit der Beschreibung Ihres Todes hinzubringen.

DER BESUCHER Gnade, verehrter Meister!

DER AUTOR Korbes.

DER BESUCHER Verehrter Herr Korbes, Gnade! Ich flehe Sie an.

DER AUTOR Für die Beschäftigung mit Literatur gibt es keine Gnade.

*Der Besucher weicht auf den Balkon zurück.*

DER BESUCHER Hilfe!

DER AUTOR *mit mächtiger Stimme* Sie sind der dreiundzwanzigste Fall!

DER BESUCHER Der zweiund –

*Gepolter. Dann ein langgezogener verhallender Schrei.*

DER BESUCHER Hilfe!

*Stille.*

DER AUTOR So ein Stümper.

DER SEKRETÄR Herr Korbes! Um Gottes willen, was ist geschehen?

DER AUTOR Mein Besucher hat sich vom Balkon in die Tiefe gestürzt, Sebastian. Er schien plötzlich von einer panischen Angst erfaßt worden zu sein. Keine Ahnung, weshalb. Doch da kommt schon der Hoteldirektor.

DER HOTELDIREKTOR Verehrter Herr Korbes! Ich bin untröstlich! Sie wurden von einem Individuum belästigt! Es liegt zerschmettert in den Rosen. Der Mann ist dem Portier seit langem als verrückt aufgefallen. Mein Gott, zum Glück wurde durch seinen Sturz niemand verletzt.

DER AUTOR Sorgen Sie dafür, daß mich niemand stört.

DER HOTELDIREKTOR *sich zurückziehend* Aber selbstverständlich, verehrter Herr Korbes, selbstverständlich.

DER AUTOR An die Arbeit, Sebastian. Doch zuerst will ich mir eine Zigarre in Brand stecken.

DER SEKRETÄR Feuer.

DER AUTOR Zünden Sie dieses Verzeichnis an auf dem Tisch.

DER SEKRETÄR Was sind denn dies für Namen?

DER AUTOR Irgendwelche Namen. Geben Sie her. Damit geht es am besten. Danke. – Wir müssen uns beeilen. Morgen packen wir die Koffer. Iselhöhebad hat seine Aufgabe erfüllt, wir fahren nach Mallorca.

DER SEKRETÄR Nach Mallorca?

DER AUTOR Etwas Mittelmeer tut nun gut. Bereit?

DER SEKRETÄR Bereit, Herr Korbes.

DER AUTOR Zuerst noch einen Whisky.

DER SEKRETÄR Bitte sehr.

DER AUTOR Ich diktiere: Meine Damen, meine Herren. Zu Beginn halte ich es für meine Pflicht, Ihnen den Ort dieser vielleicht etwas seltsamen, aber – ich schwöre es – wahren Geschichte zu beschreiben. Zwar ist es nicht ganz ungefährlich, wahre Geschichten zu erzählen, jemand von der Polizei oder gar ein Staatsanwalt könnte schließlich zugegen sein, wenn auch nicht gerade dienstlich, doch darf ich mir dies insofern erlauben, weil ich genau weiß, daß Sie diese meine wahre Geschichte nicht für wahr halten, wenigstens offiziell nicht; denn in Wirklichkeit – inoffiziell sozusagen – wissen Sie natürlich – Hand aufs Herz – ganz genau, auch der möglicherweise anwesende Staatsanwalt oder Polizist, daß ich n u r wahre Geschichten zum besten gebe. Nun, darf ich um eine kleine Anstrengung bitten? Stellen Sie sich den Salon eines Grandhotel-Appartements vor –

## Nächtliches Gespräch
## mit einem verachteten
## Menschen

### Ein Kurs für Zeitgenossen

1952

*Eine Fensterscheibe klirrt.*

DER MANN *ruhig und laut* Kommen Sie bitte herein.

*Stille.*

DER MANN Kommen Sie herein. Es hat keinen Sinn, auf
dem Fenstersims sitzen zu bleiben in dieser unangeneh-
men Höhe, wenn Sie schon heraufgeklettert sind. Ich
kann Sie ja sehen. Der Himmel da draußen hinter Ihrem
Rücken ist immer noch heller in seiner Dunkelheit als
die Finsternis dieses Zimmers.

*Ein Gegenstand fällt auf den Boden.*

DER MANN Sie haben die Taschenlampe fallen lassen.
DER ANDERE Verflixt.
DER MANN Es hat keinen Sinn, nach ihr auf dem Boden zu
suchen. Ich mache Licht.

*Ein Schalter knackt.*

DER ANDERE Vielen Dank, Herr.

DER MANN So. Da sind Sie. Die Situation ist gleich sympathischer, wenn man sich sieht. Sie sind ja ein älterer Mann!

DER ANDERE Haben Sie einen jungen erwartet?

DER MANN Allerdings. Ich habe dergleichen erwartet. Nehmen Sie auch die Taschenlampe wieder zu sich. Sie liegt rechts vom Stuhl.

DER ANDERE Verzeihung.

*Eine Vase zersplittert.*

DER ANDERE Verflixt nochmal. Jetzt habe ich eine chinesische Vase umgeworfen.

DER MANN Den griechischen Weinkrug.

DER ANDERE Kaputt. Es tut mir leid.

DER MANN Macht nichts. Ich werde kaum noch Gelegenheit haben, ihn zu vermissen.

DER ANDERE Es ist schließlich nicht mein Metier, Fassaden zu klettern und einzubrechen. Was jetzt von einem verlangt wird, soll doch der Teufel – meine Ungeschicklichkeit tut mir wirklich leid, Herr!

DER MANN Das kann vorkommen.

DER ANDERE Ich glaubte –

DER MANN Sie waren der Meinung, ich schliefe im andern Zimmer. Ich verstehe. Sie konnten wirklich nicht wissen, daß ich um diese Zeit noch im Finstern an meinem Schreibtisch sitze.

DER ANDERE Normale Menschen liegen um diese Zeit im Bett.

DER MANN Wenn normale Zeiten sind.

DER ANDERE Ihre Frau?

DER MANN Machen Sie sich keine Sorgen. Meine Frau ist gestorben.

DER ANDERE Haben Sie Kinder?

DER MANN Mein Sohn ist in irgendeinem Konzentrationslager.

DER ANDERE Die Tochter?

DER MANN Ich habe keine Tochter.

DER ANDERE Sie schreiben Bücher? Ihr Zimmer ist voll davon.

DER MANN Ich bin Schriftsteller.

DER ANDERE Liest jemand die Bücher, die Sie schreiben?

DER MANN Man liest sie überall, wo sie verboten sind.

DER ANDERE Und wo sie nicht verboten sind?

DER MANN Haßt man sie.

DER ANDERE Beschäftigen Sie einen Sekretär oder eine Sekretärin?

DER MANN In Ihren Kreisen müssen über das Einkommen der Schriftsteller die wildesten Gerüchte zirkulieren.

DER ANDERE So befindet sich demnach zur Zeit außer Ihnen niemand in der Wohnung?

DER MANN Ich bin allein.

DER ANDERE Das ist gut. Wir brauchen absolute Ruhe. Das müssen Sie begreifen.

DER MANN Sicher.

DER ANDERE Es ist klug von Ihnen, mir keine Schwierigkeiten zu machen.

DER MANN Sie sind gekommen, mich zu töten?

DER ANDERE Ich habe diesen Auftrag.

DER MANN Sie morden auf Bestellung?

DER ANDERE Mein Beruf.

DER MANN Ich habe es immer dunkel geahnt, daß es heute in diesem Staat auch Berufsmörder geben muß.

DER ANDERE  Das war immer so, Herr. Ich bin der Henker
dieses Staats. Seit fünfzig Jahren.

*Stille.*

DER MANN  Ach so. Du bist der Henker.

DER ANDERE  Haben Sie jemand anders erwartet?

DER MANN  Nein. Eigentlich nicht.

DER ANDERE  Sie tragen Ihr Schicksal mit Fassung.

DER MANN  Du drückst dich reichlich gewählt aus.

DER ANDERE  Ich habe es heute vor allem mit gebildeten
Leuten zu tun.

DER MANN  Es tut nur gut, wenn die Bildung wieder etwas
Gefährliches wird. Willst du dich nicht setzen?

DER ANDERE  Ich setze mich ein wenig auf die Schreib-
tischkante, wenn es Sie nicht geniert.

DER MANN  Tu nur wie zu Hause. Darf ich dir einen
Schnaps offerieren?

DER ANDERE  Danke, aber erst für nachher. Vorher trinke
ich nicht. Damit die Hand sicher bleibt.

DER MANN  Das sehe ich ein. Nur mußt du dich dann selbst
servieren. Ich habe ihn extra für dich gekauft.

DER ANDERE  Sie wußten, daß Sie zum Tode verurteilt
worden sind?

DER MANN  In diesem Staate ist alles zum Tode verurteilt,
und es bleibt einem nichts anderes mehr übrig, als
durchs Fenster in den unermeßlichen Himmel zu starren und zu warten.

DER ANDERE  Auf den Tod?

DER MANN  Auf den Mörder. Auf wen sonst? Man kann in
diesem verfluchten Staat alles berechnen, denn nur das
Primitive ist wirklich übersichtlich. Die Dinge nehmen
einen so logischen Verlauf, als wäre man in eine Hack-

303

maschine geraten. Der Ministerpräsident hat mich angegriffen, man weiß, was dies bedeutet, die Reden Seiner Exzellenz pflegen unästhetische Folgen zu haben. Meine Freunde beschlossen zu leben und zogen sich zurück, da sich jeder zum Tode verurteilt, der mich besucht. Der Staat schloß mich in das Gefängnis seiner Ächtung ein. Aber einmal mußte er die Mauern meiner Einsamkeit aufbrechen. Einmal mußte er einen Menschen zu mir schicken, wenn auch nur, um mir den Tod zu geben. Auf diesen Menschen habe ich gewartet. Auf einen, der so denkt, wie meine wahren Mörder denken. Diesem Menschen wollte ich noch einmal – zum letztenmal – sagen, wofür ich ein ganzes Leben lang gekämpft habe. Ich wollte ihm zeigen, was die Freiheit ist, ich wollte ihm beweisen, daß ein freier Mann nicht zittert. Und nun bist du gekommen.

DER ANDERE Der Henker.

DER MANN Mit dem zu reden es keinen Sinn hat.

DER ANDERE Sie verachten mich?

DER MANN Wer hätte dich je achten können, verächtlichster unter den Menschen.

DER ANDERE Einen Mörder hätten Sie geachtet?

DER MANN Ich hätte ihn wie einen Bruder geliebt, und ich hätte mit ihm wie mit einem Bruder gekämpft. Mein Geist hätte ihn besiegt in der Triumphstunde meines Todes. Aber nun ist ein Beamter zu mir durch das Fenster gestiegen, der tötet und einmal fürs Töten eine Pension beziehen wird, um satt wie eine Spinne auf seinem Sofa einzuschlafen. Willkommen, Henker!

DER ANDERE Bitte schön.

DER MANN Du wirst verlegen. Das ist verständlich, ein Henker kann nicht gut antworten: Es freut mich, Ihre Bekanntschaft zu machen.

DER ANDERE Sie fürchten sich nicht?

DER MANN Nein. Wie denkst du, die Exekution auszuführen?

DER ANDERE Lautlos.

DER MANN Ich verstehe. Es muß Rücksicht auf die Familien genommen werden, die noch in diesem Hause wohnen.

DER ANDERE Ich habe ein Messer bei mir.

DER MANN Also gewissermaßen chirurgisch. Werde ich zu leiden haben?

DER ANDERE Es geht schnell. In Sekunden ist es vorbei.

DER MANN Du hast schon viele auf diese Weise getötet?

DER ANDERE Ja. Schon viele.

DER MANN Es freut mich, daß der Staat wenigstens einen Fachmann schickt und keinen Anfänger. Habe ich noch etwas Bestimmtes zu tun?

DER ANDERE Wenn Sie sich entschließen könnten, den Kragen zu öffnen.

DER MANN Darf ich mir vorher noch eine Zigarette anzünden?

DER ANDERE Klar. Das ist Ehrensache. Das bewillige ich jedem. Es eilt auch gar nicht so mit dem andern.

DER MANN Eine Camel. Rauchst du auch eine?

DER ANDERE Erst nachher.

DER MANN Natürlich. Du machst alles erst nachher. Wegen der Hand. Dann lege ich sie zum Schnaps.

DER ANDERE Sie sind gütig.

DER MANN Zu einem Hund ist man immer gütig.

DER ANDERE Da haben Sie Feuer.

DER MANN Ich danke dir. So. Und nun ist auch der Kragen offen.

DER ANDERE Sie tun mir wirklich leid, Herr.

DER MANN Ich finde es auch etwas bedauerlich.

DER ANDERE Dabei dürfen Sie von Glück sagen, daß dies alles so ganz privat in dieser Nacht zu geschehen hat.

DER MANN Ich fühle mich auch ungemein bevorzugt.

DER ANDERE Sie sind eben ein Schriftsteller.

DER MANN Nun?

DER ANDERE Da werden Sie für die Freiheit sein.

DER MANN Nur.

DER ANDERE Dafür sind sie jetzt alle, die ich töten muß.

DER MANN Was versteht ein Henker schon von der Freiheit!

DER ANDERE Nichts, Herr.

DER MANN Eben.

DER ANDERE Sie haben Ihre Zigarette zertreten.

DER MANN Ich bin etwas nervös.

DER ANDERE Wollen Sie jetzt sterben?

DER MANN Noch eine Zigarette, wenn ich darf.

DER ANDERE Rauchen Sie nur. Die meisten rauchen vorher noch eine Zigarette und dann noch eine. Jetzt sind's amerikanische und englische. Früher französische und russische.

DER MANN Das kann ich mir denken. Zwei Zigaretten vor dem Tod und ein Gespräch mit dir, das möchte ich auch nicht missen.

DER ANDERE Obgleich Sie mich verachten.

DER MANN Man gewöhnt sich auch ans Verächtliche. Aber dann ist es höchste Zeit zum Sterben.

DER ANDERE Hier haben Sie noch einmal Feuer, Herr.

DER MANN Danke.

DER ANDERE Jeder hat eben doch ein wenig Furcht.

DER MANN Ja. Ein wenig.

DER ANDERE Und man trennt sich ungern vom Leben.

DER MANN Wenn es keine Gerechtigkeit mehr gibt, trennt

man sich leicht davon. Aber von der Gerechtigkeit wirst du auch nichts verstehen.

DER ANDERE Auch nicht, Herr.

DER MANN Siehst du, ich habe nie im geringsten das Gegenteil angenommen.

DER ANDERE Die Gerechtigkeit ist eine Sache von euch da draußen, denke ich. Wer soll auch klug werden daraus. Ihr habt ja immer wieder eine andere. Da lebe ich nun fünfzig Jahre im Gefängnis. Ich werde ja erst in der letzten Zeit auch nach außen geschickt, und dies nur bei Nacht. Hin und wieder lese ich eine Zeitung. Hin und wieder drehe ich das Radio an. Dann vernehme ich vom rasenden Ablauf der Schicksale, vom unaufhörlichen Versinken und Aufsteigen der Mächtigen und Glänzenden, vom donnernden Vorbeigang ihrer Trosse, vom stummen Untergang der Schwachen, doch bei mir bleibt sich alles gleich. Immer die gleichen grauen Mauern, die gleiche rinselnde Feuchtigkeit, die gleiche schimmelnde Stelle oben an der Decke, die fast wie Europa aussieht im Atlas, der gleiche Gang durch den dunklen, langen Korridor in den Hof hinaus im fahlen Morgengrauen, die immer gleichen bleichen Gestalten in Hemd und Hose, die mir entgegengeführt werden, das immer gleiche Zögern, wenn sie mich erblicken, das immer gleiche Zuschlagen, bei Schuldigen und bei Unschuldigen: zuschlagen, zuschlagen wie ein Hammer, zuschlagen wie ein Beil, das man nicht fragt.

DER MANN Du bist eben ein Henker.

DER ANDERE Ich bin eben ein Henker.

DER MANN Was ist einem Henker schon wichtig!

DER ANDERE Die Art, wie einer stirbt, Herr.

DER MANN Die Art, wie einer krepiert, willst du sagen.

DER ANDERE Da sind gewaltige Unterschiede.

DER MANN  Nenne mir diese Unterschiede.

DER ANDERE  Es ist gewissermaßen die Kunst des Sterbens, nach der Sie fragen.

DER MANN  Dies scheint die einzige Kunst zu sein, die wir heute lernen müssen.

DER ANDERE  Ich weiß weder, ob man diese Kunst lehren kann, noch wie man sie lernt. Ich sehe nur, daß sie einige besitzen und viele nicht, daß Stümper in dieser Kunst zu mir kommen und große Meister. Sehen Sie, Herr, vielleicht wäre für mich alles leichter zu verstehen, wenn ich mehr von den Menschen wüßte, wie sie in ihrem Leben sind, was sie denn eigentlich unternehmen die ganze ungeheure Zeit über, bis sie zu mir kommen; was das heißt, heiraten, Kinder haben, Geschäfte machen, eine Ehre besitzen, eine Maschine handhaben, spielen und trinken, einen Pflug führen, Politik betreiben, sich für Ideen oder ein Vaterland aufopfern, nach Macht streben, und was man nur immer tut. Das werden gute Leute sein oder schlechte, gewöhnliche und kostspielige, so wie man eben versteht zu leben, wie es die Umstände ergeben, die Herkunft, die Religion, oder das Geld, das man gerade dazu hat, oder zu was einem der Hunger treibt. Daher weiß ich denn auch nicht die ganze Wahrheit vom Menschen, sondern nur meine Wahrheit.

DER MANN  Zeig sie her, deine Henkerswahrheit.

DER ANDERE  Zuerst habe ich mir das alles ganz einfach vorgestellt. Ich war ja auch nicht viel mehr denn ein dumpfes Tier, eine brutale Kraft mit der Aufgabe zu henken. Da habe ich mir gedacht: Alles, was man verlieren kann, ist das Leben, etwas anderes als das Leben gibt es nicht, der ist ein armer Teufel, der dieses Leben verliert. Aus diesem Grunde war ich ja auch ein Henker geworden, damals vor fünfzig Jahren, um mein Leben wiederzugewinnen, das ich, aufgewachsen wie ein rohes Stück Vieh, vor dem Gericht verloren hatte, und als Gegenleistung verlangte man eben, daß ich ein tüchtiger Henker werde. Das Leben wollte doch auch verdient sein. Ich wurde Henker, wie einer da draußen bei euch Bäcker wird oder General: um zu leben. Und das Leben war das gleiche wie Henken. War das nicht ehrlich gedacht?

DER MANN Gewiß.

DER ANDERE Nichts schien mir natürlicher, als daß ein Kerl sich wehrte, wenn er sterben mußte, wenn sich zwischen ihm und mir ein wilder Kampf entspann, bis ich seinen Kopf auf dem Richtblock hatte. So starben die wilden Burschen aus den Wäldern, die im Jähzorn töteten oder einen Raubmord unternahmen, um ihrem Mädchen einen roten Rock zu kaufen. Ich verstand sie und ihre Leidenschaften, und ich liebte sie, war ich doch einer von ihnen. Da war Verbrechen in ihrem Handeln und Gerechtigkeit in meinem Henken, die Rechnung war klar und ging auf. Sie starben einen gesunden Tod.

DER MANN Ich verstehe dich.

DER ANDERE Und dann waren andere, die starben anders, obgleich es mir manchmal scheint, daß es doch ein gleiches Sterben war. Die behandelten mich mit Verachtung und starben stolz, Herr, hielten vorher prächtige Reden über die Freiheit und über die Gerechtigkeit, spotteten über die Regierung, griffen die Reichen an oder die Tyrannen, daß es einem kalt über den Rücken lief. Die, denke ich, starben so, weil sie sich im Recht glaubten und vielleicht auch recht hatten, und nun wollten sie zeigen, wie gleichgültig ihnen der Tod war. Auch hier war die Rechnung klar und einfach: Es war Krieg zwischen ihnen und mir. Sie starben im Zorn und in der Verachtung, und ich schlug im Zorn zu, die Gerechtigkeit lag bei beiden, meine ich. Die starben einen imposanten Tod.

DER MANN Brav umgekommen! Mögen heute viele so sterben!

DER ANDERE Ja, Herr, das ist eben das Merkwürdige: Heute stirbt man nicht mehr so.

DER MANN Wie das, Schurke! Gerade heute ist jeder ein Rebell, der durch deine Hand stirbt.

DER ANDERE Ich glaube auch, daß viele so sterben möchten.

DER MANN Es steht jedem frei, zu sterben, wie er will.

DER ANDERE Nicht mehr bei diesem Tod, Herr. Da gehört durchaus Publikum dazu. Das war vorher noch so unter den vorigen Regierungen, da war die Hinrichtung ein Anlaß, zu dem man feierlich erschien: Der Richter war da, der Staatsanwalt, der Verteidiger, ein Priester, einige Journalisten, Ärzte und andere Neugierige, alle in schwarzem Gehrock, wie zu einem Staatsakt, und manchmal war sogar noch ein Trommelwirbel dabei, um die Angelegenheit recht imposant zu machen. Da lohnt es es sich für den Verurteilten noch, eine zündende Schmährede zu halten, der Staatsanwalt hat sich oft genug geärgert und auf die Lippen gebissen. Aber heute hat sich das geändert. Man stirbt allein mit mir. Nicht einmal ein Priester ist dabei, und es war ja auch vorher kein Gericht. Da man mich verachtet, spricht man auch nicht mehr, und das Sterben stimmt dann auch nicht, weil die Rechnung nicht aufgeht und der Verurteilte zu kurz kommt. So sterben sie denn, wie Tiere sterben, gleichgültig, und das ist doch auch nicht die rechte Kunst. Wenn es aber doch ein Gericht gegeben hat, weil dies der Staat bisweilen braucht, und wenn einmal doch der Staatsanwalt und der Richter erscheinen, da ist der Verurteilte ein gebrochener Mann, der alles mit sich machen läßt. Das ist dann ein trauriger Tod. Es sind eben andere Zeiten gekommen, Herr.

DER MANN Andere Zeiten! Sogar der Henker nimmt dies wahr!

DER ANDERE Es wundert mich nur, was in der Welt heute denn eigentlich los ist.

DER MANN Der Henker ist los, mein Freund! Auch ich wollte sterben wie ein Held. Und nun bin ich mit dir allein.

DER ANDERE Allein mit mir in der Stille dieser Nacht.

DER MANN Auch mir bleibt nichts anderes übrig, als umzukommen, wie die Tiere umkommen.

DER ANDERE Es gibt ein anderes Sterben, Herr.

DER MANN So erzähle mir, wie man in unserer Zeit anders stirbt denn ein Tier.

DER ANDERE Indem man demütig stirbt, Herr.

DER MANN Deine Weisheit ist eines Henkers würdig! Man soll in dieser Zeit nicht demütig sein, Bube! Man soll auch nicht demütig sterben. Diese Tugend ist heute unanständig geworden. Man soll bis zum letzten Atemzug gegen die Verbrechen protestieren, die an der Menschheit begangen werden.

DER ANDERE Das ist die Sache der Lebenden, aber die Sache der Sterbenden ist eine andere.

DER MANN Die Sache der Sterbenden ist die gleiche. Da soll ich zu nächtlicher Stunde in diesem Zimmer, umgeben von meinen Büchern, von den Dingen meines Geistes, von dir, einem verächtlichen Menschen, noch vor dem ersten Morgengrauen getötet werden, ohne Anklage, ohne Gericht, ohne Verteidigung, ohne Urteil, ja ohne Priester, was doch sonst jedem Verbrecher zukommt, geheim, wie der Befehl heißt, ohne daß die Menschen es wissen dürfen, nicht einmal die, welche in diesem Haus schlafen. Und du verlangst Demut von mir! Du Narr, die Schmach der Zeit, die aus Mördern Staatsmänner und aus Henkern Richter macht, zwingt die Gerechten, wie Verbrecher zu sterben. Verbrecher kämpfen, hast du gesagt. Gut gesprochen, Henker! Ich werde mit dir kämpfen.

DER ANDERE Es ist sinnlos, mit mir zu kämpfen.

DER MANN Daß nur noch der Kampf mit dem Henker einen Sinn hat, macht diese Zeit so barbarisch.

DER ANDERE Sie treten zum Fenster.

DER MANN Mein Tod soll in dieser Nacht nicht versinken wie ein Stein versinkt, lautlos, ohne Schrei. Mein Kampf soll gehört werden. Ich will durch dieses offene Fenster in die Straße hineinschreien, hinein in diese unterjochte Stadt! *Er schreit* Hört, ihr Leute, hier kämpft einer mit seinem Henker! Hier wird einer wie ein Tier abgeschlachtet! Leute, springt aus euren Betten! Kommt und seht, in welchem Staat wir heute leben!

*Stille.*

DER MANN Du hinderst mich nicht?

DER ANDERE Nein.

DER MANN Ich schreie weiter.

DER ANDERE Bitte.

DER MANN *unsicher* Du willst nicht mit mir kämpfen?

DER ANDERE Der Kampf wird beginnen, wenn meine Arme dich umfangen.

DER MANN Ich sehe! Die Katze spielt mit einer Maus. Hilfe!

*Stille.*

DER ANDERE Es bleibt still auf der Straße.

DER MANN Als ob ich nicht geschrien hätte.

DER ANDERE Es kommt niemand.

DER MANN Niemand.

DER ANDERE Nicht einmal im Hause hört man etwas.

DER MANN Keinen Schritt.

*Stille.*

DER ANDERE Schreien Sie ruhig noch einmal.

DER MANN Es hat keinen Sinn.

DER ANDERE Jede Nacht schreit einer so wie Sie in die Straßen dieser Stadt hinein, und niemand hilft ihm.

DER MANN Man stirbt heute allein. Die Furcht ist zu groß.

*Stille.*

DER ANDERE Wollen Sie sich nicht wieder setzen?

DER MANN Es bleibt mir wohl nichts anderes übrig.

DER ANDERE Sie trinken Schnaps.

DER MANN Das tut gut, wenn man sich auf einen Kampf mit dir vorbereitet. Da, Lumpenhund! *Er speit.*

DER ANDERE Sie sind verzweifelt.

DER MANN Ich speie dir Schnaps ins Gesicht, und du bleibst ruhig. Es bringt dich nichts aus der Fassung.

DER ANDERE Ich muß diese Nacht auch nicht sterben, Herr.

DER MANN Der Henker bleibt ewig leben. Ich habe bis jetzt mit jenen Waffen gekämpft, die eines Mannes würdig sind, mit den Waffen des Geistes: Ich war ein

Don Quijote, der mit einer guten Prosa gegen eine schlechte Bestie vorging. Lächerlich! Nun muß ich, schon erlegt und schon von ihren Pranken zerfetzt, mit meinen Zähnen zubeißen, ein ebenso zukunftsreiches Unternehmen. Welche Komödie! Ich kämpfe für die Freiheit und besitze nicht einmal eine Waffe, um den Henker in meiner Wohnung über den Haufen zu schießen. Darf ich noch eine Zigarette rauchen?

DER ANDERE Sie brauchen nicht zu fragen, Herr, wenn Sie doch mit mir kämpfen wollen.

*Stille.*

DER MANN *leise* Ich kann nicht mehr kämpfen.

DER ANDERE Das müssen Sie auch nicht.

DER MANN Ich bin müde.

DER ANDERE Das wird jeder einmal, Herr.

DER MANN Verzeih, daß ich dir den Schnaps ins Gesicht spie.

DER ANDERE Ich verstehe das.

DER MANN Du mußt Geduld mit mir haben. Das Sterben ist eine gar zu schwere Kunst.

DER ANDERE Sie zittern, und das Streichholz bricht in Ihrer Hand immer wieder entzwei. Ich werde Ihnen Feuer geben.

DER MANN Wie die zwei vorigen Male.

DER ANDERE Genauso.

DER MANN Danke. Noch diese. Dann werde ich dir keine Schwierigkeiten mehr machen. Ich habe mich dir ergeben.

DER ANDERE Wie die Demütigen, Herr.

DER MANN Wie meinst du das?

DER ANDERE Nichts ist so schwer zu verstehen wie die

Demütigen, Herr. Schon bis man sie nur erkennt, geht es lange. Zuerst habe ich sie immer verachtet, bis ich erkannte, daß sie die großen Meister des Sterbens sind. Wenn man wie ein gleichgültiges Tier stirbt, so ergibt man sich mir und läßt mich zuschlagen, ohne sich zu wehren. Das tun auch die Demütigen, und doch ist es anders. Es ist nicht ein Sich-Ergeben aus Müdigkeit. Zuerst dachte ich: Das kommt von der Angst. Aber gerade die Demütigen haben keine Angst. Endlich glaubte ich herausgefunden zu haben: Die Demütigen waren die Verbrecher, die ihren Tod als eine Strafe hinnahmen. Merkwürdig war nur, daß auch Unschuldige so starben, Menschen, von denen ich genau wußte, daß mein Zuschlagen ungerecht befohlen war.

DER MANN  Das verstehe ich nicht.

DER ANDERE  Auch mich hat das verwirrt, Herr. Bei der Demut der Verbrecher war es mir klar, aber daß auch ein Unschuldiger so sterben konnte, begriff ich nicht, und doch starben sie ebenso, als geschähe kein Verbrechen an ihnen und als bestände ihr Tod zu Recht; ich fürchtete mich eine Zeitlang, wenn ich zuschlagen mußte, und ich haßte mich geradezu, wenn ich es tat, so irrsinnig und unbegreiflich war dieser Tod. Mein Zuschlagen war sinnlos.

DER MANN  *müde und traurig* Narren! Es waren Narren! Was nützt so ein Tod? Wenn man einmal vor dem Henker steht, ist es gleichgültig, welche Pose man annimmt. Die Partie ist verloren.

DER ANDERE  Das glaube ich nicht.

DER MANN  Du bist bescheiden, Henker. Doch heutzutage bist du der große Sieger.

DER ANDERE  Ich kann Ihnen nur sagen, was ich von de-

nen gelernt habe, die unschuldig starben und demütig,
Herr.

DER MANN  Ei! Du lernst auch noch von den Unschuldigen, die du tötest? Das nenne ich praktisch!

DER ANDERE  Ich habe keinen ihrer Tode vergessen.

DER MANN  Da mußt du ein riesiges Gedächtnis haben.

DER ANDERE  Ich denke an nichts anderes.

DER MANN  Was lehrten dich die Unschuldigen und Demütigen?

DER ANDERE  Was ich besiegen kann und was unbesiegbar
ist.

DER MANN  Deine Macht findet ein Ende?

*Stille.*

DER MANN  Nun? Du zögerst? Wenn wir so auf den Hund
gekommen sind, daß nur noch die Henker philosophieren, laß hören.

DER ANDERE  Die Macht, Herr, die mir gegeben worden
ist und die ich mit meinen Händen ausübe, der silberne
Halbkreis des niederfallenden Beils, der Blitz des zusto-
ßenden Messers in der Tiefe der Nacht oder die sanfte
Schlinge, die ich um einen Hals lege, ist nur ein kleiner
Teil der Macht derer, die auf dieser Erde den Menschen
vergewaltigen. Alle Gewalttat ist sich gleich, und so ist
meine Macht auch die der Mächtigen: Wenn ich töte,
töten sie durch mich, sie sind oben, und ich bin unten.
Ihre Vorwände sind verschieden, vom Geistigsten, Er-
habensten bis zum Gemeinsten reichend; ich bin ohne
Vorwand. Sie bewegen die Welt, ich bin die ruhende
Achse, um die sich ihr fürchterliches Rad dreht. Sie
herrschen, und auf dem Grund ihrer Schrecken liegt
mein schweigendes Antlitz; in meinen geröteten Hän-

den erhielt ihre Gewalt ihre letzte, endgültige Form, wie
der Eiter sich in einer Beule sammelt. Ich bin da, weil
alle Gewalttat böse ist, und so, wie ich hier im Schein
der nächtlichen Lampe auf diesem Schreibtisch vor meinem Opfer sitze und unter dem Mantel aus altem Tuch
ein Messer umklammere, verachtet man mich, denn die
Schande ist von den Gewaltigen der Erde genommen
und hinunter auf meine Schultern gesenkt, damit ich
ihrer aller Schande trage. Mich fürchtet man, aber die
Mächtigen werden nicht nur gefürchtet, sondern auch
bewundert; beneidet genießen sie ihre Schätze, denn die
Macht verführt, so daß man liebt, wo man hassen sollte.
So schließen sich Helfer und Helfershelfer an die Gewaltigen, wie Hunde schnappen sie nach den Brocken
der Macht, die der Gewaltige fallen läßt, sich ihrer zu
bedienen. Der Obere lebt von der entlehnten Macht des
Untern und umgekehrt, ein dunkles Gefüge von Gewalt
und Furcht, von Gier und Schmach, das alle umspannt
und endlich einen Henker gebiert, den man mehr fürchtet als mich: die Tyrannei, die immer neue Massen in die
endlosen Reihen ihrer Schinderhütten treibt, sinnlos,
weil sie nichts ändert, sondern nur vernichtet, denn eine
Gewalttat bewirkt eine andere, eine Tyrannei eine andere, immer wieder, immer aufs neue, wie die sinkenden
Spiralen der Hölle!

DER MANN Schweig!

DER ANDERE Sie wollten, daß ich rede, Herr.

DER MANN *verzweifelt* Wer könnte dir entgehen!

DER ANDERE Ihren Leib kann ich nehmen, Herr, der ist
der Gewalt verfallen, denn alles, was in Staub zerfällt, ist
ihr unterworfen, aber wofür Sie gekämpft haben, darüber habe ich keine Macht, denn es gehört nicht dem
Staub. Dies ist, was ich, ein Henker, ein verachteter

Mensch, von den Unschuldigen lernte, die mein Beil fällte und die sich nicht wehrten: Daß einer in der Stunde seines ungerechten Todes den Stolz und die Angst, ja auch sein Recht ablegt, um zu sterben, wie Kinder sterben, ohne die Welt zu verfluchen, ist ein Sieg, der größer ist, als je ein Sieg eines Mächtigen war. Am leisen Hinsinken der Demütigen, an ihrem Frieden, der auch mich umschloß wie ein Gebet, an der Ungeheuerlichkeit ihres Sterbens, das jeder Vernunft widersprach, an diesen Dingen, die nichts sind vor der Welt als Gelächter, weniger noch, ein Achselzucken, offenbarte sich die Ohnmacht der Ungerechten, das Wesenlose des Todes und die Wirklichkeit des Wahren, über die ich nichts vermag, die kein Scherge ergreift und kein Gefängnis umschließt, von der ich nichts weiß, als daß sie ist, denn jeder Gewalttätige ist eingeschlossen in das dunkle, fensterlose Verlies seiner selbst. Wäre der Mensch nur Leib, Herr, es wäre einfach für die Mächtigen; sie könnten ihre Reiche erbauen, wie man Mauern baut, Quader an Quader gefügt zu einer Welt aus Stein. Doch wie sie auch bauen, wie riesenhaft nun auch ihre Paläste sind, wie übermächtig auch ihre Mittel, wie kühn ihre Pläne, wie schlau ihre Ränke, in die Leiber der Geschändeten, mit denen sie bauen, in dieses schwache Material ist das Wissen eingesenkt, wie die Welt sein soll, und die Erkenntnis, wie sie ist, die Erinnerung, wozu Gott den Menschen schuf, und der Glaube, daß diese Welt zerbrechen muß, damit sein Reich komme, als eine Sprengkraft, mächtiger denn jene der Atome, die den Menschen immer wieder umprägt, ein Sauerteig in seiner trägen Masse, der immer wieder die Zwingburgen der Gewalt sprengt, wie das sanfte Wasser die Felsen auseinanderzwängt und ihre

Macht zu Sand zermahlt, der in einer Kinderhand zer-
rinnt.

DER MANN Binsenwahrheiten! Nichts als Binsenwahrheiten!

DER ANDERE Es geht heute nur um Binsenwahrheiten,
Herr.

*Stille.*

DER MANN Die Zigarette ist zu Ende.

DER ANDERE Noch eine?

DER MANN Nein, nicht mehr.

DER ANDERE Schnaps?

DER MANN Auch nicht.

DER ANDERE Nun?

DER MANN Schließ das Fenster. Draußen fährt die erste
Straßenbahn.

DER ANDERE Das Fenster ist zu, Herr.

DER MANN Ich wollte zu meinem Mörder erhabene Dinge
sprechen, nun hat der Henker zu mir einfache Dinge
gesprochen. Ich habe für ein besseres Leben auf dieser
Erde gekämpft, dafür, daß man nicht ausgebeutet wird
wie ein Tier, welches man vor den Pflug spannt: Da,
geh, schaff Brot für die Reichen! Im weitern, daß die
Freiheit sei, damit wir nicht nur klug wie die Schlangen,
sondern auch sanft wie die Tauben sein können, und
endlich, daß man nicht krepiere in irgendeiner Schin-
derhütte, auf irgendeinem lehmigen Feld oder gar in
deinen roten Händen; daß man diese Angst, diese unwürdige Angst nicht durchmachen muß, die man vor
deinem Handwerk hat. Es war ein Kampf um Selbstver-
ständlichkeiten, und es ist eine traurige Zeit, in der man
um das Selbstverständliche kämpfen muß. Aber wenn

es einmal soweit ist, daß dein riesiger Leib aus einem leeren Himmel in das Innere unseres Zimmers steigt, dann darf man wieder demütig sein, dann geht es um etwas, das nicht selbstverständlich ist: um die Vergebung unserer Sünden und um den Frieden unserer Seele. Das weitere ist nicht unsere Sache, es ist aus unseren Händen genommen. Unser Kampf war ein guter Kampf, aber unser Unterliegen war ein noch besseres Unterliegen. Nichts ist verloren von dem, was wir taten. Immer aufs neue wird der Kampf aufgenommen, immer wieder, irgendwo, von irgendwem und zu jeder Stunde. Geh, Henker, lösch die Lampe, der erste Strahl des Morgens wird deine Hände führen.

DER ANDERE Wie Sie es wünschen, Herr.

DER MANN Es ist gut.

DER ANDERE Sie stehen auf.

DER MANN Ich habe nichts mehr zu sagen. Es ist soweit. Nimm jetzt das Messer.

DER ANDERE Sind Sie wohl in meinem Arm, Herr?

DER MANN Sehr wohl. Stoß zu.

# »Das Mögliche ist ungeheuer.«
Neun Gedichte

*Spielregeln*


Im Unerbittlichen
fordere nicht Unerfüllbares
Halte die Spielregeln ein

Richte nicht die Gerichteten
Du bist einer von ihnen
Misch dich nicht ein, du bist
    eingemischt

Sei menschlich, nimm Abstand
Jeden trifft ein eigener Pfeil
Du kannst niemanden schützen

Unrechtes geschieht nicht
aber Furchtbares

Was geschieht, bist du
Es geschieht dir recht

## *Schweizerpsalm 1*

Da liegst Du nun, ein Land, lächerlich, mit
   zwei, drei Schritten zu durchmessen,
mitten in diesem unglückseligen Kontinent,

genagelt an sein faules Holz, beleckt von der
   Flamme seiner Taten.

Die Erde, die Dich trägt, versteint, Hügel auf
   Hügel getürmt,
zu einer Landschaft des Monds,
sich an der Ewigkeit brechend, deren Küste
   du bist.

O Schweiz! Don Quijote der Völker! Warum muß
   ich Dich lieben!

Wie oft, in der Verzweiflung, ballte ich bleich
   die Faust gegen Dich
entstelltes Antlitz!

Wie ein Maulwurf hütest Du Deine Schätze. Es
   vermodert, was Du liebst,
und nur, was Du gering achtest, bleibt.

Ich liebe Dich anders, als Du geliebt sein
    willst.
Ich bewundere Dich nicht. Ich lasse nicht ab
    von Dir,
ein Wolf, der sich in Dich verbiß.

Deine Sattheit mit Füßen stampfend, höhne ich
    Dich, wo Du schlecht bist. Deine Ahnen
lassen mich kalt, ich gähne, wenn ich von ihnen
    höre.

Nicht das liebe ich, was Du bist, nicht das,
    was Du warst,
Aber Deine Möglichkeit liebe ich, die Gnade,
    die immer hell über Dir schwebt,
Das Abenteuer, heute Dir anzugehören, die
    Kühnheit,
jetzt, gerade jetzt, keine Furcht zu haben,
den heiligen Wahnsinn, Dich zu bejahen!

Denn mein Land bist Du nur, wenn Du ein Wunder
    bist,
ein Mann, der nicht einsinkt, wenn er über das
    Meer schreitet.
So dürste ich nach Deinem Glauben, mein Land.

## *Schweizerpsalm II*

Was zum Teufel soll ich mit diesem Land anfangen?

Es breitet sich, zwei Schritte in die
   Länge und drei in die Breite
wie der Garten eines Fabrikanten zu meinen
   Füßen aus,
der in undurchsichtigen Geschäften
   verreist ist.

Vielleicht wird er in zwanzig oder fünfzig
   Jahren bankerott machen,
jammernde Familien zurücklassend und Historiker,
   die bestürzt nach Ursachen
forschen.

In den Vereinigten Staaten von Nordamerika
   kann man eine ganze Woche im Schnellzug sitzen,
bis man, um einen verwitterten Ausläufer
   der Rocky Mountains biegend,
den großen Ozean sieht.

In Rußland ist die Transsibirische Eisenbahn
ein so unermeßliches Unternehmen, daß
   ganze Züge
überhaupt nicht angekommen sind, Jahre
   lang durch die Wüste Gobi
schnaubend.

Der Himmel ist wirklich sonst überall unendlich
    und die Erde
breitet sich überall ohne Grenzen aus.
Ins Meer tauchend erhebt sie sich wieder
    anderswo zu neuen Kontinenten.
Reisende haben mir das versichert.

Wenn man jedoch in diesem Land Eisenbahnzug
    fährt,
ist man in vier fünf Stunden von einer
    Grenze zur andern gekommen
und stochert sich im Speisewagen beim
    Anblick des Bodensees
die letzten Reste des Menüs aus den
    Zähnen,
das man in Genf begonnen hat.

Und dabei hätte man die Distanzen so
    furchtbar nötig.

Oft, wenn ich zornig bin und ohne Hoffnung
    bin, sage ich:
Dieses Land ist ein Scheißland.

Es liegt vor mir sozusagen in den vier Rahmen
    meiner Fenster.
Ein Teller mit fetter Speise aus einem
    Hause, das einst gute
Zeiten sah, und heute noch bessere.

Vorgesetzt einem Hund, gespendet von einer
    alten Dame,
die – davon spricht sie immer – achthundertfünfzig

Jahre ununterbrochen anständig
gelebt hat. Sie sei barmherzig und tierliebend
sagt die Nachbarschaft.


Dennoch mag ich aus diesem Teller nicht fressen.
Aber ich muß,
Auch ein Hund will leben. Die Zeit ist jetzt
schlimm.
Nur merken es noch wenige. –
Und die Berge liebe ich eigentlich auch nicht.


Wie wenn es irgendwie sinnvoll wäre, die Köpfe
und Gräte
in so hohe Höhen zu stecken, wo es immer schneit,
sogar noch im Hochsommer.


Und dann steht man da in Eis gepanzert, ohne
Leben und gemeingefährlich,
daß am Schluß nicht einmal die Gemsen mehr
an einem herumklettern.
Aber unsere Literaturhistoriker sind schließlich
auch so.


Sehr vieles ist so in diesem Land. Oft weiß
ich,
daß wir alle mit Mann und Maus untergegangen
sind.
Die Mädchen gehen in die Uhrenfabrik. Die Bordelle
und die Jesuiten sind verboten.
Am meisten leben in unserem Lande die Toten.

*Elektronische Hirne*

Noch sind sie unsere Knechte
Noch führen sie aus
Was wir ihnen vorschreiben
Dumm, stur, emsig

Aber schon sind die Resultate
Die sie liefern
Nicht mehr zu kontrollieren
Nur durch ihresgleichen

Doch bald
Werden sie weiter rechnen
Ohne uns
Formeln finden,
die nicht mehr zu interpretieren sind

Bis sie endlich Gott erkennen,
ohne ihn zu verstehen
Schuld- und erbarmungslos
Straf- und rostfrei
Gefallene Engel

*Wer die Erde*
*wohnbar machen will*

Wer die Erde wohnbar
machen will
Und freundlicher

Den lacht man aus

Jagt ihn fort
in stinkende Sümpfe

Dann vergißt man ihn

Doch sein Werk ist nicht
verloren

Den fernen Nachfahren
bringen es
Leichtfertige Komödianten
wieder zurück

## Schweizerpsalm III

Einst dürstete ich nach deinem Glauben
    Mein Land
Nun dürste ich nach deiner Gerechtigkeit
    Wahrlich
Die Ärsche deiner Staatsanwälte und Richter
    Lasten so schwer auf ihr
Daß ich das Wort Freiheit kaum mehr ertragen kann
    Das du ständig im Maule führst
Deine Glaubhaftigkeit zu beweisen
    An die niemand mehr glaubt
Nur noch deine Bankgeheimnisse sind glaubhaft.

Was ist aus dir geworden, mein Land?

Wenn du morgens für die Neger in Biafra und
    anderswo Geld sammelst
Legst du dich, Bet- und Bettschwester zugleich,
    Abends mit deren Häuptlingen zwischen die Laken
Deine Waffengeschäfte abschließend
    Damit jene, mit denen du schläfst,
Die abknallen, für die du gesammelt hast,
    Und wenn man deine Zuhälter faßt
Wissen sie von nichts.
Von den Steuerhinterziehern aller Länder unterhalten
    Schenkst du General Westmoreland Whisky ein
Mit ihm nächtlich auf die Rettung des Abendlandes
    anstoßend.

Wehe denen, die anders denken als du
　　Deine Lehrstühle
Hältst du von jedem Stäubchen Marxismus rein
　　Dein Patriotismus ist so steril und keimfrei
Daß auf seinem Boden wirklich nichts mehr wächst
　　Jede neue Idee ist für dich eine Seuche
So lebst du in ewiger Furcht vor Schnupfen und Masern
　　Dabei hast du Krebs, du willst es nur nicht wissen,
Und die Psychiater kratzen sich verlegen hinter den
　　Ohren
　　Reden sie von dir, doch du läßt nicht mit dir reden
Wer dir seine Moral predigen will
　　Den läßt du deine Moral spüren.


Nichts gegen deine Armee. Dieser wackere Verein
　　Verdrosch einst Österreicher, Burgunder
　　und Deutsche
Verdrosch die Unterdrückten fremder Unterdrücker
　　Doch vor allem verdrosch er sich selber
Bis er von Napoleon gottseidank so gründlich
　　verdroschen wurde
　　Daß er seitdem friedlich wurde
Unsere Grenzen mit seinen Waffen beschützend
　　Wie er sich einbildet
Denn in Wahrheit wurden wir hauptsächlich
　　Durch unsere Geschäfte beschützt.


Nichts gegen diesen Verein. Man tritt
　　Ihm unfreiwillig bei, steht in den Statuten
Doch, wenn er sich an jenen vergreift
　　Die diese nicht mehr unbedingt notwendig finden
Greife ich ihn an
　　Im Namen der Freiheit

Die er zu verteidigen vorgibt.
Er ist nicht die Stütze meines Landes.
Die Stütze meines Landes sind die, welche denken
  Nicht jene, die mitmarschieren.


Armer Villard
  Das Töten verurteilend
Wirst du von einem Lande verurteilt
  Das aus dem Töten Profit zieht.
Deine Lauterkeit sei unser Vorbild.
Deine Tapferkeit werde die unsrige.
Die Tapferkeit, in einem Lande zu leben
  In welchem es langsam genierlich wird
Einem Bundesrat die Hand zu reichen.
Noch sind Wenige, die denken, doch die Mehrheit
  Stampft sie in den Untergrund
Stempelt sie zu Kanalisationsschweizern. So
  Untergraben sie denn als Maulwürfe
Den Boden, der dich trägt, mein Land
  Verändernd mit der Zeit
Was du unveränderlich hältst
  Einen besudelten Schweizerpaß in der Tasche.

*An Varlin*


In meinem Arbeitszimmer
　Hängt deine Heilsarmee
Zwei Guitarren, eine Trompete, eine Fahne
　Neun Menschen
Gläubiger als ich

Wenn ich aus meinem Atelier trete
　Grinst mir Freund Loetscher entgegen
Er kennt meine grammatikalischen Fehler

Sitze ich im Wohnzimmer
　Meiner Frau zuhörend
Wie sie auf dem Flügel improvisiert
　Räkeln sich hinter ihr in zwei Sesseln
Zwei Menschen an der Wand
　Ein Mann und eine Frau

Esse ich
　Blicke ich auf die Neapolitanerin
Die nicht mit dir schlafen wollte
　Weil du nicht katholisch bist

Und hinter mir
　Leuchtet in Schwarz eine Vespasienne
Durch den Pariser Nebel
　Non olet

Stehe ich mir gegenüber
  Von Dir gemalt
Trinkt mir ein dicker Leib aus Fett und Wasser
  Freundlich zu
Der einmal in einem Krematorium verdampft

Wir sind blind ohne deine Gesichte
  Wir allein sind dein Gegenstand
Du weichst nicht ins Gegenstandslose

Du formst unsere Taten, rächst unsere Verbrechen
  Indem Du uns zeichnest
Wie Gott Kain

*Ergreife die Feder*

Ergreife die Feder müde
schreibe deine Gedanken nieder
   wenn keine Frage nach Stil dich bedrängt.

Es ist heute wieder vieles zu durchdenken.
Felder liegen brach, die einst Früchte trugen.

Das Mögliche ist ungeheuer. Die Sucht
   nach Perfektion
zerstört das meiste. Was bleibt
   sind Splitter
an denen sinnlos gefeilt wurde.

Beginne, das Sonnensystem zu sehen.
   Liebe
auch Pluto. Doch wer
   macht sich schon Gedanken über ihn!
Ich aber
   spüre sein Kreisen, ahne
die kleine Kugel, die glattgeschliffene.

Alles läßt sich besser schreiben
   Darum laß die schlechtere Fassung stehn.

Nur beim Weitergehen kommst du irgendwohin
   wohin?
Fern von dir.
   Gehe weiter. Lots Weib

erstarrte beim Zurückschauen.
   Erstarrt nicht. Korrigiert nicht.
Wagt!


Höre nie auf andere.
Trachte nicht danach ein gutes Buch zu schreiben.
Mache keinen Plan und wenn du ihn machst
   führe ihn nicht aus
Der Plan genügt.

Nichts
   ist notwendig. Das Spiel
kann jederzeit abgebrochen werden.


Es gibt Sätze, die stark machen
   doch brauchen sie nicht nieder-
   geschrieben zu werden.

Löse deine Hand.
Es kommt nie auf die Sätze an. Nur das
Werk allein zählt.
   Die Narren kritisieren einen Satz
Wenige sehen das Ganze.


   Gott kann dich verlassen
   Gody soll dich verlassen.

*Wütend*


Wütend und naß
　　glitt ich aus dem Leib meiner Mutter
　begriff nie wozu
und auf wessen Befehl
　später blinzelte ich im Licht
　　　　　　und wurde mißtrauisch
so bin ich immer noch
　genüge mir selber; die Welt
da draußen
　ist ungewiß. Sie gehört nicht mir.
Ist eine unbegreifliche Gnade
　oder auch
ein böser Fluch. Wer kann das
　　　　　　wissen
Auf alles gefaßt sein.
　Darum sammle ich die Weine
rauche ich die braunen getrockneten
　　　　　　Blätter
Vergänglichkeiten
　　nur das Nichtige hat
　Bestand.

# »*Ein Schrei ist kein Gedicht.*«

## Über Schiller und Brecht, Balzac, Büchner und Kant – und vom Schreiben als Beruf

## Schriftstellerei als Beruf

### 1956

*Schriftstellerei:* Von allen Fragen, die sich bei meiner Tätigkeit einstellen, hat mich die, ob ich ein Schriftsteller oder ein Dichter sei, am wenigsten interessiert. Ich habe mich von vorneherein entschieden, nur ein Schriftsteller sein zu wollen. Ein Dichter ist zwar etwas Schönes, wer wäre nicht gern einer, doch ist der Begriff so konfus und unbestimmt geworden, daß er sich nur noch in geschlossenen Zirkeln mit einheitlicher Meinung über gewisse Schriftsteller anwenden läßt, nicht öffentlich, nicht sachlich, nicht als Berufsbezeichnung. Die Konfusion entsteht dadurch, daß in Fachkreisen eben zwischen Dichtern und Schriftstellern unterschieden wird, wobei gerade diese Trennung öfters die Gefahr in sich birgt, schlechte Schriftsteller als Dichter auszugeben, für die dann die Definition zutrifft, daß sie zwar dichten, aber nicht schreiben können, eine in der deutschsprachigen Literatur nicht allzu seltene Erscheinung.

*Beruf:* Dieses Wort sei hier in einem praktischen Sinne genommen zur Bezeichnung einer Tätigkeit, durch die versucht wird, Geld zu verdienen. Amtlicherseits teilt man denn auch die Schriftstellerei den freien Berufen zu, wobei ausgedrückt wird, daß der Schriftsteller als freier Mann einen Beruf gewählt hat, für dessen Rentabilität er selber verantwortlich ist. Bei dieser Feststellung wird wohl mancher Schriftsteller stutzen müssen. Probleme stellen sich.

Einen Beruf haben bedeutet innerhalb der Gesellschaft eine gewisse Funktion ausüben, wie nun diese Funktion sei, wird er sich fragen, sich überlegen müssen, ob überhaupt eine wirkliche Funktion da sei und nicht nur eine fingierte, auch wird er zu untersuchen haben, ob sich noch ein Bedürfnis nach den Produkten seines Berufs melde, oder ob er nicht besser täte, sein Unternehmen als sinnlos zu liquidieren. In der Öffentlichkeit jedenfalls scheint die Überzeugung vorherrschend zu sein, daß es die Schriftstellerei als seriösen Beruf gar nicht geben könne, weil sie keine ganz anständige Voll-, sondern höchstens eine angenehme und leicht spleenige Nebenbeschäftigung sei. Die Künstler sind nun einmal in der Schweiz immer noch etwas Dubioses, Lebensuntüchtiges und Trinkgeldbedürftiges, wohnhaft in jenem stillen Kämmerlein, das bei jeder offiziellen Dichterehrung vorkommt. Doch gibt es bestimmte Gründe, die zu dieser Einstellung geführt haben, so die Tatsache, daß sich Gottfried Keller in bejammernswerter Weise gezwungen sah, zürcherischer Staatsschreiber zu werden, um existieren zu können, und der Umstand, daß Gotthelf Frühaufsteher war – wohl die schweizerischste und fürchterlichste aller Tugenden –, so daß er neben seinem Beruf als Schriftsteller unkollegialerweise noch den eines Pfarrers auszuüben vermochte.

*Marktlage:* Wer eine Ware verkaufen will, muß den Markt studieren. Auch der Schriftsteller. Der Schweizer verträgt an sich in dem, was er treibt, keinen Spaß, alles gerät ihm leicht ins Feierliche, Biedere, und so versteht er denn auch in der Kunst gar keinen: Die Musen haben bei ihm nichts zu lachen, sondern seiner Forderung nach solider Qualität zu entsprechen und ewig zu halten. Wer im schweizerischen Alltag steckt, braucht seine Ordnung, die Ideale nimmt er zwar im Schein der Leselampe gern zur Kenntnis, im Amt oder im Geschäft jedoch kommen sie ihm nicht ganz zu Unrecht deplaziert vor; Kunst und Wirklichkeit sind getrennt, jene darf diese verschönern, doch nicht untergraben, je unethischer es in der Realität zugeht, desto ethischer und positiver soll es in der Kunst zugehen (nicht nur das russische Politbüro fordert positive Helden), die Welt soll wenigstens beim Schriftsteller stimmen, der Geist soll den Konsumenten bestätigen, rühmen, nicht beunruhigen, er soll ein Genußmittel darstellen, nicht eine Schikane: Die Literatur des Positiven, die man sich wünscht, ist nun gewiß nebenamtlich zu leisten, im stillen Kämmerlein eben, und so wirkt denn auch in der Öffentlichkeit die Frage nach dem Beruf des Schriftstellers beinah genierlich, nur die Frage nach der Berufung stellt sich, die natürlich *auch* möglich und wichtig ist, die ich aber hier ausklammern möchte. Denn wer nach dem Berufe des Schriftstellers fragt, stellt eine präzise Frage an die Wirklichkeit.

*Freiheit:* Da man für unsere Gesellschaftsordnung die Freiheit in Anspruch nimmt, hat man sich auch angewöhnt, von der Freiheit des Schriftstellers zu reden, allgemein wird erleichtert festgestellt, der westliche Schriftsteller sei frei, der östliche dagegen ein Sklave, der zwar gut bezahlt werde, doch nicht schreiben dürfe, was er wolle. Die Freiheit des Geistes ist das Hauptargument gegen den Kommunismus geworden, ein nicht unbedenkliches: Wer nur ein geringes die Entwicklung der Dinge verfolgt, sieht leicht, daß die Russen mehr für den Geist tun als wir, und sei es nur, daß sie sich vorerst mehr um die Volksbildung und um die Wissenschaft bemühen, daß sie hungriger sind als wir: Sie mästen geradezu einen Geist in

Ketten, wobei sich die Frage stellt, wie lange die Ketten halten.

*Grundbedingung:* Wenn wir das Problem der Schriftstellerei als Beruf aufwerfen, haben wir zu untersuchen, wie es denn mit der Freiheit des Schriftstellers in unserer schweizerischen Wirklichkeit bestellt sei. Soll die Schriftstellerei einen freien Beruf darstellen, so muß der Schriftsteller ehrlicherweise in der Gesellschaft einen freien Geschäftspartner erblicken, den er mit keiner Verpflichtung behaften darf, seine Werke zu akzeptieren, denn eine Verpflichtung der Gesellschaft ihm gegenüber könnte nur eintreten, wenn auch er sich der Gesellschaft gegenüber verpflichtet hätte: Die Schriftstellerei wäre jedoch in diesem Falle kein freier Beruf mehr, sondern ein Amt. Nimmt man daher unsere Freiheit ernst, so ist gerade der Schriftsteller der Freiheit zuliebe verpflichtet, der Gesellschaft gegenüber unverpflichtet, kritisch aufzutreten, während die Gesellschaft, will sie frei sein, zwar verpflichtet ist, die grundsätzlich freie Position des Schriftstellers als dessen Grundbedingung zu respektieren, doch nicht verpflichtet werden kann, die Rentabilität seiner Schriftstellerei als Beruf zu garantieren.

*Der Konflikt:* Als Beruf ist die Schriftstellerei eine ungemütliche Sache. Nicht nur für den Schriftsteller. Auch für die Gesellschaft. Die Freiheit, auf die man sich gerne beruft, wird von der Frage abhängig gemacht, die man gerne verschweigt, ob man sich denn auch diese Freiheit leisten könne. Der Schriftsteller ist zwar frei, aber muß um seine Freiheit kämpfen. Der Kampf spielt sich auf einer wirtschaftlichen Ebene ab. Auch der Geist kostet. Er unterliegt dem Gesetz von Angebot und Nachfrage: ein auf der Ebene des Geistes grausamer Satz.

*Auf die Schweiz bezogen:* In der Regel vermag es sich hier ein Schriftsteller nicht zu leisten, nur seinen Beruf auszu-üben, die Nachfrage ist durch die Kleinheit und Viersprachigkeit des Landes zu gering; hat der Schriftsteller jedoch Erfolg, so lebt er zur Hauptsache vom Ausland. Dieser geschäftliche Umstand gibt zu denken, der schweizerische Schriftsteller ist mehr denn ein anderer zum Erfolg gezwungen, will er seinen Beruf frei ausüben, er ist aufs Ausland angewiesen, die Schweiz ist zwar sein Arbeitsplatz, doch nicht sein Absatzgebiet: In unserem Lande ist die Schriftstellerei als Beruf nur als Exportgeschäft möglich. Diese Tatsache erklärt das Mißtrauen, das dem Exportschriftsteller entgegengebracht wird. Der Schweizer wird durch die Exportschriftstellerei an die Weltöffentlichkeit gebracht, und gerade das möchte der Schweizer nicht, er möchte das idealisierte Wesen bleiben, in welches ihn der Heimatschriftsteller meistens verwandelt, als welches er aber für die Welt unglaubwürdig geworden ist.

*Aufs Allgemeine bezogen:* Die Schriftstellerei wird erst durch den Erfolg als freier Beruf möglich; der Erfolg sagt jedoch nichts über den Wert einer Schriftstellerei aus, er deutet allein darauf hin, daß der Schriftsteller eine Ware herstellt, die sich verkaufen läßt: Daß dieser Umstand nicht befriedigt, sei zugegeben, doch ist er immer noch der einzig mögliche: Die Schriftstellerei als freier Beruf bleibt zwar ein Wagnis mit ungerechtem Ausgang für viele (und ohne Instanz, die Klage vorzubringen). Wirklich demoralisierend ist die Lage des Schriftstellers jedoch erst, wenn sich der Staat einmischt: An Stelle des wirtschaftlichen tritt der Kampf um die Position innerhalb des staatlichen Schriftstellerverbandes. Doch sind für den freien Schriftsteller Milderungen eingetreten. Nicht nur durch die Hochkonjunktur. Auch durch neue Kunden. Der westdeutsche Rundfunk und das westdeutsche Fernsehen etwa sind nicht zufällig für die Schriftsteller oft lebenswichtig, diese Anstalten brauchen einfach Stücke (auch hier ist die Schweiz nicht konkurrenzfähig). Überhaupt tut es dem Schriftsteller gut, sich nach dem Markte zu richten. Er lernt so schreiben, listig schreiben, das Seine unter auferlegten Bedingungen zu treiben. Geldverdienen ist ein schriftstellerisches Stimulans.

*Trost:* Daß der Mensch unterhalten sein will, ist noch immer für den Menschen der stärkste Antrieb, sich mit den Produkten der Schriftstellerei zu beschäftigen. Indem sie den menschlichen Unterhaltungstrieb einkalkulieren, schreiben gerade große Schriftsteller oft amüsant, sie verstehen ihr Geschäft.

*Friedrich Schiller*

Rede, gehalten im Nationaltheater in Mannheim
anläßlich der Übergabe des Schillerpreises

1959

Meine Damen, meine Herren,

Wie Sie eben vernommen haben, wurde mir der diesjährige Schillerpreis der Stadt Mannheim verliehen, so daß ich nun nicht gut darum herumkomme, Schiller auch mitzufeiern, eine Aufgabe, der ich mich denn notgedrungen unterziehen muß, obschon ich mir nicht ganz im klaren bin, *wem* ich nun zu danken habe, Schiller oder dem Herrn Oberbürgermeister. Doch wenn mir viele – aus nicht nur Ihnen, sondern auch mir verständlichen Gründen – die Berechtigung, hier zu reden, absprechen mögen, ein gewisses Recht kann ich mir wenigstens zubilligen: Nicht nur, daß ich ebenso schweizere, wie Schiller, wir sind unterrichtet, schwäbelte, sondern auch, weil Schiller schließlich das Nationaldrama der Schweizer schrieb und nicht jenes der Deutschen. Allerdings kannte er diese auch weit besser als uns; wäre er Schweizer gewesen, etwa ein Untertan der gnädigen Herren zu Bern, hätte er es wohl ebenfalls unterlassen.

Doch fällt mir trotz der hohen Ehre die Rede schwer. Bedenken anderer Art melden sich. Ich bin weder Literaturwissenschaftler noch Schillerkenner. Mein Beruf als Schriftsteller verhindert eine mehr als gelegentliche und freizeitliche Beschäftigung mit Literatur. Ich bin rein technisch nicht in der Lage, Schiller als Zacke im Panorama der großen Männer des abtretenden achtzehnten Jahrhunderts von Süden her gesehen einwandfrei auszumessen. Auch fehlt mir der Drang, mich näher mit jener Literatur abzugeben, die sich mit Literatur abgibt. Ich vermag nur Vermutungen auszudrücken, ohne Möglichkeit, ihnen näher nachzuspüren, das Vermutete, Erwitterte streng wissenschaftlich zu beweisen, aber auch ohne Lust dazu, aus Ahnung vielleicht, daß sich auf dem literarischen Gebiete in Wahrheit wenig beweisen lasse, und aus dem Verdachte heraus, daß ein Beweis hier möglicherweise nichts bedeute, weil er sich auf einer anderen Ebene abspiele, auf dem Schachbrett der Spekulation nämlich, und dadurch die vielen Unstimmigkeiten nicht beachten könne und dürfe, die sich auf der Ebene des Tatsächlichen den Erscheinungen so hartnäckig und störend beimengen. Auch gehört zu einer Feier eine feierliche Rede, eine Beschwörung des Gefeierten, ein Entrollen seines Lebens, ein Eingehen auf seine Werke, profund und von hoher Warte herab, aber auch ein wenig Lüge, ein wenig Übertreibung, zuviel des Rühmens.

Wenn ich Sie in dieser Hinsicht enttäuschen muß, verzeihen Sie mir. Es geschieht nicht aus Respektlosigkeit, wenn ich es unterlasse, Schiller ins Absolute, Endgültige, Vorbildliche aufzublähen, überhaupt mich so aufzuführen, als wären die Klassiker die heiligsten Güter der Nation, nicht weil ich die Klassiker für kein Gut halte, sondern weil ich den Nationen in dieser Sache mißtraue. Für den tätigen Schriftsteller jedoch kann nur ein menschliches Verhältnis zu den Klassikern von Nutzen sein. Er will keine Götzen in ihnen sehen, keine unerreichbaren Vorbilder, sondern Freunde, Anreger, Gesprächspartner; oder auch, mit der gleichen Legitimität, Feinde, Schöpfer von oft langweiligen Romanen und pathetischen Theaterstücken. Er will sich ihnen nähern und sich wieder von ihnen entfernen, ja, schreibt er, sie vergessen dürfen, weil, und auch dies ist legitim, ihn im Zustande des Schreibens, des Planens und Ausführens eigentlich stört, daß schon andere vor ihm und *wie* geschrieben haben, denn jedes Produzieren ist an einen gewissen momentanen Größenwahn gebunden.

So will ich denn zu Ihnen nicht von der Wirkung reden, die Schiller mit einigen seiner Werke immer noch gerechterweise auf dem Theater ausübt, sondern mehr vom Dialog, den ich mit Schiller führe, vom Bilde, das ich mir von ihm mache, ganz unwissenschaftlich, ich habe es schon zugegeben, vom Bilde zum persönlichen Arbeitsgebrauch, zur Kontrolle des eigenen Arbeitens. Auch wir Schriftsteller sollten bisweilen wissen, was wir tun, und das können wir am besten, wenn wir untersuchen, was andere getan haben. Hat nun diese Methode den Vorteil, daß ich nur über das zu reden brauche, was mich bei Schiller beschäftigt, weist sie jedoch den Nachteil auf, daß wesentliche Aspekte seines Arbeitens unterschlagen werden, so etwa Schillers Verhältnis zur Antike, seine Lyrik, seine Bedeutung als Historiker usw. Auch beschäftigen mich eigentlich nicht so sehr seine Dramen – ich gehe ihnen meistens höflich aus dem Wege, vorsichtigerweise, aus einem natürlichen Selbstschutz heraus und weil ich mit ihnen Mühe habe, weshalb soll ich mich hier verstellen – als vielmehr sein dramaturgisches und philosophisches Denken, das sich hinter ihnen verbirgt. Das scheint vielleicht nicht selbstverständlich. Zwar gilt Schiller noch heute als ein außerordentlich klarer Kopf, der in außerordentlich klarer Weise Auskunft über die besondere Schwierigkeit seiner Schriftstellerei gab, doch war ein klarer Kopf in der damaligen deutschen Literatur ja längst nicht eine so große

Seltenheit wie in der heutigen, man braucht nur aus dem Stegreif aufzuzählen, Lessing, Herder, Wieland, Lichtenberg, Humboldt, Goethe usw. Angesichts dieser allgemeinen, mächtigen und so ganz ungewohnten Aufhellung des Geistes auf deutschem Sprachgebiet noch besonders auf Schillers Klarheit hinzuweisen, scheint daher müßig. Es versteht sich gewissermaßen von selbst, daß er auch hier groß und klar wirkt. Anderseits jedoch – und das ist nicht zu leugnen – zählen seine philosophischen Schriften nicht zu seinen populären Arbeiten. Sein Philosophieren kommt vielen veraltet vor, spekulativ, schematisierend. Seine Schriften, über das Tragische, über Anmut und Würde, über naive und sentimentalische Dichtung, über das Erhabene usw. werden als große Prosa bewundert, aber sie erscheinen wie in Begriffen versteinert, mit allzuviel Sinn belastet, ästhetisch und ethisch zugleich, moralisierend, kaum zu widerlegen, aber isoliert, bedeutungslos für die Gegenwart, erhaben, doch unfruchtbar.

So ist der Zugang zu Schillers Denken schwer. Zwar liegt es überall offen da, besonders in seinen Briefen. Er kommentiert sich unaufhörlich. Wir erhalten Einblick in seine Schriftstellerei, in diesen damals so jämmerlich unrentablen Beruf. Zuerst bewundern wir den Organisator. Das ist Schillers unheimlichste Seite. Zeitschriften werden gegründet, Honorarfragen geregelt, Mitarbeiter gewonnen, die Kritik wird organisiert, oft eigentlich nicht unbedenklich, es riecht nach literarischer Klüngelwirtschaft, das Publikum selbst wird als ein Faktor eingesetzt, der betrogen sein will, mit dem man sich im Kriegszustande befindet, mit dem viel zu rechnen, aber wenig zu verdienen ist. Daneben aber, wichtiger, liegt das Getriebe seiner Werkstatt bloß. Wir sehen Maschinerien anlaufen. Pläne werden ausgeführt, angefangen, konzipiert, Stoffe untersucht, was spricht dagegen, was dafür, braucht dieses Unternehmen viel Arbeit, kostet jenes wenig Mühe, was müßte noch studiert, was untersucht werden, wo liegt die dramaturgische Schwierigkeit, wie ist vorzugehen, wo müßte die Handlung stocken, verzögert, beschleunigt werden. Alles ist erklärbar, ohne Werkgeheimnis, auf Wirkungen bedacht, für die Bühne entworfen. Die Dramaturgie wird betrieben, wie sie Lessing betrieb, als eine Kunst des Stückeschreibens, als eine Reflexion darüber, was das Theater kann und will, als etwas Erlernbares, als eine Wissenschaft eigentlich. Schiller beherrscht die dramaturgischen Regeln, indem er sie herrschen läßt. Seine Dramatik beruht auf einer durchaus sicheren, handfesten Dramaturgie, nicht ohne Grund ist gerade *er* der Dramatiker der Schulmeister geworden.

Diese Dramaturgie zielt auf das Rhetorische. Der Mensch wird in Szene gesetzt, um rhetorisch ausbrechen zu können. Operndramaturgie. Doch hat dieses Vorgehen seine bestimmten Auswirkungen auf die Bühnenwelt, die dargestellt wird. Das Rhetorische akzeptieren wir nur dann ungezwungen, wenn es sich aus den Funktionen der dramatischen Personen ergibt, welche die Handlung tragen. Etwa bei einer Gerichtsverhandlung. Die Personen sind gegeben, ihre Rollen verteilt: der Richter, der Staatsanwalt, der Angeklagte, der Verteidiger. Jeder besitzt seine bestimmte Funktion innerhalb der Handlung. Rede und Widerrede, Anklage und Verteidigung und Urteilsspruch ergeben sich natürlich und in rhetorischer Form, wollen etwas Bestimmtes, enthüllen etwas Bestimmes. Wie in diesem Grundmodell aber sind auch die Personen der rhetorischen Dramen gesetzt, ihre Funktionen durch die soziale Schichtung ihrer Welt sanktioniert: der König, der Soldat, der Bürger usw.

Das rhetorische Drama setzt eine geschlossene und sozial gestufte Welt voraus, eine Hierarchie, die auf der Bühne vorausgesetzt wird, aber auch dargestellt werden kann, zu einem Spielrahmen verdichtet, in welchem die einzelnen Spielzüge auf ihre Richtigkeit hin überprüfbar sind. Diese Voraussetzung der alten Dramatik ist auch Schillers Voraussetzung. Die Konzeption seiner Dramen ist bis auf ihre letzten Möglichkeiten hin durchdacht, oft zu genau, denn eine vollkommene Konzeption macht eigentlich die Ausführung überflüssig, die dann, wird sie unternommen, doch zu Fehlern führen kann, zu merkwürdigen poetischen Fehlleistungen. Sie geschehen der Konzeption zuliebe und unterlaufen demjenigen weniger, der nur vage konzipiert, der vom Poetischen *und* von der Erfahrung, von der Bühne ausgeht, dem notgedrungen dramaturgisch dann vieles schief gerät, wie etwa einem Shakespeare. Doch weiß dafür Schiller, der von der Konzeption her kommt, aufs genaueste Bescheid über alle Regeln, Kniffe, Möglichkeiten, man staunt da nur, wie versteht er nur zu exponieren, einzuteilen, zu steigern, zu retardieren, die Abgänge und Auftritte zu gestalten, Schlußpointen zu setzen, »dem Mann kann geholfen werden, Kardinal, ich habe das meinige getan, tun Sie das Ihre, dem *Fürsten* Piccolomini, der Lord läßt sich entschuldigen, er ist zu Schiff nach Frankreich, und frei erklär ich alle meine Knechte«; was sind das nur für letzte Verdichtungen, wie setzt er aber auch Effekte ein, oft unbedenklich, Hollywood könnte es nicht besser und dicker. Zugegeben.

Doch ist hinter all dem erstaunlichen technischen Vermögen, hinter all dem Instinkt für die Szene, für das Theatergemäße und Theatralische, hinter all den rhetorischen Arien und Auseinandersetzungen, die durch seine Dramaturgie ermöglicht werden, noch ein anderes Wissen verborgen, die Erkenntnis von Gesetzen, die nicht vom Objekte, vom Drama herstammen. Dies wird scheinbar durch eine bloße Klassifizierung erreicht. Er teilt die Dichtung in eine naive und in eine sentimentalische ein. In Wahrheit aber wird es ihm dadurch möglich, nicht von den Regeln oder von einem Stilbegriff, sondern vom Dichter auszugehen, von seinem Verhältnis zur Zeit her die Dichtung zu bestimmen. Wurden die Regeln durch die Dramaturgie gesetzt, werden sie nun durch die Zeit diktiert. Die Dichter, schreibt er, seien überall, schon ihrem Begriffe nach, die Bewahrer der Natur. Wo sie dieses nicht ganz mehr sein könnten und schon in sich selbst den zerstörenden Einfluß willkürlicher und künstlicher Formen erführen oder doch mit demselben zu kämpfen gehabt hätten, da würden sie als die Zeugen und als die Rächer der Natur auftreten. Sie würden entweder Natur sein, oder sie würden die verlorene suchen. Daraus entsprängen zwei ganz verschiedene Dichtungsweisen, durch welche das ganze Gebiet der Poesie erschöpft und ausgemessen werde. Alle Dichter, die es wirklich seien, würden, je nachdem die Zeit beschaffen sei, in der sie blühten, oder zufällige Umstände auf ihre allgemeine Bildung und auf ihre vorübergehende Gemütsstimmung Einfluß hätten, entweder zu den naiven oder zu den sentimentalischen gehören. Diese Sätze erheben einen nicht geringen Anspruch. Das ganze Gebiet der Poesie soll durch die Unterscheidung des naiven Dichters vom sentimentalischen erschöpft und ausgemessen sein. Also auch die Dramatik, deren Grundfrage lautet, wie denn überhaupt die Welt durch das Theater wiedergegeben werden könne.

Gibt es nun zwei Dichtungsweisen, die naive und die sentimentalische, muß es auch zwei verschiedene Möglichkeiten geben, die Welt durch das Theater darzustellen.

Doch müssen wir eine notwendige Einschränkung machen. In einem gewissen Sinne ist das Theater stets etwas Naives. Wir müssen uns nämlich, reden wir von den Regeln der dramatischen Kunst, vergegenwärtigen, daß wir mit diesen Regeln nicht nur ein in sich geformtes Kunstwerk, sondern auch, soll die Bühne einen Sinn haben, eine Unmittelbarkeit der theatralischen Wirkung zu erzielen suchen. Diese unmittelbare Wirkung ist jedoch nur möglich, wenn wir beim Publikum eine gewisse Naivität grundsätzlich voraussetzen. Ein Theaterstück ereignet sich auf der Bühne, rollt vor den Augen des Publikums ab, ist so unmittelbares Geschehen; ein Publikum ist im Momente des Zuschauens notgedrungen naiv, bereit mitzugehen, sich führen zu lassen, mitzuspielen, ein nachdenkliches Publikum hebt sich selbst auf, das Theater verwandelt sich *in* ein Theater. Die Kunst des Dramatikers besteht darin, das Publikum erst nachträglich zum Nachdenken zu bringen. Doch setzt nun die natürliche Naivität des Publikums auch eine Übereinstimmung zwischen ihm und dem Autor voraus, soll die Unmittelbarkeit zustandekommen. Der naive Theaterdichter wird die Naivität des Publikums teilen, der sentimentalische, in Rechnung stellen. Deshalb haben es die Schauspieler unter den Dramatikern am leichtesten, die Denker am schwersten.

Shakespeare, Molière, aber auch Nestroy sind die legitimsten Herrscher auf der Bühne, Schiller einer ihrer größten Usurpatoren. Für die ersteren ist die Unmittelbarkeit der Bühne kein Problem, Shakespeare gar kann sich die schwerstverständlichen Monologe erlauben, ihn trägt die Bühne immer, er ist rhetorisch aus Freude am Rhetorischen, Schiller dagegen aus einem Willen zur Klarheit, zur Deutlichkeit heraus. Seine Sprache verwandelt das Mittelbare ins Unmittelbare, ins Sofortverständliche. Daher die

Bühnenwirksamkeit dieser Sprache, die nichts Intimes an sich hat, die in ihren großen Momenten das Gesetz selbst zu verkörpern scheint, daher aber auch ihre Popularität, ihr Hang zum Sprichwörtlichen, leicht Faßlichen, aber auch ihre Neigung, allzu moralisch, traktathaft zu wirken.

Doch ist die Schwierigkeit, die ihnen die Bühne bereitet, nicht der einzige Unterschied zwischen dem naiven und dem sentimentalischen Dramatiker. *Ist* nämlich der naive Dichter Natur, wie sich Schiller ausdrückt, muß er auch in der Wirklichkeit die Natur sehen, somit die Wirklichkeit akzeptieren, sie durch das Theater nachahmen, in ein Spiel verwandeln. Er versetzt das Publikum in Mitleid und Schrecken oder bringt es zum Lachen. Im naiven Theater wird die Wirklichkeit nicht durchschaut, sondern als göttliche Ordnung erlebt, als Schöpfung, als Naturgesetz, als Auswirkung des Milieus und der Herkunft, eine Möglichkeit des Dramas, die Schiller nicht voraussehen konnte, die die Wissenschaftlichkeit des neunzehnten Jahrhunderts voraussetzt, die jedoch tatsächlich wieder naives Theater schuf. Der naive Dichter ist kein Rebell. Das Schicksal des Ödipus offenbart die Götter, führt sie nicht ad absurdum, die Verbrechen des Claudius stellen *sein* Königtum in Frage, nicht *das* Königtum, für den sentimentalischen Dichter jedoch müßten sie es tun. Er ist nur als Rebell denkbar. Für ihn ist die Wirklichkeit nicht die Natur, sondern die Unnatur, die er im Namen der Natur zu richten hat. Das Theater ist das Podium seiner Anklage. In Tyrannos. Die Szene wird zum Tribunal. Der sentimentalische Dichter klärt das Publikum auf. Es soll die Ungerechtigkeit der Welt nicht nur erleben, nicht nur Mitleid empfinden, nicht nur Schrecken, sondern auch als eine Wirkung ganz bestimmter Ursachen erkennen, es soll das Rasen eines Karl Moor, eines Ferdinand nicht nur mit

Mitleid und Furcht entgegennehmen, sondern auch billigen, sein Zorn soll entfacht werden. Der Mensch scheitert am unnatürlichen Zustande der Welt. Der Sohn erhebt sich gegen den Vater, der Bruder gegen den Bruder. Der Mensch geht schuldlos zugrunde. Sein Opfer bleibt nur in einer inneren Weise sinnvoll. Es offenbart die Tragik der Freiheit oder eine falsche Gesellschaftsordnung; im äußeren Sinne aber ist das Opfer vergeblich, weil es die richtige Gesellschaftsordnung nicht herbeiführt.

Doch ist an dieser Stelle nun die Frage berechtigt, ob diese Haltung denn genüge, ob nicht gerade die Erkenntnis, daß sich die Welt in einem schlechten Zustande befinde, nicht nur die Einsicht voraussetze, wie die Welt sein sollte, sondern auch moralischerweise den Hinweis notwendig mache, auf welche Weise die Welt wieder in Ordnung kommen könne, und ob dieser Hinweis dann nicht die Aufforderung in sich schließen müsse, diesen Weg auch zu beschreiten. Wird aber diese Frage bejaht, genügt es nicht, die Welt als ungerecht zu beschreiben. Sie muß dann als eine veränderbare Welt beschrieben werden, die wieder in Ordnung kommen kann und in welcher der Mensch nicht mehr ein Opfer zu sein braucht. Ist dies aber so, verwandelt sich der Schriftsteller aus einem Rebellen in einen Revolutionär.

Damit aber wird mein Vortrag leider etwas ungemütlicher. Er muß notgedrungen das rein dramaturgische Gebiet verlassen, in welchem sich gefahrlos fachsimpeln läßt, Schiller ist ein gar zu unbequemer Gegenstand, ein leider auch hochpolitischer Fall. Es dürfte klar sein, daß ich mit meiner Auslegung des naiven und sentimentalischen Theaters scheinbar Schiller verfehlt und Brecht getroffen habe, der ja überhaupt, sieht man genauer hin, in vielem mit Schiller zu vergleichen ist, auch in freundlichen Zügen, etwa in der Neigung, bisweilen unfreiwillig komisch zu wirken, es ist bei beiden manchmal so, als ob Friederike Kempner mitdichte: »Ehret die Frauen, sie flechten und weben!« »Aus fuhr das Geschlecht der Agronomen.« Dieser große Schriftsteller stellt die extremste Form des sentimentalischen Dichters dar. Er verließ das Stadium der Rebellion, um Revolutionär zu werden, durch sein Theater die Gesellschaft zu verändern. Er wurde Kommunist, wir wissen es.

Doch muß ich hier etwas Selbstverständliches einschieben. Brechts Weltanschauung mag für viele schmerzhaft sein, für viele ärgerlich, doch darf sie nicht als eine bloße Verirrung, als eine Nebensache behandelt werden. Sie gehört wesentlich zu Brecht, sie ist ebensowenig eine zufällige Eigenschaft seiner Werke wie ihre Bühnenwirksamkeit, ihre dichterische Präzision, ihre dramaturgische Kühnheit und nicht zuletzt wie ihre Menschlichkeit. Diese legitime Leistung zwingt uns, Brechts Kommunismus sachlich zu betrachten, ihn aufs neue auf seine Wahrheit hin zu untersuchen. Wir dürfen keine Ausflüchte machen; zugeben, was zuzugeben ist.

Brechts Dichtung ist eine Antwort auf unsere Welt, auf unsere Schuld, eine der wenigen ehrlichen Antworten auf unsere Phrasen, eine Darstellung dessen, was wir unterlassen haben, auch wenn es eine kommunistische Antwort ist. Wir müssen uns mit ihm auseinandersetzen. Als Gespenst unserer Furcht hat uns der Kommunismus längst gelähmt, wir sind in Schrecken erstarrt, so wie wir als Gespenst seiner Furcht ihn längst gelähmt haben. Versteinert sind wir beide. Was aber von seiner Seite aus natürlich ist, weil er doch eine Ideologie darstellt, die an sich aus ihrer Natur heraus zu keinem Dialog fähig sein kann, ist von unserer Seite unnatürlich. Wir können mit dem Kommunismus einen echten Dialog führen, er nicht mit uns. Wir können ihn überwinden, indem wir ihn furchtlos betrachten, immer aufs neue durchdenken, seine Wahrheit von seinem Irrtum scheiden; er vermag weder uns noch sich selber furchtlos zu betrachten. Wir müssen tun, was der Kommunismus versäumt, sonst erstarren wir wie er in einer Ideologie. Deshalb stellt das Ärgernis, daß sich zu unserer Zeit der größte deutsche Dramatiker im Glauben, menschlich zu handeln, auf die Seite einer Revolution schlug, an uns die Frage nach unserer Antwort auf unsere Zeit. Haben wir überhaupt eine Antwort, oder tun wir nur so, als ob wir eine hätten? Haben wir nicht einfach Furcht? Furcht vor einer unvermeidlichen Operation? Lassen wir uns nicht einfach treiben? Sind unsere ständigen Hinweise auf die Freiheit nicht Ausreden, die uns gestatten, das Notwendige zu unterlassen, um bei den alten Werten zu bleiben, mit deren Zinsen sich leben läßt, die wir übernommen haben, ohne sie aufs neue zu durchdenken?

So wenden wir uns denn in Wirklichkeit, wenn wir Schiller fragen, weshalb *er* kein Revolutionär geworden sei, an uns. Auch in seine Zeit fällt eine große Revolution, die ihn nicht nur zum Ehrenbürger ernannte, sondern der wir schließlich auch vieles von dem verdanken, was wir nun gegen den Kommunismus zu verteidigen vorgeben. Mehr noch. Auch in Schillers Zeit fällt eine deutsche Niederlage, wie zu Brechts Zeiten zerfiel ein deutsches Reich, unterblieb aber auch eine deutsche Revolution, aus freilich ganz anderen Gründen: Der Einbruch Napoleons führte zu den Befreiungskriegen, der Einbruch der Alliierten noch bedeutend schneller zum Wirtschaftswunder.

Wie handelte nun Schiller? Was zog er für Konsequenzen? Können wir ihn für unsere Sache in Anspruch nehmen, für unsere Freiheit aufbieten? Haben wir ihn auf seine Dramaturgie hin befragt, müssen wir ihn nun in unserem eigenen Interesse auf seine Ethik, auf seine Politik hin befragen. Gab er eine Antwort auf seine Zeit? Stellte er überhaupt noch seine Zeit dar? Ist die Meinung berechtigt, er habe zwar in seinen Jugenddramen die Zeit kühn anzupacken gewagt, die Willkür der Fürsten und des Adels gegeißelt, die Intrigen, die Verworfenheit der Lakaien, die Ohnmacht der Gesetze und die Wehrlosigkeit der Bürger, aber später seine Zeit fallenlassen, um Klassik zu treiben, Zeitloses, Symbolisches, so daß wir aus diesem Grunde endlich in seinen späteren Werken weder seine noch unsere Zeit wiedererkennen?

Nun ist es jedoch etwas bedenklich, unsere Zeit so ohne weiteres mit der seinen zu vergleichen. Ging in unserer ein homogenes, zentralistisches, diktatorisches Reich unter, nahm damals ein heterogenes, zersplittertes, unzentralisiertes Reich sein Ende, das Dritte Reich konnte zerbrechen, das Heilige Römische Reich Deutscher Nation war unzerbrechlich wie Sand, es löste sich einfach in seine verschiedenen Bestandteile auf, die Länder wurden umgruppiert, ohne ihre Struktur zu verlieren. Auch milderte die deutsche Kleinstaaterei den Absolutismus, er wirkte sich nicht überall gleich aus, dazwischen lagen wie Inseln die Freien Reichsstädte, es gab größere Ausweichmöglichkeiten, man konnte sich durchmausern, Vorsichtsmaßnahmen ergreifen, von einem deutschen Staat in den andern schlüpfen, Schiller als Emigrant brauchte sich nur nach Mannheim zu begeben.

In diesem unzulänglichen, aber politisch entschärften Staatengemische, das sich nicht in eine Weltbombe verwandeln konnte, spielte sich Schillers Leben ab. Er war von Halbheiten umstellt, in kleinen Verhältnissen, krank, stets in Geldsorgen. Auf seine Gönner und Freunde angewiesen, an die Fron seiner Professur für allgemeine Geschichte gefesselt, kam er nie fort, erblickte er nie das Meer, erforschte er den Strudel, in den sich sein Taucher stürzt, bei einer Mühle. Die Zugehörigkeit zur Nation, die ihn zu ihrem Nationaldichter erhob, betrachtete er als ein Pech, nicht als ein Glück, das Jahrhundert, in welchem er lebte, verabscheute er. Dieser Gefangene einer Welt, die nicht auf ihn zugeschnitten war, dachte über die politischen Verhältnisse, in denen er sich befand, nüchtern, realistisch. Wenn er die Deutschen für unfähig hielt, eine politisch einheitliche, große Nation zu bilden, wenn er die deutsche Größe abseits vom Politischen als etwas Geistiges verstand, urteilte er nicht unpolitisch – gar so unrecht hatte er schließlich auch wieder nicht –, aber kleinstaatlich. Von dieser Kleinstaatlichkeit des damaligen Reiches her muß man ihn begreifen, als Bürger des weimarischen Zwergstaates.

Es war eines seiner Grundgefühle, politisch ohnmächtig zu sein, in einer Welt zu leben, die sich ohne Rücksicht auf die Nation einrichtete, der er angehörte, während der Revolutionär nicht nur das Gefühl braucht, im Namen einer Partei, sondern auch gleich im Namen der ganzen Welt zu handeln, Brecht aus jener zweifelhaften Epoche stammt, in der Deutschland wirklich eine Weltmacht war. Nur wenn wir dies bedenken, können wir auch unsere Zeit in jener Schillers wiederfinden, nicht nur, weil die Bedeutung Deutschlands höchst zweitrangig und Europa selbst eine Ansammlung von doch recht zweifelhaften Kleinstaaten geworden ist, sondern weil auch wir in unsere Schranken gewiesen sind.

Wir haben aufs neue zu durchdenken, was des Staates und was des einzelnen ist, worin wir uns zu fügen haben, wo zu widerstehen ist, worin wir frei sind. Die Welt hat sich nicht so sehr durch ihre politischen Revolutionen verändert, wie man behauptet, sondern durch die Explosion der Menschheit ins Milliardenhafte, durch die notwendige Aufrichtung der Maschinenwelt, durch die zwangsläufige Verwandlung der Vaterländer in Staaten, der Völker in Masse, der Vaterlandsliebe in eine Treue der Firma gegenüber. Der alte Glaubenssatz der Revolutionäre, daß der Mensch die Welt verändern könne und müsse, ist für den einzelnen unrealisierbar geworden, außer Kurs gesetzt, der Satz ist nur noch für die Menge brauchbar, als Schlagwort, als politisches Dynamit, als Antrieb der Massen, als Hoffnung für die grauen Armeen der Hungernden. Der Teil geht nicht mehr im Ganzen auf, der einzelne nicht mehr in der Gesamtheit, der Mensch nicht mehr in der Menschheit. Für den einzelnen bleibt die Ohnmacht, das Gefühl, übergangen zu werden, nicht mehr einschreiten, mitbestimmen zu können, untertauchen zu müssen, um nicht unterzugehen, aber auch die Ahnung einer großen Befreiung, von neuen Möglichkeiten, davon, daß nun die Zeit gekommen sei, entschlossen und tapfer das Seine zu tun.

Dies zugegeben, drängt sich die Beschäftigung mit Schiller erneut auf. Als Dramatiker ist er vielleicht ein Verhängnis des deutschen Theaters, will man ihn als Lehrmeister einsetzen. Seine Regeln und Kniffe leben möglicherweise nur durch ihn, schon bei Grillparzer und Hebbel wird alles zweifelhafter, gut für Studenten der Germanistik, bei Schiller ist offenbar nichts zu lernen, er ist wahrscheinlich der Unwiederholbarste, ein Sonderfall, totgepriesen und mit Vorurteilen über ihn behaftet, dies sei alles dahingestellt und nicht näher untersucht, es ist unwichtig: Was bleibt, ist ein mächtiger Impuls, eine reine Kraft, ein einmaliges Wagnis, nichts für große Zei-

360

ten, aber für schwere. Er wurde durch die geschichtlichen Umstände gezwungen, eine Welt zu akzeptieren, die er verurteilte (Brecht in Ostberlin mußte verurteilen, was er akzeptiert hatte, das Schicksal jedes echten Revolutionärs). Er griff nicht an, sondern versuchte, die Freiheit des Menschen unangreifbar zu machen. Die Revolution war für ihn sinnlos, weil er die Freiheit tiefer durchdachte als sie. Er versuchte nicht, die Verhältnisse zu ändern, um den Menschen zu befreien, er hoffte, den Menschen für die Freiheit zu ändern. Er wies seiner Nation das Reich des Geistes zu, aus welchem sie freilich bald emigrierte. Er teilte, wie die Götter Griechenlands, die Welt. Im Reiche der Natur herrscht die Notwendigkeit, die Freiheit im Reiche der Vernunft, dem Leben steht der Geist gegenüber. Die Freiheit wird nicht durch die Politik realisiert, nicht durch Revolutionen erzielt, sie ist als die Grundbedingung des Menschen immer vorhanden, und wäre der Mensch in Ketten geboren. Sie manifestiert sich nur in der Kunst rein, das Leben kennt keine Freiheit. Das größte Übel ist nicht die Knechtschaft, sondern die Schuld, die Revolution ersetzt die Knechtschaft durch die Schuld: Ihr wird der Aufstand der Eidgenossenschaft entgegengehalten, die Erhebung eines einfachen Naturvolkes der Hirten, die wir Schweizer angeblich einmal waren. Das Ideal der Freiheit läßt sich nur in einer naiven Welt verwirklichen, in der Welt der Unnatur wird die Freiheit etwas Tragisches. Sie läßt sich nur noch durch das Opfer vollziehen. In Schillers Dramen offenbart sich eine unbedingte Welt, gefügt aus ehernen Gesetzen, zwischen deren Schwungrädern der Weg der Freiheit schmal und streng verläuft.

Wenn wir es wagen, diese Welt zu denken, müssen wir sie ebenso ablehnen, wie wir dies mit jener Brechts meistens tun. Ahnen wir in der einen unseren Untergang,

wittern wir in der andern unsere Unterdrückung, so lassen
wir sie denn beide lieber als eine poetische Welt gelten, die
wir genießen. Denn wir fordern die Freiheit an sich, ohne
Rücksicht auf unsere Schuld, wir berechtigen Brecht, indem wir nicht vor Schiller bestehen: Beide Dichter sind
unsere Richter, aber wir kümmern uns nicht um ihr Urteil,
wir bewundern den Stil, in welchem sie es niedergeschrie-
ben haben.

So haben wir keine brauchbaren Antworten auf unsere
Fragen erhalten, doch gibt es vielleicht nur verschlüsselte
Antworten. Wenn hinter Brecht der Marxismus und, noch
weiter zurück, Hegel steht, wirkt in Schiller jener große
und merkwürdige Augenblick der Philosophie weiter, der
mit Kant anbrach, in welchem die Vernunft sich selber
untersuchte und ihre Grenzen erforschte, in welchem sie
aber auch auf eine mächtige Weise aktiv wurde, indem sie
die Erfahrung nicht mehr als von den Dingen herstam-
mend, sondern als ihr Werk erklärte, um die Welt als
Geheimnis hinter den Erscheinungen, hinter dem von der
Wissenschaft Erfaßbaren, unangetastet zu lassen. Schillers
Konzeption der Dichtung scheint von ähnlicher Struktur.
Wie der Verstand bei Kant vom Subjekte her die Erschei-
nungsformen der Welt leiht, so muß bei Schiller der Dichter aus seiner Idee die Welt neuschöpfen, darstellen, zu
erzielen suchen. Doch ist diesem Vorgehen eine unerbittliche Grenze gesetzt, das Denken dringt nie zur Wirklichkeit, sondern nur, wie Schiller sich ausdrückt, zum Gesetz, zu den Symbolen, zu den Typen. In dieser Fähigkeit,
von seinen Grenzen zu wissen, liegt vielleicht seine größte
Bedeutung. Er dachte streng und unbedingt, aber machte
halt, wo halt zu machen war, er kannte vor allem sich
selber, er war sein größter Kritiker, begriff sich schärfer als
seine Bewunderer. Nur so begriffen, ›erkenntniskritisch‹,

sind seine Kompromisse keine faulen, sein Idealismus nicht weltfremd, sein Denken nicht nur abstrakt. Schiller bewältigte die Realität, in die er sich gestellt sah. Seine Freundschaft mit Goethe ist wie ein Werk der praktischen Vernunft, die berühmte Definition, die Goethes und Schillers Schaffen voneinander abgrenzt und doch beides voneinander abhängig macht, philosophisch und diplomatisch zugleich, ein denkerischer Kompromiß dem Leben zuliebe, eine Formel, die Freundschaft ermöglicht. Er wußte genau, was er unternahm. Das Phänomen Goethe widerlegt im tiefsten Schillers Konzeption, mit dem Begriff des Naiven ist Goethe nicht zu erklären, denkerische und künstlerische Möglichkeiten tauchen auf, die sich Schiller verbaut hatte, Schiller begann, den Bau wieder niederzureißen. Reines Denken setzt sich nicht um, der Denker, der sich aufzugeben wagt, findet die Gestalt, denkt sich erst so zu Ende.

Von da an wagte Schiller aufs neue zu handeln, anders zu handeln. Er ließ die Philosophie fallen und schrieb seine klassischen Werke. Er zerbrach das Gesetz, das er sich einst selber gab, er löste sich von seiner Zeit, indem er ins dichterische Drama vorzustoßen suchte. Doch auch als Handelnder bleibt ihm das Schicksal seiner Natur, das er als Denker auf sich nahm: vom Denken zu den Dingen zu wollen, sie nie zu erreichen. Nur so können wir sein Pathos, seine Rhetorik als etwas Einmaliges erkennen, nicht als etwas Hohles, Übertriebenes, wie es oft scheint, scheinen muß, sondern als ein ungeheures Gefälle vom Denken zur Welt hin, als die Leidenschaft der Denkkraft selbst, die überzeugen will, ohne die Klarheit zu verlieren, die das Differenzierteste im Einfachen verkörpern will. Populär, ist er dennoch der schwierigste, der unzugänglichste, der widersprüchlichste der Dramatiker. Keiner ist

so schwer zu bewerten wie er, keiner so schwer anzusiedeln, bei keinem liegen die Fehler so sichtbar wie bei ihm,
und bei keinem sind sie so unwesentlich, er wächst, indem
man sich mit ihm beschäftigt, vom Fernen ins Nahe.

Man müßte sein, was er war, um ihm gerecht zu werden,
die Leidenschaft seines Denkens besitzen; ohne diese Leidenschaft werden dessen Resultate verfälscht. Man löscht
das Feuer, wenn man es verwässert. Der Gegenstand seines Denkens war die Kunst und die Natur, der Geist und
das Leben, das Ideale und das Gemeine, doch flüchtete er
nicht in die Ideenwelt. Er grenzte ab und hielt aus. Er faßte
die Freiheit strenger als die andern, doch nicht einem
System, sondern dem Leben zuliebe, er setzte Spannun-
gen, um Funken zu erzeugen, er erhöhte den Menschen,
weil er ihn mehr als das Allgemeine, mehr als den Staat
liebte. Er konnte in diesem nur ein Mittel erblicken.

In Schiller ist die große Nüchternheit spürbar, die wir
heute dem Staate gegenüber nötig haben, dessen Neigung,
total zu werden, immanent geworden ist: Der Mensch ist
nur zum Teil ein politisches Wesen, sein Schicksal wird
sich nicht durch seine Politik erfüllen, sondern durch das,
was jenseits der Politik liegt, was nach der Politik kommt.
Hier wird er leben oder scheitern.

Der Schriftsteller kann sich nicht der Politik verschrei-
ben. Er gehört dem ganzen Menschen. So verwandeln sich
denn Schiller *und* Brecht aus unseren Richtern, die uns
verurteilen, in unser Gewissen, das uns nie in Ruhe läßt.

Was aber Schiller entdeckte, nachdem er seine Beschäftigung mit der Philosophie aufgegeben hatte, bleibt uns für
immer als eine Erkenntnis, unabhängig davon, ob uns
Schiller als Dramatiker beeindrucke oder nicht, ob er unser Vorbild sei oder nicht: Der springende Punkt in der
Dramatik liege darin, eine poetische Fabel zu finden. Da-

mit wird die Dramatik ein Versuch, mit immer neuen Modellen eine Welt zu gestalten, die immer neue Modelle herausfordert.

# Über Balzac

## 1960

Balzac möchte ich empfehlen. Das riesenhafte Werk des Franzosen (welches in meiner Bibliothek zwischen dem Homer und Tausendundeiner Nacht steht) hat nichts von seiner Bedeutung eingebüßt, nichts von seiner Kraft zu faszinieren. Im Gegenteil. Mit wachsender Entfernung stellt sich erst die eigentliche Dimension dar. Dieses scheinbar planlose und doch so genau konzipierte Durcheinander von Aristokraten, Eheleuten, Bürgern und Kleinbürgern, Bankiers, Dirnen, Heiligen, Sonderlingen, Geizhälsen, Teufeln, Journalisten, Advokaten und Politikern (Reihenfolge ganz zufällig) und was sonst noch das Paris jener Tage bevölkerte, diese unvergeßlichen Gestalten, umbrandet von Elend und gierig nach Reichtum, nach Luxus, nach Ruhm, nach Liebe, diese Menschen aller Klassen, mit denen der große, unbestechliche Epiker wie mit Bällen spielt, bald grausam, bald gnädig, sie bald in die Hölle, bald in irgendein Kloster schickend, doch nie aus Zynismus, nie aus Moral, sondern alle Geschöpfe seiner Phantasie gleicherweise liebend, stets *ihren* Gesetzen folgend, nicht den seinen, wie man ausrufen möchte (wenn dies auch eine Täuschung ist, doch, welche Täuschung!): Kurz, dies alles liest man zwar wohl immer noch mit der gleichen Begeisterung, jedoch mit steigender Bewunderung.

## 55 Sätze über
### Kunst und Wirklichkeit

1977

1

Jedes Kunstwerk stellt einen Aspekt der Wirklichkeit dar.

2

Die Wirklichkeit ist das Objektive, das Darstellen und der Aspekt sind das Subjektive.

3

Jedes Kunstwerk stellt auf eine subjektive Weise einen subjektiven Aspekt der Wirklichkeit dar.

4

Könnte ein Kunstwerk die Wirklichkeit abbilden, wäre es objektiv (als etwas Passives), weil ein Kunstwerk die Wirklichkeit nur darstellen kann, ist es subjektiv (als etwas Aktives).

5

Jedes Kunstwerk ist subjektiv.

6

Die Wirklichkeit, die ein Kunstwerk darstellt, ist eine ›subjektive Wirklichkeit‹.

7

Jede ›subjektive Wirklichkeit‹ ist in der Wirklichkeit enthalten.


8

Es ist unmöglich, daß ein Kunstwerk aus der Wirklichkeit
fällt.


9

Die Aufgabe der Gesellschaft ist es, ihre Wirklichkeit im
Kunstwerk zu entdecken.


10

Die Wirklichkeit der Gesellschaft ist die politische Struktur, in der sie lebt.


11

Jede politische Struktur läßt sich von zwei Seiten aus darstellen: von jener der Mächtigen und von jener der Ohnmächtigen aus.


12

Die Furcht vor dem Kunstwerk ist bei den Mächtigen eine
doppelte: daß die Ohnmächtigen entweder in ihm ihre
Beherrscher oder in ihm sich selber als Beherrschte entdecken.


13

Jedes Kunstwerk kann politisch wirksam werden: Es kann
sich in ein politisches Gleichnis verwandeln.

14
Im Erleben eines Kunstwerks als politisches Gleichnis
wird jenes für den, der es erlebt, mit der politischen Wirklichkeit gleichgesetzt.

15
Ob und wie ein Kunstwerk politisch wirksam wird, hängt
von der Gesellschaft ab.

16
Ob und wie ein Kunstwerk politisch wirksam wird, ist
nicht vorauszubestimmen.

17
Je unabsichtlicher ein Kunstwerk politisch wirksam wird,
desto stärker wirkt es politisch.

18
Absichtlich politische Kunst wird am leichtesten politisch
wirkungslos.

19
Ein Schrei ist kein Gedicht.

20
Jedes Kunstwerk braucht zu seinem Inhalt Distanz.

21
Ist sein Inhalt Empörung, ist seine Distanz Versöhnung.

22
Ist sein Inhalt Versöhnung, ist seine Distanz Empörung.

23
Ist sein Inhalt Trauer, ist seine Distanz Trost.

24
Ist sein Inhalt Trost, ist seine Distanz Trauer.

25
Ist sein Inhalt eine Tragödie, ist seine Distanz die Komödie.

26
Ist sein Inhalt eine Komödie, ist seine Distanz die Tragödie.

27
Ist sein Inhalt Verzweiflung, ist seine Distanz Glück.

28
Die Verzweiflung kennt keine Distanz.

29
Es gibt kein verzweifeltes Kunstwerk.

30
Distanz wird durch den Humor möglich.

31
Der Humor ist die Maske der Weisheit.

32
Maskenlos ist die Weisheit unerbittlich.

33
Der Humor macht das Unerbittliche erträglich.

34
Das unerbittlich Unerträgliche ist nicht weise.

35
Für die Kunst gibt es nur Menschen.

36
Für die Politik gibt es nur die Menschheit.

37
Nur Menschen können glücklich sein.

38
Die Menschheit kann sowenig wie eine Zahl oder eine
Gerade glücklich sein.

39
Das Ziel der Politik vermag nur etwas Selbstverständliches, nie das Glück zu sein.

40
Wer in der Politik das Glück sucht, will herrschen.

41
Für den Zustand der Menschheit, wie er selbstverständlich
sein sollte, ist eine Wissenschaft denkbar.

42
Eine Ideologie ist keine Wissenschaft.

43
Das Selbstverständliche ist die denkbar vernünftigste Struktur, in welcher die Menschen zusammen leben sollten.

44
Es sind zwei Strukturen wissenschaftlich denkbar: eine, die durch Naturgesetze, und eine andere, die durch Regeln bestimmt wird.

45
Welche der beiden Strukturen die Menschen wählen werden, hängt vom Grade ihrer Rationalität ab. Je irrationaler der Mensch ist, desto mehr neigt er einer naturgesetzlichen Struktur zu.

46
Die Menschen neigen dazu, eine naturgesetzliche Struktur anzunehmen.

47
Die Katastrophen werden immer größer, die Verbrechen immer schrecklicher und die Gesetze immer drakonischer.

48
Bei keinem der beiden Systeme ist das Glück des Menschen garantiert.

49
Wer Ideologien zerstört, zerstört Rechtfertigungen von Gewalt.

50
Gewalt widerlegt nicht Gewalt, sie ersetzt im besten Falle eine Gewalt durch eine andere.

51
Die Politik erlaubt fragwürdige Prognosen.

52
Optimismus und Pessimismus sind fragwürdige Prognosen.

53
Ein Kunstwerk kennt keine fragwürdigen Prognosen.

54
Wo der Mensch mit der Menschheit eins wird: in der einzigen sicheren Prognose: im Tod.

55
Jedes Kunstwerk ist apokalyptisch.

## Georg Büchner
## und der Satz vom Grunde

Dankesrede zum Georg-Büchner-Preis 1986
der Deutschen Akademie für Sprache und Dichtung

1986

Alles, was Georg Büchner unternahm, tat er aus Leidenschaft und gab vor, er tue es, um Geld zu verdienen, was er
auch verdienen mußte, da er sich seit 1835 darauf vorberei-
tete, in die Schweiz zu emigrieren. Zwar schrieb er 1836
aus seinem Straßburger Exil an Gutzkow, der in Mannheim eine dreimonatige Gefängnisstrafe einen Monat lang
hatte absitzen müssen wegen verächtlicher Darstellung
des Glaubens der christlichen Glaubensgemeinschaften, er
sitze *auch* im Gefängnis und im langweiligsten unter der
Sonne, er habe eine Abhandlung geschrieben in die Länge,
Breite und Tiefe, Tag und Nacht über der ekelhaften
Geschichte, er begreife nicht, woher er die Geduld her-
genommen, er habe nämlich die fixe Idee, im nächsten
Semester in Zürich einen Kurs über die Entwickelung der
deutschen Philosophie seit Cartesius zu lesen; dazu müsse
er sein Diplom haben und die Leute schienen gar nicht
geneigt, seinem lieben Sohn Danton den Doktorhut aufzu-
setzen. Was sei da zu machen gewesen? Doch scheint die
Abhandlung, auf die Büchner in seinem Brief an Gutzkow
anspielt, jene über Cartesius, wie sich Descartes latini-
sierte, und Spinoza, die beide versuchten, vermittels einer
mathematischen Methode streng rationalistisch Metaphysik zu treiben, nicht nur unter dem Aspekt wichtig, die auf

sie folgende deutsche Philosophie darzustellen, die Beschäftigung mit der englischen wäre als Vorbereitung ebenso notwendig gewesen. Die Vermutung ist nicht ganz abzuweisen, er habe versucht, vermittels der beiden mit Leibniz' letzten radikalen Metaphysiken zu überprüfen, wie weit mit der Mathematik zu kommen sei. Zu Cartesius hatte er bemerkt, Gott sei es, der den Abgrund zwischen Denken und Erkennen, zwischen Subjekt und Objekt ausfülle, er sei die Brücke zwischen dem cogito ergo sum, zwischen dem einsamen, irren, nur einem, dem Selbstbewußtsein, gewissen Denken und der Außenwelt. Der Versuch sei etwas naiv ausgefallen, aber man sehe doch, wie instinktartig scharf schon Cartesius das Grab der Philosophie abgemessen habe; sonderbar sei es freilich, wie er den lieben Gott als Leiter gebraucht habe, um herauszukriechen, und zu Spinoza notierte er, der Spinozismus sei der Enthusiasmus der Mathematik, in ihm vollende und schließe sich die Cartesianische Methode der Demonstration, erst in ihm gelange sie zu ihrer völligen Konsequenz. Die Metaphysik der beiden hatte Kant zertrümmert. Dessen *Kritik der reinen Vernunft* war 1781 erschienen, sie lag Büchner zeitlich näher als uns Heideggers *Sein und Zeit*. Wichtiger als die Richtigkeit einer Philosophie sind ihre Folgen und ist die Möglichkeit, sie weiterzudenken. Kant trennte die Naturwissenschaften von der Philosophie. Er ging von einem Paradox aus. Er versuchte die Physik Newtons philosophisch zu beweisen, zu fragen, warum überhaupt eine mathematische Wissenschaft möglich sei. Er erklärte die Mathematik ausschließlich für die Erfahrung brauchbar und für diese die Metaphysik unbrauchbar. Er teilte die Welt in einen durch die Form unserer Vorstellung und die Kategorien unseres Denkens erfahrbaren physischen und in einen grundsätzlich jenseits jeder möglichen Erfahrung liegenden Bezirk ein, jenen des Dings an sich, während die Fragen nach Gott, Seele, Freiheit, Unsterblichkeit unbeweisbar blieben. Er könne, schrieb er, Gott, Freiheit, Unsterblichkeit zum Behuf des notwendigen praktischen Gebrauchs der Vernunft nicht einmal annehmen, wenn er nicht der spekulativen Vernunft zugleich ihre Anmaßung überschwenglicher Einsichten benehme. Indem er der Philosophie die Berechtigung absprach, weiterhin Metaphysik zu treiben, verlor diese an Bedeutung, um so mehr als Kant die reine Vernunft unter das Primat der praktischen stellte. Das Sollen war ihm wichtiger als das Müssen, was durch die reine Vernunft nicht bewiesen werden kann, hatte die praktische zu postulieren, all die Erhabenheiten, Seele, Gott, Freiheit, doch was nur postuliert werden kann, muß nicht postuliert werden, das Radikal-Böse im Menschen zwingt diesen, will er sich der praktischen Vernunft unterwerfen, seinen Neigungen entgegen zu handeln, eine Ansicht Kants, die Goethe empörte. Die *Kritik der praktischen Vernunft* ist nicht nur eine Philosophie der von der Vernunft diktierten Pflicht, der sich der mündige Mensch zu unterziehen hat, sondern vor allem eine des Als-ob, eine Philosophie der Fiktion, welche die Metaphysik durch ein System sittlicher Postulate ersetzte. Als sie 1788 erschien, begeisterte sie Schiller, der in ihr die Philosophie der Freiheit sah, aber empörte jene, die so taten, als ob sie glaubten, aber wollten, daß man glaube, daß sie glaubten, während jene, die glaubten, keinen Beweis für ihren Glauben brauchten, sie glaubten ohnehin, daß sie durch den Glauben die Wahrheit wüßten, die Philosophen indessen bemühten sich, die Probleme, die Kant aufgeworfen hatte, zu umgehen, weil sie diese nicht zu lösen vermochten: Das Resultat waren die Systeme des deutschen Idealismus.

1807, drei Jahre nach Kants Tod, schrieb Hegel *Die Phä-
nomenologie des Geistes,* 1812 erschien seine *Logik,* 1814
starb Fichte, 1818 erschien Schopenhauers *Welt als Wille
und Vorstellung.* Hegel starb 1831. Schelling und Hölder-
lin überlebten Büchner als Gespenster. Feuerbach, neun
Jahre vor, und Marx, drei Jahre nach Büchner geboren,
schrieben ihre Hauptwerke erst nach Büchners Tod. Doch
kam Büchner nicht dazu, die philosophische Epoche, die
ihm voranging und in der er lebte, darzustellen. Den Doktorhut, den er für seinen *Danton* ersehnte, bekam er von
der Universität Zürich für eine Vorlesung *Über das Ner-
vensystem des Barben,* eines Fisches, der in Straßburg
häufig war, die er dort vor der Gesellschaft für Naturwissenschaften im April und Mai 1836 gehalten hatte. Büchner wurde aus der Philosophie in die Naturwissenschaft
geschleudert, am 12. Oktober 1836 emigrierte er nach Zürich, und schon Anfang November hielt er an der dortigen
Universität die Probevorlesung *Über Schädelnerven,* worin er in den physiologischen und anatomischen Wissenschaften zwei Grundansichten feststellte: Die erste, die in
England und Frankreich überwiege, betrachte alle Erscheinungen des organischen Lebens vom teleologischen
Standpunkt aus; sie finde die Lösung des Rätsels in dem
Zweck. Sie mache den Schädel zu einem künstlichen Ge-
wölbe mit Strebepfeilern, bestimmt, seinen Bewohner, das
Gehirn, zu schützen, – Wangen und Lippen zu einem
Kau- und Respirationsapparat, – das Auge zu einem komplizierten Glase, – die Augenlider und Wimpern zu dessen
Vorhängen; – ja die Träne sei nur der Wassertropfen,
welcher es feucht erhalte. Die teleologische Methode be-
wege sich in einem ewigen Zirkel, müsse doch nach dem
Zweck dieses Zweckes gefragt werden und der Progressus
in infinitum sei unvermeidlich, aber die Natur handle

nicht nach Zwecken, sondern sei in allen ihren Äußerungen sich unmittelbar selbst genug. Alles, was sei, sei um seiner selbst willen da. Das Gesetz dieses Seins zu suchen, sei das Ziel der der teleologischen gegenüberstehenden philosophischen Ansicht, die in Deutschland vorherrsche. Alles, was für jene Zweck sei, werde für diese Wirkung, und so werde für die philosophische Methode das ganze körperliche Dasein des Individuums nicht zu seiner eigenen Erhaltung aufgebracht, sondern es werde die Manifestation eines Urgesetzes, eines Gesetzes der Schönheit, das nach den einfachsten Rissen und Linien die höchsten und reinsten Formen hervorbringe. Die Frage nach einem solchen Gesetz führe von selbst zu den zwei Quellen der Erkenntnis, aus denen der Enthusiasmus des absoluten Wissens sich von je berauscht habe, der Anschauung des Mystikers und dem Dogmatismus der Vernunftphilosophen. Daß es bis jetzt gelungen sei, zwischen letzterem und dem Naturleben, das unmittelbar wahrgenommen werde, eine Brücke zu schlagen, müsse die Kritik verneinen. Die Philosophie a priori sitze noch in einer trostlosen Wüste; sie habe einen weiten Weg zwischen sich und dem frischen grünen Leben, und es sei eine große Frage, ob sie ihn je zurücklegen werde. Bei den geistreichen Versuchen, die sie gemacht habe, weiterzukommen, müsse sie sich mit der Resignation begnügen, bei dem Streben handle es sich nicht um die Erreichung des Ziels, sondern um das Streben selbst. Erwähnt seien noch zwei Stellen. So führte er aus, man könne Schritt für Schritt verfolgen, wie von dem einfachsten Organismus an, wo alle Nerventätigkeit in einem dumpfen Gemeingefühl bestehe, nach und nach besondere Sinnesorgane sich abgliedern und ausbilden. Ihre Sinne seien nichts neu Hinzugefügtes, sie seien nur Modifikationen in einer höheren Potenz, und etwas später bemerkt er, es dürfe wohl immer vergeblich sein, die Lösung des Problems in der verwickeltsten Form, nämlich bei dem Menschen zu versuchen. Die einfachsten Formen leiteten immer am sichersten, weil in ihnen sich nur das Ursprünglichste, absolut Notwendige zeige. Was bei diesem doch wissenschaftlichen Vortrag auffällt, ist, daß der dreiundzwanzigjährige Büchner die Grundansicht, die ihn leitet, eine philosophische nennt. Da er sich vorher mit dem Gedanken getragen hatte, in Zürich über die neuere deutsche Philosophie zu lesen, ist die Vermutung nicht abwegig, in der Vorlesung über Schädelnerven sei seine eigene Philosophie versteckt. Um so erstaunlicher ist es deshalb, daß er die Methode, die er der teleologischen entgegensetzt und die darin besteht, im Gesetz der Schönheit den Grund zu suchen, warum die Natur in all ihren Äußerungen sich selbst sei, die deutsche nennt. Damit nimmt er Stellung sowohl gegen Kant als auch gegen dessen Nachfolger. Gegen Kant der Methode und gegen dessen Nachfolger der Philosophie nach. Nach Kant vermag eine naturwissenschaftliche Theorie nur eine kausale Notwendigkeit auszudrücken, der Zweck jedoch sei keine Kategorie des reinen Verstandes und damit kein konstitutives Prinzip gegenständlicher Erkenntnis, nur im Falle des durch die reine Vernunft Unerklärlichen, wie es das Leben darstelle, weil das Wesen des lebendigen Organismus darin bestehe, daß das Ganze ebenso durch die Teile und die Teile durch das Ganze bestimmt seien, entstehe notwendigerweise der Eindruck des Zweckmäßigen, die teleologische Methode sei als ein hypothetisches Prinzip dem lebendigen Organismus gegenüber gegeben, als Methode, als ob dieser einen Zweck habe, um so die kausalen Naturzusammenhänge aufzuspüren. Die nachkantische Philosophie dagegen war an sich teleologisch. Wer nach

dem Zweck fragt, fragt auch nach dem Sinn, auch diesen
hatte Kant zur Sache der praktischen Vernunft gemacht,
zu etwas Subjektivem, indem der Wille sich selber einen
Zweck setzt, setzt er auch den Sinn sich selber, der ewige
Friede ist ein Wunsch, damit dieser nicht, wie Kant sich
ausdrückt, »auf dem großen Kirchhofe der Menschengat-
tung« stattfinde. Der auf Kant folgende Idealismus schrieb
dem, was er hinter der Erscheinung annahm, sei es nun das
Ich oder das Absolute oder der Weltgeist, wieder einen
objektiven Sinn zu, einen Zweck, auf den es sich hinent-
wickelt, eine bei der Unberechenbarkeit der menschlichen
Natur und ihrer Gesellschaftsformen offenbare Unmöglichkeit, bei Marx endlich ein naturgesetzliches Hinwäl-
zen auf die klassen- und staatslose Gesellschaft zu, auf die
Freiheit des Menschen. Büchner hätte nach dem Ziel dieses Ziels gefragt, nach dem Sinn dieses Sinns, ob es nicht
wiederum sinnlos zu neuen Klassen, zu einem neuen Staat
führe, zu einer neuen Unfreiheit und so fort. Büchner war
ein Rebell, Marx ein Revolutionär. Büchner empörte sich
über die Zustände, Marx sah sein Denken durch die Zustände bestätigt, Büchner sah den Menschen an sich selber
scheitern, Marx übersah den Menschen. Büchner war Realist, er sah im Verhältnis zwischen Armen und Reichen das
einzige revolutionäre Element in der Welt. Hinter Marx
wird Hegel sichtbar, dessen von Fichte übernommene
Dialektik, These, Antithese, Synthese, das Blut stamp-
fende Schreiten des Weltgeistes durch die Zeit. Als Natur-
wissenschaftler jedoch ist Büchner Goethe verpflichtet,
der nicht nur durch seine Entdeckung des Zwischenkiefers
beim Menschen bedeutend in der vergleichenden Anato-
mie war, mehr noch durch seine Ansichten über diese
Wissenschaft; die Vorstellungsart, daß ein lebendiges Wesen zu gewissen Zwecken nach außen hervorgebracht und

seine Gestalt durch eine absichtliche Urkraft dazu deter-
miniert werde, wie er um 1790 in seinem Versuch einer
allgemeinen Vergleichungslehre schrieb, diese teleologische Vorstellungskraft sei für sich fromm, für gewisse
Gemüter angenehm, für gewisse Vorstellungsarten unentbehrlich, die aber deswegen, wie alle trivialen Dinge, trivial sei, weil sie der menschlichen Natur im ganzen bequem und zureichend sei, denn der Mensch sei gewohnt,
die Dinge nur in dem Maße zu schätzen, als sie ihm nützlich seien, und da er, seiner Natur und seiner Lage nach,
sich für das Letzte der Schöpfung halten müsse: warum
sollte er auch nicht denken, daß er ihr letzter Endzweck
sei? Warum sollte sich seine Eitelkeit nicht den kleinen
Trugschluß erlauben? Weil er die Sachen brauche und
brauchen könne, so folgere er daraus: sie seien hervorgebracht, daß er sie brauche. Eher werde er die Entstehung
der Distel, die ihm die Arbeit auf seinem Acker sauer
mache, dem Fluch eines erzürnten guten Wesens, der
Tücke eines schadenfrohen bösen Wesens zuschreiben, als
eben diese Distel für ein Kind der großen allgemeinen
Natur zu halten, das ihr ebenso nahe am Herzen liege wie
der sorgfältig gebaute und so sehr geschätzte Weizen.
Werde ihm aber nicht schon die Urkraft der Natur respek-
tabler, wenn er selbst ihre Kraft bedingt annehme und
einsehen lerne, daß sie ebensogut von außen als nach außen, von innen als nach innen bilde? Der Fisch sei für das
Wasser da, scheine viel weniger zu sagen als: der Fisch sei
in dem Wasser und durch das Wasser da; denn dieses letzte
drücke viel deutlicher aus, was in dem ersten nur dunkel
verborgen liege, nämlich: die Existenz eines Geschöpfes,
das wir Fisch nennen, sei nur unter der Bedingung eines
Elementes, das wir Wasser nennen, möglich, nicht allein,
um darin zu sein, sondern auch um darin zu werden. Was

Büchner das Gesetz der Schönheit nennt, ist für Goethe die ideale Gestalt der tierischen Form, die Morphologie der Tiergestalt, zu der auch die Gestalt des Menschen gehört, diese Verwandlung der Gestalt, die ihren Zweck in sich, nicht außerhalb ihrer hat, ist noch metaphysisch gesehen, philosophisch, weil sie eine Urgestalt des Tieres setzt, ein Urbild, weshalb denn auch Büchner dem teleologischen Denken einen Progressus in infinitum vorwirft, aber mißachtet, daß, wenn er dasjenige, was das Denken auf ein Ziel hin als Zweck bezeichnet, Wirkung nennt, diese Wirkung einen Grund haben und, auch wenn dieser Grund das Gesetz der Schönheit ist, dieses Gesetz wiederum einen Grund aufweisen müsse als dessen Wirkung, der Satz vom Grunde, daß nichts ohne Grund sei, führt zu einem Regressus in infinitum, kennt keinen Urgrund, ihn anzunehmen, wäre nach Kant eine Antinomie, die Vernunft käme mit sich selber in Konflikt, die Philosophie vor Kant nahm ihn an, Gott war der Urgrund, die Causa sui, der Grund seiner selbst, nach Kant hatte sich die Wissenschaft nicht mehr um den Urgrund zu kümmern, die Philosophie war nicht ihre Sache, noch zögerten einige, wie Büchner, noch war man auf das unerbittliche Gesetz der Evolution nicht gestoßen, dann stürzte sich notwendigerweise, es gab keine andere Wahl, die Wissenschaft in den Mahlstrom der Gründe, in das größte und kühnste, aber auch gefährlichste Wagnis, das der menschliche Geist je unternommen hat und unternimmt, weil er, indem er die Natur stellt, auch sich selber stellt; sie war es, die den Menschen aufklärte. Wenn Marx meinte, die Philosophie habe die Welt zu verändern, nicht zu interpretieren, so veränderte nun die Wissenschaft die Welt, mehr als es je die Politik oder Kriege vermochten, indem jene diese interpretierte, derart, daß die Wissenschaft ihre Interpretationen immer wieder neu an der Wirklichkeit überprüfte, um zu immer neuen Interpretationen zu gelangen, gleichsam von Irrtum zu Irrtum fortschreitend, von einem vermeintlichen Grund zu weiteren vermeintlichen Gründen vordringend, hinauf- und hinabsteigend zu immer neuen Theorien und Hypothesen, um endlich gar die Grenzen zu durchstoßen, die ihr von Kant zugewiesen worden waren, und Gebiete zu erobern, die er für unvorstellbar gehalten hatte, weil er die menschliche Vorstellungskraft unterschätzte, die auch die Schallmauer des Sinnlich-Anschaulichen und der Kausalität zu durchbrechen vermag, so daß sie sich heute an Fragen wagt, die sich einst nur die Metaphysiker stellten. Seit Kant gibt es zwei Kulturen, eine wissenschaftliche und eine literarische. Führt die wissenschaftliche Kultur ins Nicht-Wissen, indem dieses anwächst, je mehr man weiß, rennt die literarische, insofern sie sich noch für Philosophie hält, wie eine Ratte hilflos im Labyrinth der Sprache herum und läßt sich wie die Religionen zur Begründung der Macht jener verwenden, die an der Macht sind oder an die Macht wollen, insofern sie Literatur ist, ist sie vollends wirkungslos geworden, es sei denn, man messe der Mode Bedeutung zu. Man trägt Kultur, entweder von der Stange oder maßgeschneidert. Die vollständige Überflüssigkeit der Literatur ist ihre einzige Berechtigung. Es gibt keine erhabenere. Wir leben in einer sokratischen Welt. Die literarische Kultur läßt sich in vielem mit der Sophistik vergleichen, die sich in ihren eigenen Begriffen im Kreise dreht, die exakten Naturwissenschaften mit dem Versuch Platons, in die Welt der Ideen vorzudringen: Indem wir mit Hilfe der objektiven Methode der Mathematik, die ihre subjektive Wurzel in der Beschaffenheit unseres Geistes hat, die Realität zu erfassen suchen, stellt sich diese immer wieder als Idee

heraus, wenn auch dargestellt in der Schönheit einer Formel. Dieser Problematik wäre Sokrates gleichgültig gegen-
übergestanden, er, der sich am liebsten selber zuhörte,
weil er dabei am besten träumen oder schlafen konnte,
hätte über unsere Philosophie gelacht und über unsere
Literatur gegähnt. Wissend, daß er nichts wußte, hätte er
wie Kant nur ein Gutes in der Welt gekannt, den guten
Willen. Ihn hätte nur die praktische Vernunft interessiert,
mit Staunen hätte er ihren Eroberungszug ins Reich der
reinen Vernunft verfolgt, der so viel notwendige, nütz-
liche, unnütze und tödliche Beute einbrachte, stirnrun-
zelnd hätte er festgestellt, daß die Menschheit statt einer
immer sichereren eine immer katastrophenanfälligere
Welt aufbaut, infolgedessen der Friede allmählich ebenso
gefährlich wird, wie es einst der Krieg gewesen war, und
der Krieg kein Krieg mehr, sondern ein atomares Auschwitz der menschlichen Rasse, wo nicht nur deren Leiber
verdampfen, sondern auch deren Geist, mehr noch, all das
Grandiose, das dieser je hervorbrachte, Homer, die Tragödien der Griechen, das Wüten Lears, die ›Kunst der
Fuge‹ Bachs, die Quartette Beethovens und der aus seinem
Grab fegende Christus des Isenheimer Altars, nur noch
die Pyramiden stehen sinnlos herum, gleicherweise Grab-
male der Pharaonen und der Menschheit; der Mächtigen
und deren Opfer, und, den Schierlingsbecher schon in der
Hand, hätte er den Kopf geschüttelt, weil die Menschen
sich dem Wissen, daß sie nichts wußten, nicht gewachsen
zeigen, und, abergläubischer denn je, an der Aufklärung
scheitern, ferner, weil sie dort, wo sie frei sind, die Freiheit
mißbrauchen, so sehr, daß es bald gleichgültig sein könnte,
ob sie frei sind oder unfrei, und nicht ohne Ironie würde er
schließen, den Schierlingsbecher leerend, daß wir, trotz so
vieler Gründe, weiser zu werden, statt der praktischen

Vernunft der praktischen Unvernunft anheimgefallen seien. So blicken wir denn zurück, hundertfünfzig Jahre nur, als sich die Triebräder des wissenschaftlichen und technischen Zeitalters langsam in Bewegung setzten. Wir sehen, ein gespenstisches Bild, Georg Büchner, Emigrant, Verfasser eines politischen Pamphlets gegen die hessische Regierung, außerdem einigen wenigen bekannt als Autor eines wilden Dramas über die Französische Revolution, doch noch unentdeckt als dramatischer Revolutionär, im November 1836, vier Jahre nach Goethes Tod und drei Monate vor dem eigenen Ende, überzeugt vom gräßlichen Fatalismus der Geschichte, von der entsetzlichen Gleichheit der Menschennatur und der unabwendbaren Gewalt der menschlichen Verhältnisse, seine Tätigkeit als Privatdozent vor etwa zwanzig Studenten in Zürich aufnehmen, am Tage mit dem Skalpell in leidenschaftlichem Trotz auf der Suche nach dem Gesetz der Schönheit, Fische, Frösche und Kröten sezierend und für seine Vorlesungen präparierend, die Lupe vor den kurzsichtigen Augen, des Nachts in der Spiegelgasse 12 über Büchern sitzend und am *Woyzeck* schreibend:

»DOKTOR Meine Herrn ich bin auf dem Dach, wie David, als er die Bathseba sah; aber ich sehe nichts als die culs de Paris der Mädchenpension im Garten trocknen. Meine Herrn wir sind an der wichtigen Frage über das Verhältnis des Subjekts zum Objekt. Wenn wir nur eins von den Dingen nehmen, worin sich die organische Selbstaffirmation des Göttlichen, auf einem so hohen Standpunkte manifestiert, und ihr Verhältnis zum Raum, zur Erde, zum Planetarischen untersuchen, meine Herrn, wenn ich diese Katze zum Fenster hinauswerfe, wie wird diese Wesenheit sich zum centrum gravitationis und dem eigenen Instinkt verhalten? He Woyzeck, *brüllt* Woyzeck!

WOYZECK  Herr Doktor sie beißt.

DOKTOR  Kerl, er greift die Bestie so zärtlich an, als wär's seine Großmutter.

WOYZECK  Herr Doktor ich hab's Zittern.

DOKTOR  *ganz erfreut* Ei, ei, schön Woyzeck. *Reibt sich die Hände. Er nimmt die Katze.* Was seh' ich meine Herrn, die neue Species Hasenlaus, eine schöne Species, *er zieht eine Lupe heraus* meine Herren – *die Katze läuft fort.* Meine Herrn, das Tier hat keinen wissenschaftlichen Instinkt. Meine Herrn, Sie können dafür was anders sehen, sehn Sie, der Mensch, seit einem Vierteljahr ißt er nichts als Erbsen, beachten Sie die Wirkung, fühlen Sie einmal was ein ungleicher Puls, da und die Augen.

WOZYECK  Herr Doktor es wird mir dunkel.«

*»Indem ich dem
Gärtner als das erschien,
was ich war,
erschien ich mir selber.«*
Persönliches

## Das Dorf

### 1981

Zuerst sind Eindrücke: Das Dorf entstand, wo die Straßen Bern–Luzern und Burgdorf–Thun sich kreuzen, auf einer Hochebene, am Fuße des großen Hügels Ballenbühl und nicht weit vom Galgenhubel, wohin die vom Amtsgericht Schloßwil einst die Mörder und Aufwiegler gekarrt haben sollen. Durch die Hochebene fließt ein Bach, und die kleinen Bauerndörfer und Weiler dort brauchten einen Mittelpunkt, die Aristokraten ringsherum waren heruntergekommen, einer ihrer letzten erfror betrunken vor der Haustüre seines Schlößchens. Ihre Sitze wandelten sich in Alters- oder Erholungsheime um. Zuerst war an der Straßenkreuzung wohl nur ein Wirtshaus, dann fand sich ihm schräg gegenüber die Schmiede ein, später wurden die beiden anderen Felder des Koordinatenkreuzes von Konsum und Theatersaal belegt, letzterer nicht unwichtig, wies doch das Dorf einen Jodlerkönig, der Schmalz hieß, und sogar einen Dramatiker auf, den Lehrer Gribi, dessen Stücke von den dramatischen Vereinen des ganzen Emmentals gespielt wurden, vor allem *Die Blümlisalp,* ein ›Berndeutsches Sagenspiel in fünf Akten‹, an das ich mich nur noch schattenhaft erinnere: als der Vorhang fiel, polterte es hinterher gewaltig auf der Bühne, der Bergsturz begrub die reiche Alp mit seinen Fels- und Eismassen. Der Thunstraße entlang siedelten sich der Drucker, der Textilhändler, der Metzger, der Bäcker und die Schule an, die freilich schon gegen das nächste Bauerndorf zu, dessen

Burschen mich auf dem Schulweg verprügelten und dessen Hunde wir fürchteten, während die Ersparniskasse, das Pfarrhaus, die Kirche und der Friedhof auf eine kleine Anhöhe zwischen der Thun- und der Bernstraße zu liegen kamen. Doch erst die große Milchsiederei, damals noch die Stalden AG, neben der steil ansteigenden Burgdorfstraße errichtet, machte das Dorf zu einem ländlichen Zentrum: Die Milch der ganzen Umgebung wurde in Kesseln hergefahren, von den Kleinbauern mit Leiterwagen, die von großen Hunden gezogen wurden, von den Großbauern mit Pferdefuhrwerken und von den entfernteren Dörfern her mit Lastwagen, die wir in Gruppen erwarteten, als wir später nach Großhöchstetten in die Sekundarschule mußten. Wir hängten uns an die schweren Fahrzeuge, wenn sie die Siederei wieder verließen, um so auf unseren Velos die Burgdorfstraße hinaufgezogen zu werden, voller Furcht, jedoch nicht vor der Polizei – dem dicken Dorfpolizisten fühlten sich alle gewachsen –, sondern vor dem Französisch- und Schreiblehrer, den wir Baggel oder Hegu nannten, vor dessen Lektionen wir zitterten, denn er war ein bösartiger Prügler, Klemmer und Haarzieher, der uns zwang, einander die Hände zu schütteln: »Grüß Gott, gelehrter Europäer«; und aneinandergehängt hinter dem rasselnden Lastwagen mit den tanzenden, nun leeren Milchkesseln malten wir uns den Lehrer als einen riesigen Berg aus, den wir zu besteigen hatten, mit grotesken Ortsbezeichnungen und entsprechend schwierigen Kletterpartien. Doch ist in meiner Erinnerung der Bahnhof wichtiger als die Milchsiederei mit ihrem Hochkamin, der mehr als der Kirchturm Wahrzeichen des Dorfes war. Der Bahnhof hatte das Recht, sich Bahnhof zu nennen – und nicht bloß Station, wie sich die Bahnhöfe in den anderen Dörfern ringsherum eigentlich hätten nennen müssen –, weil er ein Eisenbahnknotenpunkt war, und wir vom Dorf waren stolz darauf: Nur wenige Züge hatten den Mut, nicht anzuhalten, brausten vorbei nach dem fernen Luzern, nach dem näheren Bern. Auf einer Bank vor dem Bahnhof sitzend, sah ich ihnen mit einer Mischung von Sehnsucht und Abscheu entgegen, dann dampften die Lokomotiven, urweltliche Kolosse, vorüber und davon, hinter ihnen, durch die Scheiben der Wagenfenster sichtbar, Reisende, die nicht einmal den Bahnhof bemerkten, an welchem sie vorüberschossen. Und noch weiter zurück gleitet die Erinnerung, in die Unterführung, dank der die Bahngeleise die Burgdorfstraße überbrücken, und von der aus man auf einer Treppe geradewegs zum Bahnhof gelangt. Sie stellt sich mir als eine dunkle Höhle dar, in die ich als Dreijähriger mitten auf der Straße geraten war, von zu Hause ins Dorf entwichen, am Ende der Höhle war Sonnenlicht, aus dem die dunklen Schatten der Lastwagen und Fuhrwerke heranwuchsen. Doch ist nicht mehr auszumachen, wohin ich eigentlich wollte, denn durch die Unterführung gelangte man nicht nur zur Milchsiederei und zum Bahnhof, auch die besseren Leute wohnten am Steilhang des Ballenbühls, so meine Gotte, die Gattin des Dorfarztes, der ich später meine nie befriedigenden Schulzeugnisse zur Einsicht bringen mußte, auch der Kirchgemeindepräsident, die Prokuristen der Siederei, der Jodlerkönig, ferner behaglich dahinlebende Rentner, hergezogen der sonnigen Lage wegen, und außerdem der Zahnarzt und der Zahntechniker. Die beiden betrieben das Zahnärztliche Institut, das noch heute weite Teile des Landes malträtiert und den Ort berühmt gemacht hat. Beide besaßen Automobile und waren schon deshalb privilegiert, und des Abends schütteten sie das mit Plombieren, Zahnziehen und Gebißanfertigen gewonnene Geld zusammen, um es mit bloßer Hand zu teilen, ohne noch genauer abzuzählen. Der Zahntechniker war klein und dick; mit Fragen der Volksgesundheit beschäftigt, ließ er ein Volksbrot verfertigen, bei dem einen das kalte Grausen überkam. Der Zahnarzt jedoch war ein stattlicher Mann, dazu Welschschweizer, wohl Neuenburger, er galt als der reichste Mann im ganzen Amtsbezirk – später sollte sich diese Meinung als Irrtum erweisen. Aber sicher war er der frömmste, noch während des Bohrens redete er vom Heiland. Im Glaubenseifer wurde er nur noch von einer hageren Frau unbestimmten Alters erreicht, die sich stets schwarz kleidete. Zu ihr stiegen – nach ihrer Behauptung – die Engel nieder, um ihr den baldigen Tod eines Dorfbewohners anzuzeigen, ein Wissen, das sie meinem Vater freilich erst nach der Beerdigung anvertraute. Sie las während des Melkens die Bibel, und ich mußte nach dem Abendessen die Hausierer und Vaganten vom Pfarrhaus über die Ebene zwischen dem Dorf und Zäziwil zu ihr in die Hütte führen, wo sie übernachten konnten. Meine Eltern waren gastliche Pfarrsleute, sie wiesen niemanden ab und ließen mitessen, wer mitessen wollte, so die Kinder eines Zirkusunternehmens, welches das Dorf jährlich besuchte, und einmal fand sich auch ein Neger ein. Er war tiefschwarz und hieß Modidihn. Er saß am Familientisch links neben meinem Vater und aß Reis mit Tomatensoße. Er war bekehrt, dennoch fürchtete ich mich vor ihm. Überhaupt wurde im Dorfe viel bekehrt. Es wurden Zeltmissionen abgehalten, die Heilsarmee rückte auf, Evangelisten predigten, aber am berühmtesten in dieser Hinsicht wurde der Ort durch die Mohammedaner-Mission, die in einem feudalen Chalet hoch über dem Dorf residierte: sie gab eine Weltkarte heraus, auf der in Europa nur ein Ort zu finden war, unser

Dorf, eine missionarische Wichtigtuerei, die den Wahn erzeugte, einen Augenblick lang, man befinde sich im Mittelpunkt der Welt und nicht in einem Emmentaler Kaff. Der Ausdruck ist nicht übertrieben. Das Dorf war häßlich, eine Anhäufung von Gebäuden im Kleinbürgerstil, wie man das überall im Mittelland findet, aber schön waren die umliegenden Bauerndörfer mit den großen Dächern und den sorgfältig geschichteten Misthaufen, geheimnisvoll die dunklen Tannenwälder ringsumher, und voller Abenteuer war die Ebene mit dem sauren Klee in den Wiesen und mit den gelben Kornfeldern, in denen wir umherschlichen, tief innen unsere Nester bauend, während die Bauern an den Rändern standen und fluchend hineinspähten. Noch geheimnisvoller waren die dunklen Gänge im Heu, das die Bauern in ihren Tenns aufgeschichtet hatten; stundenlang krochen wir in der warmen staubigen Finsternis umher und spähten von den Ausgängen in den Stall hinunter, wo in langen Reihen die Kühe standen. Der unheimlichste Ort war für mich der fensterlose obere Estrich im Elternhaus. Er war voll alter Zeitungen und Bücher, die weißlich schimmerten im Dunkel. Auch erschrak ich einmal in der Waschküche, ein unheimliches Tier lag dort, ein Molch vielleicht, das Grausen blieb, das mich erfaßte, wenn der Gemüsemann in seinem Laden unter dem Theatersaal mit seinem handlosen Arm einen Salatkopf auseinanderschob, auch der Schrecken über das Lebendig-Schlüpfrige der ersten Forelle, die ich im Bach fing: ich ließ sie wieder aus den Händen gleiten, sie schnellte hoch, dann fing ich sie wieder und schlug sie tot. Der Friedhof dagegen war ohne Schrecken. Meine Eltern gingen den Weg zwischen den Gräbern auf und ab, wenn sie etwas zu besprechen hatten, und meine Schwester und ich spielten dort Verstecken, oft um das Grab eines Schwe-

sterchens herum, an dessen Geburt und Tod ich mich
nicht erinnere, ich sehe nur noch, denke ich zurück, ein
kleines schmiedeeisernes Kreuz mit einem Emailschild
schattenhaft vor mir, aber den Namen, der auf diesem
Schild stand, habe ich vergessen. Wenn ein Grab ausgeho-
ben wurde, richtete ich mich darin häuslich ein, bis der
herannahende Leichenzug, vom Glockengeläute angekündigt, mich vertrieb, einmal freilich etwas spät: mein
Vater sprach schon das Leichengebet, als ich aus dem Grab
kletterte. Nicht nur mit dem Tod waren wir vertraut, auch
mit dem Töten. Das Dorf kennt keine Geheimnisse, und
der Mensch ist ein Raubtier mit manchmal humanen An-
sätzen. Beim Metzger schauten wir zu, wie die Schlächter-
gesellen töteten, wir sahen, wie das Blut aus den großen
Tieren schoß, wir sahen, wie sie niedersanken und starben
und wie sie zerlegt wurden. Wir standen da, eine Viertelstunde, eine halbe Stunde, und dann spielten wir wieder
auf dem Trottoir Marmeln: ahnungsvoller, als die Erwachsenen dachten. Nicht nur weil wir über das Sexuelle
Bescheid wußten, wovon die Erwachsenen schwiegen, sahen wir doch die verhängten Hunde, und wie die wuchtigen Stiere träge Kühe bestiegen, und wir hörten die
Knechte prahlen, was sie mit den Mägden anstellten. Auch
für Kinder ist ein Dorf nicht die Welt. Es mögen sich
Lebensschicksale darin abspielen, Tragödien und Komödien, das Dorf wird dennoch von der Welt bestimmt, in
Ruhe gelassen, vergessen oder vernichtet, und nicht umgekehrt. Das Dorf ist ein beliebiger Punkt im Weltganzen,
nicht mehr, zufällig, durch nichts bedeutend und deshalb
austauschbar.

Die Welt ist größer als das Dorf: über den Wäldern stehen
die Sterne. Ich machte mit ihnen früh Bekanntschaft durch

den Lehrer Fluri, einen stillen, ernsten Mann, der vor seiner Heirat bei uns logierte und der die obersten Klassen unterrichtete. Ich zeichnete die Konstellationen: den unbeweglichen Polarstern, den Kleinen und den Großen Bären mit dem geringelten Drachen zwischen ihnen, ich lernte die helle Wega kennen, den funkelnden Atair, den nahen Sirius, den fernen Deneb, die Riesensonne Aldebaran, die noch gewaltigeren Beteigeuze und Antares. Ich wußte, daß das Dorf zur Erde und die Erde zum Sonnensystem gehört, daß die Sonne mit ihren Planeten sich um das Zentrum der Milchstraße bewegt, Richtung Herkules, und ich vernahm, daß der gerade noch mit bloßem Auge erkennbare Andromedanebel eine Milchstraße sei wie die unsrige. Ich war nie Ptolemäer. Vom Dorf aus kannte ich die nähere Umgebung, ferner die nahe Stadt und einen Ferienkurort in den nahen Bergen, darüber hinaus einige Kilometer Schulreisen, das war alles. Doch nach oben, in den Raum hinein, baute sich ein Gerüst von ungeheuerlichen Entfernungen auf, und so war es auch mit der Zeit: Die Vergangenheit war wirksamer als die Gegenwart, die nur wahrgenommen wurde, soweit sie in das Unmittelbare als das faßbare Leben des Dorfes zu dringen vermochte. Schon die Dorfpolitik war zu abstrakt, zu abstrakt auch die Rolle der Milchsiederei mit ihrem fernen Direktor, noch abstrakter die Politik des Landes, die sozialen Krisen, die Bankzusammenbrüche, bei denen die Eltern ihr Vermögen verloren – zu unbestimmt, zu bildlos alles; aber die Vergangenheit war faßbar. Von ihr berichteten die Erwachsenen. Meine Mutter erzählte die Bibel. Sie löste in der Sonntagsschule die Tochter des frommen Zahnarztes ab, bei der wir uns gelangweilt hatten. Wurden uns vorher fromme Sprüche mit sanfter kindlicher Stimme vorgeleiert, entrollte nun meine Mutter ein Epos. Zwar ließ sie Adam und Eva beiseite, die Geschichte war ihr zu genierlich, aber die Sintflut stellte sie gewaltig dar, Gottes Zorn: den ganzen Ozean kippte er über die Menschheit – nun schwimmt mal; Moses und Josua: Sonne, stehe still zu Gibeon, und Mond im Tal Ajalon. Bei diesem Befehl ging ein Ruck durch das Weltgefüge, mit der Sonne und dem Mond verharrten auch die Milchstraße und weiter noch der Andromedanebel einen Tag und eine Nacht in Unbeweglichkeit, statt sich in rasender Geschwindigkeit zu drehen und aufeinander zuzuschießen, während auf der kleinen Erde eine Schlacht tobte, Schilde aneinanderprasselten, Rosse aufgeschlitzt und Menschen zerhackt wurden. Mein Vater dagegen erzählte von den Griechen. Beim Hingehen, sei es durch einen dunklen Tannenwald nach dem Dörfchen Häutlingen oder steil hinauf ins ›Holz‹, zu einsamen Bauernhäusern hoch über dem Dorf, schwieg mein Vater: Er dachte an seine Predigt, die er dann in einer Bauernstube halten mußte. Wenn wir darauf in tiefer Dunkelheit wieder hinabstiegen, kam er auf die griechischen Sagen zu sprechen, und die Helden und Ungeheuer, von denen er berichtete, kamen mir gleich vertraut vor, nicht nur weil ich die Namen am Sternenhimmel wiederfand, sondern weil mir die Namen und die Träger dieser Namen eins schienen: Der stärkste Mann, den es je gab, konnte nur Herkules heißen. An der Hand meines Vaters hörte ich von den zwölf Aufgaben, die der Halbgott zu lösen hatte, wie er den Titanen Atlas überlistete, der das Weltgebäude trug, keuchend unter der ungeheuren Last, die alles zerschmettern würde, ließe er sie fallen, wie er in die Unterwelt hinunterstieg und den Höllenhund bändigte, und während von Hünigen herauf der Kettenhund des Großbauern kläffte, an welchem wir vorbeimußten, erzählte mein Vater, wie der Niebesiegte, bevor er vom

Nessushemd zerfressen wurde, die beiden Adler herunter-
schoß, die an der Leber des Prometheus herumhackten.
Am liebsten jedoch erzählte mein Vater vom königlichen
Theseus, wie er die Räuber Prokrustes und Pityokamptes
besiegte, und vom Labyrinth des Minos, von Dädalus
erbaut, den ungefügen Minotaurus gefangenzuhalten; ich
erfuhr, wie der Vater des Theseus ums Leben kam: vergaß
doch der Sohn, zerstreut wie er war, bei der Rückkehr von
Kreta das weiße Segel zu setzen, worauf Aigeus sich ins
Ägäische Meer stürzte in der Meinung, Theseus sei tot. Es
ist gefährlich, wenn Väter zu sehr an ihren Söhnen hängen,
Söhne sind ihnen gegenüber zerstreut; auch ich war es
meinem Vater gegenüber, auch ich dachte wenig an und
noch weniger über ihn nach. Wenn mein Vater auf Sisy-
phus oder Tantalus oder Ödipus zu sprechen kam, die von
den Göttern verflucht worden waren, fragte ich, was denn
ein Fluch sei, und mein Vater antwortete, das seien erfundene Geschichten, die Griechen hätten nicht gewußt, daß
es nur einen Gott gebe. Aber einmal, als wir beide in einer
verschneiten Nacht vom ›Holz‹ herunterkamen, erzählte
mein Vater von einem Mann, der als armer Bursche Gott
verflucht habe, und von da an sei es ihm immer besser
gegangen, er sei reich geworden, doch immer trauriger;
auch sagte er mir, es gebe eine Sünde, die Gott nicht
vergeben könne, doch wisse niemand genau, worin diese
Sünde bestehe – ein Geheimnis, das mich beschäftigte,
weil es auch meinen Vater zu beschäftigen schien. Aber
nicht nur meine Mutter und mein Vater verstanden zu
erzählen, auch der Primarschullehrer Röthlisberger, dem
ein Daumen fehlte. Er leitete den Hoffnungsbund, eine
Jugendgruppe des Blauen Kreuzes. Und noch jetzt grüble
ich bisweilen einer Geschichte nach, die er uns erzählte,
wie einem verlorenen Traum. Sie spielte sich in einer dü-

steren Kneipe ab, noch jetzt spüre ich die Aufregung, in die mich die Geschichte versetzte, und noch jetzt tut es mir leid, daß ich sie nicht zu Ende hören konnte: Ich wurde krank, und als ich wieder gesund geworden war, leitete ein Herrenschneider den Hoffnungsbund. Ich ging nicht mehr hin. Der Schneider konnte nur beten, nicht erzählen. Diese Krankheit muß daher ebensowenig von mir inszeniert worden sein wie jene, die mich später befiel. Hatte ich zuerst die Krankheiten gespielt, um das Bett vor das Fenster schieben und wohlig die Thunstraße beobachten zu können, der entlang die unglücklichen Buben und Mädchen in die Primarschule trotteten; dann, in der Sekundarschule, um von Zeit zu Zeit die Attacken des Französischlehrers ins Leere laufen zu lassen; nun war es auf einmal kein Simulieren mehr: hohes Fieber, die Eltern fürchteten sich, mein Vater saß nachmittags an meinem Bett, der Arzt diagnostizierte ›Kopfgrippe‹, die Mutter wandte ihr Heilmittel an: Lehmwickel. Nach zwei Monaten war ich wiederhergestellt, aber beim 50-Meter-Lauf war ich nicht mehr einer der schnellsten wie vorher, sondern einer der langsamsten, und beim Fußball nur noch ›rechtsfüßig‹, auch vermochte ich seitdem nie mehr Ski zu fahren. Dafür entschädigte mich der Unterricht beim Geschichts- und Geographielehrer Dr. Ständer, in meiner Erinnerung rothaarig, dick und majestätisch. Er unterrichtete nicht, er schilderte. Er schilderte Geographie – Berge, Täler, Wälder, Gletscher, Quellen, Flüsse. Er schilderte Geschichte – schilderte Morgarten, wo Steine, groß wie Findlinge, und Baumstämme auf das österreichische Heer hinunterprasselten, schilderte Sempach, wo die Urschweizer mit Hellebarden und Morgensternen die Ritter zusammendroschen, die, mühsam von ihren Schlachtrössern gestiegen, in ihren zentnerschweren Rüstungen

schwerfällig herumwatschelten; schilderte Murten, wo die
Eidgenossen, statt lange zu beten, gegen das Lager Karls
des Kühnen rannten, wo man noch die Messe las und der
Herzog im Nachthemd Edelleute zu Rittern schlug. Nah-
ten die Ferien, ließ Ständer den Lehrstoff liegen und schilderte die Nibelungen, teils nach Wagner, teils nach dem
alten Lied. Die germanischen Recken zogen in meine
Phantasie ein: Mime der Schmied, Fafner mit der Tarn-
kappe, Siegfried und Hagen, Dietrich von Bern und sein
Waffenmeister Hildebrand, Kriemhild und König Etzel,
am Ende das ungeheure Gemetzel in der brennenden
Hunnenburg. Noch ahnten wir nicht, daß bald anderswo,
außerhalb des Dorfes und des kleinen Landes, in dessen
Mitte das Kaff nistete, ein noch größeres Gemetzel anhe-
ben würde. Mühelos integrierten wir das Gehörte in die
Schlachten, die wir einander lieferten, zuerst mit roh ge-
zimmerten Holzschwertern, Bohnenstangen und Holzge-
wehren, dann mit Fußball. Wir spielten nachmittagelang,
oft bis in die Nacht hinein, oft müde bis zum Umfallen,
und ich machte mit, auch nach meiner Krankheit. Und am
Rande des Fußballfeldes saß in einem Wagen ein Knabe,
der keine Beine hatte, von seiner Schwester behütet. Die
Mädchen waren von unseren oft wütenden Spielen ausgeschlossen. Eine Freundin zu haben war nicht üblich. Über
all dem thronten die Erwachsenen, sie herrschten über
uns. Sie befahlen uns, in die Schule zu gehen: in die Sonntagsschule, in die Primarschule, in die Sekundarschule. Sie
teilten unsere Zeit ein: wann wir schlafen, aufwachen,
essen mußten. Ihre Befehle begrenzten unsere Kriege und
Schlachten. Die Erwachsenen waren allgewaltig und hielten zusammen. Einige haßten wir, weil sie uns zu hassen
schienen, erwiderten sie doch unseren Gruß nicht, und wir
hörten auf, sie zu grüßen, so den Textilhändler, der neben

uns wohnte und den wir fürchteten. Als er heiratete, standen die Leute vor der Kirche und wandten sich ab, und wir waren froh, daß auch die Erwachsenen ihn nicht mochten, daß es auch unter den Erwachsenen Haß und Neid gab wie unter uns; der Hochzeitszug bewegte sich wie ein Leichenzug auf die Kirche zu und wurde von ihr verschluckt. In der Nacht dann ein großes Fest; ich lag schon im Bett, als die Raketen hinaufzischten, verknatterten. Später sah man die schöne Frau des Textilhändlers nur selten. Seinen Garten durfte niemand betreten; vorsichtig ließ ich mich einmal in der Dämmerung von der Linde, in deren Gabelung ich meinen Holzverschlag hatte, zwischen die Johannisbeeren in den Garten hinunter und schlich ans Haus hinan, von Schreien und Flüchen angelockt, die zu mir drangen. Und als mein Vater mich mitnahm, eine Schwerkranke zu besuchen, an der Grenze seiner Gemeinde, gegen Oberdießbach hin, zeigte er mir einen baufälligen einsamen Hof abseits der Straße und sagte, dort habe eine alte Bäuerin gehaust, die ihm auf dem Totenbett gestanden habe, sie hätte ihren Vater und ihre Mutter vergiftet. Seitdem waren mir die einsamen Höfe und Hütten besonders geheimnisvoll. Sie lagen auf den Hügeln am Rande der Wälder, die etwas Domartiges haben, dringt man in sie ein, ein immerwährendes Dunkel unter den riesigen Tannen, durchbrochen von schrägen, balkenhaften Sonnenstrahlen; und sie lagen in den ›Krachen‹ zwischen den Wäldern, oft Stunden von Weilern oder größeren Ansiedlungen entfernt, die Straßen waren ungeteert und im Winter nicht begehbar. Die Bauern waren allein bei der Arbeit, die sie mechanisch verrichteten, allein auf ihren steilen Äckern, allein unter den kolossalen Wolken, allein unter dem Himmel, aus dem es niederbrannte oder aus dem es heranfegte, der pfeifende Wind, die peitschenden Regengüsse, der

hämmernde Hagelschlag, aber auch allein mit ihren Familien; und oft, waren die Frauen verbraucht und waren die
Bauern zu arm, um Mägde zu halten, griffen sie nach ihren
Töchtern; und nur wenn der Blitz ihre Höfe in Brand
setzte, kamen wir in die ›Krachen‹ geeilt oder die Hügel
heraufgerannt, standen im weiten Kreis um den brennenden Hof, schauten zu, wie alles in den Flammen zu-
sammenkrachte und prasselte. Das Vieh brüllte, Möbel
standen herum, und die Feuerwehr, oft erst nach den Zu-
schauern angerückt, arbeitete nutzlos, so schlecht waren
die Wege. Doch dann, wenn sich alles zerstreut hatte,
wenn nur noch der Brandgeruch über den verkohlten
Balken schwebte, war der Bauer mit seiner Familie wieder
allein, verschwunden aus dem Gedächtnis des Dorfes.
Einige zogen weg, einige wurden Knechte, die Frauen
Mägde, die Kinder kamen zu fremden Bauern, einige vermochten sich einen neuen Hof zu bauen. Wenn der Schnee
wieder alles zudeckte und sie nach den Arbeiten im Wald
an den frühen Abenden in den Stuben hockten, sinnierten
sie, warum sie verflucht waren, und die, welche verschont
worden waren in ihren ›Krachen‹ oder auf ihren Hügeln,
sinnierten im Mondlicht, warum gerade sie vor Gott
Gnade gefunden hätten, obgleich sie bei ihren Töchtern
oder beim Vieh gelegen hatten. Plötzlich war es dann wie
Feuer in den Kammern, in denen sie sich schlaflos wälzten,
und Gott sprach zu ihnen mit Donnerstimme. Gar mancher schrieb dann auf, was Gott zu ihm gesprochen hatte,
und ließ es auf eigene Kosten oder auf Kosten seiner
Anhänger drucken, und als ich einmal im oberen Estrich
ein dickes schwarzes Buch fand, wie eine Bibel, brachte ich
es meinem Vater und fragte, was es für ein Buch sei. Mein
Vater antwortete nicht und nahm es mir weg. Ich suchte
später wieder nach dem Buch, durchwühlte den oberen

Estrich, aber ich fand es nicht mehr, es war mir, als sei ich auf das Geheimnis gestoßen, welches die Welt der Erwachsenen von der Welt der Kinder trennte. Aber noch war alles zusammengehalten – der Mutterschoß des Dorfes und die wilde Welt des Draußen, der Geschichte und der Sagen, die gleich wirklich waren, aber auch die unermeßlichen Gewalten des Alls – durch einen schemenhaften lieben Gott, den man anbeten, um Verzeihung bitten mußte, von dem man aber auch das Gute, das Erhoffte und das Gewünschte erwarten durfte wie von einem rätselhaften Überonkel hinter den Wolken. Gut und Böse waren festgesetzt, man stand in einem ständigen Examen, für jede Tat gab es gleichsam Noten, und darum war die Schule auch so bitter: sie setzte das himmlische System auf Erden fort, und für die Kinder waren die Erwachsenen Halbgötter. Die Welt der Erfahrung war klein, ein läppisches Dorf, nicht mehr, die Welt der Überlieferung war gewaltig, schwimmend in einem rätselhaften Kosmos, durchzogen von einer wilden Fabelwelt von Heldenkämpfen, umstellt von Geheimnissen, durchzuckt von Ahnungen, durch nichts zu überprüfen. Man mußte diese Welt hinnehmen. Man war dem Glauben ausgeliefert, schutzlos und nackt.

## Die Schule

### 1981

Das Kindergefängnis, das wir Schule nennen, angeblich
eingerichtet, um den Kindern jene Bildung beizubringen,
die sie nach der Einbildung der Erwachsenen haben sollten, um durch das Leben zu kommen, brachte, unterstützt
von den Eltern und den Lehrern – sogar Gribi wurde
einmal energisch –, auch mich nach und nach zur Strecke:
Ich begann zu lesen. Was nicht selbstverständlich war. Wir
Kinder sprachen das Landberndeutsch, das ich jetzt noch
spreche, oft zum Entsetzen meiner Mutter, die stolz war,
ein »schönes« Berndeutsch zu sprechen, »Stadtbern-
deutsch«. Sie war eine Bauerntochter und kam mir, was
ihre Sprache anging, immer ein wenig wie eine Verräterin
vor, während mein Vater leicht »anders« sprach, aber er
war eben im Bernbiet »woanders« aufgewachsen, und somit war seine Sprache in Ordnung, wenn wir auch über
einige Wörter lachten, die er gebrauchte. Gar nicht Berndeutsch war nun das Deutsch, das wir in der Schule lernen
mußten. Dieses Deutsch war Schriftdeutsch und eine
Fremdsprache, und was wir in der Schule lesen mußten,
war weit weniger spannend, als was erzählt wurde, und
was erzählt wurde, wurde auf Berndeutsch erzählt. Mein
Vater, um meinen Stoffhunger zu befriedigen, war von
den Griechen zu Hauff übergewechselt, von Hauff zu
Gotthelf, ja er las sogar den alten Musäus, um mir davon
erzählen zu können. Er bedachte nicht, daß er mich dabei
am Lesen hinderte, denn was wir lesen sollten, war jene

403

Lektüre, die die Erwachsenen bei den Kindern gerne sehen, weil sie sich wünschten, die Wirklichkeit des Kindes
wäre so, wie die Jugendschriftstellerinnen sie darstellen.
Ich mußte wie die anderen im Dorfe *Christeli, Die beiden
B* und *Heidi* lesen, dabei hatte ich die Nibelungen und die
*Schwarze Spinne* im Kopf; und wie den anderen verleidete
mir die Schule den *Robinson Crusoe,* und vom Lesebuch
weiß ich nur noch, daß es rot eingebunden war. Zwar
stöberte ich, die Bibliothek meines Vaters gründlicher
erforschend, Shakespeares *Ausgewählte Werke* ›samt beinahe vierhundert Abbildungen‹ auf, ich schaute mir die
Illustrationen immer wieder an, die geheimnisvollen Sätze
darunter beschäftigten meine Phantasie: »Derweil mein
Mund dir nimmt, was er erfleht.« – »Nichtswürdiger,
beweise es mir ja, daß meine Gattin eine Buhlerin!« – »O
still! halt ein! sieh, wie's da wieder kommt.« – »Ha, ha,
sieh, er trägt harte Hosenbänder.« – »Mein Geist beginnt
zu schwärmen. Komm, mein Junge.« – »Wie blutig über
jenen busch'gen Hügel die Sonne blickt hervor« – Aber
weil ich den Zusammenhang nicht begriff, ließ ich sie
liegen, ebenso die reich bebilderten Velhagen & Klasing-
Bände über die Wiedertäufer und über Babylon und Ni-
nive – ahnungslos, daß auch sie einmal wichtig für mich
würden – und einen seltsamen Bildband über die Türken.
Dann begann die Welt der Sagen zu versinken. Mit der
Pubertät rückten andere Heroen ins Feld, nicht mehr griechische und eidgenössische, andere Stoffe beschäftigten
meine Phantasie: zuerst ein religiöser Abenteuerroman,
John Bunyans *Pilgerreise,* 1660–1672 von einem englischen Laienpriester im Gefängnis geschrieben, »für den
gläubigen Engländer auch heute noch nur der Bibel an
Bedeutung nachstehend« (Großer Brockhaus, 1953), die
Wanderung eines Mannes namens Christ aus der Stadt

Verderben nach dem Himmlischen Jerusalem. Daß darauf meine Eltern Karl May skeptischer gegenüberstanden, verwunderte mich, ging es doch bei ihm nicht minder fromm zu, auch hatten sich die Abenteuer kaum verändert: bekämpft bei Bunyan Christ im Tal der Todesschatten den Teufel, so wird bei Karl May Winnetou im Krater des Berges Hancock von Santer abgeknallt. Ein pensionierter Zuckerbäcker lieh mir die dunkelgrünen Bände der Gesamtausgabe. Er wohnte in der Grünegg, hieß Bütikofer und war ein stattlicher, zuckerkranker Mann mit einem schwarzen Bart. Bei ihm fühlte ich mich mehr zu Hause als bei meinen Eltern. Er rückte Band um Band heraus, und ich durfte die Bände heimnehmen und weiterleihen, man riß sich um sie; daß die Bände zerlesen zurückkehrten, machte ihm nichts aus. Ich las sie alle. In der Veranda bäuchlings auf dem Kanapee liegend, das wir aus dem Schlößchen des so grausam erfrorenen Aristokraten erstanden hatten, las ich meiner Mutter Winnetous Tod vor, mit verhaltener Stimme; Tränen in den Augen, als ich merkte, daß ihr Schluchzen Lachen war. Am meisten beschäftigte mich die Totenstadt in *Ardistan und Dschinnistan*. Der benachbarte Friedhof machte sie mir vertraut. In der Schulbibliothek fanden sich Jules Vernes *Geheimnisvolle Insel* und *Die Reise zum Mittelpunkt der Erde*. Ich stieg, wie einst Herkules in den Hades, mit Professor Lidenbrock vom isländischen Krater Sneffels in ein unermeßliches Höhlensystem hinab, überquerte ein immenses unterirdisches Meer, an dessen Ufern Pilzwälder standen und Mammutherden weideten, von Urmenschen bewacht. So fand ich in jener Literatur, von der nie gesprochen wird, die fast jeder in seiner Jugend liest und die das spätere Schaffen mehr prägt, als wir ahnen, all die Taten der Sagen und der Geschichte, des Glaubens und des

Wissens wieder, von denen die Erwachsenen erzählt hatten. Von dem aber, was die Erwachsenen verschwiegen, zeugte ein geheimnisvolles rotes Buch, das der Sohn des Gärtners besaß, mit nackten Frauen darin und Mönchen, die an die Brüste von Nonnen griffen; auch das wanderte herum, es roch geradezu nach den Spermen all jener, die es beim Lesen in der linken Hand gehalten hatten. Und von der Welt, von der die Erwachsenen wenig wußten, wie wir glaubten, von der Welt jenseits des Dorfes und der nahen Stadt, jenseits des Ferienkurorts in den Bergen, berichteten kleine Hefte: John Klings Abenteuer, die wir am Bahnhofskiosk erstanden. Daß es diese Welt wirklich gab, bewies ein Zweidecker, der einmal auf der Ebene beim ›Inseli‹ landete und über die Felder holpernd endlich zum Stillstand kam. Das ganze Dorf rannte herbei. Aber auch im Zeppelin, der riesengroß, glitzernd und majestätisch über der nahen Stadt schwebte, konnten wir uns John Kling vorstellen, der in den Korridoren des Luftschiffs zigarrenrauchenden Verbrechern nachjagte. Wir kamen angeradelt, und als der Zeppelin wieder entschwand, mußten wir zu Fuß nach Hause, ein ungeheurer Schneefall hatte das vorsommerliche Land bedeckt. Durchfroren kroch ich ins Bett zu meinen Heften, die ich im Schein der Taschenlampe las. Sie erzählten von großen Bösewichten, von unermeßlich reichen Bankiers, von Waffenhändlern, Gangsterchefs und Nabobs, die über Goldminen, Ölfelder und Finanzimperien regierten, Politiker bestachen und Völker ausbeuteten. Die unzähligen Hefte wanderten in der Sekundarschule von Hand zu Hand, geheim, denn die Lehrer versuchten, sie zu unterdrücken, der Meinung, für uns sei das ›gute Jugendbuch‹ die einzig richtige Lektüre: Als der Deutschlehrer mein Pult untersuchte, fand er ganze Stöße der verfemten Hefte. Zum Glück hatte ich die gelesen und nicht die Jugendbücher, denn der Kitsch brachte uns die Binsenweisheit bei, daß die Welt der Erwachsenen in Unordnung war, nicht die der Kinder, und es kam mir vor, als hätte der liebe Gott mit seinen zehn Geboten die Hauptschurkereien gar nicht geahnt, zu denen der Mensch fähig ist: Ich begann am Weltgebäude meiner Jugend zu rütteln, allzu schnell sollte es einstürzen.

## Vater und Sohn

### 1981

Ich wuchs in einer christlichen Welt auf, die mich auch
später nicht losließ: mein Sohn ist Pfarrer geworden. Die
Menschen, mit denen meine Eltern verkehrten, waren got-
tesfürchtig, überall stieß ich auf das Christentum wie auf
eine Mauer aus Glauben, ob ich während der Ferien in
Bern im Christlichen Seminar weilte oder ob ich bei einem
Bauern, mit dem meine Eltern befreundet waren, das Vieh
hütete und beim Heuen half. Die Erwachsenen, die mich
umgaben, praktizierten ein bürgerlich-bäurisches Christentum, nicht verlogen, wie man heute so leicht glaubt. In
den Augen dieser Menschen stimmte die Ordnung noch,
in der sie lebten und an die sie glaubten, und wo sie nicht
mehr stimmte, da lag die Schuld im Unglauben. Es war
eine gottgewollte Ordnung, die auch den Staat umschloß,
Patriotismus und Christentum standen nicht im Wider-
spruch zueinander. Aber auch die verschiedenen Klassen
unter den Menschen waren gottgewollt: so wie es verschiedene Rassen gab, hatte Gott auch den Bürger, den
Bauern und den Arbeiter geschaffen, den Reichen und den
Armen, und einem jeden seine Würden, Bürden und
Pflichten gegeben. Sie lehnten den Sozialismus ab, weil er
nicht aus dem christlichen Glauben entstanden war, weil
er mit dem Odium des Atheismus behaftet war; allein der
tätige Glaube konnte dem Mitmenschen helfen – ein
Zehntel der Besoldung legte mein Vater für die Armen auf
die Seite. Sie waren nicht Antisemiten, aber die Juden

hatten Christus ans Kreuz geschlagen und mußten nun dafür büßen; sie bemühten sich, biblisch zu leben, aber die Zeiten waren unbiblisch geworden. Sie standen fassungslos vor dem gewaltigen Geschehen, das die Welt veränderte. Eine Baltin, eine Frau Pfarrer Hahn, deren Mann in Riga umgekommen war – erschossen von den »Bolschewiken« – und die manchmal zu uns ins Dorf zu Besuch kam, wurde mit Ehrfurcht verehrt wie eine Märtyrerin. Sie waren stark im Glauben, lasen die Berichte der Basler- und der Mohammedaner-Mission wie Siegesberichte und ahnten nicht, wie ohnmächtig sie waren, verwurstelt in eine verlotterte Weltwirtschaft, Spielbälle von politischen Glücksrittern und Hasardeuren der Hochfinanz, Opfer gigantischer Schiebungen und Fehlplanungen. Die Kirche, verbacken mit dem Bürgertum, triumphierte zu sehr – gerade im Bernbiet, unter den Fittichen eines Kantons, der sie stets zur Erhaltung seiner durchaus nicht zimperlichen Obrigkeit benutzt hatte –, und doch kann ich nicht behaupten, daß diese Christen in einer bloßen Illusion lebten: Sie harrten aus in der Hoffnung auf einen endlichen Sieg ihres Glaubens über diese hoffnungslose Welt; und warum soll man diese Hoffnung auf eine Utopie, die heute jedem Marxisten zugebilligt wird und deren er sich rühmt, jenen nicht zubilligen? Nur weil sie Bürger und Bauern waren und einen anderen Glauben als den marxistischen hatten – denn auch hier handelt es sich um einen Glauben – und nicht an den Klassenkampf glaubten wie die Marxisten, sondern an einen Kampf des Glaubens mit dem Unglauben, eines Glaubens jedoch, der, beim Wort genommen – und viele nahmen ihn beim Wort –, die Klassengegensätze von selbst zersetzen sollte? Auch ihr Glaube war ohne Hoffnung unmöglich, wenn nicht lächerlich. Schon das Dorf war nicht mehr »christlich«, und in dem, was die Christen unter »christlich« verstanden, waren auch die Christen verschiedener Meinung, wie heute die Marxisten verschiedener Ansicht sind über das, was denn die reine Lehre sei. Daß mein Vater in dem verworrenen religiösen Zustand seiner Gemeinde den Frieden zu bewahren verstand, war sein eigentliches Verdienst, irgendwo sah er noch in der absurdesten Sekte eine Spur der Wahrheit, an die er glaubte. Je mehr ich über ihn nachsinne, desto mehr scheint mir, daß ihm die Problematik seines Glaubens und seines Berufs bewußter war, als ich ahnte, daß er oft zweifelte, aber daß er ein Mann der Pflicht war, daß darin seine Frömmigkeit lag. Er gehorchte seinem Glauben mit bewußter Blindheit. Darum übte er im Religiösen auch nie Druck auf mich aus. Ich spürte nicht, was in ihm vorging, weil er mein Vater war; es gibt keine größere Fremdheit als die, welche zwischen Vater und Sohn gesetzt ist, der Freiheit beider zuliebe. Die Bürger, Bauern und Arbeiter achteten ihn, und deshalb war es nicht leicht, sein Sohn zu sein. Die Eltern sind für das Kind die Wirklichkeit, sie sind realer als alles andere, als die Sagen und Geschichten, realer auch als der Einfluß der Schule, und nächst den Eltern sind es die anderen Erwachsenen, die zu den Eltern gehören, und nächst denen wiederum die anderen Kinder, mit denen man zusammen lebt in einer hierarchisch gestuften Welt. Besonders im Dorf. Es typisiert die Menschen. Es ist überschaubar, die Funktion eines jeden ist bekannt, er ist eins mit seiner Funktion: der Gemeindepräsident, der Pfarrer, der Arzt, der Lehrer usw. Der Sohn des Pfarrers hat im Dorf eine bestimmte Stellung. Er ist der Sohn seines Vaters, die schwache Stelle eines Menschen, der eine moralische Position einnimmt. An seinem Sohn läßt sich diese Position messen, an dieser Position der Sohn; und weil mein Vater für das Dorf ein

Vorbild war, wurde ich nach meinem Vater gerichtet. Das Dorf ist grausam. Noch unerbittlicher die Kinder. Der Sohn des Pfarrers ist nicht einer der ihren. Er ist anders. Vor ihm verschweigt man vieles, auch die Erwachsenen reden nicht ohne Vorsicht, schweigen lieber, wenn er kommt. Der Sohn des Pfarrers lebt mit der Jugend des Dorfes, ohne ihr anzugehören. Er ist von ihr nur geduldet. Sie ist ihm gegenüber mißtrauisch, oft höhnisch. Ich wußte nie, zu welcher Gruppe ich gehörte. Bald spielte ich mit den Buben der Thun-, bald mit jenen der Bernstraße Fußball, oder mit jenen der Grünegg. Ich wurde ein Einzelgänger, und so begann ich, gegen den zu rebellieren, der mich zum Einzelgänger gemacht hatte, gegen meinen Vater. Mein Glaube war zuerst nur eine Angelegenheit der Phantasie gewesen, Bunyans *Pilgerreise* eben, die frommen Reden Kara ben Nemsis mit Hadschi Halef Omar. Daß ich mich gegen den Glauben meines Vaters stellte, wurde mir zum ersten Mal bewußt, als ich mich für diesen Glauben zu schämen begann. Ich war, zehnjährig etwa, vom Pfarrhaus mit dem Velo zur Hauptstraße hinuntergefahren. Vor dem Konsum stand ein Lastwagen mit Milchkesseln, ich bog um ihn herum, ein Motorradfahrer tauchte vor mir auf, in schwarzer Lederkleidung, wie aus dem Nichts materialisiert, er war, über den Kreuzplatz rasend und in die Thunstraße einbiegend, dem Lastwagen ausgewichen und auf die linke Straßenseite geraten. Im Konsum kam ich wieder zu mir. Leute umstanden mich, sie hatten mich hineingetragen. Ich betete laut, Gott solle mich nicht sterben lassen. Dann verlor ich wieder das Bewußtsein. Ich erinnere mich noch an einen Blutsturz in der Nacht darauf. Nachher schämte ich mich, gebetet zu haben. Mein Beten kam mir als eine Flucht in den Glauben vor, als eine Kapitulation. Die Religion wurde mir peinlich, ich mißtraute ihr und hatte ein schlechtes Gewissen, weil ich ihr, als es ernst wurde, doch nicht gewachsen gewesen war. Einmal feierten wir mit den Eltern Silvester im feudalen Chalet des Inspektors der Mohammedaner-Mission, hoch über dem Dorf. Ich freute mich, bis nach Mitternacht aufbleiben zu dürfen. Aber als es Mitternacht wurde, als die Glocken läuteten, als ich ins Freie eilen wollte, in die glasklare Nacht mit dem mächtigen Sternenhimmel, mußten wir alle auf die Knie stürzen. Der Gottesmann betete laut, und dann betete seine schwerreiche Frau, die bald danach starb, und die Millionärin, die Erbin einer Stumpenfabrik, die er bald darauf heiratete, und dann mein Vater und dann meine Mutter und wer sonst eingeladen war; alle lagen auf den Knien, ein für mich widerlicher Eindruck, der mich lange erröten und wütend machte, besonders weil ich mit auf die Knie gesunken war; ich hätte stehen bleiben, den frommen Erwachsenen Trotz bieten sollen. Die Scham blieb. Noch heute befällt mich Unbehagen, wenn ich in eine Kirche gehen muß, aus familiären Gründen oder sei es, um sie zu besichtigen. Ich schloß mich von der Welt meiner Eltern aus, eine Fotografie jener Zeit zeigt es deutlich. Alle stehen feierlich da, meine Eltern, meine Schwester, ich schneide eine Grimasse. Als wir später in die Stadt zogen, war ich schon zu sehr ein Einzelgänger geworden, um mich noch ändern zu können. Ich konnte mich keinem mehr anschließen. Meine pubertäre Opposition hatte sich gegen die Welt meines Vaters fixiert, doch blieb sie emotional. Unfähig, seinem Glauben ein rationales Weltbild entgegenzusetzen, wählte ich den Weg ins Irrationale. Ich nahm für Hitler Stellung. Ich erinnere mich noch gut an den Sonntagsspaziergang vom Dorf gegen den Ballenbühl, als ich zum ersten Mal den Namen Hitler hörte, es muß im Jahre 1931 oder 1932 gewesen sein: Wir gingen an grünen Bänken entlang, auf denen andere Sonntagsspaziergänger saßen – das Dorf weit unten, auch der Hochkamin –, und traten in einen Laubwald ein. Mein Vater diskutierte mit dem Kirchgemeindepräsidenten, und es ging um die Frage, ob Hitler ein Christ sei oder nicht. Der Antisemitismus wurde nicht besprochen, man war zwar nicht antisemitisch, aber auch nicht judenfreundlich, das störrische Volk wollte und wollte den Messias nicht anerkennen und hatte sich selber verflucht: Am Antisemitismus waren die Juden selber schuld, und im übrigen geisterte auch in der Schweiz das Schlagwort vom jüdischen Bolschewismus herum. Was Hitlers »Christentum« betraf, so war der Kirchgemeindepräsident dessen sicher, mein Vater blieb skeptisch; über die Gläubigkeit Hindenburgs waren sich beide einig, der Generalfeldmarschall war ein Christ, konnte als Generalfeldmarschall auch gar nichts anderes sein; wie viele brave Schweizer glaubten die beiden an Offiziere.

# Ideologien

## 1981

Schon vor Kriegsausbruch lernte ich Emigranten kennen:
daß die Greuelmärchen Märchen waren, wurde immer
weniger glaubhaft. Mein naives politisches Weltbild
stürzte zusammen – und ich ins Leere. Es war für mich
unmöglich, im Weltgeschehen einen Kampf zwischen ›guten und schlechten Mächten‹ zu sehen, was damals die
meisten taten, wenn auch etwas verwirrt, weil ja durch die
Strategie des größten Feldherrn aller Zeiten sich auch die
Sowjetunion auf die Seite der Alliierten schlug. Daß zur
Beurteilung der blutigen Farce noch andere als moralische
Kategorien anwendbar waren, kam meinem Radikalismus
nicht in den Sinn. Das Zusammenkrachen Europas spielte
sich für mich wie eine Naturkatastrophe jenseits aller Moral, aber auch jenseits aller Vernunft ab, für mich trugen
alle die Schuld an einem Massaker ohnegleichen, die Opfer
und die Henker, der Strudel einer unsinnigen Apokalypse
riß alle hinab. Der Mensch erschien mir als kosmischer
Mißgriff, als Fehlkonstruktion eines offenbar gleichgülti-
gen, wenn nicht stumpfsinnigen Gottes, für den bestenfalls
falls Hitler als Symbol dienen konnte, als Weltfratze, von
der allgemeinen Unvernunft heraufbeschworen. *Der Winterkrieg in Tibet* ist daher nicht ein Modell des Zweiten
Weltkrieges, auch wenn er sich nach dem Dritten Weltkrieg abspielt, sondern ein Gleichnis dessen, was ich in
ihm sah und was sich ankündigte, der Ausgangspunkt
einer innerlichen Rebellion gegen eine falsche Welt. Nun

hat es diese Rebellion natürlich immer gegeben, und gerade jetzt scheint sie unter der Jugend mehr denn je verbreitet, doch neigt sie heute teils alten, wenn auch leicht variierten Ideologien, teils neuen Gesellschaftsformen, teils noch neueren Glaubensinhalten zu, so etwa im Jahre 1968 nach der Besetzung der Tschechoslowakei bei einer Protestkundgebung mit Basler Studenten: Der Saal überfüllt. Konrad Farner sprach eigenwillig. Dubček sei keine Lösung gewesen, überhaupt keine, ebensowenig der Sowjetkommunismus, der eine Farce sei, den einzigen wirklichen Kommunismus habe er in der Tschechoslowakei bei einer kleinen Gruppe christlicher Täufer gefunden, der Kommunismus verlange die Veränderung des gesellschaftlichen Systems durch den veränderten Menschen. Die Studenten glotzten ehrfurchtsvoll, aber verständnislos, was wollte der Mann, einst der Ideologe der Partei der Arbeit, der noch für die Unterwerfung Ungarns eingetreten war und es schwer hatte büßen müssen (denn damals ritt jedermann auf der Grundwelle des Volkszorns daher: die ganze Schweiz leistete sich in jenen Zeiten einen geistigen Widerstand, der sie nichts kostete – Österreich lag schließlich, Gott sei Dank, dazwischen). Was sollte man mit diesem Kommunismus anfangen, den er jetzt predigte, der nicht eine Weltanschauung oder eine Ideologie, sondern eine ökonomische Notwendigkeit war, die auch ein Christ, Jude, Muslim oder Buddhist annehmen konnte, ohne aufzuhören, Christ, Jude, Muslim oder Buddhist zu sein? Darauf sprach ich, improvisiert, sicher wirr, weil ich als Schriftsteller so gar kein Improvisator bin. Die marxistische Idee sei schön und gut, aber sie brauche Zeit, sich zu verwirklichen, enorme Zeit, und ich befürchte bloß, daß die Menschheit, der nicht mehr soviel Zeit zur Verfügung stehe, vorher zum Teufel ginge. Wohlwollende Ab-

lehnung – man zieht auch nicht in einer Versammlung der
Zeugen Jehovas Christi Wiederkunft in Zweifel. Ein junger Student fegte uns beide vom Platz, nicht unfreundlich,
blonde Mähne, blonder Bart, ein junger Wotan, aber zur
Erleichterung der Gemeinde: ohne Ideologie gehe es nicht
– tobender Beifall, ohne Reinheit der Lehre sei keine
Politik möglich – der Saal toste. Wotan steigerte sich,
wurde messerscharf, nun aufgepaßt und hingehört (aus
dem blonden Gestrüpp blitzte es blau), warum es beim
Kommunismus bis jetzt nie geklappt habe, darauf seien
eben Dubček und die Prager Genossen gestoßen, Punkt so
und Punkt so ihres Programms usw. Begeisterung; wieder
einmal lag die Lösung dort, wo sie zwar noch nie, aber
doch beinahe realisiert wurde, wieder einmal hatten die
Marxisten recht, aber einfach Pech gehabt; nur noch einen
Schritt, eine winzige Korrektur, und das Ganze wäre erreicht gewesen, war eigentlich schon erreicht; nur noch die
Realisierung fehlte, eine Nebensächlichkeit, eine Frage
von Wochen, Monaten, einigen lumpigen Jahren, Jahr-
zehnten. Wie die Mauer um Jericho fiel der Spätkapitalis-
mus ob Wotans gewaltigem Blasen in sich zusammen;
während sich mehr als ein Vierteljahrhundert früher meine
Rebellion gegen jede Ideologie, gegen jede Gesellschaft
und gegen jeden Glauben gerichtet hatte. Sie war apoli-
tisch, weil sie gegen jede Politik war. Gewiß, wir lebten
damals in der Schweiz unter anderen politischen Voraussetzungen als heute, andere Gesetze waren wirksam, wir
bewegten uns in der unheimlichen Ruhe wie im Zentrum
eines Taifuns, während wir heute – von damals aus gesehen – in einer märchenhaften Freiheit leben, der Taifun
zieht gleichsam abgeflacht, weit entfernt seine Kreise. Alles Heutige, von damals aus gesehen, wirkt unbegreiflich,
bizarr, aber auch alles Damalige, von heute aus betrachtet.

Der Gegensatz zwischen dem Weltuntergang, der sich jenseits der in Wirklichkeit doch so nahen Grenzen abspielte, und der eigenen behüteten Situation, die sich, vom Weltuntergang aus beobachtet, als absurde Idylle abspielen mußte, war zu kraß und rief einen Geisteszustand hervor, der nachträglich schwer verständlich ist. Was wir heute als Fehlentscheidungen, als Mangel an Mut usw. beurteilen, waren oft nur Reflexhandlungen, denn die Schweiz war trotz ihrer Isolierung nicht außerhalb des Geschehens. Dennoch ist die Fiktion, die heute wiederaufgestellt wird, der Zweite Weltkrieg sei ein Klassenkampf gewesen und die Linksparteien hätten die Schweiz gerettet, Unsinn. Das Verdienst der Sozialdemokraten, nicht nur den Faschismus, sondern auch den Stalinismus durchschaut zu haben, soll nicht geschmälert werden; aber es gab auch bürgerliche Politiker, und sie waren in der Mehrzahl, die den Nationalsozialismus durchschauten; den Anschluß wollten nicht einmal die Frontisten, was die wollten, war eine groteske anachronistische ›schweizerische Schweiz‹. Daß die mystische Afterreligion des Faschismus in bäuerlichen und bürgerlichen Kreisen teilweise auf tiefe Sympathien stieß, ist nicht zu leugnen, doch die Schweiz als unabhängigen Staat vermochte sie ebensowenig zu erschüttern wie der Stalinismus. Daß dessen Anhänger bei weitem wirkungsloser blieben als die Sympathisanten der Nazis, ist kein Argument, die Schweiz im Zweiten Weltkrieg nachträglich als faschistischen Staat abzustempeln; sie war ein Staat, der sich ins Freie schwindelte, indem die Linke immer wußte, was die Rechte tat, was nur möglich war, weil weder die Rechte ganz rechts noch die Linke ganz links war. Daß diese Politik des Sowohl-als-auch zynisch war, daß sie Abertausende unter dem Vorwand, das Boot sei voll, in den Tod trieb, ist nicht zu leugnen; keine Politik ist zu rechtfertigen, auch die einer tristen Lage nicht: Der Zweite Weltkrieg ist das Abbild unserer Schwäche, nicht unseres Heldentums. Doch gerade unsere Schwäche haben wir nicht zu besudeln, den Gedanken daran nicht zu unterdrücken, wir würden heute vielleicht noch schändlicher handeln.

Der erste Stein ist der mutigste, nun kommen die schlechtesten, die letzten. Die, welche von Hitlers Sieg überzeugt waren, nachträglich als Landesverräter zu bezeichnen, ist leicht, einige mögen es gewesen sei, andere waren Patrioten, die eine Schweiz nach Hitlers Sieg zu konzipieren suchten, weil sie an diesen Sieg glaubten. Ich verdamme auch die nicht, die damals eine kommunistische Konzeption der Schweiz suchten, weil sie Stalins Sieg voraussahen und übersahen, daß dieser Sieg ohne die Westmächte nicht möglich war, so daß auch sie ihre Konzeption nicht durchzusetzen vermochten. Ich bin froh, daß sich keine der beiden Konzeptionen durchgesetzt hat; mag auch das, was sich durchsetzte, noch so problematisch gewesen sein! Man wagte langsam aufzuatmen: mit dem Angriff auf die Sowjetunion war die unmittelbare Gefahr, von Hitler angegriffen zu werden, vorbei. Noch kam eine Siegesmeldung nach der anderen aus dem Osten, mehrmals wurde die Niederlage Rußlands verkündet, zu oft; man richtete sich insgeheim schon darauf ein, wieder einmal davongekommen zu sein. Nicht ohne schlechtes Gewissen, spürte man doch unwillkürlich, daß man für Hitler eher nützlich als bedrohlich war: man arbeitete für ihn, man stellte ihm unsere Tunnel zur Verfügung, seine Züge rollten durch den Gotthard, den Lötschberg, den Simplon ins oberitalienische Industriegebiet. Darum ging man doppelt vorsichtig vor, man fürchtete, im letzten Moment noch zu

stolpern. Mut war ein Verbrechen, Mutlosigkeit Staatsrä-
son; so drückte sich unser Land um ein Heldentum,
worum sich gedrückt zu haben von jenen immer mehr
bestritten wird, die damals wirklich keine Helden waren.
Unsere Feigheit rettete uns, nicht unser Mut – der hätte
uns vielleicht vernichtet. Selbst die Landesverräter, die wir
erschossen, erschossen wir, um unseren Mut zu beweisen.
Was sie verrieten, waren Lappalien, Offiziere waren sie
ohnehin nicht, ein Exempel mußte statuiert werden, und
die meisten exekutierte man zu einem Zeitpunkt, da der
Beweis unseres Mutes nicht mehr nötig war; aber so hatten
wir ihn doch irgendwie bewiesen. Unsere Landesverräter
starben den einzigen Heldentod, den wir zu verzeichnen
haben: Sie wagten den illegalen, nicht den geistigen Verrat
– der war legal. Darum feiern wir nachträglich unser
Heldentum und vergessen unsere Opfer, die Juden, die wir
von unseren Grenzen wiesen, unter dem Vorwand, sie
seien keine politischen Flüchtlinge. Sie kamen außerhalb
unserer Grenzen um. Unsere sauberen Hände sind unsere
Schande. Doch wurden wir damals von einer schändlichen
Zeit zu einer schändlichen Unschuld gezwungen. Unsere
Unschuld heute ist noch schändlicher: Auch die Spielhöl-
len, in denen wir unser Geld verspielen, die Spitäler, in
denen wir unsere Kinder abtreiben, die Gangstersyndi-
kate, die Clans der süd- und mittelamerikanischen Dik-
taturen, die Firmen der Steuerhinterzieher, die bei uns ihr
Geld anlegen, die Arbeitskräfte, die für uns am billigsten
produzieren, sie alle befinden sich außerhalb unserer
Grenzen. Außerhalb unserer Grenzen kommen auch die
Waffen zum Einsatz, die wir ausführen, aber über unsere
Grenzen schieben wir auch die Arbeitslosen ab, unsere
Fremdarbeiter, wenn wir sie nicht mehr brauchen. Die
Strahlungskraft der Eidgenossenschaft ist düster. Wieder

sind unsere Hände sauber, nicht von, sondern vor Schuld. Korrumpierte uns einst die Zeit, korrumpieren wir jetzt sie. Doch der Einzelne war damals ohnmächtiger als heute. Sein Protest konnte alle gefährden, heute gefährdet er nur ihn. Er vermochte nicht zu lavieren wie der Staat, er hatte ein Gewissen; nichts war schwerer zu ertragen als die Gnade des Verschontseins, sie wurde bezahlt durch den Fluch der Ohnmacht, die wiederum einem, der nicht davonkam, der mitgerissen wurde, lächerlich, wenn nicht gar schändlich erschien. So fühlte auch ich mich lächerlich, und das Gefühl, mich im Weltgeschehen in einer allzu exquisiten, ja unanständigen Lage zu befinden, stürzte mich in eine immer ausweglosere Rebellion gegen alles. Die heutige Modefrage, von jedem Reporter, von jedem Kritiker vorgebracht, die moderne Gretchenfrage, ob man denn mit dem, was man schreibe, nicht die Welt verändern wolle oder könne, oder gar, warum man sie noch nicht verändert habe, war für mich schon damals Unsinn. Es war wie bei einer ungeheuren Schiffskatastrophe: Fragen an die zu richten, welche der infernalische Strudel verschlang, oder an jene, die im Rettungsboot dahintrieben, wäre mir als irrelevant, ja unanständig vorgekommen, krachte doch das Weltgebäude zusammen: Ich hätte am liebsten auch noch das Verschonte zertrümmert. An einem Sonntagvormittag stand ich an der Loeb-Ecke, am Bahnhofplatz, der Heiliggeistkirche gegenüber, und die Menschen, die aus dem Portal der Kirche strömten, beieinanderstanden oder zu den Trams eilten, verwandelten sich vor mir in Tiere. Nicht daß sie wie Tiere ausgesehen hätten, wie Kühe oder Schafe oder Wölfe, aber ich wußte plötzlich, daß es Tiere waren, die sich an mir vorbeibewegten, nichts als Tiere, die den Bahnhofplatz überquerten, schreckliche, geistlose, rohe, aufrecht gehende Primaten, und ich flüchtete die Lauben hinunter, über die Nydeggbrücke und die Haspelgasse hinauf nach Hause.

# Querfahrt

## 1990

Im Frühling 1943 kehrte ich verwahrlost und krank von
einer Stadt nach einer anderen zurück. Von Zürich nach
Bern. Ich verließ eine formlose Ansammlung von Kirchen,
Banken, Kultur- und Bildungsstätten, von Zunft-, Wa-
ren-, Geschäfts- und Mehrfamilienhäusern, Mietskaser-
nen, klassizistischen und Gründerjahrpalästen, Villen,
Gaststätten, Pinten, Abstinentenlokalen des Frauenver-
eins, Fabriken, Depots, Ateliers, Gewerbebuden, alles wie
hingeschüttet um einen schmalen See und die Hügelzüge
hinauf, die ihn umgeben. Hochhäuser waren noch verboten, die Massagesalons wagten noch nicht zu inserieren,
der Strich war durch die Verdunkelung teils gefördert,
teils behindert. Der See mündet in ein Flüßchen. An seinen
Ufern finden sich Reste einer Altstadt, deren Bürger ihren
Bürgermeister köpften. Im Mittelalter. Jetzt kacken auf
sein Denkmal Möwen. Dann treibt das Flüßchen am trostlosen Bahnhof vorbei, vor dessen Haupteingang ein noch
mächtigerer Herrscher steht als der geköpfte Bürgermeister, ein heimlicher König der Gründerjahre, Alfred
Escher, auch von Möwen bekackt, eine Aktentasche zu
Füßen. Er wurde nicht geköpft. Nur Möwen sind gerecht.
Hinter dem geschmacklosen Landesmuseum vereinigt
sich das Flüßchen mit einem zweiten und verliert sich
gemeinsam nach der geschmackbildenden Kunstgewerbe-
schule in Gegenden, wohin ich damals nie vorgedrungen
bin. Ich flüchtete in eine Stadt zurück, aus der ich kaum ein

Jahr zuvor geflüchtet war: ein ebenso sinnloses Unternehmen wie jetzt die Rückkehr. Beide glichen den Irrwegen, die eine Ratte in einem künstlichen Labyrinth eines Labors unternimmt: Sie weiß weder, daß sie sich in einem Labyrinth, noch, daß sie sich mit dem Labyrinth in einem Labor befindet. Sie rennt herum, von Irrweg zu Irrweg, ihr Herumirren macht sie rebellisch, ohne daß sie genau weiß, gegen wen sich ihre Rebellion richtet, vielleicht daß sie sich einen Rattengott vorstellt, der sie diesem Labyrinth überlassen hat und den sie nun verdammt: denn es ist für diese Ratte unmöglich, auf die Wirklichkeit zu stoßen, wohinein ihre Rattenwirklichkeit gebettet ist, eine Wirklichkeit, die wiederum Wesen umfaßt, die nicht Ratten sind, sondern Menschen, die sie, diese vereinzelte, im Labyrinth herumhuschende Ratte, beobachten, um irgendwelche für Ratten und Menschen gleicherweise gültigen Gesetze zu finden, so daß, weil diese Menschenwirklichkeit wiederum labyrinthisch ist, sich zwei ineinander geschachtelte Labyrinthe ergeben, ja drei, vier oder noch mehr ineinander geschachtelte Labyrinthe, wenn die Ratten beobachtenden Menschen ebenfalls unter der Beobachtung von Vorgesetzten stehen, die ihrerseits wiederum usw. Nicht umsonst diese Metapher. Meine Eltern waren über die Irrwege ihres Sohnes ratloser denn je, schien ich doch weder eine Zukunft anzustreben, die ihnen einleuchtete, noch überhaupt eine, ich strapazierte ihr Gottvertrauen gewaltig. Ich erholte mich langsam. Ich bezog eine geräumige Mansarde, die zum Mietshaus gehörte, das meine Eltern im Parterre bewohnten, in einer Art Villa. Ich malte später die Mansarde aus, auf der abgeschrägten Wand über meinem Bett eine wilde Kreuzigung, an der großen Wand skurrile Figuren, am Kamin in der Mitte des Raums eine Salome mit dem Kopf Johannes' des Täufers, an der Decke das Antlitz der Medusa. Das Haus stand an einer breiten verkehrswichtigen Straße, lautlos in der Nacht, weil die Stadt verdunkelt war, nur von ferne manchmal, in mondlosen Nächten, traumartig, über die Alpen herüber, das dumpfe Grollen der Bomben, die auf Mailand fielen. In wenigen Minuten war man auf dem Land: weite Felder, Wälder; einmal, als ich gegen drei Uhr in der Nacht aus dem Fenster schaute, stand mitten auf der vom Vollmond beschienenen Straße ein Reh. Auch hörte ich jede Nacht Schritte vorbeihinken, aber es gelang mir nie, den Hinkenden zu erblicken, wenn ich schrieb oder zeichnete, hinkte er durch mein Schreiben oder Zeichnen, stürzte ich zum Fenster, waren die Jambenschritte schon verhallt. Wenn ich schlief, ging es mir ebenso, das Hinken weckte mich, aber ich kam zu spät, beugte ich mich aus dem Fenster. Für eine Familie aus der Nachbarschaft kam ich zu früh. Sie kletterte, fünfköpfig, Vater, Mutter und drei Kinder, im Pflaumenbaum im Garten hinter der Villa herum, erstarrte, als ich heimkehrte, wie Riesenpflaumen im Baumgeäst im Morgengrauen. Ich störte sie ebensowenig wie den Vagabunden, der auf dem Kanapee in unserer offenen Veranda zu übernachten pflegte. Nur das erste Mal flüchtete er, als ich ihn in der Frühe überraschte, später winkte er mir nur zu und blieb liegen. Ich war gern in diesem Haus. Vieles erinnerte mich ans Dorf, nicht nur die Nähe der Wälder, auch der Gemüseläden schräg gegenüber, dessen Inhaber einen ebenso handlosen Arm besaß, womit er die Salatköpfe auseinanderschob, wie der Gemüsemann unseres Dorfes.

Im Herbst fuhr ich ins Wallis. Ich wollte die Komödie beenden, an der ich in Zürich herumgeschrieben hatte, an einem wilden Durcheinander von lebenden Toten und

toten Lebenden, mit einer funktionierenden Weltunter-
gangsmaschine am Schluß. Ein Riesenknall. Ich richtete
mich in einem kleinen Dorf ein, über dem Logis meiner
Freundin, die dort mit ihren Eltern in den Ferien weilte.
Das Dorf bestand aus kaum zwanzig primitiven Holzhäu-
sern. Es klebte an einem steilen Hange hoch über dem Val
d'Hérens. Irgendwo unterhalb des Dorfes, im Wald versteckt, jenseits einer Schlucht, tief gegen Evolène hin, eine
Kapelle. Vom Dorf aus schien die weitverzweigte Ge-
birgsgegend mit einigen kleinen pyramidenähnlichen Bergen in der Talsohle und den Nebentälern, die sich zwischen den Massiven verliefen, eine Mondlandschaft zu
sein. Tagsüber war das Dorf still. Kaum daß ich jemanden
sah: eine alte schwarzgekleidete Frau, einen Mann, der
mich schweigend betrachtete, ein davonhuschendes Kind.
In der Nacht herrschte ein geheimnisvolles Treiben: Lastwagen kamen und gingen. Im Land waren die Lebens-
mittel kontingentiert. Schwarzhandel rentierte. Ich
kümmerte mich nicht darum. Ich schrieb verbissen, entschlossen, mit dem Stoff Schluß zu machen, ihn aus
meinen Gedanken herauszuoperieren. Ich verknappte die
Sprache, strich die Szenen zusammen, schrieb neue mit
bösen Liedern, verwarf das Geschriebene wieder, begann
von neuem. Ich habe seither nie anders gearbeitet.

## Die Universität

1990

Aus dem Wallis zurück, belegte ich auf der Universität Bern Philosophie als Hauptfach, Psychologie als obligatorisches Nebenfach und als freies Nebenfach Nationalökonomie, aus Verlegenheit, nachdem ich mich in verschiedenen Nebenfächern herumgetrieben hatte. Mein Geld verdiente ich mit Privatstunden, und an der Privatschule erteilte ich Lateinunterricht. Den Weg zur Universität legte ich gemächlich zu Fuß zurück, er führte durch die englische Anlage über die Kirchenfeldbrücke am Casino vorbei zum Bahnhof und dann steil zur Universität hoch. Auf einem dieser Schlendergänge ereignete sich etwas Lächerliches, nicht der Rede wert, eine Clownszene, die ich bloß nicht vergessen habe, weil ich selbst der Clown war, und weil kein stärkerer Eindruck bleibt als der, selbst etwas Lächerliches gewesen zu sein: Ich hatte auf der Universität zu tun, an einem Nachmittag im Spätherbst. Auf der Terrasse vor dem Casino sind in mehreren Reihen Platanen gepflanzt, ein Gärtner war beschäftigt, die Äste zurückzustutzen, er stand auf einer Leiter unmittelbar am Rande der Terrasse gegen das Trottoir, ich betrachtete ihn, als ich an ihm vorbeiging, und er betrachtete mich, ich glitt aus, ein Hundedreck lag auf der Straße, ich saß auf dem Hintern, glücklicherweise unbeschmutzt, ich erhob mich, als ob nichts geschehen wäre, der Gärtner verzog keine Miene, sah mir einfach zu, ich ging zur Universität, kam nach anderthalb Stunden zurück, wieder stand der Gärt-

ner auf seiner Leiter, bloß an einem anderen ersten Baum
einer anderen Reihe, wieder betrachtete ich ihn, wieder
betrachtete er mich, wieder glitt ich aus, wieder auf dem
gleichen Hundedreck, wieder ohne mich zu beschmutzen,
wieder erhob ich mich, als ob nichts geschehen wäre,
wieder verzog der Gärtner keine Miene, sah mir einfach
zu, doch vergesse ich seinen Blick nicht mehr: Es lag ein
unendliches Erstaunen darin, die überwältigende Erkenntnis, einem überirdischen Trottel begegnet zu sein,
derart, daß es dem Gärtner die Sprache verschlug und
nicht nur die Sprache, auch das Lachen, ja auch das Lächeln oder einen Ansatz dazu. Dem Mann auf der Leiter
war der Mensch in seiner Lächerlichkeit an sich erschienen, als die Urkomödie, er hatte an mir, an meinem zwei-
maligen Hinfallen, an dieser Wiederholung des Lächerlichen etwas Metaphysisches erlebt, stellte ich mir
blitzschnell vor, damals in diesen ersten Sekunden, stelle
ich mir noch heute vor, gerade weil diese Wiederholung
unfreiwillig geschah und nicht auf dem Kunstkniff eines
Clowns beruhte, auf dem dramaturgischen Trick, das Komische mehrfach zu wiederholen. Indem ich dem Gärtner
als das erschien, was ich war, erschien ich mir selber.
Vielleicht wurde ich deshalb Komödienschreiber. Lappalien entscheiden, lächerliche Vorfälle bestimmen das Leben oft mehr als scheinbar wichtigere, ja tragischere.

Doch gibt es im Leben keine Zufälle, nur Vorfälle, die wir
je nach Kenntnis oder Unkenntnis der Kausalzusammen-
hänge, die sie bewirken, bald als Notwendigkeit, bald als
Zufall bezeichnen. So war es denn auch nicht zufällig, daß
ich bei Richard Herbertz studierte. Ein Schüler sucht sich
seinen Lehrer instinktiv, und im übrigen war kein anderer
vorhanden. Herbertz war schon damals eine legendäre

Gestalt. Er war seit kurz vor dem Ersten Weltkrieg Ordinarius der Philosophie an der Universität Bern, weißhaarig, zerhacktes Gesicht, ein akademischer Grandseigneur, dessen Vater noch Konsul des türkischen Sultans gewesen sein soll und dessen Vermögen er, soweit es überhaupt durch Inflation, Konkurse, Pleiten von ganzen Banken zu retten gewesen war, in Thun allmählich verbrauchte. Im ›Beau-Rivage‹. Er kam von der Physik her, verstand viel von Logik und teilte die Philosophen in Metabatiker und Peditionisten ein: Sich selbst nannte er einen metabatischen Peditionisten und war stolz darauf, einer zu sein, ich denke, er war auch einer, wenn mir auch nie ganz klar wurde, was er darunter verstanden wissen wollte. Außer einem Leitfaden zum Studium der Philosophie soll er bloß noch ein Buch verfaßt haben: *Der Alkoholgenuß als Wertproblem.* Jeden Mittwoch las er für die Juristen von elf Uhr fünfzehn bis zwölf Uhr Kriminalpsychologie, nicht unberechtigt, hatte er doch einst über den berüchtigten Massenmörder Haarmann für das Gericht ein Gutachten verfaßt. Haarmann hatte Lehrbuben getötet und zu Wurstwaren verarbeitet. Auch sonst muß früher der Ruf des Philosophen beträchtlicher gewesen sein als in den miesen Zeiten des Zweiten Weltkriegs, Walter Benjamin hatte bei ihm doktoriert. Literarisch war er von den *Galgenliedern* Morgensterns besessen. Ich glaube, er kannte sie alle auswendig, er trug sie am Ende einer Vorlesung frei vor, mit immer noch gewaltigem Schwung. Aber seine Lieblingsthese war, der Wahnsinn Hölderlins manifestiere sich darin, daß im Gedicht *Hälfte des Lebens* in den zwei Zeilen »Ihr holden Schwäne, und trunken von Küssen« das »und« übermäßig betont sei: Er pflegte zum Beweis seiner These dieses »und« mit furchterregender Miene und Gebärde in den Hörsaal zu brüllen und war fassungslos, als ich einmal erklärte, ich hielte das »und« nicht für besonders betont, nur gerade leise angeschlagen, die Betonung liege vielmehr auf der ersten Silbe von »trunken«. Auch in der Psychologie kam er von einer fixen Idee nicht mehr los, er leitete jede seelische Misere vom Coitus interruptus ab. Er litt in seinem Alter an einer sonderbaren und nicht ganz unphilosophischen Krankheit, an einer Störung der Gleichgewichtsorgane, wie er uns versicherte. Die Krankheit bewirkte, daß er sich wie ein Betrunkener verhielt, wenn er nüchtern war, und wie ein Nüchterner, wenn er etwas getrunken hatte. Am Morgen mußte man den Professor am Bahnhof aus dem Zug von Thun in Empfang nehmen, der Schaffner half ihm hinunter, dann hatte man mit ihm zum Bahnhofrestaurant zu rasen, in Windeseile eine Flasche Roten mit ihm zu trinken und dann im Eilschritt zur Universität hinaufzustürzen, wo er nun beschwipst und gleichzeitig nüchtern seine Vorlesungen oder donnerstags sein Seminar hielt, kreideverschmiert, denn er liebte es, mit gelber, roter, blauer, grüner und weißer Kreide tiefsinnige zeichnerische Verdeutlichungen seiner Gedanken an der Wandtafel abzubilden, gegen die er sich auch anzulehnen pflegte, die farbigen Gedankensymbole erschienen dann spiegelverkehrt auf seinem Rücken, auch verschmierte er sich das Gesicht, weil er, wenn er sich konzentrierte, in seine gespreizte Hand sprach, in der er sein Gesicht barg, wenn er einen schwierigen Gedanken entwickelte. Ich pflegte ihn darauf aufmerksam zu machen und ihm, so gut es ging, den Rücken zu säubern, die Spuren seines Denkens im Gesicht ließ er gleichgültig stehen. Während seiner Vorlesung und seines Seminars durften wir rauchen, er selbst schlotete mehr als wir alle zusammen Villiger- oder Hediger-Stumpen, seine wenigen weiblichen Zuhörerinnen saßen bleich am langen Tisch, an dem wir schrieben und rauchten, doch hielten sie aus Liebe zur Philosophie aus. Vor der Tür hing ein Zettel ›Zuspätkommende gleichwohl eintreten‹. Der kleine schmale Raum, in welchem der Professor dozierte, füllte sich im Verlaufe einer Vorlesung oder eines Seminars nur nach und nach, einer kam zehn, ein anderer fünfzehn Minuten zu spät, erst nach einer Stunde waren wir vollzählig. Nach der Vorlesung oder nach dem Seminar raste man mit ihm (er konnte in nüchternem Zustand nur schnell gehen) zum Bahnhof hinunter, um ihn in den Speisewagen nach Thun zu verfrachten, wo er gerettet war, der Wein wartete schon auf ihn, der Kellner wußte Bescheid. Er hielt mich für einen seiner fleißigsten Studenten, wie er sich anderen gegenüber ausdrückte, da ich seine Vorlesungen am eifrigsten nachschriebe, ein verständlicher Irrtum, ich zeichnete seine Vorlesungen, statt sie nachzuschreiben, in einem Zyklus von philosophischen symbolischen Karikaturen, so stellte ich etwa den Gegensatz zwischen einem Vernunftsding und einem Sinnending dar, indem ich ein bürgerliches Ehepaar mit ihrem Kind zeichnete, welches das Vernunftsding, und eine uneheliche Mutter, eine Vaterschaftsklage studierend, mit ihrem Kind, das ein Sinnending darstellte. Zu Hause in Thun im ›Beau-Rivage‹ standen seine verstorbenen Hunde ausgestopft herum, zwischen ihnen der noch nicht verstorbene, ein Foxterrier, der den ausgestopften glich wie ein Foxterrier einem anderen Foxterrier gleicht, man wußte nie recht, welcher Foxterrier nun ausgestopft und welcher lebendig war. Daneben war er ein eifriger Pilzsammler und Pilzkenner und in irgendeiner Zeitung der Briefkastenonkel, auch gewann er einmal in der ›Berliner Illustrierten‹ den ersten Preis mit einem Gedicht, das auf der letzten Seite erschien: ein Lobgedicht auf Persil. Trotz

dieser bizarren Züge war er nicht nur ein tüchtiger Professor, dem ich viel verdanke, sondern auch ein leidenschaft-
licher Denker und Grübler, dem ich noch mehr verdanke.
Er wußte in mir die Ahnung zu erwecken, was Denken
heißt.

# Nachwort

von
Heinz Ludwig Arnold

In seinem Nachruf auf Friedrich Dürrenmatt hat der Kritiker Gerhard Stadelmaier eine hübsche Geschichte aus den *Stoffen* nacherzählt, »in der es scheinbar nur um Zigarren geht. Anfang der fünfziger Jahre trifft Bert Brecht in Zürich den jungen Friedrich Dürrenmatt. Der Ältere hatte von den ersten dramatischen Erfolgen Dürrenmatts gehört. Brecht war unbändig stolz auf den Ehrentitel, den ihm die Mitglieder des Ost-›Berliner Ensembles‹ gaben: Der große Raucher. Brecht rauchte große schwarze Brasil-Zigarren. Friedrich Dürrenmatt hatte sich auf große helle Havanna-Zigarren verlegt. Selbstgefällig und eitel renommierte der große B. B. vor dem jungen Dramatiker: Da könne er sehen, was er, Brecht, trotz seinem schwachen Herzen vertrage! Bis ihm Dürrenmatt mit leiser Stimme, akribisch wissenschaftlich und kühl-chemisch mit Teer- und Nikotinwerten argumentierend, nachwies, daß die Havanna viel stärker als die Brasil ist. Bert Brecht zog geschlagen ab. Brecht glaubte, was er sagte. Dürrenmatt wußte, wovon er redete. – Dürrenmatt und Brecht waren auch sonst Antipoden, obwohl sie ein ähnliches Schicksal hatten. Sie waren die zwei Dramatiker in diesem Jahrhundert, die sich den Ruhm teilen dürfen, so bekannt und auch beliebt zu sein, daß man sie getrost vergessen hat. Beide haben das Theater bewegt. [...] Beide gaben nach der großen Weltkatastrophe von 1945 der Welt je ein Modell, wie die Welt zu richten sei. Brecht lieferte das optimistische Modell, Dürrenmatt das pessimistische.«

Vielleicht läßt sich heute rückblickend die These vertreten, daß Dürrenmatts – wenn auch nicht, wie ich meine, pessimistisches, so doch – skeptisches und die Wirklichkeit mit

Gegenentwürfen relativierendes Theater paradoxerweise deshalb in den fünfziger und bis zur Mitte der sechziger Jahre erfolgreich war, weil es gegen den allgemeinen Glauben an einen für grenzenlos gehaltenen materiellen Fortschritt und die darin erstarrende, jeden Zweifel abwehrende Selbstgewißheit anschrieb. Erklärt sich nicht gerade daher der Erfolg von *Die Ehe des Herrn Mississippi* – einem Stück, das die herrschenden Ideologien des 20. Jahrhunderts depravierte – und der Erfolg des *Besuchs der alten Dame*, das die materialistische Korrumpierbarkeit der Menschen vorführte, daß die dem »Geist« dieser Zeit widersprachen?

Doch gegen die Mitte der sechziger Jahre schlug das Zeitklima um. Die Erstarrung des Erreichten, der status quo in Politik und Gesellschaft wurde offensichtlich, die traditionellen politischen Instrumente griffen nicht mehr. In der zweiten Hälfte der sechziger Jahre geriet vieles in Bewegung. Den rasanten Wiederaufbau Westdeutschlands stoppte eine wirtschaftliche Rezession, die Große Koalition von Christdemokraten und Sozialdemokraten mobilisierte eine radikaldemokratische außerparlamentarische Opposition, dem restaurativen Pragmatismus antwortete eine überbordende reformerische Theoriedebatte, die auf Faschismus und Stalinismus antwortende Ideologiefeindlichkeit der Nachkriegszeit wurde abgelöst von unzähligen ideologischen Konzepten. Den Impuls einer moralischen »Erneuerung« nach der Erfahrung des Nationalsozialismus, der die Literatur seit den frühen fünfziger Jahren geprägt hatte, wollte eine neue Generation von Intellektuellen nun überführen in politisch wirksames Handeln, das auf eine massive Veränderung der Gesellschaft gerichtet war.

Mit den politischen änderten sich auch die kulturellen

und kulturpolitischen Paradigmen. Ihr Wechsel hatte sich schon zu Beginn der sechziger Jahre angekündigt: mit Erfolgen der Dokumentarliteratur und der Wiederentdekkung der Arbeiterliteratur, ihren operativen, auf Veränderung des Bewußtseins der Rezipienten zielenden Ansprüchen. Und in die westdeutschen Theater zog ein Autor ein, der lange Jahre dort verfemt gewesen war: Bertolt Brecht. Mit seinen Stücken wurde auch seine Dramaturgie dominierend: Die Bühne wurde zur didaktischen Institution, das Theater zur pädagogischen Anstalt. Und die Theaterkritik hatte ihren neuen Heros. In den sechziger Jahren wurde Dürrenmatts ethisch und philosophisch begründetes erkenntniskritisches Welt-Theater abgelöst von Brechts ideologisch argumentierendem Lehrstück. Es kam die Zeit, da Dürrenmatt-Stücke wohl auf ausländischen, aber immer seltener auf deutschsprachigen Bühnen zu sehen waren. Die lehrhafte Brechtsche Dramaturgie mit ihrem explizit politischen Anspruch hatte die hintergründigen Dürrenmattschen Gleichnisspiele verdrängt, und die Theaterkritik hat sich seit 1970, seit *Porträt eines Planeten*, nicht mehr ernsthaft mit den neuen Dürrenmatt-Stücken auseinandergesetzt, hat sich jedenfalls nicht wirklich auf die neuen Ansätze, die sie versuchten, eingelassen: *Der Mitmacher*, *Die Frist*, *Achterloo*, allesamt vom Ansatz her in einem weiteren Sinne politische und zugleich mit der Bühne experimentierende Stücke, lagen quer zu den neuen Trends und fielen, genaugenommen, durch.

Dürrenmatt hat in den siebziger Jahren über seine späten Niederlagen auf der Bühne häufiger und intensiver nachgedacht, als es damals vorderhand schien, und er hat diese Niederlagen fruchtbar gemacht: in Essays und eigenwilligen Prosabüchern von unverwechselbarer Art – zuerst, und zugleich am sichtbarsten und eindringlichsten, 1976 in *Der Mitmacher. Ein Komplex.* Darin zeigte er, ausgehend vom 1973 uraufgeführten Stück *Der Mitmacher*, erstmals ausführlich die Grundlagen und Formen seines Denkens – und er führte darin sein »dramaturgisches Denken« gleichsam vor: Dramatische, erzählerische und reflektierende Passagen wechseln einander ab, gehen zuweilen bruchlos ineinander über – eine neue komplexe literarische Form kündete sich da an.

Im »Mitmacher-Komplex« steht auch die Geschichte vom *Sterben der Pythia*, in der Dürrenmatt am Beispiel des Ödipus-Mythos seine Methode von Welterkenntnis und Weltdarstellung und – ohne den Antipoden zu nennen – sein Verhältnis zu Brecht anschaulich macht. Am Ende dieser langen Erzählung sitzen sich die Pythia Pannychis und der blinde Seher Tiresias gegenüber, beide haben, jeder auf seine besondere Weise und meist mit gegensätzlichen Ergebnissen, Schicksale orakelt: Pythia ins Blaue hinein phantasierend, der gerissene Tiresias genau nach Plan und auf bestimmte Wirkungen bedacht. Tiresias spricht zur Pythia einen langen Schlußmonolog, der nicht nur in Form und Sprache typisch ist für Dürrenmatt, sondern auch noch einmal die wesentlichen Positionen seiner Welterkenntnis zusammenfaßt:

»Vergiß die alten Geschichten, Pannychis, sie sind unwichtig, wir sind in all dem wüsten Durcheinander die Hauptpersonen. Wir befanden uns beide derselben ungeheuerlichen Wirklichkeit gegenüber, die ebenso undurchschaubar ist wie der Mensch, der sie herbeiführt. Möglich, die Götter, gäbe es sie, hätten außerhalb dieses gigantischen Knäuels von phantastischen Fakten, die, ineinander verstrickt, die unverschämtesten Zufälle bewirken, einen gewissen, wenn auch oberflächlichen Überblick, während

wir Sterblichen, die sich inmitten dieses heillosen Wirr-
warrs befinden, hilflos darin herumtappen. Wir beide
hofften, mit unseren Orakeln einen zaghaften Anschein
von Ordnung, die zarte Ahnung einer Gesetzmäßigkeit in
die trübe, geile und oft blutige Flut der Ereignisse zu
bringen, die auf uns zuschoß und uns mit sich riß, gerade
weil wir sie – wenn auch nur ein wenig – einzudämmen
versuchten.

Du orakeltest mit Phantasie, mit Laune, mit Übermut,
ja mit einer geradezu respektlosen Frechheit, kurz: mit
lästerlichem Witz. Ich ließ mit kühler Überlegung orakeln, mit unbestechlicher Logik, auch kurz: mit Vernunft.
Zugegeben, dein Orakel war ein Volltreffer. Wäre ich ein
Mathematiker, könnte ich dir genau sagen, wie unwahrscheinlich die Wahrscheinlichkeit war, daß dein Orakel
zutreffen würde: sie war phantastisch unwahrscheinlich,
unendlich unwahrscheinlich. Aber dein unwahrschein-
liches Orakel traf ein, während meine wahrscheinlichen
Orakel, vernünftig abgegeben, in der Absicht, Politik zu
machen und die Welt im Sinne der Vernunft zu ändern, ins
Nichts verpufften. Ich Tor. Ich setzte mit meiner Vernunft
eine Kette von Ursache und Wirkungen frei, die das Gegenteil von dem bewirkte, was ich beabsichtigte. Und
dann kamst du, ebenso töricht wie ich, mit deiner blühen-
den Unbefangenheit, einfach drauflos und möglichst bos-
haft zu orakeln, aus welchen Gründen, spielt ja längst
keine Rolle mehr, auch wem gegenüber war dir gleichgültig; zufällig orakeltest du denn auch einmal einem blassen,
humpelnden Jüngling namens Ödipus gegenüber. Was
nützt es dir, daß du ins Schwarze getroffen hast und ich
mich irrte? Der Schaden, den wir beide angerichtet haben,
ist gleichermaßen ungeheuerlich. Wirf deinen Dreifuß
weg, Pythia, in die Erdspalte mit dir, auch ich muß ins

Grab, die Quelle Tilphussa hat ihr Werk getan. Lebe wohl, Pannychis, aber glaube nicht, daß wir uns entkommen. So wie ich, der die Welt seiner Vernunft unterwerfen wollte, in dieser feuchten Höhle mit dir konfrontiert worden bin, die du die Welt mit deiner Phantasie zu bezwingen versuchtest, so werden auf ewige Zeiten jene, für welche die Welt eine Ordnung, solchen gegenüberstehen, für welche die Welt ein Ungeheuer ist. Die einen werden die Welt für kritisierbar halten, die anderen nehmen sie hin. Die einen werden die Welt für so veränderbar halten, wie man einem Stein mit einem Meißel eine bestimmte Form zu geben vermag, die anderen werden zu bedenken geben, daß sich die Welt samt ihrer Undurchschaubarkeit verändere, wie ein Ungeheuer, das immer neue Fratzen annimmt, und daß die Welt nur insoweit zu kritisieren sei, wie die hauchdünne Schicht des menschlichen Verstandes einen Einfluß auf die übermächtigen tektonischen Kräfte der menschlichen Instinkte besitzt. Die einen werden die anderen Pessimisten schelten, die anderen jene Utopisten schmähen. Die einen werden behaupten, die Geschichte verlaufe nach bestimmten Gesetzen, die anderen werden sagen, diese Gesetze existierten nur in der menschlichen Vorstellung. Der Kampf zwischen uns beiden, Pannychis, wird auf allen Gebieten entbrennen, der Kampf zwischen dem Seher und der Pythia; noch ist unser Kampf emotional und wenig durchdacht, aber schon baut man ein Theater, schon schreibt in Athen ein unbekannter Dichter eine Ödipustragödie. Doch Athen ist Provinz, und Sophokles wird vergessen werden, aber Ödipus wird weiterleben, als ein Stoff, der uns Rätsel aufgibt. Ist sein Schicksal nun durch die Götter bestimmt oder dadurch, daß er sich gegen einige Prinzipien, welche die Gesellschaft der Zeit stützten, versündigt hat, wovor ich ihn mit Hilfe des

Orakels zu bewahren suchte, oder gar, weil er dem Zufall zum Opfer fiel, hervorgerufen durch deine launische Orakelei?«

Dürrenmatts Komödien sind wie Pythias Orakel, sind weder Allegorien noch Parabeln, auf die Brecht setzte; sie wollen weder abstrakte Begriffe zur »bildhaft belebten Darstellung« bringen, wie Tiresias mit seinen planvollen und auf politische Wirkung zielenden Erfindungen, noch wollen sie moralisierend »allgemeine sittliche Wahrheiten oder Erkenntnisse durch Vergleiche« erhellen. *Der Besuch der alten Dame* zum Beispiel ist nicht, wie Frischs an Brechts Dramaturgie orientiertes *Andorra*, ein Parabel-stück, die Kleinstadt Güllen darin *bedeutet* nicht etwa ›die Schweiz‹ – und weder der Krämer Ill noch die Milliardärin Zachanassian sind symbolhafte Figuren, die auf höhere Zusammenhänge verweisen. Eher schon ist das Geschehen in diesem Stück – die Korruption der Güllener Bürger durch die Macht des Geldes – als Gleichnis zu verstehen (wohlgemerkt nicht als Gleichnis im Sinne des Neuen Testaments – die Gleichnisse dort sind eher Parabeln des Verhaltens –, sondern als Gleichnis und Abbild), als poeti-sche Veranschaulichung der realen Menschenwelt: Men-schenwelt und Gleichnis erhellen wechselseitig ihre Be-deutung, ihre je eigene Beschaffenheit. Dahinter steht keine belehrende Absicht des Autors, Dürrenmatt war weder Didaktiker noch Prediger, er wollte seinen Zu-schauern keinen Spiegel vorhalten, damit sie sich darin wiedererkennen sollten, um sich zu bessern, um daraus eine Lebenslehre, eine Moral zu ziehen. Dürrenmatt hat in seinen Stücken mit Absicht jede Aussage darüber verwei-gert, ob und wie die Menschheit sich bessern könnte und sollte. Und er hat keine Tröstungen angeboten. Aber er hat zur Skepsis ermuntert, dazu, was er die erkenntniskritische Dialektik von Glauben und Zweifel genannt hat. In dieser Auffassung finden Dürrenmatts Komödien als literarische Gegenentwürfe zur realen Welt einen Grund für ihre schlimmstmöglichen Wendungen. So ist die Kleinstadt Güllen im *Besuch der alten Dame* eine Spielwelt, in der es so zugeht wie in der wirklichen Welt, sie ist ein bildhaft anschaulich gemachter Teil der bildlos gewordenen Welt des Labyrinths, in welchem der Autor den von ihm dirigierten Zufall die Notwendigkeiten des Ablaufs bestimmen läßt und die Handlung zu ihrer schlimmstmöglichen Wendung treibt: zur Ermordung Ills.

So wie für Dürrenmatt galt, daß der Glaube und der Zweifel einander bedingen, der Zweifel den Glauben erst möglich macht, weil ein Glaube ohne den Zweifel kein lebendiger Glaube, sondern ein Dogma, eine Doktrin ist – so galt für ihn auch, daß Zufall und Notwendigkeit einander bedingen. Ohne den Zufall wäre die Welt ein starres Schema rein kausaler Notwendigkeiten, ohne den Zufall wäre die Welt planbar bis ins letzte, eine geheimnislose, eine unmenschliche Welt. Hier unterscheidet sich Dürrenmatt eben grundsätzlich von Brecht, der die Welt – ihre Geschichte und das, was er für ihre Wirklichkeit nahm – in didaktischer Absicht als kausal verlaufende und deshalb als veränderbare und zu verändernde auf die Bühne brachte. Daß Veränderbarkeit grundsätzlich wünschbar ist, um die Welt zum Besseren zu entwickeln und menschenwürdiger zu gestalten, blieb auch von Dürrenmatt unbestritten (er war ja kein Zyniker) – nur sind die Verhältnisse leider nicht so, daß diesen theatralisch-didaktischen Wünschen auch Erfolg in der realen Menschenwelt beschieden wäre. Im Gegenteil, eine Auffassung, die Geschichte als rein kausal verlaufende und deshalb von Grund auf als planbare begreift, kann den

Menschen, der in einer solchen Welt lebt, nur noch als total kontrolliertes Wesen denken, dessen Denken und Fühlen und Handeln genormt sind.

Dürrenmatts Konzeption des Zufalls steht einem solchen Weltbild ganz und gar entgegen. Im Zufall manifestiert sich für ihn die Freiheit des Einzelnen, und das meint auch die Freiheit zum Irrtum und zur irrtümlichen, zur falschen Handlung; denn *auch sie* markiert den Zufall.

Selbstverständlich hat jede Handlung Konsequenzen, gebiert jeder Zufall Notwendigkeiten. Dürrenmatts Denken war da den hypothetischen Erkenntnismethoden und den Erkenntnissen der Naturwissenschaften sehr nahe, etwa – um ein Beispiel zu nennen – der Theorie von den mutativen evolutionären Sprüngen: Danach vollzieht sich Progression durch Abweichung von der Norm (durch Quantensprünge z. B. oder »Kopierfehler«), also gleichsam in antinormativen ›Revolten‹, die natürlich auch wiederum ihre nachträglich erkennbaren Gründe haben können, welche aber innerhalb der Gesamtentwicklung wie Zufallsereignisse wirken; so bedingen solche ›Zufälle‹ der sprunghaften Abweichung Entwicklungen, die sich, bis zum nächsten mutativen Sprung, dann als notwendige und cum grano salis konsequent vollziehen.

Abweichungen und Revolten, Zufälle also, nicht aber unaufweichbare starre Normen bewirken demnach das notwendige Fortschreiten von Entwicklung – dem Einzelnen, der das Risiko seiner Entscheidung und also seine Freiheit trägt, kommt in dieser Konzeption Dürrenmatts ein ebensogroßes Gewicht zu wie den Notwendigkeiten, die sich aus diesen Entscheidungen des Einzelnen kausal ergeben und denen dann wiederum mit Entscheidungen zu antworten ist – in *Die Brücke* (*Turmbau*) hat Dürrenmatt dieses Denken modellhaft durchgespielt. Das Spiel von Zufall und Notwendigkeit grundiert in verschiedenen Variationen sein gesamtes Werk.

Dürrenmatts »dramaturgisches Denken« ist ein konzeptionelles und hypothetisches Denken, ein erkenntniskritisches und im Sinne Kants dialektisches Philosophieren. Seine Stücke aber sind ebenso wie die Erzählungen der achtziger Jahre – *Der Auftrag oder Vom Beobachten des Beobachters der Beobachter* und *Durcheinandertal* – subjektivistische Abbilder von der Welt, bildhaft und anschaulich gemachte Ausschnitte aus einem nachtschwarzen Labyrinth, in das der Autor wie mit einer Taschenlampe hineinleuchtet: Bilder schaffend, die einen Teil der Wirklichkeit erhellen – phantastische Bilder, die nicht objektiv sein und die schon gar nicht belehren wollen. Ihr Subjektivismus ist, analog gesprochen, eine Möglichkeit des Individuums, sich selbst zu behaupten, ein Ausweg aus der Welt, die zunehmend von den Planern beherrscht wird, von den Ideologen, die die menschliche Natur unter ihre kausalen Gesetze zwingen – Gesetze, die aus der Vergangenheit gewonnen, für die Zukunft gültig sein sollen: Prophetien eher denn Gesetze, die nicht auf die kritische Kraft des Zweifels setzen, sondern die auf den zunehmend erzwungenen Glauben ihrer Anhänger angewiesen sind. Der Minotaurus tobt im Labyrinth dieser Welt auch als Doktrinär jedweder ideologischen Provenienz, der seinen bornierten und eigensüchtigen Plänen zuliebe die menschliche Natur verachtet und schließlich für seine Ziele sogar vernichtet.

Die individuelle Natur des Menschen aber fordert nach Dürrenmatt nicht den starren Plan, sondern die Spontaneität, und seiner ausgebildeten Vernunft entspricht nicht der Glaube an eine wie auch immer geartete Ideologie, sondern das erkenntniskritische, zwischen Glauben und Zweifel sich ausspannende Denken.

In diesem allgemeinen Verständnis der Voraussetzungen Friedrich Dürrenmatts bleiben seine Stücke Proteste, Selbstbehauptungen des Einzelnen in dieser durch den Menschen gefährdeten Welt; denn sie waren für ihn selbst immer neue Versuche, sich in dieser Welt durch eine eigenwillige Produktion zu trösten, wobei Dürrenmatt nicht zum selbstgewissen Tröster verkam, sondern von immer neuen Fragen zu immer neuen Fragen getrieben wurde.

Dieser »neue« Dürrenmatt, wie er sich in den siebziger Jahren entwickelt hat, fand sehr viel weniger Resonanz als der alte erfolgreiche Dramatiker der fünfziger und frühen sechziger Jahre. Und so konnte der Literaturprofessor Hans Mayer in seiner Rezension zu Dürrenmatts großem Essay über Israel *Zusammenhänge* mit dem für Dürrenmatts »neues« Denken schon programmatischen Untertitel »eine Konzeption« im März 1976 schreiben, daß Dürrenmatt im Augenblick nicht besonders berühmt sei. Das sollte für einige Jahre lang auch noch so bleiben.

Dann aber erlebten die *Physiker*, ein »klassischer« Dürrenmatt, in zwei Spielzeiten (1982/84) eine Renaissance und wurden, aus naheliegenden politischen Gründen, zum meistgespielten Stück auf deutschen Bühnen: Friedens- und Nachrüstungsdebatte brachten es ins Repertoire. Und auch Dürrenmatts Roman *Justiz* geriet auf die Bestsellerlisten.

Zeigte sich da plötzlich wirklich ein Wandel bei Kritik und Publikum? Und hatte dieser Wandel vielleicht zu tun mit jener vielberedeten und berüchtigten politischen »Wende« und damit, daß sich, nachdem inzwischen auch

Brecht totgesagt worden war, nun der Publikums-
geschmack wieder dem berühmten Schreiber der bitter-
bösen Komödien aus den fünfziger und sechziger Jahren
öffnete? Wenn, dann wohl doch nur in dem Sinne, daß
Dürrenmatts frühe Positionen nun wieder deutlicher als
Anti-Positionen erkennbar und seine Gleichnisse als Gegenbilder zu der »gewendeten Zeit« und zum geistigen
Flachsinn ihres »juste milieu« neu wahrgenommen wurden.

In der Kritik tauchten damals solche Überlegungen ver-
einzelt auf. Doch bin ich trotz Dürrenmatts in den achtziger Jahren neu einsetzenden Erfolgs, und trotz der über-
bordenden Nachrufe-Produktion im Dezember 1990
auch heute noch nicht sehr überzeugt davon, daß Kritik
und Publikum wissen, welchen großen eigenwilligen
Schriftsteller sie mit Friedrich Dürrenmatt wirklich verloren haben. Und vor allem auch: wie bedeutend für
unsere Zeit – die so viel Unverbindlichkeiten, so viel
ephemeren Schrott und opportunistische Verlogenheit
produziert – das ist, was Dürrenmatt in den siebziger und
achtziger Jahren geschrieben und als Vermächtnis hinterlassen hat. Einen Eindruck davon vermag dieses Lesebuch
jedenfalls zu vermitteln.

Bis in die späten sechziger Jahre gingen eine Menge Kli-
schees über Dürrenmatt um: genialer Komödiant, schrei-
bender Naturbursche, Kulturpessimist, grotesker Possen-
reißer. Sie betrafen ihn ebensowenig wie später, als schon
die Niederlagen einsetzten, der Vorwurf eines Kritikers:
Er habe Brecht nicht zu Ende gedacht. Es war übrigens
derselbe Kritiker, der dann in den späten siebziger Jahren
Bertolt Brecht als endgültig vergangen und obsolet darzustellen versucht hat.

Aber der »zähe Protestant« Dürrenmatt hatte mit dem »wendigen Katholiken« Brecht nie etwas gemein – Dürrenmatt hatte ausreichend damit zu tun, sich selbst weiterzudenken. Und zwar jenseits eines Kulturbetriebs, der immer mehr mediengeiler Betrieb wurde und immer weniger Kultur hatte. In seiner Rede zur Verleihung des Berner Literaturpreises 1979 hat Dürrenmatt dazu einen bedenkenswerten Hinweis gegeben: »Wer nicht beizeiten dafür sorgt, daß er aus dem Kulturgerede kommt, kommt nicht mehr zum Arbeiten, und damit nicht zu sich selber; und dahin zu kommen, statt zu irgendeiner literarischen Mode, sollte doch eigentlich das Ziel jeden Bemühens sein. Nur wer zu sich selber gekommen ist, vermag das ihm Auferlegte zu unternehmen: die Welt zu bewältigen, ihr durch sich selber einen Sinn zu geben.« Also Einkehr bei sich selbst zu halten – was bei diesem großen Skeptiker auch immer Selbst(über)prüfung hieß.

Im *Porträt eines Planeten* (1970) und im *Mitmacher* (1973) hatte Dürrenmatt mit neuen Dramaturgien experimentiert: Umfassende Problemlagen waren radikal verkürzt und die Denkprozesse hinter den Stücken parabolisch so verknappt worden, daß ihre Tiefe und ihre Verzweigungen nicht mehr ins plausibel spielbare Bild zu übertragen waren. Dürrenmatt war damit an eine Grenze geraten, an der er erkennen mußte, daß die Fiktionen, die er entwarf, den Zugang zu seinem Denken eher versperrten als aufschlossen. Diese Erkenntnis hat er produktiv gemacht – alles, was Dürrenmatt danach schrieb, entsprang dieser erkenntnisheischenden Produktivität.

Auch sein letztes Stück *Achterloo*, von dem er in den achtziger Jahren gut ein halbes Dutzend unterschiedliche Fassungen erarbeitet hat, zeugt noch davon, obgleich auch es bei der Kritik auf Unverständnis stieß – *Achterloo* war Dürrenmatts letzte theatralische Kreuz- und Querfahrt.

*Achterloo* ist als Bühnen-Stück ein Monstrum, und es wurde mit jeder seiner Fassungen komplizierter. Irrenhausinsassen spielen Schauspieler, die wechselnd die unterschiedlichsten historischen Personen und historischen Bühnenfiguren spielen – das Spiel springt unentwegt zwischen Zeiten und Räumen, löst die Zeit auf, schiebt die Räume ineinander, macht Ungleichzeitiges zu Gleichzeitigem. Es bricht mit jeder Theaterkonvention, nun auch mit den Konventionen der anderen Stücke Dürrenmatts.

Der historische Hintergrund, vor dem Dürrenmatt dieses maßlose Spiel inszeniert, ist auf der Bühne kaum noch zu erkennen: der 12. und 13. Dezember 1981 in Warschau, als Jaruzelski den Kriegszustand für Polen ausrief, nachdem zuvor die freiheitliche Gewerkschaftsbewegung Solidarność zugelassen worden war – ein Verrat am Volk oder aber eine vorbeugende Maßnahme, um den Einmarsch der Russen zu verhindern? Dürrenmatt machte sich die zweite These zu eigen, die damals nicht gerade populär war, aber doch gedacht werden mußte, wollte man das Denken nicht ganz aufgeben oder den üblichen ideologischen Klischeevorstellungen ausliefern. Und er begann, *Achterloo* zu schreiben, um darin, historisch weit ausgreifend, den Verrat als Mittel der Politik analysierend darzustellen.

Der Stoff ist ähnlich dem von *Romulus der Große*. Aber seit diesem Stück, das 1949 uraufgeführt wurde, hat sich die Zeit, hat sich auch das Bewußtsein von dieser Zeit verändert. Die seinerzeit von Dürrenmatt konsequent gegen die Geschichte gewendete und komödiantisch »verdrehte« Bühnen-Lösung war freilich nicht mehr möglich – das Durcheinander der Wirklichkeit, ihre undurchschaubare Simultaneität, könnte nur noch durch Überla-

gerung und Durchmischung der verschiedenen Weltbe-
schreibungs- und Weltlösungsmodelle, die Literatur,
Theater, Philosophie, politische Theorie usw. anboten
und anbieten, dargestellt werden, kann also eigentlich
nicht mehr dargestellt werden.

Der Versuch, den Dürrenmatt mit *Achterloo* unternahm, mußte scheitern, weil nur in der gelungenen theatralischen Darstellung des Scheiterns der Inszenierung *im
Spiel* die Unmöglichkeit einer Darstellung der Wirklichkeit bewiesen werden konnte – aber diesen Spiegeltrick
schafft kein Stück, bringt kein Theaterautor über die
Rampe. Dürrenmatt hat sich an der Quadratur des Kreises
versucht: Er wollte nicht nur die aristotelischen Gesetze
außer Kraft setzen, was er oft genug getan hat, sondern
gleichsam das Gesetz der dramaturgischen Gravitation:
Die Bühne sollte Schauplatz seines assoziierenden Bewußtseins werden, und zwar nicht als gefügte Form, sondern als frei sich entwickelnder Prozeß, dem er gleichsam
offene Partituren zur Verfügung stellte – daher auch die
immer wieder umgearbeiteten Fassungen, in denen dieser
Prozeß sichtbar wird.

Doch das Theater konnte dafür nicht der Raum sein, es
fordert parataktische, verträgt keine hypotaktischen Ver-
läufe, seine Apparatur setzt Grenzen, die in diesem Falle
von Dürrenmatts grenzenloser Phantasie und komplexer
Vorstellungskraft gesprengt wurden. Was Dürrenmatt in
der Erzählung *Der Auftrag* – jeweils in einem einzigen
Satz, einem riesigen hypotaktischen Gefüge – gelang:
die Darstellung einer unaufhebbaren Simultaneität von
subjektiver Vorstellung und anscheinend objektiver
Wirklichkeit, das konnte *Achterloo* als *Theater*spiel nicht
leisten. Das Stück zerfiel auf der Bühne, wie die Vorstellungen von Wirklichkeit in uns selbst zerfallen und sich

prozessual verändern: Einiges ist konstant erkennbar, Abbilder von Abbildern von vielleicht dahinter stehenden Wirklichkeitsausschnitten; über anderes gewinnen wir andere Anschauungen, wenn wir Einblick nehmen in andere Ausschnitte einer angeblichen Wirklichkeit usw. Aber was ist Wirklichkeit, was Wahrheit?

Indem Dürrenmatt anläßlich eines politisch problematischen Faktums – dessen wirkliche Wahrheit hinter der sichtbaren Wirklichkeit historisch nicht zu ermitteln ist, weil diese Wahrheit immer nur eine subjektive Absicht gewesen sein kann – sein Figuren, Räume und Zeiten collagierendes Vexierspiel treibt, um das Vexatorische von Wirklichkeit und Wahrheit vorzuführen, vermittelte er dennoch eine wesentliche Erkenntnis über sein subjektivistisches Denken: wonach nämlich nichts eindeutig ist, es Wahrheit nicht gibt und letztlich nur der Einzelne die Welt bildet, indem er sie sich einbildet. Weshalb es auch ein einziges gültiges Welt-Bild nicht gibt, nicht geben kann:

»Die Logik endet immer im Paradoxen, im Widersprüchlichen. Die Welt ist ein Netz. Ich komme mir vor wie ein Computer, der ist gefüttert mit Daten, Bildern aus der Geschichte, Personen, Szenen, Gedachtem, Geschriebenem, mein ganzes Leben ist gefangen im Netz der Erinnerung, hinuntergesunken ins Unbewußte, und jetzt rufe ich aus dem Gedächtnis ab, was ich für ›Achterloo‹ brauche, es steigt aus dem Unterbewußten auf, ich füttere meinen Computer mit Daten, ich gebe ihm ein neues Programm ein, aber niemand außer mir weiß, woraus es sich speist, niemand außer mir kennt den Code, niemand weiß, wie ich programmiert bin. Das Schwierige bei mir ist, daß niemand den Hintergrund kennt, den Hinterhalt meinetwegen, aus dem mein Denken hervorschnellt.« (*Rollenspiele*, 1986)

Überlegungen zu diesem Verfahren, das im Grunde auch das Darstellungsprinzip der *Stoffe* beschreibt, und die Erkenntnis, daß seine dramaturgische Kombinatorik auf der Bühne immer schwerer darzustellen sein würde, müssen wenigstens als Ahnung schon Anfang der siebziger Jahre bei Dürrenmatt vorhanden gewesen sein. Denn damals begann er sein Projekt der *Stoffe*, in dem er nicht nur den Bedingungen seines Denkens und der Herkunft seiner Stoffe nachsann, sondern auch über die Darstellbarkeit der unterschiedlichen Stoffe in der jeweils möglichen und angemessenen Form nachdachte. Und als der *Mitmacher* auf der Bühne scheiterte, fragte er erstmals entschieden nicht nur nach den Gründen dieses Scheiterns, sondern stellte sich selbst als *Theater*autor in Frage, indem er sein Denken, das hinter den Bühnen-Darstellungen seiner Stoffe steckte und in ihnen anscheinend nicht mehr deutlich zu machen war, in facettenreicher *Prosa* darstellte: Im »Mitmacher-Komplex« hat er diese Problematik, wie erwähnt, erstmals ausführlich beschrieben und zu lösen versucht; aber eben nicht mit theatralischen Mitteln, sondern mit den unterschiedlichsten Formen der Prosa – mit denen er nicht weniger wild, ungestüm und offen experimentiert als auf der Bühne.

»*Achterloo* ist eine große Collage. Es greift sehr tief in mein Denken, in die Zusammenhänge ein.« (*Rollenspiele*) Ich vermute, Dürrenmatt hat mit *Achterloo* auf der Bühne in vielen Anläufen und schließlich vergeblich noch einmal zu erzwingen versucht, was ihm mit den *Stoffen* in der Prosa gelungen ist: auch eine Querfahrt, aber als dramaturgisch nicht umsetzbare Zusammenschau ähnlicher Motive und unterschiedlicher psychologischer Motivationen verschiedener historischer, literarischer und theatralischer Figuren durch alle Zeiten hindurch. Und die Bühnenrealität sollte den Rahmen abgeben, in dem diese Gleichzeitigkeit des Ungleichzeitigen abbildbar wurde: eine von der Vorstellungskraft geschaffene Realität, eine aus schon gedachten und geformten wie denkbaren Möglichkeiten zusammengefügte Meta-Realität, die in ihrer Form auf eine zeitübergreifende Komplexität des ursprünglichen Stoffes, nämlich des politischen Verrats, verweisen soll. Aber das sichtbare Gefüge all dieser für den Zuschauer im verborgenen verlaufenden subjektivistischen Denkprozesse war nicht mehr durchsichtig zu machen im Bühnenspiel.

Um so mehr in seinen Prosa-Büchern. Dort hat Dürrenmatt sein Denken offengelegt wie nie zuvor, aus ihnen erschließt sich auch sein bis dahin vorliegendes Werk auf neue Weise – vor allem eben in den *Stoffen*, an denen Dürrenmatt seit Ende der sechziger Jahre gearbeitet hat und von denen mit *Labyrinth* und *Turmbau* bis zu seinem Tod zwei Bände erschienen sind; im Nachlaß gibt es dazu noch einige zum Teil schon weit gearbeitete Manuskripte.

In den *Stoffen* hatte sich Dürrenmatt seit Beginn der siebziger Jahre eine faszinierende literarische Form erarbeitet, die seinem querdenkenden Kopf und dessen überquellender Gedanken-, Bilder- und Geschichtenflut beizukommen vermochte: Berichte, Erzählungen, Reflexionen, Phantasmagorien (beispielsweise zur Menschheitsgeschichte), konzeptionelle Entwürfe und Kommentare fließen darin ineinander, und ihr anspielungsreiches Formenspiel bildet die Gedankenspiele dahinter genau ab. Da wechseln Monologe mit dialogischen Argumentationen, in denen die dialektischen Gegenbilder mitentworfen, aufgelöst und dem Prozeß des Schreibens einverleibt werden. Aus Berichten und Reflexionen springen, manchmal in einem Satz, Erzählungen, die, wiederum bruchlos, in Reflexionen münden. Dürrenmatts »dramaturgischer« Denk- und Experimentierweise entspricht diese offene Form, ihr Konzepthaftes: Sie läßt Hypothesen zu, aus denen der Erkenntnisprozeß entwickelt wird.

Aus solcher Prosa lassen sich keine Spruchweisheiten destillieren; Sätzen, die dazu gerinnen, hat Dürrenmatt stets mißtraut. Er war kein Moralist mit einer Lehre; er war Moralist durch und an sich selbst.

Prosa, die so konzipiert ist, verfällt nicht auf gängige Formeln; sie lebt von den vielschichtigen, komplexen Bildern. Dürrenmatt ging es nie um *die* Menschheit, sondern immer um *den* Menschen, nicht um die Gesellschaft, sondern stets um die Einzelnen. Einen Schlüsselsatz zu seiner Weltsicht hat er in den *Stoffen* formuliert: »Minotaurus. Indem ich die Welt, in der ich lebte, als Labyrinth darstellte, versuchte ich Distanz zu ihr zu gewinnen, vor ihr zurückzutreten, sie ins Auge zu fassen wie ein Dompteur ein wildes Tier; doch ist dieses Bild ungenau. Die Welt, wie ich sie erlebte, konfrontierte ich mit einer Gegenwelt, die ich erdachte.«

In seiner Prosa, die Dürrenmatt sich nach den Niederlagen auf der Bühne hart erkämpft hat, versuchte er, dieses Labyrinth auf neue Weise zu durchdringen. Jene Frage, die seinem Werk zugrunde liegt, hat Walter Jens einmal so formuliert: »Wie behauptet sich ein reiner Mensch in einem Äon des Chaos, der Heuchelei und der Macht?« Dürrenmatt hatte darauf schon 1947 eine Antwort: »Nichts kommt die Menschen teurer zu stehen als eine billige Freiheit.« Sie könnte als Motto über seinem Werk stehen.

*Anhang*

Anhang

# Chronik

1921   5. Januar: Geboren in Konolfingen, Kanton Bern. Eltern: Reinhold Dürrenmatt, protestantischer Pfarrer, und Ehefrau Hulda, geb. Zimmermann. Großvater: Ulrich Dürrenmatt, Berner National-rat, Redaktor einer Zeitung, Verfasser satirischer Gedichte.

1933   bis 1935 Sekundarschule im Nachbardorf Groß-höchstetten.

1935   Umzug der Familie nach Bern, wo der Vater Pfar-rer am Diakonissenhaus wird. Zweieinhalb Jahre Freies Gymnasium, dann Humboldtianum.

1941   Maturität; Beginn des Studiums: 1941/42 in Bern Literatur und Philosophie, 1942/43 in Zürich Phi-losophie, 1943–1945 in Bern Philosophie. Studiert vor allem Kant, Aristoteles, Plato, Kierkegaard. Liest die griechischen Tragiker, Aristophanes, Shakespeare, später Kafka, Jünger, Wedekind. Lieblingsklassiker: Lessing.

1943   Erste schriftstellerische Versuche: *Weihnacht, Der Folterknecht, Die Wurst, Der Sohn* (Erzählungen), *Komödie* (ungespielt, 1980 unter dem Titel *Unter-gang und neues Leben* veröffentlicht).

1945    Erste Publikation: *Der Alte* (Erzählung) in der
        Berner Tageszeitung ›Der Bund‹. Erzählungen:
        *Das Bild des Sisyphos, Der Theaterdirektor*. Beginn
        der Arbeit am Drama *Es steht geschrieben*.

1946    Heirat mit der Schauspielerin Lotti Geißler.

1947    Umzug nach Basel. *Es steht geschrieben* beendet.
        Erzählungen: *Die Falle, Pilatus*. Hörspiel *Der
        Doppelgänger*.
        19. April: Uraufführung *Es steht geschrieben* im
        Schauspielhaus Zürich.
        Regie: Kurt Horwitz. Bühnenbild: Teo Otto. Mu-
        sik: Max Lang. Mit Gustav Knuth (Bockelson),
        Heinrich Gretler (Knipperdollinck), Margarethe
        Fries (Katherina), Agnes Fink (Judith), Fred Tan-
        ner (Matthisson), Hans Gaugler (Rottmann), Ro-
        bert Freitag (Krechting). Preis der ›Welti-Stiftung
        für das Drama‹ für *Es steht geschrieben*.
        Geburt des Sohnes Peter.
        Arbeit am Drama *Der Blinde* und an einem Ro-
        man, aus dem 1952 das Fragment *Die Stadt* veröf-
        fentlicht wird. Theaterkritiken für die Berner Zei-
        tung ›Die Nation‹.

1948    10. Januar: Uraufführung *Der Blinde* im Stadtthea-
        ter Basel.
        Regie: Ernst Ginsberg. Bühnenbild: Max Bignens.
        Mit Heinz Woester (Herzog), Kurt Horwitz (da
        Ponte), Bernhard Wicki (Palamedes), Maria Becker
        (Octavia), Klaus Steiger (Dichter), Alfred Schlage-
        ter (Schauspieler), Willy Volker (Schwefel), Her-
        mann Gallinger (Neger).

Umzug nach Ligerz am Bielersee.
Arbeit an der Komödie *Der Turmbau zu Babel*, die nach vier Akten aufgegeben und vernichtet wird. Arbeit an der Komödie *Romulus der Große*. Mehrere Sketchs für das Zürcher ›Cabaret Cornichon‹, zwei davon werden aufgeführt.

1949  25. April: Uraufführung *Romulus der Große* im Stadttheater Basel.
Regie: Ernst Ginsberg. Bühnenbild: Eduard Gunzinger. Mit Kurt Horwitz (Romulus), Gina Petruschka (Julia), Margrit Winter (Rea), Alfred Schlageter (Zeno), Bernhard Wicki (Aemilian).
Geburt der Tochter Barbara.
Oktober: Erste Dürrenmatt-Aufführung in Deutschland (*Romulus der Große* in Göttingen).

1950  Schreibt in Fortsetzungen seinen ersten Kriminalroman *Der Richter und sein Henker* für die Zeitschrift ›Der Schweizerische Beobachter‹. Beginn der Arbeit an der Komödie *Die Ehe des Herrn Mississippi*.

1951  Zweiter Kriminalroman *Der Verdacht*. Hörspiel *Der Prozeß um des Esels Schatten*. Erzählung *Der Hund*. Theaterkritiken für die ›Zürcher Weltwoche‹ (bis 1953).
Geburt der Tochter Ruth.

1952  Umzug ins eigene Haus in Neuchâtel.
26. März: Uraufführung *Die Ehe des Herrn Mississippi* in den Münchner Kammerspielen.
Regie: Hans Schweikart. Bühnenbild: Wolfgang

Znamenacek. Musik: Karl von Freilitzsch. Mit Maria Nicklisch (Anastasia), Friedrich Domin (Mississippi), Peter Lühr (Übelohe), Wilfried Seyferth (Saint-Claude), Charles Regnier (Diego). Diese Uraufführung bringt den Durchbruch auf deutschen Bühnen.

Erste Dürrenmatt-Aufführung in einer fremden Sprache: *Les Fous de Dieu (Es steht geschrieben)* im Pariser Théâtre des Mathurins.

Neun Prosastücke erscheinen als Sammelband unter dem Titel *Die Stadt.*

Erzählung *Der Tunnel.* Hörspiele: *Stranitzky und der Nationalheld, Nächtliches Gespräch mit einem verachteten Menschen* (szenische Uraufführung am 26. Juli in den Münchner Kammerspielen).

1953  Entstehung und (am 22. Dezember) Uraufführung *Ein Engel kommt nach Babylon* in den Münchner Kammerspielen.

Regie: Hans Schweikart. Bühnenbild: Caspar Neher. Mit Erich Ponto (Akki) und Peter Lühr (Nebukadnezar).

1954  Literaturpreis der Stadt Bern für *Ein Engel kommt nach Babylon.*

Arbeit an den Hörspielen *Herkules und der Stall des Augias, Das Unternehmen der Wega.* Theoretische Arbeit findet ihren Niederschlag in den *Theaterproblemen* (Komödientheorie). Inszeniert im Stadttheater Bern *Die Ehe des Herrn Mississippi.*

1955  Arbeit am Roman *Grieche sucht Griechin* und an der Komödie *Der Besuch der alten Dame.*

1956  29. Januar: Uraufführung *Der Besuch der alten Dame* im Schauspielhaus Zürich.
Regie: Oskar Wälterlin. Bühnenbild: Teo Otto. Musik: Rolf Langnese. Mit Therese Giehse (Claire Zachanassian), Gustav Knuth (Ill), Carl Kuhlmann (Bürgermeister), Hanns Krassnitzer (Lehrer), Heinz Woester (Pfarrer), Sigfrit Steiner (Polizist), Hermann Wlach (Butler). Oktober: Inszeniert *Der Besuch der alten Dame* in Basel.
Hörspiele: *Die Panne* (später umgearbeitet als Erzählung, Fernsehspiel – 1958 in Italien, 1960 in Amerika –, Komödie), *Abendstunde im Spätherbst* (szenische Uraufführung am 19. November 1959 im Berliner Renaissancetheater). Neufassung *Die Ehe des Herrn Mississippi*. Vortrag *Vom Sinn der Dichtung in unserer Zeit*.

1957  Hörspielpreis der Kriegsblinden für *Die Panne*. Drehbuch zum Fernsehfilm *Der Richter und sein Henker* (mit Hans Gottschalk). Drehbuch zum Film *Es geschah am hellichten Tag*. (Regie: Ladislao Vajda. Produktion: Praesens-Film, Zürich. Mit Heinz Rühmann, Gerd Fröbe und Michel Simon). Weiterentwicklung des Stoffes (Gegenentwurf) im Roman *Das Versprechen*. Neufassung der Stücke *Ein Engel kommt nach Babylon* und *Romulus der Große*. Erzählung *Mister X macht Ferien*. Erstaufführung *Der Besuch der alten Dame* in Paris.

1958  Prix Italia für *Abendstunde im Spätherbst*. Literaturpreis der ›Tribune de Lausanne‹ für *Die Panne*. Arbeit (mit Paul Burkhard) an der Oper einer Privatbank *Frank v*.

461

Erstaufführung des Films *Es geschah am hellichten Tag* in Deutschland.

Erstaufführungen *Der Besuch der alten Dame* in New York: *The Visit*, Lunt-Fontanne Theatre. Regie: Peter Brook. Bühnenbild: Teo Otto. Englische Übersetzung: Maurice Valency. Mit Lynn Fontanne (Claire Zachanassian), Alfred Lunt (Ill), Eric Porter (Bürgermeister), und in Warschau, Krakau, Aarhus (Schweden), Kopenhagen, Oslo.

1959   19. März: Uraufführung *Frank V.* im Schauspielhaus Zürich.
Regie: Oskar Wälterlin. Bühnenbild: Teo Otto. Musik: Paul Burkhard. Mit Kurt Horwitz (Frank V.), Therese Giehse (Ottilie), Maria Becker (Frieda Fürst), Ernst Schröder (Böckmann), Gustav Knuth (Richard Egli).
Preis der New Yorker Theaterkritiker für *Der Besuch der alten Dame*.
April/Mai: Reise nach New York.
9. November: Schillerpreis in Mannheim: Vortrag *Friedrich Schiller*.
Preis zur Förderung des Bernischen Schrifttums für *Das Versprechen*.
Dezember: Inszeniert im Berner Ateliertheater seine Kammerspielfassung von *Der Besuch der alten Dame*.
Erstaufführungen: *Ein Engel kommt nach Babylon* in Stockholm; *Der Besuch der alten Dame* in Prag, London, Madrid, Lissabon, Jerusalem, Tokio.

1960   Reise nach London.
Erstaufführung *Der Besuch der alten Dame* in Mai-

land: *La Visita della Vecchia Signora*, Piccolo Tea-
tro. Regie: Giorgio Strehler. Bühnenbild: Luciano
Damiani. Mit Sarah Ferrati (Claire Zachanassian),
Tino Carraro (Ill), Tino Buazelli (Bürgermeister),
Enzo Tarascio (Lehrer), Andrea Mateuzzi (Pfarrer).
November: Erstaufführung *Die Ehe des Herrn
Mississippi* im Théâtre La Bruyère, Paris. Regie:
Georges Vitaly. Mit Jacques Dufilho (Mississippi),
Jacqueline Gauthier (Anastasia), Robert Murzeau
(Graf Bodo von Übelohe-Zabernsee).
4. Dezember: Großer Preis der Schweizerischen
Schillerstiftung.
Drehbuch *Die Ehe des Herrn Mississippi* (Regie:
Kurt Hoffmann. Produktion: Praesens-Film, Zü-
rich. Mit O. E. Hasse, Johanna von Koczian und
Hansjörg Felmy). Neuer Schluß für die Münchner
Aufführung von *Frank v.*

1961 Reise nach Berlin.
Arbeit an der Komödie *Die Physiker.*
Erstaufführung des Films *Die Ehe des Herrn Mis-
sissippi* in Deutschland.
Aufführung *Der Besuch der alten Dame* in La Co-
médie de l'Est, Paris. Regie: Hubert Gignoux, mit
Valentine Tessier als Claire Zachanassian.

1962 20. Februar: Uraufführung *Die Physiker* im Schau-
spielhaus Zürich.
Regie: Kurt Horwitz. Bühnenbild: Teo Otto. Mit
Therese Giehse (Fräulein Doktor), Hans Christian
Blech (Möbius), Gustav Knuth (Newton), Theo
Lingen (Einstein), Hanne Hiob (Monika), Fred
Tanner (Voß).

Entwickelt aus seinem Hörspiel *Herkules und der Stall des Augias* eine Komödie.

Erstaufführungen *Die Physiker* in Santiago, Mexico-City, Lima.

1963   20. März: Uraufführung *Herkules und der Stall des Augias* im Schauspielhaus Zürich.
Regie: Leonard Steckel. Bühnenbild: Teo Otto. Musik: Rolf Langnese. Mit Gustav Knuth (Herkules), Ernst Schröder (Augias), Jane Tilden (Deianeira), Rolf Henniger (Polybios), René Scheibli (Phyleus), Christa Witsch (Iole), Kurt Beck (Lichas), Peter Ehrlich (Kambyses), Robert Tessen (Tantalos).
Schreibt für die Kabarettisten Voli Geiler und Walter Morath den Text zur szenischen Kantate *Die Hochzeit der Helvetia mit dem Merkur. Die Heimat im Plakat,* ein Band mit satirischen Zeichnungen über die Schweiz, erscheint.
Erstaufführungen *Die Physiker* in London: *The Physicists,* Royal Shakespeare Company im Aldwych Theatre. Regie: Peter Brook. Bühnenbild: John Bury. Englische Übersetzung: James Kirkup. Mit Irene Worth (Fräulein Doktor), Cyril Cusack (Möbius), Michael Hordern (Newton), Alan Webb (Einstein), Diana Rigg (Monika), Clive Swift (Voß), und in Amsterdam, Helsinki, Stockholm, Kopenhagen, Oslo, Palermo, Ljubliana, Warschau, Israel, Buenos Aires.

1964   April: Erstaufführung *Romulus der Große* im Théâtre National Populaire, Paris. Regie: Georges Wilson.

Juni: Reise in die UdSSR (Einladung zur Gedenk-
feier zum 150. Todestag des ukrainischen Natio-
naldichters Schewtschenko).
Beginn der Arbeit an der Komödie *Der Meteor*.
Inszeniert zusammen mit Erich Holliger in Bo-
chum eine Neufassung von *Frank v.*: die Arbeit
wird vor der Premiere abgebrochen.
Erstaufführung des Films *Der Besuch der alten
Dame* (Originaltitel: *The Visit*) in Deutschland
(Regie: Bernhard Wicki. Produktion: 20th Cen-
tury Fox. Mit Ingrid Bergman und Anthony Quinn
in den Hauptrollen).
Erstaufführung *Die Physiker* in New York.

1965    Fortsetzung der Arbeit am *Meteor*.

1966    20. Januar: Uraufführung *Der Meteor* im Schau-
spielhaus Zürich.
Regie: Leopold Lindtberg. Bühnenbild: Teo Otto.
Mit Leonard Steckel (Schwitter), Kornelia Boje
(Olga), Wolfgang Forester (Jochen), Willy Birgel
(Koppe), Gert Westphal (Georgen), Peter Brogle
(Nyffenschwander), Ellen Schwiers (Auguste),
Kurt Beck (Lutz), Gustav Knuth (Muheim), Wolf-
gang Reichmann (Schlatter).
Schreibt Drehbuch zu Fernsehfassung von *Frank
v.* und führt im Studio Hamburg Regie der Fern-
sehfassung. Das Erstlingsdrama *Es steht geschrie-
ben* erhält seine Komödienfassung unter dem Titel
*Die Wiedertäufer. Theater-Schriften und Reden*
erscheinen.
Erstaufführung des Films *Grieche sucht Griechin*
in Deutschland (Regie: Rolf Thiele. Produktion:

Franz Seitz. Mit Heinz Rühmann und Irina De-
mick in den Hauptrollen). Erstaufführung *Der Meteor* in London (Royal Shakespeare Theatre) und
Buenos Aires.

1967　16. Februar: Erstsendung des Films *Frank v.* im
NDR. Regie: Friedrich Dürrenmatt. Musik: Paul
Burkhard. Produktion: NDR. Mit Hubert von
Meyerinck (Frank *v.*), Therese Giehse (Ottilie),
Willy Trenk (Staatspräsident von Friedemann),
Willy Mertens (Emil Böckmann), Hans Korte (Ri-
chard Egli), Ellen Schwiers (Frieda Fürst).
16. März: Uraufführung *Die Wiedertäufer* im
Schauspielhaus Zürich. Regie: Werner Düggelin.
Bühnenbild: Teo Otto / Rudolf Heinrich. Mit Kurt
Beck (Karl *v.*), Willy Birgel (Kardinal / Matthisson),
Mathias Wieman (Waldeck), Wolfgang Danegger
(Kurfürst), Jöns Andersson (Landgraf), Johannes
von Spallart (Kanzler), Erwin Parker (Rottmann),
Peter Ehrlich (Krechting), Gustav Knuth (Knipper-
dollinck), Ernst Schröder (Bockelson), Andrea Jo-
nasson (Judith), Peter Brogle (Mönch).
Mai: Reise zum 4. sowjetischen Schriftstellerkon-
greß in Moskau.
Beginn der Arbeit am Stück *Porträt eines Planeten.*
Vortrag *Israels Lebensrecht* (17. Juni im Zürcher
Schauspielhaus). Essay *Persönliches über Sprache.*
Erstaufführung *Die Wiedertäufer* in Warschau.

1968　Januar: *Monstervortrag über Gerechtigkeit und
Recht* vor Studenten in Mainz.
Erster Entwurf *Stoffe. Zur Geschichte meiner
Schriftstellerei* (einzelne Motive bereits ab 1951).

466

8. September: Rede *Tschechoslowakei 1968* (Matinee im Basler Stadttheater).

Beginn der Theaterarbeit in Basel mit Düggelin.

18. September: Uraufführung *König Johann* (nach Shakespeare) im Stadttheater Basel.

Regie: Werner Düggelin. Bühnenbild: Jörg Zimmermann. Musik: Konrad Elfers. Mit Horst Christian Beckmann (König Johann), Lina Carstens (Eleonore), Helga Schoon (Isabelle), Monika Koch (Blanka), Katharina Tüschen (Konstanze), Steffen Knütter (Arthur Plantagenet), Matthias Habich (Bastard).

Erstaufführung *Die Wiedertäufer* in Prag.

Grillparzer-Preis der Österreichischen Akademie der Wissenschaften.

1969   8. Februar: Uraufführung *Play Strindberg* in der Basler Komödie.

Regie: Friedrich Dürrenmatt / Erich Holliger. Bühnenbild: Hannes Meyer. Mit Regine Lutz (Alice), Horst Christian Beckmann (Edgar), Klaus Höring (Kurt).

April: Der Fortgang der Basler Theaterarbeit wird durch eine schwere Krankheit Dürrenmatts und Differenzen mit der Direktion gestört: Dürrenmatt wendet sich im Oktober enttäuscht vom ›Basler Experiment‹ ab.

25. Oktober: Großer Literaturpreis des Kantons Bern. November: Ehrendoktor der Temple University, Philadelphia. November (bis Januar 1970): Reise nach Philadelphia, Florida, zu den Maya-Ausgrabungsstätten in Yukatan, den Karibischen Inseln, nach Jamaika, Puerto Rico, New York.

Zeichnet als Mitherausgeber (bis 1971) der neuen Zürcher Wochenzeitung ›Sonntags-Journal‹. Arbeit am Essay *Sätze aus Amerika*.

1970 22. Oktober: Uraufführung *Urfaust* im Schauspielhaus Zürich.
Regie: Friedrich Dürrenmatt. Bühnenbild: Raffaëlli. Mit Attila Hörbiger (Faust), Hans-Helmut Dickow (Mephistopheles), Willy Birgel (Erdgeist/Wagner/Frosch/böser Geist), Anne-Marie Kuster (Margarete), Christiane Hörbiger (Marthe), Klaus Dieckmann (Valentin), Michael Schacht (Schüler).
10. November: Uraufführung *Porträt eines Planeten* im Schauspielhaus Düsseldorf.
Regie: Erwin Axer. Bühnenbild: Eva Starowieyska. Musik: Edward Aniol. Mit Wolfgang Arps, Karl-Heinz Martell, Wolfgang Reinbacher, Edgar Walther (Adam, Kain, Abel, Henoch), Renate Becker, Eva Böttcher, Christiane Hammacher, Marianne Hoika (Eva, Ada, Zilla, Naema).
12. Dezember: Uraufführung *Titus Andronicus* im Schauspielhaus Düsseldorf.
Regie: Karl Heinz Stroux. Bühnenbild: Heinz Mack. Mit Otto Rouvel (Titus), Rena Liebenow (Tamora), Peter Kuiper (Aaron), Waldemar Schütz (Saturninus), Libgart Schwarz (Lavinia), Hermann Weisse (Marcius).
Der Essay *Sätze aus Amerika* erscheint.

1971 Die Erzählung *Der Sturz* erscheint.
Dürrenmatt inszeniert eine Neufassung von *Porträt eines Planeten* im Schauspielhaus Zürich (Premiere 25. März). Perkussion und Geräusche: Willy

A. Wohlgemuth. Bühnenbild: John Gunter. Mit
Wolfgang Reichmann (Adam), Norbert Kappen
(Kain), Helmut Lohner (Abel), Ingold Wildenauer
(Henoch), Christiane Hörbiger (Eva), Agnes Fink
(Ada), Claudia Wedekind (Zilla), Anne-Marie Ku-
ster (Naema).
23. Mai: Uraufführung der Oper *Der Besuch der
alten Dame* von Gottfried von Einem in der Wiener
Staatsoper.

1972    Arbeit an der Komödie *Der Mitmacher*. Inszeniert
in Zürich Büchners *Woyzeck* (Premiere 17. Fe-
bruar). Mit Hans-Helmut Dickow (Woyzeck),
Christiane Hörbiger (Marie), Hans Wyprächtiger
(Hauptmann), Rudolf Buczolich (Doktor), Hein-
rich Gretler (alter Mann mit Leierkasten).
Lehnt Berufung zum Direktor des Zürcher Schau-
spielhauses ab.
Italienische Verfilmung der *Panne* unter dem Titel
*La più bella serata della mia vita* (Regie: Ettore
Scola. Produktion: Dino de Laurentiis. Mit Alberto
Sordi, Michel Simon, Charles Vanel, Pierre Bras-
seur; französische Synchronfassung: *La plus belle
soirée de ma vie*).
Erstaufführungen: *Die Physiker* in Vancouver.
*Herkules und der Stall des Augias* in Paris und
London. *Porträt eines Planeten* in Yokohama.

1973    Inszeniert *Die Physiker* für ein Schweizer Tournee-
Theater mit Charles Regnier, Ruth Hellberg, Dinah
Hinz (Premiere 8. Januar in Reinach im Aargau).
8. März: Uraufführung *Der Mitmacher* im Schauspielhaus Zürich.

Regie: Andrzej Wajda. Bühnenbild/Kostüme: Andrzej Wajda, Krystyna Zachwatowicz. Musik: George Gruntz. Mit Peter Arens (Doc), Kurt Beck (Boss), Hans Wyprächtiger (Cop), Wernher Buck (Jim), Andrea Jonasson (Ann), Ingold Wildenauer (Bill), Willy Birgel (Jack), Jon Laxdal (Sam), Heinz Bähler (Joe), Roland Steinacher (Al).
Beginn der Arbeit an *Stoffe. Zur Geschichte meiner Schriftstellerei.*
Inszeniert *Der Mitmacher*, 2. Fassung, in Mannheim (Premiere 31. Oktober).
Fremdsprachige Erstaufführungen: *Der Mitmacher* in Warschau. *Der Besuch der alten Dame* (Opernfassung) in Glyndebourne. *Frank v.* in Paris. *Play Strindberg* in Paris, London, Kopenhagen, Ankara, Rio de Janeiro.

1974    Ehrenmitgliedschaft der Ben-Gurion-Universität, Beerschewa (Israel): bedankt sich mit der Rede *Zusammenhänge* (überarbeitet und erweitert bis 1975; erscheint 1976).
Inszeniert Lessings *Emilia Galotti* am Schauspielhaus Zürich (Premiere 5. Juni). Mit Sonja Mustoff (Emilia Galotti), Peter Ehrlich (Odoardo Galotti), Margrit Winter (Claudia Galotti), Hans-Dieter Zeidler (Hettore Gonzaga), Jörg Cossardt (Marinelli), Helmut Lohner (Conti, Maler), Klaus Knuth (Graf Appiani), Renate Schroeter (Gräfin Orsina).
Beginn der Arbeit an *Der Mitmacher – Ein Komplex.*
Erstaufführung *Der Mitmacher* in Athen.

1975    Beginn der Arbeit an der Komödie *Die Frist*.
Vortrag gegen die antiisraelische Resolution der
UNO, anläßlich der PEN-Tagung in Wien vom
14.–20. November.

1976    *Der Mitmacher – Ein Komplex* erscheint.
November: Reise nach Wales zur Entgegennahme
des Welsh Arts Council International Writer's
Prize 1976.
Verfilmung von *Der Richter und sein Henker* (Re-
gie: Maximilian Schell. Produktion: MFG Film,
München, und P.R.A.C., Rom. Mit Martin Ritt, Jon
Voight und Jacqueline Bisset in den Hauptrollen).

1977    22. Februar: Erstaufführung *Der Meteor* in Paris.
Regie: Marcel Aymé.
6. März: Verleihung der Buber-Rosenzweig-Me-
daille des deutschen Koordinationsrats der Gesellschaften für christlich-jüdische Zusammenarbeit in
der Paulskirche, Frankfurt a. M. Rede *Über Tole-
ranz*.
Arbeit am Textbuch der Oper *Ein Engel kommt
nach Babylon*.
5. Juni: Uraufführung der Oper *Ein Engel kommt
nach Babylon* von Rudolf Kelterborn im Zürcher
Opernhaus.
6. Oktober: Uraufführung *Die Frist* im Kino Corso
(Ausweichbühne des Schauspielhauses Zürich).
Regie: Kazimierz Dejmek. Bühnenbild: Andrzej
Majewski. Mit Werner Kreindl (Exzellenz), Gert
Westphal (Möller), Margit Ensinger (Herzogin),
Klaus Knuth (Herzog), Heinrich Trimbur (Gold-
baum), Wolfgang Schwarz (Arkanoff), Dagmar

Loubier (Rosa), Grete Heger (Rosaflora), Rosel
Schäfer (Rosagrande), Hans Gerd Kübel (Nostro-
manni), Fred Tanner (Bauer Toto).
17. November: Ehrendoktor der Université de
Nice.
26. November: Ehrendoktor der Hebräischen
Universität Jerusalem (Verleihung in Jerusalem).
Erstaufführung *Der Mitmacher* in Genua.

1978 Erstaufführungen: Maximilian Schells Film *Der
Richter und sein Henker* (mit Friedrich Dürren-
matt als Schriftsteller Friedrich). *Die Frist* in Polen
(Lodz).
November: Inszeniert den *Meteor* in einer neuen
Fassung im Wiener Theater in der Josefstadt.
Ein umfangreicher Band *Bilder und Zeichnungen*
erscheint (herausgegeben von Christian Strich, mit
einer Einleitung von Manuel Gasser).

1979 24. Februar: Vortrag *Albert Einstein*, zur Feier seines 100. Geburtstags in der Eidgenössischen Technischen Hochschule, Zürich: erscheint darauf als
Buch.
19. Juni: Großer Literaturpreis der Stadt Bern.
13. September: Uraufführung *Die Panne* in Wil-
helmsbad/Hanau.
Regie: Friedrich Dürrenmatt. Bühnenbild: Gottfried Neumann-Spallart. Musik: Arthur Paul Hu-
ber. Mit Karl Heinz Stroux (Richter), Peer Schmidt
(Traps), Wolfgang Preiss (Staatsanwalt), Heinrich
Trimbur (Verteidiger), Guido Bachmann (Henker).
Erstaufführung *Die Frist* in Rostock.

1980  Februar: *Friedrich Dürrenmatt über f. d.*, Interview über dessen Komödien im Auftrag von Heinz Ludwig Arnold für den Theaterverlag Reiss, erscheint im Dezember bei ›text+kritik‹ zum 60. Geburtstag Dürrenmatts.

Die zwei neuen Werke *Dichterdämmerung. Eine Komödie* und *Nachgedanken* (zum 1976 erschienenen Band *Zusammenhänge*) erscheinen im Dezember bei Diogenes, in der ersten Werkausgabe in 30 Bänden: Das dramatische Werk in 17 und das Prosawerk in 12 Einzelbänden, außerdem *Über Friedrich Dürrenmatt*, mit Essays, Aufsätzen, Zeugnissen und Rezensionen von Gottfried Benn bis Saul Bellow, herausgegeben von Daniel Keel.

Aus *Stoffe* erscheint *Vallon de l'Ermitage* in ›La Revue Neuchâteloise‹.

1981  5. Januar: 60. Geburtstag. Ehrendoktor der Universität Neuchâtel.

10. Januar: Festakt im Schauspielhaus Zürich. Würdigung durch den schweizerischen Bundespräsidenten Kurt Furgler. Laudatio von Hugo Loetscher. Festvorstellung *Romulus der Große* (Inszenierung: Gerhard Klingenberg. Mit Charles Regnier und Wolfgang Reichmann).

März bis Juni: ›Writer in Residence‹ an der University of Southern California, Los Angeles.

23.–25. April: Internationales Dürrenmatt-Symposium, Los Angeles.

2. September bis 16. Oktober: Ausstellung von Bildern und Zeichnungen in Bern (Loeb-Galerie).

September: Das autobiographische Werk *Stoffe I–III* erscheint bei Diogenes.

November: Weinpreis für Literatur der edition text+kritik, Göttingen.

1982 März: Beginn der Arbeit an der Komödie *Achterloo*.

10. und 13. Juni: Im ORF: *Die Welt als Labyrinth*. Gespräch mit Franz Kreuzer über *Stoffe I–III* und über Themen seines Schaffens.

15. Juli: *Vorgedanken über die Wechselwirkung (störend, fördernd) zwischen Kunst und Wissenschaft:* Vortrag am ETH-Symposium Zürich, in der Veranstaltungsreihe ›Wissenschaft und Tradition‹.

28. November: Im Fernsehen DRS: Fernsehfassung *Der Besuch der alten Dame*.

Regie: Max Peter Ammann. Mit Maria Schell (Claire Zachanassian), Günter Lamprecht (Ill), Jürgen Cziesla (Bürgermeister).

1983 16. Januar: Tod von Frau Lotti.

29. April: Ehrendoktorwürde der Universität Zürich.

6. Oktober: Uraufführung der Komödie *Achterloo* im Schauspielhaus Zürich.

Regie: Gerd Heinz. Bühnenbild: Wolfgang Mai. Mit Fritz Schediwy (Napoleon Bonaparte), Jürgen Cziesla (Woyzeck), Dietmar Schönherr (Benjamin Franklin), Maria Becker (Kardinal Richelieu), Alfred Pfeifer (Jan Hus). Das Buch *Achterloo* erscheint gleichzeitig bei Diogenes.

November: Reise nach Griechenland.

Dezember bis Januar 1984: Reise nach Südamerika.

1984 28. Februar: Carl-Zuckmayer-Medaille des Landes Rheinland-Pfalz.

20. März: Österreichischer Staatspreis für Europäische Literatur 1983. Hans Weigel hält die Laudatio.

8. Mai: Heirat mit der Filmemacherin, Schauspielerin und Journalistin Charlotte Kerr.

Mai/Juni: Niederschrift *Minotaurus. Eine Ballade* (Zeichnungen bis Februar 1985).

August–Dezember: Neufassung der Komödie *Achterloo*. September: Erstaufführung *Die Panne* im Theater Le Carré Silvia Monfort, Paris. Regie: Oscar Fessler. Mit Silvia Monfort als Justine von Fuhr.

16. November: Vortrag *Kunst und Wissenschaft* an der Johann-Wolfgang-Goethe-Universität in Frankfurt.

26. Dezember: SDR, III. Programm: Filmporträt von Charlotte Kerr *Porträt eines Planeten. Von und mit Friedrich Dürrenmatt.*

1985 Mai: *Minotaurus* erscheint bei Diogenes.

Mai bis Oktober: Wiederaufnahme der Arbeit an dem 1957 begonnenen Roman *Justiz.*

23. Juni: *Einführung in das Werk des japanischen Schriftstellers Yasushi Inoue* an den Berliner Festspielen.

7. September bis 19. Januar 1986: Ausstellung Friedrich Dürrenmatt, *Das zeichnerische Werk* in Neuchâtel (Musée d'Art et d'Histoire).

4. Oktober: Bayerischer Literaturpreis (Jean-Paul-Preis). Die Laudatio hält Werner Ross.

Oktober: *Justiz* erscheint bei Diogenes.

November: Reise nach Ägypten.
Wiederaufnahme der Arbeit an *Achterloo*.

1986 September: *Der Auftrag oder Vom Beobachten des Beobachters der Beobachter. Novelle in 24 Sätzen* erscheint bei Diogenes. Reise nach Sizilien zur Entgegennahme des Premio Letterario Internazionale Mondello für *Justiz*.

10. Oktober: Verleihung des Georg-Büchner-Preises der Deutschen Akademie für Sprache und Dichtung im Großen Haus des Staatstheaters, Darmstadt. Rede: *Georg Büchner und der Satz vom Grunde*. Die Laudatio hält Georg Hensel.

10. November: Verleihung des Ehrenpreises des Schiller-Gedächtnispreises 1986 des Landes Baden-Württemberg im Neuen Schloß, Stuttgart. Rede: *Das Theater als moralische Anstalt heute*. Die Laudatio hält Jacob Steiner.

November: *Rollenspiele* erscheint bei Diogenes (Charlotte Kerr: Protokoll einer fiktiven Inszenierung. Friedrich Dürrenmatt: Assoziationen mit einem dicken Filzstift. Zwischenwort. Achterloo III – Ein Rollenspiel).

1987 14.–16. Februar: Reise nach Moskau zum Friedensforum »für eine atomfreie Welt, für das Überleben der Menschheit«.

März: Internationaler Preis für Humor und Satire in der Literatur »Hitar Petar«.

1988 April: *Versuche* erscheint bei Diogenes.

10. Mai: ZDF: Fernsehfassung von *Abendstunde im Spätherbst*.

Regie: August Everding. Mit Mario Adorf (Der Autor) und Horst Bollmann (Der Besucher).

17. Juni: Uraufführung von *Achterloo IV* anläßlich der Schwetzinger Festspiele 1988 im Rokokotheater des Schwetzinger Schlosses.

Regie: Friedrich Dürrenmatt. Bühnenbild: Josef Svoboda. Mit Kurt Blech (Georg Büchner), Helmut Lohner (Napoleon), Charlotte Kerr (Richelieu), Ulrich Haupt (Professor Hans Löffel), Nikolaus Paryla (Sigmund Freud), Isabelle Karajan (Jeanne d'Arc), Martin Rickelt (Cambronne), Jürgen Cziesla (Woyzeck), Georg Preusse (Kaiser Sigismund), Egon Karter (Papst Gregor XII.), Tobias Lelle (Papst Benedikt XIII.), Peter Grabinger (Musikus). Gleichzeitige Aufzeichnung der Aufführung sowie der Inszenierungsarbeit durch den Süddeutschen Rundfunk, Stuttgart.

September: *Gesammelte Werke in sieben Bänden*, herausgegeben von Franz Josef Görtz, erscheint bei Diogenes.

15. Oktober: Prix Alexei Tolstoï für sein Gesamtwerk anläßlich des $X^e$ Festival International du Roman et du Film noirs, verliehen durch die Association internationale des Ecrivains de Romans Policiers.

1989    27. April: Verleihung des Ernst-Robert-Curtius-Preises für Essayistik 1989 in der Aula der Rheinischen Friedrich-Wilhelm-Universität in Bonn. Rede: *Über das vaterländische Gefühl*. Die Laudatio hält Oskar Lafontaine.

27. Juni: Friedrich Dürrenmatt vermacht seinen

gesamten literarischen Nachlaß der Schweizerischen Eidgenossenschaft.

September: *Durcheinandertal* erscheint bei Diogenes.

1990   Reise nach Polen (Warschau, Krakau), Besuch von Auschwitz und Birkenau.

Oktober: *Turmbau. Stoffe IV–IX* erscheint bei Diogenes.

22. November: Rede auf Václav Havel anläßlich der Verleihung des Gottlieb-Duttweiler-Preises im Gottlieb-Duttweiler-Institut in Rüschlikon bei Zürich. Rede: *Die Schweiz – ein Gefängnis.*

25. November: Laudatio auf Michail Gorbatschow zur Verleihung der Otto-Hahn-Friedensmedaille durch die Deutsche Gesellschaft für die Vereinten Nationen in Berlin. Rede: *»Die Hoffnung, uns am eigenen Schopfe aus dem Untergang zu ziehen.«*

Dezember: *Herkules und Atlas. Lobreden und andere Versuche über Friedrich Dürrenmatt zum siebzigsten Geburtstag* erscheint bei Diogenes.

14. Dezember: Friedrich Dürrenmatt stirbt in seinem Haus in Neuchâtel.

# Nachweis

»*Das Schicksal hat die Bühne verlassen.*« Eine lange und eine kurze Geschichte
*Die Panne.* Aus: *Der Hund / Der Tunnel / Die Panne.* Erzählungen, 1980 (detebe 20850), S. 37–94
*Der Tod des Sokrates.* Aus: *Turmbau. Stoffe IV–IX,* 1990, S. 143–156

»*Von der Politik haben wir Vernunft, von den Einzelnen Liebe zu fordern.*« Philosophisches und Politisches
*Das Schicksal der Menschen.* Aus: *Politik.* Essays und Reden, 1980 (detebe 20859), S. 15–19
*Die vier Verführungen des Menschen durch den Himmel.* Aus: *Philosophie und Naturwissenschaft.* Essays und Reden, 1980 (detebe 20858), S. 26–32
*Erzählung vom CERN,* Aus: *Politik.* Essays und Reden, 1980 (detebe 20859), S. 140–147
*Mitmacher.* Zum 60. Geburtstag F. D.'s, vorgetragen von Helmut Lohner. Textcollage aus: *Der Mitmacher. Ein Komplex,* 1980 (detebe 20844)
*Unser Vaterland* (Titel vom Herausgeber). Aus: *Justiz.* Roman, 1985 (detebe 21540), S. 51–56
»*Die Hoffnung, uns am eigenen Schopfe aus dem Untergang zu ziehen.*« Laudatio auf Michail Gorbatschow zur Verleihung der Otto-Hahn-Friedensmedaille durch die Deutsche Gesellschaft für die Vereinten Nationen am 25. November 1990 in Berlin. Aus: *Kants Hoffnung.* Zwei politische Reden. Zwei Gedichte aus dem Nachlaß. Mit einem Essay von Walter Jens, 1991, S. 25–48

*»Nur im Irrenhaus sind wir noch frei.«* Elf Szenen aus elf Komödien

*Romulus der Große.* Eine ungeschichtliche historische Komödie. 1980 (detebe 20832), S. 74–78

*Die Ehe des Herrn Mississippi.* Komödie. Neufassung 1980 (detebe 20833), S. 32 ff.

*Ein Engel kommt nach Babylon.* Eine fragmentarische Komödie, 1980 (detebe 20834), S. 122 f.

*Der Besuch der alten Dame.* Eine tragische Komödie. Neufassung 1980 (detebe 20835), S. 119–124

*Frank der Fünfte.* Komödie einer Privatbank, 1980 (detebe 20836), S. 91–95

*Die Physiker.* Eine Komödie in zwei Akten. Neufassung 1980 (detebe 20837), S. 72–75

*Herkules und der Stall des Augias.* Aus: *Herkules / Der Prozeß um des Esels Schatten.* Griechische Stücke. Neufassungen 1980 (detebe 20383), S. 115 f.

*Der Meteor. Komödie. Wiener Fassung 1978.* Aus: *Der Meteor / Dichterdämmerung.* Nobelpreisträger-Stücke, 1980 (detebe 20839), S. 54 ff.

*Die Wiedertäufer.* Komödie. Urfassung 1980 (detebe 20840), S. 41–44

*Die Frist.* Komödie. Neufassung 1980 (detebe 20845), S. 41–44

*Achterloo.* Eine Komödie, 1983, S. 114 f.

*»Dem Theater sind durch seine Freiheit die Zähne gezogen.«* Theater im wissenschaftlichen Zeitalter

*Friedrich Dürrenmatt interviewt* F. D. Aus: *Kritik.* Kritiken und Zeichnungen, 1980 (detebe 20856), S. 141–167

*Theaterprobleme.* Aus: *Theater.* Essays und Reden, 1980 (detebe 20855), S. 31–72

*»Theater ist Spiel«* (Titel vom Herausgeber). Zum Tode Ernst Ginsbergs. Aus: *Theater.* Essays und Reden. 1980 (detebe 20855), S. 124–156

*Das Theater als moralische Anstalt heute.* Rede zur Verleihung

des Schiller-Gedächtnispreises des Landes Baden-Württemberg.
Aus: *Versuche*, 1988, S. 96–106

*»Andere Zeiten!«* Zwei Hörspiele
  *Abendstunde im Spätherbst*. Hörspiel. Aus: *Der Meteor /
  Dichterdämmerung. Nobelpreisträger-Stücke*, 1980 (detebe
  20839), S. 169–196
  *Nächtliches Gespräch mit einem verachteten Menschen*. Ein
  Kurs für Zeitgenossen. Aus: *Nächtliches Gespräch mit einem
  verachteten Menschen / Stranitzky und der Nationalheld /
  Das Unternehmen der Wega*. Hörspiele und Kabarett, 1980
  (detebe), S. 9–32

*»Das Mögliche ist ungeheuer.«* Neun Gedichte
  *Spielregeln*. Aus: *Philosophie und Naturwissenschaft*. Essays
  und Reden, 1980 (detebe 20858), S. 9
  *Schweizerpsalm I*. Aus: *Politik*. Essays und Reden, 1980 (de-
  tebe 20859), S. 174 f.
  *Schweizerpsalm II*. Aus: *Politik*. Essays und Reden, 1980 (de-
  tebe 20859), S. 176 ff.
  *Elektronische Hirne*. Aus: *Philosophie und Naturwissenschaft*.
  Essays und Reden, 1980 (detebe 20858), S. 25
  *Wer die Erde wohnbar machen will*. Aus: *Theater. Essays und
  Reden*, 1980 (detebe 20855), S. 73
  *Schweizerpsalm III*. Aus: *Politik*. Essays und Reden, 1980
  (detebe 20859), S. 180 ff.
  *An Varlin*. Aus: *Literatur und Kunst*. Essays und Reden, 1980
  (detebe 20857), S. 183 f.
  *Ergreife die Feder*. Aus: *Kants Hoffnung*. Zwei politische
  Reden. Zwei Gedichte aus dem Nachlaß. Mit einem Essay von
  Walter Jens, 1991, S. 51 ff.
  *Wütend*. Aus: *Kants Hoffnung*. Zwei politische Reden. Zwei
  Gedichte aus dem Nachlaß. Mit einem Essay von Walter Jens,
  1991, S. 53 f.

*»Ein Schrei ist kein Gedicht.«* Über Schiller und Brecht, Balzac,
Büchner und Kant – und vom Schreiben als Beruf
*Schriftstellerei als Beruf.* Aus: *Literatur und Kunst.* Essays und
Reden, 1980 (detebe 20857), S. 54–59
*Friedrich Schiller.* Aus: *Literatur und Kunst.* Essays und Re-
den, 1980 (detebe 20857), S. 82–102
*Über Balzac.* Aus: *Literatur und Kunst.* Essays und Reden,
1980 (detebe 20857), S. 113
*55 Sätze über Kunst und Wirklichkeit.* Aus: *Politik.* Essays
und Reden, 1980 (detebe 20859), S. 157–163
*Georg Büchner und der Satz vom Grunde.* Aus: *Versuche,*
1988, S. 57–69

*»Indem ich dem Gärtner als das erschien, was ich war, erschien
ich mir selber.«* Persönliches
*Das Dorf* (Titel vom Herausgeber). Aus: *Labyrinth. Stoffe
I–III.* Neuausgabe 1990, S. 38–42
*Vater und Sohn* (Titel vom Herausgeber). Aus: *Labyrinth.
Stoffe I–III.* Neuausgabe 1990, S. 189–195
*Ideologien* (Titel vom Herausgeber). Aus: *Labyrinth. Stoffe
I–III.* Neuausgabe 1990, S. 204–211
*Querfahrt.* Aus: *Turmbau. Stoffe IV–IX,* 1990, S. 21–24
*Die Universität* (Titel vom Herausgeber). Aus: *Turmbau.
Stoffe IV–IX,* 1990, S. 113–118

Sämtliche hier aufgeführten Werke sind im Diogenes Verlag
erschienen. Die Seitenzahlen beziehen sich auf diese Ausgaben.

*Bitte beachten Sie auch
die folgenden Seiten*

# Friedrich Dürrenmatt
## im Diogenes Verlag

● **Gesammelte Werke in sieben Bänden in Kassette**

● **Das dramatische Werk**

*Es steht geschrieben / Der Blinde*
Frühe Stücke. detebe 20831

*Romulus der Große*
Ungeschichtliche historische Komödie
Fassung 1980. detebe 20832

*Die Ehe des Herrn Mississippi*
Komödie und Drehbuch. Fassung 1980
detebe 20833

*Ein Engel kommt nach Babylon*
Fragmentarische Komödie. Fassung 1980
detebe 20834

*Der Besuch der alten Dame*
Tragische Komödie. Fassung 1980
detebe 20835

*Frank der Fünfte*
Komödie einer Privatbank. Fassung 1980
detebe 20836

*Die Physiker*
Komödie. Fassung 1980. detebe 20837

*Herkules und der Stall des Augias*
*Der Prozeß um des Esels Schatten*
Griechische Stücke. Fassung 1980
detebe 20838

*Der Meteor / Dichterdämmerung*
Nobelpreisträgerstücke. Fassung 1980
detebe 20839

*Die Wiedertäufer*
Komödie. Fassung 1980. detebe 20840

*König Johann / Titus Andronicus*
Shakespeare-Umarbeitungen. detebe 20841

*Play Strindberg*
*Porträt eines Planeten*
Übungsstücke für Schauspieler
detebe 20842

*Urfaust / Woyzeck*
Bearbeitungen. detebe 20843

*Der Mitmacher*
Ein Komplex. detebe 20844

*Die Frist*
Komödie. Fassung 1980. detebe 20845

*Die Panne*
Hörspiel und Komödie. detebe 20846

*Nächtliches Gespräch mit einem verachteten Menschen*
*Stranitzky und der Nationalheld*
*Das Unternehmen der Wega*
Hörspiele und Kabarett. detebe 20847

*Achterloo*
Komödie. Leinen

Friedrich Dürrenmatt & Charlotte Kerr

*Rollenspiele*
Protokoll einer fiktiven Inszenierung und
Achterloo III. Leinen

● **Das Prosawerk**

*Aus den Papieren eines Wärters*
Frühe Prosa. detebe 20848

*Der Richter und sein Henker*
*Der Verdacht*
Kriminalromane. detebe 20849

*Der Hund*
*Der Tunnel*
*Die Panne*
Erzählungen. detebe 20850

*Grieche sucht Griechin*
*Mr. X macht Ferien*
*Nachrichten über den Stand des Zeitungswesens in der Steinzeit*
Grotesken. detebe 20851

*Das Versprechen*
*Aufenthalt in einer kleinen Stadt*
Ein Requiem auf den Kriminalroman und ein
Fragment. detebe 20852

*Der Sturz*
*Abu Chanifa und Anan Ben David*
*Smithy*
*Das Sterben der Pythia*
Erzählungen. detebe 20854

*Theater*
Essays, Gedichte und Reden. detebe 20855

*Kritik*
Kritiken und Zeichnungen. detebe 20856

*Literatur und Kunst*
Essays, Gedichte und Reden. detebe 20857

*Philosophie und*
*Naturwissenschaft*
Essays, Gedichte und Reden. detebe 20858

*Politik*
Essays, Gedichte und Reden. detebe 20859

*Zusammenhänge / Nachgedanken*
Essay über Israel. Über Freiheit, Gleichheit und Brüderlichkeit in Judentum, Christentum, Islam und Marxismus. detebe 20860

*Labyrinth*
Stoffe I–III: Der Winterkrieg in Tibet / Mondfinsternis / Der Rebell. Leinen

*Turmbau*
Stoffe IV–IX: Begegnungen / Querfahrt / Die Brücke / Das Haus / Vinter / Das Hirn
Leinen

*Denkanstöße*
Gedanken über Geld und Geist, Politik und Philosophie, Literatur und Kunst, Gerechtigkeit und Recht, Krieg und Frieden. Ausgewählt und zusammengestellt von Daniel Keel
Mit sieben Zeichnungen des Dichters
detebe 21697

*Minotaurus*
Eine Ballade. Mit Zeichnungen des Autors
detebe 21792

*Justiz*
Roman. detebe 21540

*Die Welt als Labyrinth*
Ein Gespräch mit Franz Kreuzer. Broschur

*Der Richter und sein Henker*
Kriminalroman. Mit einer biographischen Skizze des Autors. detebe 21435

*Der Verdacht*
Kriminalroman. Mit einer biographischen Skizze des Autors. detebe 21436

*Der Auftrag*
oder Vom Beobachten des Beobachters der Beobachter. Novelle in vierundzwanzig Sätzen. detebe 21662

*Versuche*
Aufsätze und Reden. detebe 21976

*Durcheinandertal*
Roman. detebe 22438

*Kants Hoffnung*
Zwei politische Reden. Zwei Gedichte aus dem Nachlaß. Mit einem Nachwort von Walter Jens. Broschur

*Midas*
oder die schwarze Leinwand
Leinen

*Das Friedrich Dürrenmatt*
*Lesebuch*
Herausgegeben von Daniel Keel. detebe 22439

● **Das zeichnerische Werk**
*Die Heimat im Plakat*
Ein Buch für Schweizer Kinder. Zeichnungen
Mit einem Geleitwort des Autors
kunst-detebe 26026

*Bilder und Zeichnungen*
Mit einer Einleitung von Manuel Gasser und Kommentaren des Autors. Diogenes Kunstbuch

Außerdem liegen vor:
*Über Friedrich Dürrenmatt*
Essays, Zeugnisse und Rezensionen von Gottfried Benn bis Aul Bellow. Mit Chronik und Bibliographie. Herausgegeben von Daniel Keel. detebe 20861

Elisabeth Brock-Sulzer
*Friedrich Dürrenmatt*
Stationen seines Werkes. Mit Fotos, Zeichnungen, Faksimiles. detebe 21388

## Urs Widmer
## im Diogenes Verlag

### Alois/Die Amsel im Regen im Garten
Zwei Erzählungen. detebe 21677

»Panzerknacker Joe und Käptn Hornblower, der Schiefe Turm von Pisa und die Tour de Suisse, Fußball-Länderspiel, Blitzschach, Postraub, Untergang der Titanic, Donald Duck und Sir Walter Raleigh – von der Western-Persiflage bis zur Werther-Parodie geht es in Urs Widmers mitreißend komischem Erstling *Alois*.« *Bayerischer Rundfunk*

### Das Normale und die Sehnsucht
Essays und Geschichten. detebe 20057

»Dieses sympathisch schmale, sehr konzentrierte, sehr witzige Buch ist dem ganzen Fragenkomplex zeitgenössischer Literatur und Theorie gewidmet.« *Frankfurter Allgemeine Zeitung*

### Die Forschungsreise
Ein Abenteuerroman. detebe 20282

»Da seilt sich jemand (das Ich) im Frankfurter Westend von seinem Balkon, schleicht sich geduckt, als gelte es, ein feindliches Menschenfresser-Gebiet zu passieren, durch die City, kriecht via Kanalisation und über Hausdächer aus der Stadt… Heiter-, Makaber-, Mild-verrücktes.« *Der Spiegel, Hamburg*

### Schweizer Geschichten
detebe 20392

»Aberwitziges Panorama eidgenössischer Perversionen, und eine sehr poetische Liebeserklärung an eine – allerdings utopische – Schweiz.« *Zitty, Berlin*

## Die gelben Männer
Roman. detebe 20575

»Skurrile Einfälle und makabre Verrücktheiten, turbulent und phantastisch: Roboter entführen zwei Erdenbürger auf ihren fernen Planeten...« *Stern, Hamburg*

## Vom Fenster meines Hauses aus
Prosa. detebe 20793

»Eine Unzahl von phantastischen Einfällen, kurze Dispensationen von der Wirklichkeit, kleine Ausflüge oder, noch besser: Hüpfer aus der normierten Realität. Es ist befreiend, erleichternd, Widmer zu lesen.«
*Neue Zürcher Zeitung*

## Das enge Land
Roman. detebe 21571

Hier ist von einem Land die Rede, das so schmal ist, daß, wer quer zu ihm geht, es leicht übersehen könnte. Weiter geht es um die großen Anstrengungen der kleinen Menschen, ein zärtliches Leben zu führen, unter einen Himmel geduckt, über den Raketen zischen könnten...

## Liebesnacht
Erzählung. detebe 21171

»Ein unaufdringliches Plädoyer für Gefühle in einer Welt geregelter Partnerschaften, die ihren Gefühlsanalphabetismus hinter Barrikaden von Alltagslangeweile verstecken.« *NDR, Hannover*

## Die gestohlene Schöpfung
Roman. detebe 21403

Modernes Märchen, Actionstory und ›realistische‹ Geschichte zugleich; und eine Geschichte schließlich, die glücklich endet.

»Widmers bisher bestes Buch.« *FAZ*

## Indianersommer

### Erzählung. detebe 21847

»Fünf Maler und ein Schriftsteller wohnen zusammen in einer jener Städte, die man nicht beim Namen zu nennen braucht, um sie zu kennen, und irgendwann machen sie sich alle zu den ewigen Jagdgründen auf. Ein Buch, das man als Geschenk kauft, beim Durchblättern Gefallen findet und begeistert behält. Was kann man Besseres von einem Buch sagen?«
*Die Presse, Wien*

## Das Verschwinden der Chinesen
## im neuen Jahr

### Prosa. detebe 21546

Ein Buch mit vielen neuen Geschichten, Liedern und Bildern zur sogenannten Wirklichkeit, voller Phantasie und Sinn für Realität, »weil es da, wo man wohnt, irgendwie nicht immer schön genug ist«.

## Auf auf, ihr Hirten!
## Die Kuh haut ab!

### Kolumnen. Broschur

»Kolumnen sind Lektüre für Minuten, aber Urs Widmer präsentiert die Inhalte wie eine geballte Ladung Schnupftabak: Das Gehirn wird gründlich freigeblasen.« *Basler Zeitung*

## Der Kongreß der
## Paläolepidopterologen

### Roman. detebe 22464

Die Geschichte von Gusti Schlumpf, Instruktionsoffizier der Schweizer Armee und Begründer jener Wissenschaft, die sich mit versteinerten Schmetterlingen befaßt, und seiner lebenslangen Leidenschaft zu Sally, der rosigen Kämpferin für die Freiheit.

»Ein grandios versponnener Roman, der in der farblosen Flut der Verlagsprogramme daran erinnert, wozu Literatur fähig ist... Ein romantischer Entwicklungsroman... Ein Klassiker... Eine großartige Satire... Ein abgrundtief witziges Buch.«
*Süddeutsche Zeitung, München*

### Das Paradies des Vergessens

Erzählung. Leinen

Im *Paradies des Vergessens* tummeln sich sportliche Verleger auf Fahrrädern, keuchen Autoren hinter ihnen her und verlieren ihre Manuskripte, holen brave Töchter aus gutem Haus auf und werden Politikerinnen, heiraten die einen – am Ziel – aus Liebe oder sonstigen Gründen und vergessen andere alles sofort wieder...

»Wenn viele Bücher bereits wieder vergessen sein werden, dürfte *Das Paradies des Vergessens* noch bei so manchem Leser in guter Erinnerung sein.«
*Süddeutsche Zeitung, München*

### Shakespeare's Geschichten

Alle Stücke von William Shakespeare
Mit vielen Bildern von Kenny Meadows
*Band 1* nacherzählt von Walter E. Richartz
detebe 20791
*Band 2* nacherzählt von Urs Widmer
detebe 20792

»Ein Lesevergnügen eigner und einziger Art: Richartz' und Widmers Nacherzählungen sind kleine, geistvolle Meisterwerke der Facettierungskunst; man glaubt den wahren Shakespeare förmlich einzuatmen.«
*Basler Zeitung*

## Hugo Loetscher
## im Diogenes Verlag

### Abwässer
#### Ein Gutachten. detebe 21729

»Dieses Buch ist ein Geheimtip. Man sollte eigentlich nicht darüber schreiben, man sollte darüber flüstern zu jenen wenigen Lesern, die innere Muße aufbringen können für ein explosives, destruktives und großartiges literarisches Dokument. Man sollte es heimlich von Hand zu Hand reichen, damit der Lärm des großen Marktes es nicht berühre. Die Gesetze der literarischen Tiefenwirkung, so rätselhaft sie auch sein mögen, dokumentieren dieses Buch als einen Erstlingsroman, der sich bei den richtigen Lesern, so wenige es auch davon geben mag, durchsetzen wird. Es ist ein totales Märchen aus der Wirklichkeit, das wenig ausläßt: weder die Liebe noch die Technik, weder die Psychologie noch die Dummheit, weder die Einsamkeit noch die Gemeinheit.« *Die Welt, Hamburg*

### Die Kranzflechterin
#### Roman. detebe 21728

*»Jeder soll zu seinem Kranze kommen«, pflegte Anna zu sagen; sie flocht Totenkränze.*

»Um Annas eigenes karges Leben gruppieren sich die Lebensläufe der Menschen ihrer nahen Umgebung und all jener, denen sie mit Tannenreis, Lorbeer, Nelken und Rosen den letzten Dienst erweist. Auch hier führt die Wahl des ungewöhnlichen Blickpunktes zu ungewöhnlichen Ansichten aus der Menschenwelt und Farbenspielen des Lebens, die um so mehr faszinieren, als vom Tode her ein leichter Schatten auf sie fällt.« *Nürnberger Zeitung*

## Noah

### Roman einer Konjunktur. detebe 21206

Loetscher erzählt die Geschichte eines Mannes, der die Konjunktur anheizt mit seinem Plan, die Arche zu bauen. Niemand glaubt im Ernst an die kommende Flut, aber alle machen mit ihr Geschäfte. Die Wirtschaft blüht auf und überschlägt sich schließlich in Skandalen. Nicht nur im Geschäftsleben, auch im Kulturbetrieb, auf den Streiflichter fallen, zeitigt die Konjunktur ihre unerfreulichen Begleiterscheinungen. Noahs Lage verschlimmert sich aus vielen Gründen, so daß einer zuletzt sagen kann: »Jetzt kann ihn nur noch die Sintflut retten.«

## Wunderwelt

### Eine brasilianische Begegnung. detebe 21040

Die Begegnung eines Europäers mit den Mythen von Leben und Tod einer fremden Kultur: eine Hymne, aber noch mehr eine Elegie, geschrieben für ein kleines Mädchen.

»Ich würde *Wunderwelt* gerade auch besonders viele junge Leser wünschen. Nicht nur weil Loetscher die Sprache fand, um die Wirklichkeit bis in Nuancen genau so darzustellen, daß man ganz in sie hineingenommen wird. Sondern auch wegen einer Geisteshaltung, ohne die dieses Buch nicht hätte geschrieben werden können... Statt ›Wunderwelt‹ könnte dieses Buch auch ›Die Fähigkeit zu trauern‹ überschrieben sein.« *Deutsches Allgemeines Sonntagsblatt*

## Herbst in der Großen Orange

### detebe 21172

»Hugo Loetscher ist mit *Herbst in der Großen Orange* ein großer Wurf gelungen. Der dritte Satz schon ist der erste hintergründige, denn das ›Grün‹ ist künstlich,

wie fast alles in dieser Stadt. Auf 165 Seiten enttarnt
Loetscher eine Scheinwelt, reiht ein sprachliches Kabi-
nettstückchen ans andere, ist mal lyrisch, mal satirisch.
Immer aber schwingt eine heitere Melancholie mit, angesichts einer Menschheit, die nicht mehr so recht
weiß, wo's langgeht.« *Stern, Hamburg*

»Loetscher begegnet den Erscheinungen der Endzeit
mit jenem Sarkasmus, seit je dem Absurden gemäß ist.
Auch da bewährt sich das Subjekt als die Instanz, die
die ›Schnitze‹ zusammenhält und in eine geschlossene
Form fügt. Der Imagination des Schriftstellers gelingt
es dabei, die Künstlichkeit umzuwandeln in Kunst.«
*Neue Zürcher Zeitung*

## Der Waschküchenschlüssel
### oder Was – wenn Gott Schweizer wäre
detebe 21633

»Loetscher ist ein bedeutsamer Schweizer Erzähler
und Romancier, der auch als Journalist arbeitet und zu-
dem die Welt kennt. Weshalb er in hohem Maße befä-
higt ist, die Sonderform der menschlichen Existenz unter schweizerischen Vorzeichen aufzuspießen, wie er es
in den Aufsätzen dieses Bandes tut. Er hat einen famo-
sen Sinn fürs Anekdotische und Skurrile, einen scharfen Blick, gepaart mit einem gänzlich unhysterischen,
natürlichen Ton. Zum Schluß der Lektüre meint man,
den Abend mit einem Freund verbracht zu haben, dem
man gern länger zugehört hätte. Wer schreibt uns so
trefflich, so distanziert und aus liebevoller Nähe über
die Italiener? Die Franzosen? Uns in der Bundesrepublik?« *Titel, München*

## Das Hugo Loetscher Lesebuch
Herausgegeben von Georg Sütterlin. detebe 21207

Dieses Lesebuch will einen Einblick in das gesamte
Werk des Autors geben. Die einzelnen Kapitel sam-

meln zu jeweils einem Thema Texte der verschiedenen Gattungen, in denen Loetscher schreibt: Roman, Erzählung, Essay, literarische Reportage, Filmskript, Gedicht. Aber nicht nur in dieser Hinsicht bietet dieses Buch eine repräsentative Auswahl aus dem Gesamtwerk, sondern auch die Inhalte betreffend.

## Der Immune
Roman. detebe 21590

»Noch bevor manche jüngeren Autoren und Autorinnen Literatur als Mittel zur Erforschung und Bewältigung des eigenen Lebens entdeckten, setzte Hugo Loetschers *Der Immune* einen Maßstab, vor dem nicht gar so viele bestehen. Ein Muster und deshalb auch heute noch aktuell, weil es hier einer verstand, in der selbstkritischen Beschäftigung mit dem Ich auf geistreiche, witzige, eloquente Art den Blick freizugeben auf die Epoche, in der dieses Ich sich formte und in der es lebt.« *Tages-Anzeiger, Zürich*

## Die Papiere des Immunen
Roman. detebe 21659

»Der Immune ist in jedem Fall ein überaus witziger und intelligenter Herr, ein weitgereister, gebildeter Gesprächspartner, elegant und originell – ein durchaus passabler Gefährte für ein Buch von 500 Seiten. Ein Buch voll von schönen und abstrusen Geschichten, die einen wuchtigen Kosmos bilden; und obwohl der Immune vorgibt, seinen Wohnsitz im Kopf zu haben, sind diese Papiere alles andere als kopflastig.«
*Westermann's, München*

»Ein weises Buch und eines voller blendend erzählter Geschichten noch dazu.« *Die Weltwoche, Zürich*

## Vom Erzählen erzählen

Über die Möglichkeit, heute Prosa zu schreiben
Münchner Poetikvorlesungen. Mit einer Einführung
von Wolfgang Frühwald. Broschur

Vom Erzählen erzählen – diesen Titel wählte Hugo
Loetscher für seine Münchner Poetikvorlesungen. Im
Zentrum steht das Handwerk: »Poetik als Baugrube
und Bücher als Boden unter den Füßen«. Indem
Loetscher anhand von Beispielen aus seinem Schaffen
arbeitet, entsteht zugleich ein faszinierender Kommen-
tar zum eigenen Werk. So konkret die Ansätze seiner
poetologischen Überlegungen sind, sie führen zu
grundsätzlichen Fragen wie zur Ironie – die die Fiktion stets daran erinnert, Fiktion zu sein –, zur Simultaneität, Überlegungen zu einer Sprache, die nicht nur
»einen Mund hat, sondern auch Ohren«, oder zum
Verhältnis von Metapher und Begriff. Aber auch dort,
wo Loetscher Theoretisches aufgreift, bleibt er immer
zugleich Erzähler, so daß seine Vorlesungen auch ein
Stück erzählender Literatur sind.
»Wenn Loetscher von sich selbst als von ›unserem Autor‹ spricht, ironisiert er noch einmal den Ironiker. So
erzählt heute ein Erzähler, ohne den Kopf zu verlieren,
vom Erzählen.« *Süddeutsche Zeitung, München*

## Die Fliege und die Suppe

und 33 andere Tiere in 33 anderen Situationen
Fabeln. Leinen

Einst hatten die Tiere Charakter, dann erging es ihnen
wie den Menschen, sie fingen an, sich zu verhalten.

»Von unbeirrbarer Akribie sind die 34 Erzählungen
dieses Bandes in ungewöhnliche Form gebracht: Mini-
aturen, kostbare drei Seiten, sorgsam und klar gestaltet
in jedem Satz. Ganz ohne missionarisches ›Du sollst‹
macht Loetscher einsichtig, was der Mensch nicht soll,
aber tut. Ähnliches habe ich nie gelesen. Literatur pur.
Da wird nichts angemerkt, reflektiert, verdeutlicht.
Wörter und Sätze als Essenz.« *Die Zeit, Hamburg*

»Ein kleines Ereignis. Loetscher weist sich in jedem einzelnen Prosastück als ein faszinierend genauer Beobachter aus – und dazu als ein überaus respekt- und liebevoller. Es ist nicht leicht zu entscheiden, ob Hugo Loetschers Einfallsreichtum, seine Kenntnisse oder seine Darstellungskunst den Hauptreiz dieses Bandes ausmachen.« *Die Presse, Wien*

mit Alice Vollenweider
*Kulinaritäten*

Ein Briefwechsel über die Kunst
und die Kultur der Küche
detebe 21927

Noch ein Kochbuch? Ja, aber noch viel mehr: in diesen Briefen entfaltet sich eine kleine Kulturgeschichte der Küche, nebst höchst delikaten Rezepten erfährt der Leser, wie und wo diese Rezepte entstanden sind, wo die Quellen der heutigen Kochkunst liegen, wie es die Schriftsteller mit dem Essen hielten; auch der Stil unterscheidet dieses Buch von allen anderen Kochbüchern: die beiden Briefschreiber verstehen nicht nur etwas von der Küche, sondern auch von Humor.